Jost Hermand
Deutsche Kulturgeschichte des 20. Jahrhunderts

Jost Hermand

Deutsche Kulturgeschichte des 20. Jahrhunderts

© 2006 by WBG (Wissenschaftliche Buchgesellschaft), Darmstadt
Die Herausgabe des Werkes wurde durch
die Vereinsmitglieder der WBG ermöglicht.
Satz: WMTP, Birkenau
Gedruckt auf säurefreiem und alterungsbeständigem Papier
Printed in Germany

Besuchen Sie uns im Internet: www.wbg-darmstadt.de

ISBN-13: 978-3-534-18327-2
ISBN-10: 3-534-18327-4

Inhalt

Vorwort

Wandlungen deutscher Kulturkonzepte im 20. Jahrhundert

Es gibt immer noch Wissenschaftler und Wissenschaftlerinnen, die mit apodiktischer Gewissheit von „Kunst und Kultur" sprechen, als ob dies zwei unwandelbare Begriffe seien. Solche Pauschalisierungen sollte man in Zukunft lieber vermeiden. Schließlich gehen diese beiden Begriffe – in größeren Zusammenhängen denkend – auf Konzepte zurück, die zwar eine relativ kurze, aber dennoch recht wandlungsreiche Vorgeschichte haben. Solange Kunst und Kultur noch in feudalabsolutistische oder klerikale Herrschaftssysteme eingebunden waren, galten sie in den mittelalterlichen, wie auch vielen frühneuzeitlichen Staaten Europas – im Gegensatz zu späteren Epochen – noch keineswegs als vom Leben abgetrennte Sonderbereiche, die es den Menschen erlaubt hätten, sich als künstlerisch gestimmte Einzelwesen in ein Reich autonomer und zugleich idealisierter Wertvorstellungen zu erheben. Erst die Humanisten der Renaissance und dann die sich der Aufklärung anschließenden bürgerlichen Bildungsschichten traten zwischen 1500 und 1800 dafür ein, Kunst und Kultur nicht mehr ausschließlich in ihrer den jeweiligen Herrschaftssystemen dienenden Funktion zu sehen, sondern ihnen auch einen Eigenwert in sich selbst zu geben. Dieser Trend kulminierte bekanntlich in der berühmten Formulierung, dass jeder Beschäftigung mit Kunst ein „interesseloses Wohlgefallen" zugrunde liegen solle, wie es 1790 in Immanuel Kants *Kritik der Urteilskraft* heißt.

Was Kant mit dem Begriff des „Interesselosen" noch in aufklärerischer Absicht als Befreiung der Künste von staatlicher und klerikaler Bevormundung gemeint hatte, wandelte sich jedoch in Deutschland schon in der zweiten Hälfte des 19. Jahrhunderts in ein weitgehend entideologisiertes Konzept, dem kaum noch irgendwelche verfreiheitlichenden Züge zugrunde lagen. Da im Zuge der rapiden Industrialisierung und Verstädterung die sich ökonomisch bereichernde Bourgeoisie zur kulturellen Führungsschicht aufstieg, die außer den ihr wirtschaftlich zugute kommenden national-liberalen Einigungsbestrebungen keine weiteren Progressionsvorstellungen mehr entwickelte, sahen ihre

Sprecher und Sprecherinnen in dem, was sie unter „Kultur" verstanden, ein vornehmlich diese Klasse auszeichnendes Signum von Besitz und Bildung. Nicht mehr der Adel oder der Klerus, sondern diese Schichten fühlten sich jetzt als die führenden Repräsentanten der jeweils herrschenden Kunstgesinnung. Als die entscheidende Kultur wurde daher in vielen Ästhetiken der zweiten Hälfte des 19. Jahrhunderts allein das verstanden, was innerhalb der Künste zwischen dem weitgehend entleerten Prunk der höfischen Kreise und den als niedrig verschrienen Vergnügungen der Unterklassen eine ins „Poetische" erhobene mittlere, sprich: bürgerliche Linie verfolgte.

Die Kulturkonzepte dieser Schichten wandten sich demzufolge seit der Gründung des Zweiten Kaiserreichs im Jahr 1871 gegen dreierlei: den vom Hofe forcierten wilhelminischen Klassizismus, die als vulgär abgelehnte Volkskunst und den mit der Sozialdemokratischen Partei sympathisierenden Naturalismus, dem sie eine Tendenz ins Vaterlandslose und zugleich Ästhetisch-Minderwertige vorwarfen. All das, was in der bürgerlich-realistischen Kunst der Nachmärz-Ära zwischen 1849 und 1870 noch vielfach spezifisch kleinbürgerliche Züge aufgewiesen hatte, wurde dabei im Zuge der wirtschaftlichen Prosperität der sogenannten Gründerzeit sowie der in den frühen neunziger Jahren einsetzenden ökonomischen Konjunktur immer stärker von einer Wende ins Großbürgerliche abgelöst, die – im Rahmen einer „machtgeschützten Innerlichkeit" – zusehends ins Ästhetisierende und schließlich ins Geschmäcklerisch-Impressionistische drängte, ja innerhalb der sezessionistischen Fin-de-Siècle-Kultur der Jahrhundertwende selbst vor bewusst „dekadenten" Zügen nicht zurückschreckte. Und damit wurde das „interesselose Wohlgefallen" an Kunst und Kultur, das ursprünglich befreiend gemeint war, zum Ausdruck einer bürgerlich-elitären Ideologie der Ideologielosigkeit, die sich nur noch als ästhetische, aber nicht mehr als politische Fronde zu den wilhelminischen Hofkreisen sowie der für die SPD stimmenden Arbeiterklasse empfand.

In den Jahren zwischen 1895 und 1910, als das Zweite Kaiserreich in der Weltrangliste der Industrienationen auf den zweiten Platz aufrückte, sah daher die kulturelle Situation in Deutschland folgendermaßen aus: Die wilhelminischen Führungsschichten befürworteten im Bereich der Kunst weiterhin einen klassizistischen Monumentalismus mit nationalem Einschlag, während sich das Großbürgertum mehrheitlich voller Stolz auf sein inzwischen erreichtes Bildungsniveau berief und in seinen sezessionistisch eingestellten Gruppen eine ins Spätimpressionistische, Formalistisch-Symbolistische, Stimmungsbetont-Neuromantische oder Jugendstilhaft-Dekorativistische tendierende Kunst favorisierte. Allerdings mangelte es in diesem Zeitraum an den Rändern des offiziellen oder offiziösen Kulturbetriebs keineswegs an oppositionellen Stimmen. Diese kamen jedoch nicht, wie die Oberklassen befürchteten, von Seiten der Kulturtheoretiker der SPD. Im Gegenteil, die Sprecher dieser Partei begnügten sich unter der Parole „Wissen ist Macht" weitgehend mit der Aneignung des kulturellen Erbes der goethezeitlichen Kunst und verschoben die allmähliche Herausbildung einer wahrhaft sozialistischen Kultur auf die mit evolutionären Hoffnungen anvisierte Zeit nach dem parlamentarischen Sieg über die wilhelminische Bourgeoisie. Dagegen opponierten die deutsch-völkisch eingestellten Gesellschaftsschichten – in schroffer Ablehnung der rasch voranschreitenden Industrialisierung und Vergroßstädterung Deutschlands – im gleichen Zeitraum sowohl gegen die sogenannte Hofkunst als auch gegen die als „französisch" geltende impressionistisch-symbolistische Kunst der großbürgerlichen Schichten, denen sie im Rahmen der Lebensreformbewegung, des Wandervogels sowie der Heimatkunst weitreichende Konzepte einer volkstümelnden Jugend- oder Bauernkultur entgegensetzten. Doch zu einer wirklich scharfen Opposition auf kultureller Ebene kam es erst um 1910, als sich einige junge Expressionisten – trotz ihres maßlosen Ich-Kults – zu einer politästhetischen Avantgarde gegen das gesamte wilhelminische „System" zusammenzuschließen versuchten.

Nach den ersten Augusttagen des Jahres 1914 traten jedoch viele dieser Gegensätze wieder in den Hintergrund. Im Zeichen einer verbreiteten Kriegsbegeisterung, die im Rahmen der Intellektuellenkreise sogar als „Kulturmission" Deutschlands gegen die zivilisatorischen „Entartungserscheinungen" westeuropäischer Länder wie England und Frankreich aufgefasst wurde, ließen sich nicht nur die bürgerlichen Schichten sowie die Mehrheit der Sozialdemokraten von den kriegsauslösenden Parolen Wilhelms II. und seiner ideologischen Handlanger mitreißen, selbst manche Frühexpressionisten sahen in diesem Krieg – nach der langen, als „erschlaffend" aufgefassten Prosperitätsperiode der Jahrhundertwende – einen Aufbruch ins Abenteuerlich-Wilde, dem sie sich nur allzu willig hingaben. Und wer nicht mit dieser allgemeinen Kriegsbegeisterung und ihren politischen Konsequenzen übereinstimmte, wurde sowohl auf politischer Ebene als auch im Bereich der

Künste von der staatlichen Zensur gewaltsam zum Schweigen gebracht.

Als daher 1918, nach einem als sinnlos empfundenen Stellungskrieg, in Deutschland die Novemberrevolution ausbrach, waren die bürgerlichen Kulturträgerschichten auf diese Wende kaum vorbereitet. Es kam zwar – in Parallele zum Spartakus-Aufstand in Berlin und dem Versuch der Gründung einer Roten Räterepublik in München – auf Seiten der Expressionisten und Dadaisten zu einigen vehementen Versuchen, auch mit künstlerischen Mitteln in die politisch explosiven Zeitumstände einzugreifen. Aber diese Versuche schlugen weitgehend fehl. Und zwar scheiterten sie nicht allein an den auf eine politische und sozioökonomische Stabilisierung drängenden Taktiken der von Friedrich Ebert angeführten Mehrheitssozialdemokraten, die alle Putschversuche von links mit Hilfe der Reichswehr und einiger rechtsradikaler Freikorpsgruppen niederschlugen, sondern auch an der ideologischen Unreife der auf eine solche Revolution kaum vorbereiteten Intellektuellen und Künstler. Diese versuchten sich zwar mit politästhetischen Mitteln an die „breiten Massen" zu wenden, aber übersteigerten dabei ihre stilistischen Ausdrucksformen so stark ins Ekstatisch-Expressive, dass sie von der Mehrheit der damaligen Bevölkerung als „überspannt" oder „volksfremd" abgelehnt wurden. Und somit blieben ihre Werke – trotz aller weltverändernden Hoffnungen – doch nur „Kunst", statt die Basis einer neuen Gesellschaftsordnung abzugeben.

Nach dem Scheitern der expressionistischen Revolte sowie der danach einsetzenden „relativen Stabilisierung" der politischen und sozioökonomischen Verhältnisse entstand gegen Mitte der zwanziger Jahre innerhalb der Weimarer Republik eine kulturelle Situation, die sich von den gesellschaftsbedingten Zuständen vor dem Ersten Weltkrieg grundsätzlich unterschied. Zugegeben, es gab auch jetzt noch großbürgerliche Schichten, die vornehmlich die klassisch-romantische Kunst der Vergangenheit hoch schätzten, und es gab auch noch sozialdemokratische Kulturorganisationen, welche solche Werke sogar den Arbeitern zugänglich machen wollten. Aber daneben entwickelte sich aufgrund der mit US-amerikanischen Millionenkrediten angekurbelten deutschen Wirtschaft eine ständig wachsende klein- bis mittelbürgerliche Angestelltenklasse, die sich mehrheitlich den für sie hergestellten Produkten der neu entstehenden Medienkonzerne zuwandte. Ihre Kultur war daher die Freizeitwelt der Kinos, der Rundfunksendungen, der

Sportveranstaltungen, der Illustrierten, der Warenhausdarbietungen und der jeweiligen Hits der Schlagerindustrie. Statt älteren Vorstellungen von Bildung, Geschmack oder sozialem Prestige zu huldigen, wollte sich diese Gesellschaftsschicht in erster Linie „unterhalten". Sie sah ihre „Größen" demzufolge nicht mehr in den bisher gefeierten Künstlern und Künstlerinnen der Hochkultur, sondern in den Stars und Diven des sich weitgehend an US-amerikanischen Vorbildern orientierenden Show-Business.

Die Kultur der mittleren Phase der Weimarer Republik, an deren Ende Deutschland, nach den USA, wiederum den zweiten Platz in der Weltrangliste der Industrienationen einnehmen konnte, beruhte deshalb zum ersten Mal auf einer Kunstszene, die nicht nur, wie bisher, in eine elitäre Hochkultur und eine krude Popularkultur gespalten war. In ihr zeichnete sich zugleich eine Demokratisierungstendenz ab, welche sich erstmals an der sozialen Leitvorstellung einer nivellierten Mittelstandsgesellschaft orientierte. Weil die wirtschaftspolitischen Führungsschichten dieses Ziel – im Hinblick auf eine gesteigerte Massenabsetzbarkeit ihrer Produkte – vor allem durch eine möglichst schnelle Beschleunigung der industriellen Zuwachsrate zu erreichen hofften, kam es dabei auf kulturellem Sektor zu einer Waren- oder Warenhausästhetik, die im Zeichen einer „Neuen Sachlichkeit" auf eine generelle Abschaffung der als idealistisch angeprangerten Hochkulturformen zugunsten einer verbrauchergerechten Designer-Kultur drängte. Da jedoch die älteren Kulturträgerschichten nicht über Nacht auf die bisherigen Hochkulturkünste verzichten wollten, wurde von ihren Sprechern und Sprecherinnen – neben der Pflege des kulturellen Erbes – sogar die Neue Sachlichkeit zum Stil erhoben und damit zur „Kunst" erklärt.

Mit dem Beginn der Weltwirtschaftskrise im Oktober 1929 gerieten jedoch die meisten dieser Konzepte in eine tiefe Krise, was zu einem Anwachsen sowohl linker als auch rechter Kulturvorstellungen führte. Die Kommunistische Partei konzentrierte sich dabei – wenn auch mit geringen finanziellen Mitteln – in den folgenden Jahren vor allem auf die Herausbildung einer Roten Kampfkunst. Die Nationalsozialisten bedienten sich zwar ebenfalls gewisser Agitprop-Formen, versuchten aber zu gleicher Zeit das wohl situierte und gebildete Bürgertum durch eine am großen deutschen Kunsterbe ausgerichtete Kulturpolitik für ihre Ziele zu gewinnen. Als Hitler und seiner Partei im Januar 1933 von den Großagrariern und Industriellen die Macht übergeben wurde, behielten sie zwar die Hochkulturtendenzen bei, ersetzten jedoch die Agitprop-Formen zusehends durch jene Genres einer aufheiternden Unterhaltungskultur, von denen sie sich eine affirmativ stimmende Massenwirksamkeit versprachen. Auf diese Weise gelang es ihnen binnen weniger Jahre, auch im Bereich der Kultur die Zustimmung breitester Bevölkerungsschichten zu erringen. Und jenen Bildungsbürgern, die mit ihren Zielen nicht voll übereinstimmten, boten sie wenigstens die Chance einer sogenannten Inneren Emigration in den Bereich des christlichen oder humanistischen Denkens.

Ihren linken oder jüdischen Gegnern, welche die Nationalsozialisten weitgehend ins Exil trieben, gelang es dagegen in ihren Gastländern lediglich in Ausnahmesituationen, mit ihrem Anspruch, die selbst erwählten Vertreter und Vertreterinnen des „anderen, besseren Deutschlands" zu sein, eine gewisse Aufmerksamkeit auf sich zu ziehen. Um mehr zu erreichen, dazu war ihre Zahl nicht groß genug. Zudem sahen sie sich selbst in den westlichen Demokratien in vielen Fällen einer Appeasement-Politik gegenüber, die ihre kulturellen Aktivitäten, sobald sie ins Antifaschistische tendierten, nicht unbedingt mit Wohlwollen betrachtete. Demzufolge blieben ihre Bemühungen, die Weltöffentlichkeit auf die brutalen Unterdrückungsmaßnahmen des Hitler-Regimes aufmerksam zu machen, relativ wirkungslos.

Ja, selbst in der unmittelbaren Nachkriegszeit, als einige dieser Vertriebenen in eine der vier alliierten Besatzungszonen zurückkehrten, wurden sie von der Mehrheit der Zurückgebliebenen nicht gerade als die „Helden der ersten Stunde" empfangen. Lediglich die Behörden der sowjetischen Militärverwaltung in Ostberlin übertrugen ihnen in ihrer Besatzungszone im Rahmen des Kulturbunds zur demokratischen Erneuerung Deutschlands eine Reihe einflussreicher Positionen, während in den drei westlichen Besatzungszonen eher die Angehörigen der Inneren Emigration in die kulturpolitisch wichtigen Stellen einrückten. Doch eins hatten viele der ehemaligen Exilanten oder Exponenten der Inneren Emigration anfangs gemeinsam: Sie hofften, sowohl die ältere deutsche Hochkultur als auch die im Exil oder innerhalb des Dritten Reichs entstandene anti- bzw. nichtfaschistische Kunst in den Dienst einer durchgreifenden politischen Umbesinnung des deutschen Volkes zu stellen. Fast alle Vertreter und Vertreterinnen der trivial-unterhaltsamen Formen der bisherigen Freizeitindustrie, die mit dem Nationalsozialismus paktiert hatten, blieben daher – solange von „Einkehr", „Besinnung" oder „Wandlung" gesprochen wurde – erst einmal eine Weile im Hintergrund. Doch diese Situation änderte sich schon nach dem Beginn des Kalten Krieges und der im Sommer 1948 in den drei westlichen Besatzungszonen und in Westberlin vollzogenen Währungsreform auf höchst dramatische Weise. Während in der sogenannten Trizone und dann der im Herbst 1949 gegründeten westdeutschen Bundesrepublik im Zuge der sich schnell steigernden Akzeleration der ökonomischen Zuwachsrate auch die Unterhaltungsindustrie wieder auf vollen Touren zu laufen begann, blieb in der Sowjetischen Besatzungszone und der ebenfalls im Herbst 1949 gegründeten Deutschen Demokratischen Republik aufgrund des dort verkündeten sozialistischen Kulturprogramms, nur hochwertige Kunstformen zu unterstützen, eine ähnlich geartete Wende ins Populistisch-Triviale erst einmal aus.

Die vielfach aufgefächerte Kultur der westdeutschen Bundesrepublik, die sich in den fünfziger Jahren im Zuge des Kalten Krieges und des von den Vereinigten Staaten unterstützten „Wirtschaftswunders" entwickelte, bemühte sich im Sinne ihrer Westorientierung weitgehend darum, als pluralistischer Ausdruck einer „offenen Gesellschaft" zu erscheinen. In ihr gab es sowohl die bewusst „eingängigen" Produkte der wieder aufblühenden Unterhaltungsindustrie, welche die Kulturbedürfnisse der sogenannten breiten Massen bediente, aber selbst bei den gebildeten Schichten zusehends Anklang fand, als auch eine Kunst im Sinne der älteren Hochkulturkonzepte, für deren Förderung sich vor allem das konservativ gestimmte Bürgertum einsetzte. Die freidemokratischen Schichten dieses Zeitraums hielten dagegen die verschiedenen E-Kultur-Formen einer sich auf die formalen Aspekte beschränkenden Kunst wie die der abstrakten Malerei, atonalen Musik und absurden Literatur für richtungsweisend, weil sich diese nicht nur gegen die nationalsozialistische Kunstdiktatur, sondern – mit Hilfe US-amerikanischer Organisationen – auch als Ausdrucksform westlicher Freiheit gegen die „verknechtende" Unfreiheit des Sozialistischen Realismus jenseits des Eisernen Vorhangs ausspielen ließen.

Diese Situation hielt bis in die Mitte der sechziger Jahre an, als in Westdeutschland unter den liberal gesinnten Intellektuellen wie auch den rebellischen Studenten und Studentinnen die Hoffnung aufkeimte, den weit auseinander klaffenden Gegensatz zwischen der formalästhetisch eingestellten E-Kultur und der trivialen U-Kultur durch eine gesamtgesellschaftlich orientierte A- oder Allgemeinkultur zu überwinden. Und dabei fiel in diesem Bereich, wenn auch mit dreierlei Akzentsetzung, immer wieder das Wort „Demokratisierung". Die Liberalen verstanden darunter – in Anknüpfung an die besten Leistungen der Weimarer Kultur – vor allem eine Kunst der „mittleren Linie". Die Linken hofften, in ihren neu gegründeten Organisationen der herrschenden, als bürgerlich-affirmativ verstandenen Kulturszene eine proletarische Kultur entgegenzusetzen. Die Pop-Rebellen der Außerparlamentarischen Opposition und die sich ihnen anschließenden Schichten, welche sich mit ähnlichen Kulturformen der Protestgeneration in anderen nordatlantischen Staaten verbunden fühlten, schworen dagegen auf die emanzipatorischen Impulse innerhalb einer ins Hedonistisch-Aufmüpfige gewendeten Poster-, Comic- und Rock-Kultur.

Als diese Protestwelle in der zweiten Hälfte der siebziger Jahre wieder abebbte, sah die westdeutsche Kulturszene folgendermaßen aus: Der Bereich der älteren wie auch der als „modern" hingestellten E-Künste wurde in diesem Zeitraum ständig kleiner, während die U-Künste in der Gunst eines klassen- und bildungsmäßig immer diffuseren Publikums einen Triumph nach dem anderen erlebten. Die anfangs erhoffte A-Kultur blieb demnach aus. Daran änderte auch der Einbruch der sogenannten postmodernen Kunstformen im Laufe der achtziger Jahre nicht viel. Diese sollten zwar durch die Vermischung e- und u-kultureller Elemente ebenfalls „demokratisierend" wirken, interessierten aber in ihrer teils bizarr-vulgären, teils bewusst-aparten Formgebung fast ausschließlich eine intellektuelle Minderheit und traten daher in der Folgezeit wieder allmählich in den Hintergrund.

Während all dieser Entwicklungen auf der Kunstszene der westdeutschen Bundesrepublik vollzog sich der kulturelle Wandel in der Deutschen Demokratischen Republik wesentlich langsamer. Weil hier die Beschleunigung der industriellen Zuwachsrate immer wieder ins Stocken geriet, entwickelte sich kein mit der Bundesrepublik vergleichbarer Konsumismus. Daher behielten die Bücher, Konzerte und Theateraufführungen im Bereich der Hochkultur, die aufgrund der staatlichen Förderungsprogramme relativ erschwinglich waren, in diesem Staat lange Zeit einen bedeutenden Nimbus. Hier sollte – nach den Vorgaben der Sozialistischen Einheitspartei Deutschlands – endlich jener Weg zu der „einen großen, gebildeten Nation" eingeschlagen werden, von dem so viele linke Kulturtheoretiker bisher nur geträumt hatten. Doch damit wurden weite Schichten der Bevölkerung, die nach dem alltäglichen Arbeitsstress des Abends oder am Wochenende in einer populär-gestimmten Unterhaltungskultur untertauchen wollten, bildungspolitisch überfordert. Demzufolge musste die Führungsschicht der DDR – nach vielen ideologischen Skrupeln – in den späten siebziger und frühen achtziger Jahren innerhalb der Film-, Rock-, Rundfunk- und Fernsehkultur dann doch massive Einbrüche einer „westlich" gefärbten Popkultur erlauben, durch welche die hochkulturellen Erwartungen aus der Frühzeit dieses Staates zusehends ihren leitbildlichen Charakter verloren.

Als es nach der sogenannten Wende im Jahr 1990 zur Wiedervereinigung der beiden deutschen Staaten kam, änderte sich daher in den verschiedenen Kulturbereichen nichts Wesentliches. Zugegeben, große Teile der spezifisch ostdeutschen Hochkulturprodukte wurden verramscht. Aber ansonsten vollzog sich der kulturelle Zusammenschluss – aufgrund der ökonomischen Übermacht des Westens – in vorhersehbaren Bahnen. Eine Reihe ostdeutscher E-Kultur-Künstler und -Künstlerinnen verstummte oder begnügte sich mit derselben randständigen Rolle, welche die westlichen E-Kultur-Repräsentanten und -Repräsentantinnen schon seit langem akzeptiert hatten, während sich die Anderen um Verdienstmöglichkeiten in der weitgehend systemkonformen Unterhaltungsindustrie des Westens bemühten. Das Ergebnis war eine Kulturszene, innerhalb deren sowohl die älteren linken als auch die modernistisch-liberalen oder postmodernen E-Kultur-Konzepte jedweden in die Gesamtgesellschaft „eingreifenden" Charakter verloren. Was jetzt im Zuge des mehrheitlich akzeptierten Neoliberalismus auf kulturellem Sektor zählte, war fast nur noch der Verkaufswert aller kulturellen Produkte.

In einem solchen System, in dem sich sämtliche Formen von Kunst und Kultur immer ausschließlicher dem Prinzip von Angebot und Nachfrage beugen mussten, riss den Löwenanteil zwangsläufig die inzwischen so weit internationalisierte Freizeit- und Unterhaltungsindustrie an sich, dass es seit den frühen neunziger Jahren immer schwerer fällt, überhaupt noch von einer spezifisch „deutschen" Kultur zu sprechen. Im Gefolge dieser Entwicklungen, die bereits in der Amerikanisierungswelle der Weimarer Republik ihr erstes Vorspiel erlebten und dann seit der „Wirtschaftswunder"-Phase der westdeutschen Bundesrepublik ständig unaufhaltsamer wurden, sind in der Kunstszene der sogenannten Berliner Republik kaum noch nationale oder klassenbestimmte Kulturfaktoren ausfindig zu machen. Durch den weitgehenden Abbau vieler politischer, sozialer und künstlerischer Leitvorstellungen hat der Begriff „Kultur" inzwischen eine ganz andere Bedeutungsform angenommen. Die meisten Deutschen verstehen darunter nichts spezifisch Erhebendes, Normschaffendes oder Ästhetisch-Vollendetes mehr, sondern gebrauchen ihn immer stärker auf der Ebene ihres persönlichen Lebens- und Konsumverhaltens. Dementsprechend gibt es heute keine „einsam ringenden" Künstler oder für eine „andere, bessere" Gesellschaft kämpfenden Avantgardebewegungen mehr, aber dafür eine Eventkultur, eine Einkaufskultur, eine Esskultur, eine Tourismuskultur, eine Wohnkultur, ja sogar eine Badezimmerkultur, deren ästhetische Ausdrucksformen weitgehend von den kommerziellen Interessen der großen Konsumgüter- und Freizeitindustrien abhängen. Was das gebildete Bürgertum sowie die Theoretiker der Arbeiterbewegung des 19. und frühen 20. Jahrhunderts unter „Kultur" verstanden, hat inzwischen den Anspruch des Ästhetisch-Besonderen oder Erzieherisch-Höherbildenden fast völlig aufgegeben. Dafür haben sich Phänomene breit gemacht, die eher an die Lust- oder zumindest Kompensationsbedürfnisse breitester Bevölkerungsschichten zu appellieren versuchen. Aufgrund dieser Entwicklung ist einerseits ein nicht zu übersehender technischer, das heißt auf steigenden Komfort drängender Fortschritt erzielt worden, aber andererseits ein ebenso unübersehbarer Verlust ästhetischer und gesellschaftskritischer Alternativvorstellungen eingetreten. Und das stimmt manche Kulturkritiker und Kulturkritikerinnen – aufgrund der immer blasser werdenden „Silberstreifen" am neoliberalen Verbraucherhimmel – zusehends melancholisch.

Die letzte Phase des Zweiten Kaiserreichs (1900–1918)

Sezessionismus um die Jahrhundertwende

Zu Beginn des 20. Jahrhunderts befand sich Deutschland inmitten einer wirtschaftlichen Hochkonjunkturperiode, die 1893/94 begann und sich danach so rapide beschleunigte, dass dieser Staat im Jahr 1913 in der Weltrangliste der Industrienationen – nach den USA – den zweiten Platz einnehmen konnte. Die sozioökonomischen Folgen dieses „Aufschwungs" äußerten sich allenthalben. Während im 1871 gegründeten Zweiten Kaiserreich nur fünf Prozent der deutschen Bevölkerung in größeren Städten gewohnt und gearbeitet hatten, waren es 1910 bereits 21 Prozent. Dem entsprach, dass sich die Landbevölkerung im gleichen Zeitraum von 65 Prozent auf 40 Prozent verminderte. Nach einer länger anhaltenden wirtschaftlichen Depression in den späten siebziger und achtziger Jahren, die über eine Million Deutsche zur Auswanderung zwang, arbeiteten demzufolge seit den frühen neunziger Jahren immer mehr Beschäftigte in industriellen Großbetrieben, deren Besitzer und Aktionäre – neben den adligen Agrariern und hohen Offizieren – zusehends in die Führungsschichten des wilhelminischen Kaiserreichs aufstiegen. Das Ausmaß dieser „Herrenschicht", wie sie allgemein hieß, wurde um 1900 auf 24 000 Personen geschätzt, der etwa 56 Millionen Bürger, Arbeiter und in der Landwirtschaft Beschäftigte gegenüberstanden, die sich noch als deutlich unterschiedene Klassen empfanden.

Mit Unterstützung dieser „Herrenschicht" konnte der junge Kaiser, der 1888 als Wilhelm II. den Thron bestieg, eine autoritäre Herrschaft anstreben, die sich in ihrer exportbetonten und imperialistisch-kolonialistischen Ausrichtung deutlich von der eher preußisch-junkerlich orientierten Politik Otto von Bismarcks unterschied, den der Kaiser im Zuge seines „Neuen Kurses" 1890 auf äußerst ungnädige Weise aus seinem Amt entfernte. Für die im Reichstag vertretenen Sozialdemokraten sowie die bürgerlichen Freisinnigen und Fortschrittler legte Wilhelm II. nur Verachtung an den Tag. Falls er in seinen politischen oder wirtschaftlichen Entscheidungen überhaupt auf den Reichstag Rücksicht nahm, stützte er sich weitgehend auf jenes Rechts-der-Mitte-Kartell, in dem die Konservativen die ausschlaggebende Stimme hatten. Dieses Kartell, hinter dem die Großindustriellen und Großagrarier – also eine Allianz aus „Stahl und Roggen" – stand, betrachtete alle links von ihm stehenden Parteien bereits seit 1848 von vornherein als Staatsfeinde, wenn nicht gar als Vaterlandsverräter. Infolgedessen vertrat es im Sinne seiner eigenen wirtschaftlichen Interessen – trotz der Fassade eines parlamentarischen Repräsentativsystems – eine ausgesprochen demokratiefeindliche Haltung, die deutlich oligarchische Züge aufwies. Das Hauptbestreben dieser Koalition bestand darin, Deutschland durch die Erleichterung der Exportbedingungen für industrielle Erzeugnisse sowie die Einführung von Schutzzöllen für agrarische Produkte eine führende Rolle auf dem Weltmarkt zu ermöglichen. Und diese Politik, die sich für die Mehrheit der deutschen Bevölkerung als wohlstandsfördernd erwies, verschaffte dieser Kaste eine breite Anhängerschaft in fast allen oberen und mittleren Gesellschaftsschichten. Ja, selbst viele revisionistisch eingestellte Sozialdemokraten gaben im Laufe der neunziger Jahre ihre bisherigen revolutionären Zielsetzungen zugunsten evolutionärer Vorstellungen auf.

Die Kaiserpassage (1873) in der Berliner Friedrichstraße, erbaut von den Architekten Walter Kyllmann und Alfred Heyden, galt als repräsentativ für den wirtschaftlichen Aufschwung der frühen siebziger Jahre. Im Zweiten Weltkrieg fiel sie den alliierten Bombenangriffen zum Opfer.

Welche Auswirkungen musste diese Entwicklung nach 1900 auf die Kultur des Zweiten Kaiserreichs haben? In den achtziger Jahren, also im Gefolge der nationalen Hochstimmung der frühen Gründerzeit und der durch die wirtschaftliche Depression nach 1874 immer akuter werdenden „sozialen Frage", hatten sich auf kulturellem Sektor vor allem zwei Bevölkerungsgruppen gegenübergestanden: die weiterhin mit dem Chauvinismus, Monumentalismus und protzenhaften Geschäftsgeist der Gründerzeit sympathisierenden Schichten sowie die jungen Naturalisten, die sich auch im Bereich der Kultur weitgehend für die Forderungen der 1875 in Gotha gegründeten Sozialistischen Arbeiterpartei einzusetzen versuchten. Während sich die Naturalisten dabei in ihren Themen und Stilmitteln vor allem an französischen und skandinavischen Vorbildern orientierten, weshalb diese Kunstrichtung von den Hofkreisen und den ihnen zustimmenden Reichspatrioten als undeutscher Zolaismus oder Ibsenismus diffamiert wurde, stützten sich die gründerzeitlichen Künstler und Kulturtheoretiker meist auf altbewährte deutsche Traditionen. Unter spezifisch „deutsch" verstanden sie – im Einklang mit der Blütezeitentheorie des Germanisten Wilhelm Scherer – entweder germanisch-mittelalterliche oder klassisch-romantische Überlieferungen. Ihr kulturelles Wunschbild war deshalb um 1900 entweder eine Silberne Klassik oder eine nationalisierte Neuromantik, um sich so in den Dienst einer „kulturellen Innenbeseelung" des 1871 gegründeten Zweiten Kaiserreichs zu stellen.

Neben den chauvinistisch aufgeblähten Sedan-Feiern sowie den anlässlich der Geburtstage der Hohenzollernkaiser stattfindenden Jubelszenarien, bei denen wilhelminisch gesinnte Festspieldichter, Regisseure, Schauspieler, Maler und Dirigenten ihr Möglichstes taten, um sich an Hurrapatriotismus und byzantinistischer Servilität zu überbieten, gab es daher in den gleichen Jahren auch eine steigende Verkultung Goethes und Schillers als jener zwei „Klassiker", die von Heinrich von

Nische im Salon des Hauses Neumann in der Berliner Potsdamer Straße 10 (um 1885). Gutes Beispiel für die pompöse Ausstattung eines großbürgerlichen Empfangszimmers im Beaux-Arts-Stil der frühwilhelminischen Ära.

Treitschke im ersten Band seiner *Deutschen Geschichte im 19. Jahrhundert* (1879) als die wichtigsten kulturellen Vorläufer des neu gegründeten Reiches hingestellt wurden. Weimar und Sedan galten demzufolge bei vielen finanziell „besser gestellten" Bürgern, die sich als die zentralen Repräsentanten der deutschen Kultur empfanden, keineswegs als sich widersprechende Leitbilder. Im Gegenteil, dem Stolz auf die militärische Stärke des neuen Reiches entsprach durchaus ein Stolz auf „unsere" beiden Klassiker. Mit ähnlicher Absicht wurden Beethoven, Wagner und Brahms sowie Kant, Fichte und Hegel als deutsche Kulturheroen gefeiert, um so neben der literarischen auch die musikalische und philosophische Stärke, wenn nicht gar das schlechthin höher Geartete des deutschen Geistes den westeuropäischen Zivilisationen gegenüber herauszustreichen. Dafür sprechen nicht nur die mit großem Pomp abgehaltenen Hauptversammlungen der 1885 in Weimar gegründeten Goethe-Gesellschaft, wo von gewissen Hurrapatrioten mit Goethe die „Wacht am Rhein" bezogen wurde, sondern auch andere kulturelle Veranstaltungen der achtziger und neunziger Jahre, auf denen große Teile der Bildungsbourgeoisie – trotz aller Bekenntnisse zum goethezeitlichen Humanismus, zur seelischen Tiefe der deutschen Musik und zum edelmütigen Idealismus der deutschen Philosophie – immer wieder Lieder wie „Es braust ein Ruf wie Donnerhall" oder „Heil dir im Siegerkranz" anstimmten, um sich damit zu einer unwandelbaren Kaisertreue zu bekennen.

Etwas schwächer wurde dieser gründerzeitliche Chauvinismus und Hohenzollernkult – jedenfalls auf kultureller Ebene – erst in der zweiten Hälfte der neunziger Jahre, als sich die rapide Beschleunigung der wirtschaftlichen Wachstumsrate auch auf der Ebene des Ideologischen und zugleich Politästhetischen auszuwirken begann. Etwas vereinfacht gesprochen, lassen sich dabei zwei Haupttendenzen konstatieren: einerseits ein merkliches Abschwächen der bisher bewusst radikal auftretenden naturalistischen Protestbewegung sowie andererseits ein ebenso merkliches Anwachsen ästhetizistisch-sezessionistischer Kunstströmungen, die sich im Zeichen einer nicht näher definierten „Moderne" gegen den als veraltet und damit unzeitgemäß empfundenen Monumentalismus der gründerzeitlichen Kunstbestrebungen wandten.

Dass es um die Mitte der neunziger Jahre zu einem deutlichen Rückgang des Naturalismus kam, hatte vor allem folgende Gründe: Da der Reichstag 1890 die Antisozialistengesetze aufgehoben hatte, erschien vielen jungen, bis dahin rebellisch eingestellten Künstlern und Künstlerinnen der Avantgardismus dieser Richtung plötzlich nicht mehr so brisant wie vor diesem Zeitpunkt. Außerdem trat durch die wachsende wirtschaftliche Prosperität die bisher als höchst akut empfundene „soziale Frage", die in vielen naturalistischen Werken – neben Angriffen auf den wilhelminischen Obrigkeitsstaat – die zentrale Thematik gebildet hatte, schrittweise in den Hintergrund. Während Gerhart Hauptmanns Drama *Die Weber* bei seiner Uraufführung im Jahr 1892 noch als „umstürzlerisch" galt, ja Kaiser Wilhelm II. veranlasste, seine Loge im Deutschen Theater in Berlin zu kündigen, wurde dieses Werk schon wenige Jahre später als ein inzwischen historisch gewordenes Mitleidsdrama aufgefasst. Zudem hatte die Parteiführung der SPD nichts getan, den Naturalismus als eine ihrer eigenen Partei dienliche Kunstströmung zu propagieren, sondern im Sinne Franz Mehrings den damaligen Arbeitern und Arbeiterinnen die Aneignung des kulturellen Erbes des aufsteigenden Bürgertums zwischen 1750 und 1848 empfohlen. Und so war es trotz der Gründung einiger sozialdemokratisch gelenkter Volksbühnen, antigründerzeitlicher Dramen, Romane und Ge-

dichte von Karl Bleibtreu, Hermann Conradi, Julius und Heinrich Hart, Gerhart Hauptmann, Arno Holz und Max Kretzer sowie sozial engagierter Grafiken und Gemälde von Hans Baluschek, Thomas Theodor Heine, Käthe Kollwitz, Max Liebermann und Heinrich Zille nicht zu einer wahrhaft proletarisch gesinnten Gegenkultur gekommen.

Die Mehrheit der kunstinteressierten Schichten innerhalb des freisinnigen Flügels der Bildungsbourgeoisie sah deshalb im Laufe der neunziger Jahre keinen Grund mehr, weiterhin mit dem Naturalismus zu sympathisieren. Weil jedoch dieser Teil des wilhelminischen Bürgertums auch die hohenzollernhörige Reichskunst der Siegessäulen, Kaiserdenkmäler, Bismarck-Türme und aufgedonnerten Historiendramen als geschmacklos ablehnte, geriet er zusehends in ein kulturpolitisches Niemandsland. Worauf sich diese

Thomas Theodor Heine: *Eine unverschämte Person: „Bitt schön, wenn der Herr Hund nicht alles aufessen kann ..."* (1895). Die antigründerzeitliche Darstellung aus dem *Simplicissimus* soll auf die tiefe soziale Kluft zwischen den bornierten Neureichen und den durch die wirtschaftliche Depression verarmten Bevölkerungsschichten hinweisen.

Schicht jetzt stützte, war meist ein als „frondierend" empfundenes Mittelstandsbewusstsein, welches sich sowohl gegen oben als auch gegen unten wandte und sich in eine sezessionistische Abseitshaltung zurückzog. Da die Anhänger dieser Richtung ihre frühere halb liberale, halb kaisertreue Haltung inzwischen weitgehend zu Gunsten einer Ideologie der Ideologielosigkeit aufgegeben hatten, opponierten sie in der Folgezeit gegen ihnen als misslich erscheinende Kunstströmungen nicht mehr aus politischen oder sozioökonomischen, sondern lediglich aus ästhetischen Gründen.

Das Resultat dieser Entwicklung waren auf bildkünstlerischem Gebiet jene im Laufe der neunziger Jahre in mehreren deutschen Städten gegründeten Sezessionen, welche sich von allen politischen Zielsetzungen fern hielten und nur Mitglieder aufnahmen, die von ihren Auswahlgremien als besonders „begabt" bezeichnet wurden, ohne damit klar definierte ideologische Qualifikationen zu verbinden. In diesen Sezessionen zählten allein der subjektive Faktor und der ästhetische Geschmack. Sie fühlten sich nicht mehr als Avantgarden im Sinne des Vormärz oder des Naturalismus, sondern nur noch als lockere Zusammenschlüsse einzelner Künstler, deren Gemeinsamkeit lediglich in ihrer Ablehnung der klassizistisch ausgerichteten Kunstvorstellungen der Höfe und Akademien bestand. Ansonsten huldigten sie dem als kunstautonom verstandenen Prinzip des „interesselosen Wohlgefallens" und überließen die Thematik und den künstlerischen Stil der individuellen Vorliebe ihrer Mitglieder. In deutlicher Parallelentwicklung dazu kam es in den späten neunziger Jahren auch im Bereich der Literatur – im Gegensatz zur Fülle der von vielen gründerzeitlichen und naturalistischen Künstlern abgefassten Manifeste – kaum noch zu kulturpolitischen Programmerklärungen. Stattdessen verbreitete sich in diesem Bereich eine Laissez-faire-Gesinnung, die alles und jedes, nur keinen Verstoß gegen eine geschmacksbetonte Eleganz der Themenwahl und eine stilistisch geschliffene Ausdrucksweise tolerierte. Ja, auf musikalischem Gebiet verstummte – außer in den Schriften der noch gründerzeitlich orientierten Wagnerianer – die Theoriebildung in den späten neunziger Jahren fast völlig.

Dennoch lässt sich bei näherer Betrachtung innerhalb dieses frühen Sezessionismus eine Richtung ausmachen, die sich schnell als die wichtigste Strömung durchsetzte. Ihr wurde schon damals meist das Etikett „Impressionismus" aufgeklebt. Was die an solchen Fragen interessierten Kritiker und Feuilletonisten um 1900 mit diesem Begriff zu charakterisieren versuchten, war nicht nur ein künstlerisches Stilprinzip, sondern umfasste – kultursoziologisch gesehen – wesentlich breitere Lebensbereiche. Viele verstanden darunter in erster Linie eine freie Verfügbarkeit über sich selbst. Im Bereich des Sezessionismus der späten neunziger Jahre galt deshalb nur der als Impressionist, der nicht zögerte, sich jedem neuen sinnlichen oder ästhetischen Reiz geradezu willenlos hinzugeben. In diesem Umkreis sollte jeder Kulturinteressierte ständig „impressionabel" sein, um nur ja keinen jener sensualistischen Eindrücke und Genüsse zu versäumen, welche das „moderne" großstädtische Leben allen besser verdienenden Menschen anzubieten habe. So gesehen, erschien vielen Sozialhistorikern diese Richtung als Manifestation einer luxusbetonten großstädtischen Freizeitkultur, wie es bei Karl Lamprecht in den 1909 erschienenen Ergänzungsbänden zu seiner *Deutschen Geschichte im 19. Jahrhundert* heißt, wo die impressionistische Beschleunigung der sinnlichen Wahrnehmungen und die damit verbundene kognitive „Reizsamkeit" vor allem auf die konkurrenzbetonte Hektik der durch die industrielle Hochkonjunktur angekurbelten Warenproduktion zurückgeführt wird.

Zu ähnlichen Ergebnissen kamen jene, die sich dem Impressionismus mit einer ideologiekritischen Betrachtungsweise näherten. Schließlich beruhten fast alle als „impressionistisch" zu bezeichnenden Werke oder Schriften auf einem forcierten Subjektivismus, der sich aus sämtlichen sozialen Bindungen oder Verpflichtungen herauszuhalten versuchte und sich bemühte, die vom Naturalismus herausgestellten dunklen Seiten des Lebens mit einer kulinarisch stimmenden Helligkeit zu überblenden. Daher lässt sich im Rahmen dieser Richtung eine wachsende Abneigung gegen alle sozialdemokratischen Gleichheitsforderungen beobachten, die von den Impressionisten als Nivellierung oder gar öde Gleichmacherei empfunden wurden. Stattdessen bekannten sich diese Schichten zu einem Subjektivismus, der alle zwischenmenschlichen Beziehungen einem bindungslosen Egoismus opferte. Ob in den Schriften eines Peter Altenberg, Hermann Bahr, Otto Julius Bierbaum, Richard Dehmel, Otto Erich Hartleben, Arthur Schnitzler oder Frank Wedekind: Überall war plötzlich à la Oscar Wilde von einer Steigerung der jeweiligen Reizmöglichkeiten die Rede, die nur auf der Grundlage einer sezessionistischen Boheme-Existenz möglich sei. Ein regelmäßiger Beruf wurde daher in diesen Kreisen von vornherein als lästige Fessel empfunden. Im Anklang an eine von Friedrich Nietzsche herkommende, aber immer stärker trivialisierte Lebensphilosophie galt plötzlich eine rücksichtslose Sei-du-Gesinnung als die einzig erstrebenswerte Einstellung eines impressionistisch erfahrenen Daseins. Statt zu planen, zu arbeiten oder irgendwelche höheren Ziele ins Auge zu fassen, ließ man sich im Rahmen dieser Bewegung – so ungebunden wie nur möglich – einfach treiben, was in seiner äußersten Form zum Leitbild des Globetrotters oder Hotelflaneurs führte, dessen Leben nur noch aus unzusammenhängenden Episoden besteht.

Wohl am deutlichsten äußerte sich diese vielerorts propagierte Ungebundenheit auf erotischem Gebiet. Das beliebteste Leitbild war hier der „Alleinflieger", welcher vorwiegend seiner libidinösen Reizbarkeit lebt, deren Genussverlangen sich fast ausschließlich auf den abwechslungsreichen Konsum möglichst vieler Leiber richtet. Statt noch an die ewige „Liiiebe" zu glauben, empfanden viele Anhänger dieser Richtung das impressionistische Hingegebensein an die Triebe als ein momentanes „Flugerl" und scherten sich einen „Schmarren" darum, ob sie damit die jeweiligen Partnerinnen zu nichtswürdigen Sexualobjekten erniedrigten. Was hierbei manche als Affront gegen das „geknechtete Liebesleben" der altbürgerlichen Gesellschaft hinstellten, entartete deshalb auf dem impressionistisch-freizügigen Liebesmarkt vielfach ins Hurenhafte, und zwar selbst dann, wenn mit euphemistischer Absicht lediglich von „süßen Mädeln" die Rede war. In den literarischen Werken dieser Richtung stehen daher häufig Lebemänner, Abenteurer, Hochstapler, Bankrotteure oder Dandys im Mittelpunkt, deren individuelle Ungebundenheit deutlich ans Arrogante, wenn nicht gar Parasitäre grenzt.

Allerdings bemühte „man" sich dabei, nicht ins Vulgäre abzugleiten, sondern stets ein elegantes Tenue zu wahren. Demzufolge ging die impressionistische Lebenskultur in manchen ihrer „besseren" Erscheinungen in eine ästhetische Kultur über, die ihre Erlebnisfähigkeit nicht nur in der Realität, sondern auch an besonders aparten Kunstwerken abzusättigen suchte. Statt die Kunst weiterhin in den Dienst nationaler oder sozialkritischer Tendenzen zu stellen, priesen die Impressionisten nur noch künstlerische Produkte, die sich überhaupt keine Ziele mehr setzten und deren Qualität lediglich darin bestand, von einer kleinen Schicht bürgerlicher Kunstkenner wegen ihrer sinnlich-stimulierenden Wirkung geschätzt zu werden. Was diese Richtung deshalb besonders liebte, waren all jene künstlerischen Kleinformen, die sich, wie die Prosaskizze, der Einakter, das Bänkellied, die flüchtig hingeworfene Ölstudie oder ein tonmalerisches Klavierstück, in Form ästhetischer Pralinés auf der Stelle konsumieren ließen. Einer besonderen Vorliebe erfreuten sich demzufolge in diesem Umfeld die Intimen Theater, Brettlbühnen oder Varietés, wo man sich – in einer Tanz- und Taumelatmosphäre – an den Darbietungen von Akrobaten, Diseusen, Chansonsängern oder Schleiertänzerinnen verlustieren konnte. Alles Pathetische, Idealistische oder Sozial-Aufrüttelnde war darum in diesen Kreisen künstlerisch „out", „in" dagegen alles Amüsante, Erotisch-Anspielungsreiche oder Ästhetisch-Überraffinierte, das nur sinnliche Momentreize ausübte, statt an das politische oder moralische Gewissen des Publikums zu appellieren.

Bei manchen dieser Ästheten nahm diese impressionistische „Reizsamkeit" schließlich so outrierte Züge an, dass sich schon damals das Schlagwort „Dekadenz" einstellte. Während die bürgerlichen Konservativen wie auch die Sozialdemokraten darunter etwas eindeutig Negatives verstanden, wurde das Dekadente von manchen impressionistischen Ästheten geradezu als eine Auszeichnung hingestellt, nämlich wesentlich „reizsamer" zu sein als die im Berufs- und Ehetrott dahinvegetierenden Gewohnheitsmenschen. Und so kam es vorübergehend zu einer als neurasthenisch empfundenen Fin-de-Siècle-Stimmung, die allen sich mit ihr Identifizierenden das Gefühl einer gesteigerten Sensibilität, ja krankhaft-elitären Hinfälligkeit verlieh. Infolgedessen setzte kurz vor 1900 in manchen Schriften dieser Richtung eine steigende Vorliebe für alles Späte, Gealterte, Melancholische, Herbstliche, Krankhafte, ja Todesmüde ein, die untergründig an dem gleichen Sezessionismus partizipierte, welcher der gesamten impressionistischen Bewegung zugrunde lag. Alle Dekadenztypen dieser Literatur sowie ihre bildkünstlerischen Repräsentationen – ob nun der vom Leben Enttäuschte, der zum Sterben bestimmte Jüngling, der von der Adelsagonie Gezeichnete oder der dekadente Künstler – wurden daher in vielen Werken dieser Richtung, wie den Frühwerken Hugo von Hofmannsthals, Fried-

Lovis Corinth: *Nach dem Bade* (1906), Hamburg, Kunsthalle. Eines der bekanntesten Beispiele für die spielerisch-pikante Manier des Impressionismus, irgendwelche Rokoko-Motive in die Welt der Pleinair-Malerei zu übertragen.

rich Huchs, Eduard von Keyserlings oder Thomas Manns, weniger bedauert als mit einer einladenden Genüsslichkeit dargestellt, um selbst dem Kranksein oder Sterben noch ein Letztmögliches an sinnlicher Reizempfänglichkeit abzugewinnen. Besonders beliebt waren hierbei Situationen des Unerreichbaren, wo das einzelpersönliche Lustverlangen nach einem unerreichbaren Sexualobjekt so rasant eskaliert, dass es, wie in der *Salome* (1905) von Richard Strauss, seine einzige Erfüllung in einem lustmörderischen Gewaltakt finden kann.

Nun, das waren Übersteigerungen einer narzisstischen Fin-de-Siècle-Kultur. In anderen Werken der impressionistischen Literatur, Malerei und Musik nahm diese sinnliche Intensivierung zwar auch betont aparte, aber weniger dekadenzsüchtige Formen an. In ihren theoretischen Äußerungen verstand sich diese Richtung erst einmal als Abwendung vom Naturalismus, den sie nicht nur wegen seiner Nähe zur Sozialdemokratie, sondern auch wegen seines breit ausmalenden „Realismus" ablehnte. Statt auch in der Kunst auf die politischen und sozioökonomischen Grundlagen der jeweils abgeschilderten Wirklichkeit einzugehen, bekannten sich die meisten Impressionisten, falls sie überhaupt darüber reflektierten, zu einer Oberflächenkunst, die sie im Sinne der *Analyse der Empfindungen* (1886) von Ernst Mach auf einen sinnlichen „Elementenfluss" zurückführten, nach dem es weder das Ich noch die objektive Welt, sondern nur die sensualistischen Wahrnehmungsformen zwischen diesen beiden Polen gibt. Der frühe Hofmannsthal nannte daher seine Werke gern „Gebilde aus uneigentlichen Ausdrücken", die sich nicht auf irgendwelche Ideen oder seelische Emotionen zurückführen ließen, sondern ihren Sinn allein in sich selbst trügen.

Aufgrund solcher Anschauungen verbreitete sich in großen Teilen der impressionistischen Kunst eine geradezu an Willkür grenzende Formlosigkeit. In ihr wurde nichts im älteren Sinne gestaltet oder begrifflich erfasst, sondern ging weitgehend ins Strömende, Hingestrichene, Lautmalerische oder Klanglich-Evokative über, um so den Mangel an Ideellem oder Gefühlsmäßigem durch eine Intensivierung der sinnlichen Stimulationsreize wettzumachen. Und zu diesen Reizen gehörten vor allem eine auffällige Farbigkeit in Form lautmalerischer Wörter, Klänge und Pigmente, eine gesteigerte Flüchtigkeit innerhalb aller Bewegungsabläufe, ein raffinierter Nuancenkult sowie eine erotisch-pikante Andeutungskunst, die, wie in Schnitzlers *Reigen* (1903), zwar alles und jedes ahnen lässt, aber nichts auf eine naturalistisch-provokante Weise lediglich um ihrer Obszönität willen darzustellen versucht.

Damit sind erst einmal die impressionistischen und bewusst dekadenten Tendenzen in der Hochkulturszene um 1900 umrissen. Die sozialen Trägerschichten dieser Richtung waren neben bohemehaft-sezessionistischen Künstlerkreisen auch Teile jener numerisch zwar höchst geringfügigen, aber sich als kulturell repräsentativ verstehenden großstädtischen Bildungsbourgeoisie, die sich in ihren ästhetischen Geschmacksvorstellungen sowohl von den naturalistischen als auch den höfisch-klassizistischen Kunstbemühungen absetzen wollten. Statt jedoch diesen zwei hochideologisierten Richtungen mit einem ebenso politisch gefärbten Kunstprogramm entgegenzutreten, gaben sich die impressionistischen Künstler, Kritiker und ihre bürgerlichen Sympathisanten meist mit einer privaten Auslebetendenz sowie einer ästhetischen Geschmacksrevolte zufrieden, die sich in den drei Hochkulturkünsten vornehmlich als ein ins Kulinarische tendierender Sensualismus äußerte. Die Themen und Motive dieser Kunst beschränkten sich daher – vor allem in der impressionistischen Malerei – fast aus-

schließlich auf die Freizeitkultur der oberen Schichten des Bürgertums. Dafür sprechen die vielen von Lovis Corinth, Gotthardt Kuehl, Max Liebermann, Max Slevogt, Fritz von Uhde und Lesser Ury um 1900 gemalten Strandpromenaden, sonntäglichen Ausflugslokale, Wohnzimmerszenen, zoologischen Gärten, Pferderennbahnen, Tennisplätze, Opernszenen, Ballettaufführungen sowie Großstadtstraßen mit ihren nach der letzten Mode gekleideten Flaneuren und High-Society-Damen. Und über all diesen Szenen strahlt meist ein ins Heitere stimmendes Sonnenlicht oder zumindest der Schimmer der gerade erfundenen Gasglühlampen, der selbst ärmlichen Winkeln ein das Auge erfreuendes Aussehen gibt.

Da jedoch in einer wirtschaftlichen Hochkonjunkturperiode jede Kunstströmung – aufgrund der rapiden Akzelerie-

Max Slevogt: *Das Champagnerlied in Mozarts „Don Giovanni"* (1902), Stuttgart, Staatsgalerie. Der spanische Opernstar Francisco d'Andrade wurde zur Symbolfigur für das gesteigerte Bedürfnis, sich auszuleben und das Leben zu genießen, das für die wirtschaftliche Prosperitätsphase um 1900 auf vielen Ebenen kennzeichnend war.

rung des Warenangebots – nur für kurze Zeit ein modisch gefärbtes Aufsehen erregen kann, tauchten neben dem Impressionismus schon in den späten neunziger Jahren eine Reihe neuer Stile oder Ismen auf, die sich als noch „moderner" auszugeben versuchten. Fast alle zwei bis drei Jahre traten daher manche Kulturkritiker, wie etwa Hermann Bahr, mit journalistischem Überschwang für eine jeweils neue Richtung innerhalb des damaligen E-Kultur-Betriebs ein. Und die sezessionistisch eingestellten Künstler wie auch die mit ihnen sympathisierenden bürgerlichen Schichten schlossen sich ihnen hierbei nur allzu willig an. Auf den eben noch als „dernier cri" empfundenen Impressionismus folgte deshalb in den Jahren um 1900 eine neue Kunstrichtung auf die andere. Ja, in manchen Jahren verlief die Kunstentwicklung so schnell, dass nicht nur *ein* neuer Stil, sondern *mehrere* neue Stile nebeneinander propagiert wurden. Als die bekanntesten dieser Kunstismen galten damals der Neoimpressionismus, der Stimmungslyrismus, der Fin-de-Siècle-Stil, die Neu-Romantik, der Dekorativismus sowie der Symbolismus, die sich in allen drei E-Kultur-Formen durchzusetzen versuchten, jedoch schon kurze Zeit später von denselben Kritikern, die sich eben noch für sie echauffiert hatten, als obsolet hingestellt wurden.

Die einzige Richtung innerhalb dieser miteinander konkurrierenden Ismen, die nicht nur von den sogenannten freien, sondern auch von den angewandten Künsten aufgegriffen wurde, war der französischbelgische Art-nouveau-Stil, der in Deutschland die Bezeichnung „Jugendstil" erhielt. Im Hinblick auf ihn lässt sich – im Gegensatz zu anderen sich als modernistisch aufspielenden Ismen wie dem Impressionismus oder Symbolismus – von einem Phänomen sprechen, dessen beste Vertreter und Vertreterinnen bereits über den ins Geschmäcklerische tendierenden Sezessionismus der mittneunziger Jahre hinausstrebten. Kulturgeschichtlich gesehen, war der Jugendstil der erste Stil seit dem Historismus der Gründerzeit, der mit dem Anspruch auftrat, sein „Stilwollen" nicht nur in den drei E-Kunst-Formen, sondern auch in allen handwerklich und maschinell hergestellten Produkten durchzusetzen und damit eine neue Gesamtkultur zu begründen. In seinem Formenarsenal ging er dabei – im Gegensatz zur Vorherrschaft des Malerischen im Impressionismus – fast ausschließlich vom Prinzip der Linie aus. Allerdings überwog auch bei ihm anfangs eine stark ästhetisierende Tendenz. So war er in den späten neunziger Jahren noch ein Stil, bei dem der ständige Wechsel der Linienführung jeder klar erkennbaren Formbegrenzung auszuweichen versuchte. Obwohl diese Betonung der Linie, die eigentlich etwas Grenzbezeichnendes und Klärendes haben könnte, bereits im Gegensatz zur impressionistischen Verschleierung aller Formen und Gegenstände stand, erweckte sie durch die Seltsamkeit ihrer Windungen und unendlichen Begegnungen oft den Eindruck einer rastlosen Bewegung, die sich dem Verstehenwollen ebenso entzog wie die flüchtigen Andeutungen des Impressionismus, was in gleicher Weise spannend und reizend wirkte und somit auf denselben formalästhetischen Hintergrund verwies.

Rein chronologisch gesehen, begann dieser Linienrausch um das Jahr 1895, und zwar in München, der eigentlichen Keimzelle des deutschen Jugendstils. Die entscheidenden Impulse gingen dabei von jenen Künstlern aus, die in den Umkreis von Blättern wie der *Jugend* und des *Simplicissimus* gehörten und eher an eine harmlose Kunstrevolte als an eine grundsätzliche Stilwende dachten. Der frühe Münchener Jugendstil war daher – entwicklungsgeschichtlich situiert – in manchem eine Parallele zum Berliner Impressionismus, das heißt eine innerbürgerliche Sezession, die sich gegen den offiziellen Historismus wandte. Was diese Künstler interessierte, war noch nicht die Aufrichtung einer neuen Wertwelt, sondern das Originelle um jeden Preis. Darum stand in den ersten Jahrgängen der *Jugend* weniger das Naturhaft-Anfängliche als das Pikant-Turbulente im Vordergrund. Immer wieder äußerte sich in ihren Heften die Lust am Ungewöhnlichen, Skandalösen und Brettlmäßigen. Während in späteren Phasen des Jugendstils auch eine idealistische Tatgesinnung zum Durchbruch kam, galt hier als Norm des Lebens noch das bohemehafte Schwabing dieser Jahre, die Welt des Cancans und des leichtsinnigen Mummenschanzes.

Doch neben dieser Themenwelt des immerwährenden Amüsements entwickelte sich zu gleicher Zeit eine jugendstilhafte Gestaltungsten-

Heinrich Vogeler: Titelillustration zu Hugo von Hofmannsthals lyrischem Drama *Der Kaiser und die Hexe* (1897) in der betont „dekorativistisch" ausgestatteten Jugendstil-Zeitschrift *Die Insel* (1900).

denz, die häufig als die „florale" bezeichnet wurde. Diese Richtung blieb nicht auf das Illustrative der Zeitschriften beschränkt, sondern bemühte sich, auch die Dinge des täglichen Gebrauchs einem bestimmten Stilwillen zu unterwerfen. Im Gegensatz zu allen historistischen Entlehnungen, wie sie auf diesem Gebiet seit der Gründerzeit vorherrschend waren, ging sie weitgehend von bestimmten Naturformen aus. Eine besondere Neigung hegten ihre Grafiker und Designer für Schwertlilien, Kastanienblätter, Frauenschuhe, Mohnblüten oder Dornengeflechte, also für alles, was ein reiches Blätter- oder Rankenwerk hat und sich in eine schwingende Linearität einbeziehen lässt. Selbst Menschenleiber wurden in diesen Linientaumel verstrickt, ob nun als Knaben oder Mädchen, die Blumengirlanden tragen, oder als märchenhafte Seejungfrauen, deren geschmeidige Gliedmaßen und lang wallende Haare im Strudel der allgemeinen Bewegungsrhythmik untertauchen. Trotz aller Tendenzen ins Natürliche und Anfangshafte war daher das Ergebnis dieser „floralen" Phase ein dekorativer Flächenstil, der weder Modellierung noch Raumperspektive kannte. Aus diesem Grunde fällt fast alles, was diese Richtung geleistet hat, in den Bereich kunstgewerblich hergestellter Vasen, Wandbehänge, Fliesen, Tapeten, Bucheinbände, Stickereien, Schmucksachen, Zierleisten oder Kunstverglasungen für den verwöhnten Geschmack. Kurzum: In dieser Phase des Jugendstils standen meist jene Bijous im Vordergrund, von denen ein Dandy wie Peter Altenberg 1899 in der *Jugend* behauptete: „Wenn man ins Zimmer tritt, begrüßt man sie. Und wenn man geht, grüßt man sie wieder."

Marie Stühler-Waldes Zierleiste (1900) greift mit floraler Dekorationsabsicht das im Jugendstil beliebte Melusinen- oder Undinenmotiv auf, das in den Werken der deutschen Romantiker und englischen Präraffaeliten noch eine Tendenz ins Märchenhafte oder Mythische hatte.

Was all diesen Werken zugrunde lag, war die Sehnsucht nach einer betont „künstlerischen" Atmosphäre. Das Zentrum dieser Kunst bildete das individuelle Interieur, wo man kleine, aparte Kunstwerke in ebenso aparten Vitrinen bewundern konnte, um im ästhetischen Austausch mit geschmackvoll ausgesuchten Bibelots ein gesteigertes Dasein zu erfahren. Trotz aller Angriffe auf die historistische Parvenükultur der Gründerzeit war deshalb das Ganze, wie auch der impressionistische Sezessionismus, nur ein Scheinprotest. Während in den siebziger und achtziger Jahren eher die gesellschaftliche Repräsentation im Vordergrund gestanden hatte, bemühte man sich in diesem Umkreis jetzt um die Ästhetisierung einer soziologischen Position, die sich auf das „Gesetz der Söhne" zurückführen lässt. Die Neureichs und Raffkes der Gründerzeit hatten ihre Speisezimmer noch meist altdeutsch, ihre Wohnzimmer im Empiregeschmack und die Boudoirs der Damen im Rokokostil ausschmücken lassen, um so den Eindruck ehrwürdiger Traditionen zu erwecken. In ihren Salons strotzte es nur so von Tanagrafigürchen, ausgestopften Pfauen, verzierten Maßkrügen, Zinnsammlungen, Eisbärfellen, aufgestellten Büsten und Makart-Sträußen, was in seinem sinnlosen Durcheinander als „Atelierstil" bezeichnet wurde. Wie verlogen diese Dekorationssucht war, beweist die Tatsache, dass man statt Alabaster Gips, statt Rosenholz Papiermaché und statt überlieferter Originale billige Kopien verwandte. Im Gegensatz zu dieser Stilfexerei, die auf einer geistlosen Schablonenarbeit beruhte, war der Jugendstil allerdings ein Fortschritt, wenn auch nur in ästhetischer Hinsicht. Anstatt weiterhin von Gnaden des Tapezierers zu leben, herrschte jetzt die Tendenz, auch auf der Ebene des Designs seinen eigenen, den sogenannten Spießbürgern überlegenen Geschmack unter Beweis zu stellen. In diesem Umkreis schufen Künstler für Kenner, die es sich leisten konnten, gewisse Randsummen ihrer horrenden Extraprofite im Bereich des Kunstgewerbes zu investieren.

Den Schritt ins Architektonische vollzogen manche Jugendstilkünstler erst nach der Jahrhundertwende. Ein gutes Beispiel dafür ist die Darmstädter Künstlerkolonie auf der Mathildenhöhe, die 1901 anlässlich der Ausstellung „Ein Dokument deutscher Kunst" vor allem durch die Bauten von Josef Maria Olbrich und Peter Behrens ein beachtliches Aufsehen erregte. Hierbei handelte es sich um eine Villenkolonie, bei der allerdings – trotz ihres künstlerischen Planungswillens – noch immer das Prinzip des Einzigartigen im Vordergrund stand. Ein ähnlicher Übergangsstil ist für die Werke des frühen Henry van de Velde charakteristisch, der im Gegensatz zu den Vertretern der floralen Richtung von Anfang an eine abstrakt-lineare Ornamentik bevorzugte. Aber selbst bei ihm, der vor allem in Hagen und Weimar tätig war, blieb häufig eine Tendenz ins Kunstgewerbliche erhalten, die etwas betont Geschmäcklerisches hat. Und diese ästhetisierende Note behielt der Jugendstil auch in den folgenden Jahren weitgehend bei. Vor allem in den „höheren" Formen der Kunst, ob nun der Literatur, der Malerei, dem Tanz und der Musik, wo er sich ebenfalls durchzusetzen versuchte, drang er selten über das Formalästhetisch-Verspielte, Sentimental-Träumerische oder Erotisch-Anreizende hinaus. Dafür sprechen sowohl die kurvenreichen nackten Leiber auf den Bildern von Ludwig von Hofmann und Franz Stuck als auch die exquisiten Schleiertänze von Loie Fuller, die gefühlsschwangeren Gedichte in Richard Dehmels *Zwei Menschen* (1903), die frühen lyrischen Ergüsse Rainer Maria Rilkes oder Arnold Schönbergs zutiefst verschwülte Komposition *Verklärte Nacht* (1903), welche sich in den vom Jugendstil affizierten Schichten einer großen Beliebtheit erfreuten.

Doch dieser Zustimmungsrausch war nur von kurzer Dauer. Wie in allen wirtschaftlichen Hochkonjunkturperioden, wo es nicht nur zu einer raschen Beschleunigung der ökonomischen Zuwachsrate, sondern auch der kulturellen Stil- und Ideologiebildungen kommt, galt der Jugendstil schon in den Jahren zwischen 1905 und 1910 unter den kunst-

Henry van de Veldes Herren-Arbeitszimmer auf der Ausstellung der Münchner Sezession (1899) verrät deutlich den Einfluss der französischen und belgischen Art-nouveau-Bewegung.

interessierten Kennern dieser Ära als der „Schnee vom letzten Jahr".
Vor allem im Bereich des Designs und der Architektur, wo sich – im
Rahmen der fortschreitenden Vervollkommnung der industriellen Pro-
duktionsweisen – eine allmähliche Hinwendung zu wesentlich klare-
ren Formgebungen anbahnte, die 1907 ihren ersten Höhepunkt in der
Gründung des Deutschen Werkbundes fand, setzten sich viele unter
dem Motto „Tod dem Ornament" immer schärfer von den bisherigen
Linienräuschen ab, die plötzlich als peinliche „Jugendsünden" abgetan
wurden. Aus diesem Grunde finden sich ab 1905 in fast allen kulturkritischen Zeitschriften im Hinblick auf den Jugendstil zusehends diffa-
mierende Ausdrücke wie „Buchschmutz", „Ornamenthölle", „sinnver-
wirrende Folterkammern" oder „gepfefferte Schmuckkunst", in denen
sich eine steigende Besinnung auf das Zweckmäßige ankündigte. Was
dabei den Ästheten als Ausdruck einer immanenten Kunstentwicklung
erschien, wurde in Industriellenkreisen eher als Ausdruck deutscher
„Qualitätsarbeit" hingestellt und dementsprechend als exportfördern-
des Gütezeichen auf dem Weltmarkt eingesetzt.

Die Lebensreformbewegung

Im Gegensatz zu der voraufgegangenen Epoche besteht das Kompli-
zierte der kulturellen Situation um 1900 vor allem darin, dass sich im
Rahmen der einzelnen Stile und Bewegungen nur schwer zwischen affirmativen und rebellischen Tendenzen unterscheiden lässt. Im Hinblick auf den monumental verklärenden Historismus der Gründerzeit
und den sozialkritischen Charakter des Naturalismus waren solche Un-
terscheidungen noch leichter gewesen. Doch der Impressionismus und
der Jugendstil wirken in dieser Hinsicht wesentlich ambivalenter. Sie
wollten zwar ein Ungenügen an der klassizistischen Hofkunst sowie
dem bewusst vulgären Charakter des Naturalismus ausdrücken, gingen aber nicht zu neuen Engagementsformen über. Und selbst da, wo
sie als Fronde auftraten, äußerte sich das eher auf künstlerischer als
auf politischer Ebene. Ja, sogar die werkbetont-sachlichen Tendenzen,
die sich ab 1905 bemerkbar machten, hatten nicht den Anstrich einer
aufmüpfigen Avantgarde, sondern blieben weitgehend im Bereich des
Affirmativen.

Anders steht es dagegen mit der Lebensreformbewegung dieser Ära.
Sie scheint auf den ersten Blick einen eindeutig rebellischen Charakter

zu haben. Wie der Impressionismus und der Jugendstil setzte sie bereits in den neunziger Jahren ein, wandte sich jedoch – im Unterschied zu diesen beiden Richtungen – vornehmlich gegen die sich rapide vollziehende Industrialisierung und Vergroßstädterung. Jenseits der sogenannten modernistischen Betriebsamkeit war ihr Ideal in erster Linie eine für alle Bevölkerungsschichten angestrebte vitalistisch-essenzielle Wiederbelebung der allmählich verkümmernden menschlichen „Daseinsformen". Die ästhetische Komponente blieb deshalb innerhalb dieser Bewegung relativ schwach ausgebildet. Ihr ging es primär um neue Formen des menschlichen Lebens und nicht um neue Formen der Kunst.

Dementsprechend begann die Lebensreformbewegung vor allem als Wille zur „Gesundung" im Kampf gegen das Prickelnde, Nervös-Stimmende, ja Aufreibende des als impressionistisch empfundenen Großstadtlebens sowie das Überhandnehmen der industriellen Modernisierungsschübe. All das erschien vielen Theoretikern und Theoretikerinnen der mit solchen Tendenzen sympathisierenden Gruppen als etwas Entartetes, wenn nicht gar Endzeitliches. Ihr weltanschauliches Leitbild war daher weder das Differenzierte und Ästhetische noch das Kunstgewerbliche oder Technologisch-Komfortbetonte, sondern das Reine und zugleich Unmittelbare, was sie häufig mit einer Wende ins Energetisierend-Idealistische verbanden. Allem Geschmäcklerischen und Verspielten wurde demzufolge innerhalb dieser Bewegung eine bewusst willensmäßige Lebensgestaltung entgegengehalten, die wieder ganzheitliche „Erlebnisakte" anstrebte. Männer sollten nicht mehr frivole Auskoster, Ästheten oder Flaneure, Frauen nicht mehr dirnenhafte Genusswesen, Salonhyänen oder Suffragetten sein, sondern sich in kräftige, instinktbegabte Tatnaturen zurückverwandeln. Kurzum: An alle Menschen wurde appelliert, „wieder freien Hauptes schön durchs Leben zu schreiten", wie es um 1900 in Zeitschriften wie *Der Kunstwart*, *Die Tat*, *Blätter für die Kunst*, *Jungborn* oder *Ethische Kultur* hieß.

Doch nicht nur in solchen Blättern, auch sonstwo stößt man um die Jahrhundertwende ständig auf Essays oder Leitartikel, welche der impressionistischen „Reizsamkeit" oder „Perversität" mit der Forderung nach neuer Reinheit, Gesundheit, ja Askese entgegentraten, um so einen „Triumph des Willens" über das bloße Genießen herbeizuführen. Besonders aktiv traten dafür Gruppen wie die Vegetarier, die Naturgemäßen, die Heilkundler, der Vortrupp oder der Guttemplerorden ein, deren Abwehrkampf vor allem der „Teufelstrias" von Alkoholismus, Nikotinismus und Sexualismus galt. Was diese Orden, Bünde und Kreise dem entgegensetzten, war ein Reformwille, der sich vor allem eine Re-aktivierung der „naturgemäßen Lebensweise" für die in den Großstäd-ten angeblich zu Kretins herabgesunkenen Menschen zur Aufgabe machte. Den besten Eindruck vom harten Kern dieser Richtung vermit-teln Zeitschriften wie *Kraft und Schönheit*, *Reformblätter*, *Vegetarische Warte*, *Prana*, *Gute Gesundheit* oder *Körper und Geist*, welche neben der Alkohol- und Tabakabstinenz innerhalb besonders entschiedener Gruppen sogar eine theosophische Gesundbeterei propagierten.

Zu den ersten Programmpunkten dieser neuen Lebenskultur, die sich eine Stärkung der „vitalen Grundsubstanz des Menschen" zum Ziel setzte, gehörte die vieldiskutierte Kleidungsreform. Statt sich weiterhin dem bürgerlichen Kanon von Frack und Zylinder sowie Dekolleté und Wespentaille zu fügen, trat man im Rahmen dieser Bewegung für eine Kleidung ein, die den natürlichen Körperformen entspreche, das heißt diese nicht unnötig einenge, sondern ihnen genug Spielraum zu freien und edlen Bewegungen lasse. Vor allem im Hinblick auf die Frauen-kleidung sollte statt des erotisierenden Raffinements endlich wieder ei-ne „stilvolle Ungezwungenheit" zum obersten Maßstab werden, wie Paul Schultze-Naumburg in seinem Buch *Die Kultur des weiblichen Kör-pers als Grundlage der Frauenkleidung* (1903) erklärte. Die für eine kur-ze Zeit modisch werdenden Reformkleider hatten daher oft eine antiki-sierende oder mittelalterliche Note, um so den Eindruck des Würdigen, wenn nicht gar Hoheitsvollen zu unterstreichen.

Eng verbunden mit dieser steigenden Aufwertung des Leiblichen war die neue Hochschätzung des Tanzes, der oft als die unmittelbarste Ausdrucksgeste des menschlichen Körpers hingestellt wurde. Im Um-kreis dieser Bewegung ertönte deshalb kurz nach 1900 allerorten das Lob der rhythmischen Bewegung, der edlen Geste, kurzum: der Ganz-heitlichkeit des Empfindens, das nach neuen Ausdrucksformen verlan-ge. Statt des klassischen Balletts, welches auf einer „unnatürlichen Ze-henspitzentänzelei" beruhe, forderten die Vertreter und Vertreterinnen dieser Richtung jetzt einen Tanz mit dem ganzen Körper, der sich aus der organischen Harmonie der einzelnen Körperglieder ergebe, um so den traditionellen „Chorgeist" immer stärker in eine linienselige Eu-rhythmie zu verwandeln. Die erste Priesterin dieser rhythmischen Leib-lichkeit war Isadora Duncan, die sich in ihren Tänzen um alte, kulti-sche Ausdrucksgebärden bemühte, wie sie in ihrer Schrift *Der Tanz der Zukunft* (1903) beteuerte. In größerem Rahmen wurden diese Ideale erstmals in der Loheland-Schule, der Zürcher Schule Rudolf von Labans, der Berliner Schule für Körpererziehung von Bess Mensendieck sowie dem von Emile Jaques-Dalcroze in Hellerau gegründeten Tanzinstitut verwirklicht, wo eine rhythmisch bewegte Gymnastik im Vordergrund stand, in der sich eine ganzheitliche Körperkultur offenbaren sollte.

Eine weitere Folge dieser Befreiung des Leiblichen aus den Fesseln der wilhelminischen Prüderie sowie dem pikanten Rascheln der weiblichen Dessous, welches lediglich das Pendant dazu bilde, war die zunehmende Verherrlichung des Nackten, die um 1900 zu einer weit verbreiteten Freikörperkulturbewegung führte. Manche gingen dabei so weit, den Zustand des Entkleidetseins als eine Aufhebung aller gesellschaftlichen Bedingtheiten aufzufassen und sich von dieser Rückbindung des Menschen an das „Ursprüngliche" eine Umwandlung des gesamten staatlichen Gefüges zu versprechen. Dafür spricht ein Buch wie *Nackt-Kultur* (1906) von Heinrich Pudor, in dem, wie auf den Bildern des damals hoch geschätzten Grafikers und Malers Fidus, ein romantisch-rousseauistischer Protest gegen alle „Kleidermenschen" zum Durchbruch kommt, der in seinem Kampf gegen Schmerbauch und Schnürfurche fast den Charakter einer Lynchjustiz annahm. Das meiste Engagement herrschte in diesem Zusammenhang im Hinblick auf den Typ des nackten Jünglings. Während manche, wie Richard Ungewitter in seinem Buch *Nacktheit und Aufstieg. Ziele der Erneuerung der arischen Rasse* (1910), hiermit vor allem nationaleugenische Vorstellungen verbanden, betonten Hans Blüher, Stefan George und Gustav Wyneken, wenn auch mit verschiedenen ideologischen Akzenten, dabei vornehmlich die homoerotische Komponente.

Als Lebensraum dieser neuen Körpergesinnung kam für diese Gruppen selbstverständlich nur die „freie Natur" und nicht die bereits „entfremdete" Großstadt in Frage. Während die impressionistischen Literatencliquen gerade die Großstadt als ein unerschöpfliches Reservoir an Genüssen und Anregungen gefeiert hatten, verwarfen sie die Lebensreformer meist als „Steinwüste" oder „Brutstätte der Dekadenz", in welcher der Mensch jede Beziehung zum „Urgrund des Lebens" verliere. Nur auf dem Lande gebe es – im Gegensatz zur Raffgier und Sinnlichkeit der herrschenden Großstadtkultur – weiterhin jenes „einfache Leben", das noch nicht vom „Pesthauch der Zivilisation" vergiftet sei, wie es in Romanen wie *Offenbarungen des Wacholderbaums* (1901) von Bruno Wille, *Peter Camenzind* (1904) von Hermann Hesse und *Wiltfeber* (1912) von Hermann Burte heißt. Da, wo alles „asphalten und backstei-

VEGETARISCHES SPEISEHAUS

Fidus (Hugo Höppener): Reklamezeichnung für ein vegetarisches Speisehaus (um 1900). Werbungen dieser Art sind Ausdruck der um die Jahrhundertwende breite Schichten erfassenden Lebensreformbewegung, die neben einer „naturgemäßen" Lebensweise auch die Ausbreitung der Nacktkultur förderte.

nen und eisern" sei, „wo man keinen unverschalten Boden mehr tritt, da lohnt es sich nicht zu leben; und was man zugunsten der Städte sagt, ist alles Trost von Sklaven für Kranke", erklärt dementsprechend der Held von Burtes Roman mit unnachsichtiger Strenge.

Sogar im Bereich der Wohnkultur zeigten sich Auswirkungen solcher Tendenzen. Während die arrivierte Bourgeoisie bisher den Typ der herrschaftlichen Stadtvilla bevorzugt hatte, entwickelte sich um 1900 in der gleichen Gesellschaftsschicht der Trend, lieber im „Grünen" zu wohnen. Die ersten Anregungen dazu gingen vom englischen Cottage-Prinzip aus, das von Hermann Muthesius in Deutschland eingeführt wurde. Dazu kamen Einflüsse der heimischen Bauernhäuser, wie sie Alfred Lichtwark propagierte, oder Rückgriffe auf die kleinstädtischen

Bürgerhäuser des ausgehenden 18. und frühen 19. Jahrhunderts. An die Stelle der auf Repräsentation bedachten „Villa" trat somit in diesem Umkreis der Typ des „Landhauses". Ähnliches trifft auf die um 1900 weit verbreitete Gartenstadtbewegung zu. Statt sich bei Stadtplanungen mit einem trostlosen Nebeneinander von unwirtlichen Mietskasernen und parzellenartig aufgeteilten Schrebergärten zu begnügen, gaben selbst manche Konzerne ihren Arbeitersiedlungen plötzlich einen ländlichen Charakter, teils aus sozialem Verantwortungsgefühl, teils aus dem Bestreben, damit der sozialdemokratischen Propaganda den Wind aus den Segeln zu nehmen. Das gilt vor allem für die Margarethenhöhe bei Essen, die von den Krupps angelegt wurde, aber auch für die Gartenstadt Hellerau bei Dresden, die bald zum Vorbild für andere Siedlungsbauten in den Vororten der großen Städte wurden.

Neben dem Bau von Landhäusern und der Anlage von Gartenstadtsiedlungen kam es in denselben Jahren zur Gründung der ersten Landerziehungsheime, um auch den Unterricht aus dem Bereich des „gesundheitsschädlichen" Großstadtlebens in den „organischen" Zusammenhang der Natur zu verlegen. So versuchte Hermann Lietz in seinen Schulen, aus „verzärtelten Großstadtkindern" wieder praktische Tatmenschen zu machen, und zwar in ländlicher Abgeschlossenheit und

Hermann Muthesius: Entwurf zu einem Landhaus (um 1905). Ähnliche Häuser entstanden vor dem Ersten Weltkrieg in Anlehnung an die bäuerliche Fachwerktradition in vielen Außenbezirken der Großstädte.

absoluter Übereinstimmung mit der Natur, worunter er eine strenge Abstinenz von allen Reizmitteln verstand. Viele seiner Prinzipien galten als so vorbildlich, dass sie auch von anderen Landschulheimen übernommen wurden, wo neben dem Unterricht ebenfalls die Arbeit in der Landwirtschaft, das Wandern in freier Natur und das Nacktbaden eine wichtige Rolle spielten.

Ein weiteres Ergebnis dieser neuen Tatgesinnung und Körperkultur war ein verstärktes Anwachsen neuer Gemeinschaftsideale, um so alle menschlichen Handlungen wieder auf ein gesamtethisches Sollen zu verpflichten. Aufgrund dieses Einheitsstrebens entstand um die Jahrhundertwende eine Unzahl neuer Bünde, Orden und Kreise, die der gründerzeitlichen Salonkultur, den impressionistischen Sezessionen sowie den sozialdemokratisch gelenkten Arbeiterbildungsvereinen als Manifestationen einer „vierten Macht" entgegenzutreten versuchten. Dazu gehörten unter anderem die Neue Gemeinschaft der Brüder Julius und Heinrich Hart in Berlin-Schlachtensee, der Sera-Kreis um Eugen Diederichs in Jena, die Siedlung auf dem Monte Verità in der Schweiz, der von Fidus in Woltersdorf gegründete St.-Georgs-Bund, die Darmstädter Künstlerkolonie auf der Mathildenhöhe, der Charon-Kreis um Otto Zur Linde und zum Teil auch der Kreis um Stefan George. Obwohl fast alle dieser Gemeinschaftsformen mit dem Anspruch auftraten, Keimzellen einer neuen Kunst- und Lebensanschauung zu sein, blieben sie aufgrund überspannter Ideologiekonzepte oder auch elitärer Überheblichkeitsgefühle, die noch immer mit den sezessionistischen Tendenzen der neunziger Jahre zusammenhingen, weitgehend im Sektiererischen stecken.

Wesentlich mehr Anhänger schlossen sich dagegen im Rahmen dieser Richtung dem Wandervogel und der späteren Jugendbewegung an. Der ursprüngliche Impuls war auch hier ein Protest gegen die wilhelminische Salonkultur, die bürgerliche Karrieresucht, den primitiven Hurrapatriotismus, den mechanischen Lernbetrieb der Schulen sowie den allzu liberalen Amüsierbetrieb der Großstädte. Um diese „zivilisatorischen" Entfremdungen wieder rückgängig zu machen, fasste die Jugendbewegung eine Gesamtlebensreform ins Auge, bei der das Wandern nur eine vorbereitende Aufgabe erfüllen sollte. Die Wandervögel wollten keine Flaneure oder Lebemänner sein, sondern gradgesinnte Jünglinge, die gewillt waren, allen modernistischen Verführungen mit sittlicher Entschiedenheit die Stirn zu bieten. Sie verließen daher die Großstädte, diese „Steinwüsten der Zivilisation", in denen bloß „Menschen ohne Seele" gedeihen könnten, und wanderten durch die heimatlichen Landschaften, um wieder mit den völkischen „Ursubstanzen" in Berührung zu kommen, zu denen sie vor allem die alten Lieder, Tänze und Festgebräuche rechneten. Erst waren es nur männliche Jugendliche, die sich auf die Wanderschaft begaben. Später nahm man auch „Maiden" in den Wandervogel auf, um so selbst im Verhältnis der Geschlechter wieder eine neue „Natürlichkeit" zu erreichen.

Der Sinn dieser Wanderungen war, wenigstens für die Dauer weniger Tage oder Wochen im Rahmen einer „ursprünglichen" Gemeinschaft zu leben, seine Kräfte zu messen und wieder Mensch in freier, unverfälschter Natur zu sein. Die meisten Anhänger dieser Bewegung trugen daher ostentativ kurze Hosen, eine Windjoppe oder einen Lodenmantel, setzten sich abends ans Lagerfeuer, schwärmten für alte Burgen und Kirchen, die nicht im *Baedeker* standen, und führten überall den *Fahrenden Schuler im Paradeis* auf. Außerdem begrüßten sich viele Wandervögel mit „Heil" und feierten pantheistisch-germanische Frühlingsfeste, bei denen sie Brandreden gegen den Ungeist der kapitalistischen Wirtschaftswelt und ihrer rein materialistischen Genusskultur hielten. Aus dem gleichen Grunde wurde viel musiziert, und zwar mit Fiedeln, Klampfen und Blockflöten, da sich diese Instrumente, wie es hieß, am besten für eine „rhythmisch-gesunde" Musik eigneten. Als besonders wichtig empfand man dabei die Volksmusikpflege, und zwar meist in der Art eines Liederbuchs wie *Der Zupfgeigenhansl* (1909), bei dem weniger das Sentimentale als das Schlichte und Innige im Vordergrund stand.

Weltanschaulich huldigten die meisten Wandervögel, wie fast alle romantischen Antikapitalisten dieser Ära, dem Gedankenkreis der Fortschrittlichen Reaktion. Sie lasen den *Kunstwart* und die Schriften von Paul Schultze-Naumburg, schwärmten für die nudistisch-theosophischen Grafiken von Fidus, für die ökologischen Zielsetzungen des 1904 in Dresden gegründeten Bundes Heimatschutz, für Wilhelm Schwaners *Germanenbibel* sowie andere völkisch-rassistische Schriften, aber auch für die geistidealistischen Konzepte eines Sozialpädagogen wie Herman Nohl oder die Männerbund-Vorstellungen Hans Blühers. Wegen dieser synkretistischen Orientierung spaltete sich der anfangs relativ homogene Wandervogel im Laufe der Jahre in eine Reihe einzelner Jugendgruppen auf, bei denen teils progressive, teils reaktionäre Ideologiekomplexe im Vordergrund standen. Er glitt zwar nicht, wie so viele Bünde dieser Ära, ins Sektiererische ab, wurde aber auch keine wahre Massenbewegung. Was er erreichte, war also weniger eine neue deutsche Kultur als eine bürgerliche Jugendkultur. Dennoch hinterließ er von allen Gruppen, die sich als „lebensreformerisch" verstanden, wohl die nachdrücklichsten Impulse, die zum Teil bis in die Weimarer Republik weiterwirkten.

Volkhaft-heimatverbundene Bestrebungen

Während in den sezessionistischen Strömungen der späten neunziger Jahre ein ästhetisierendes Stilwollen vorherrschte, das weitgehend auf den Bereich der Galerien-, Interieur- und Villenkultur beschränkt blieb, und sogar die groß geplante Lebensreformbewegung immer wieder ins Sektiererische tendierte, entwickelten sich zu gleicher Zeit auch künstlerische Bestrebungen, die einen gesamtgesellschaftlichen Anspruch vertraten. Sie wollten der klassizistisch gefärbten Hofkultur, der ins „Niedere" zielenden Kunst des Naturalismus sowie den sezessionistischen Tendenzen des Impressionismus und des Jugendstils einen wahrhaft deutschen Stil entgegensetzen, um so dem 1871 gegründeten Zweiten Kaiserreich endlich eine seiner politischen Bedeutung gemäße „Eigenkultur" zu geben.

Den ersten Ansatz zu dieser volkhaften Gesinnung bildete das Ideal einer „Heimatkunst", deren Vertreter und Vertreterinnen, wie viele der damaligen Lebensreformer und -reformerinnen, mit verbissener Intoleranz gegen die nivellierenden Tendenzen der allgemeinen Vergroßstädterung und Industrialisierung zu Felde zogen, worin sie die schädlichen Auswirkungen einer „westlichen Zivilisation" sahen, die auch auf Deutschland überzugreifen beginne. Mit besonderer Aggressivität wandten sich diese Schichten gegen das industrielle Geschäftsgebaren, den politischen Liberalismus sowie die fortschreitende Rassenvermischung, deren Ergebnis eine zunehmende „Entdeutschung" sei. Dementsprechend sprach man in diesem Umkreis gern von den „Zementgebirgen" oder „Asphaltwüsten" der sich hektisch vergrößernden Industriemetropolen, in denen das deutsche Volk nicht mehr im natürlichen Einklang mit seinen angestammten bäuerlichen Daseinsformen lebe, sondern ein erbärmliches Schattendasein führe und daher langsam zugrunde gehe. Um diesem „Teufelsgeist" entgegenzutreten, setzten sich diese Gruppen mit aller Schärfe für eine durchgreifende Restaurierung der vorindustriellen Zustände ein. Und zwar beriefen sie

Fritz Boehle:
Selbstbildnis (1901),
Frankfurt a. M.,
Städelsches Kunst-
institut. Der bäuerli-
chen Tradition ver-
pflichtet, stellt sich
der Künstler mit Hut,
Pfeife und Hessen-
kittel betont anti-
großstädtisch dar.

sich hierbei gern auf Leitziele wie das „einfache Leben" oder die „gute, alte Zeit", von denen sie sich eine durchgreifende Beseelung sämtlicher zwischenmenschlichen Beziehungen erhofften. In den kulturtheoretischen Programmen dieser Richtung finden sich infolgedessen ständig Angriffe auf die fortschreitende Zersetzung der deutschen „Arteigentümlichkeiten" durch Fabrikarbeit und Großstadthetze, für die entweder das atomistische Denken des Liberalismus oder der egoistische Materialismus der oberen Zehntausend verantwortlich gemacht wurden.

Manche dieser Einwände, vor allem jene gegen die naturzerstörerischen Auswirkungen der rapiden Industrialisierung, denen unter anderem der 1904 gegründete Bund Heimatschutz entgegentrat, waren durchaus berechtigt, blieben jedoch häufig im Kleinbürgerlich-Ressentimentgeladenen stecken. Was man in diesen Schichten – in Anlehnung an Wilhelm Heinrich Riehl – unter „heimatlicher Verwurzelung" verstand, entwickelte sich deshalb zum Teil zu einem Kryptofaschismus, der alle zivilisatorischen Errungenschaften zu Gunsten einer irrationalen Verankerung in Blut und Boden verwarf. Noch schärfer als in den Tagen der Romantik berief man sich dabei auf einen national verklärten Ständestaat, der sich ausschließlich aus Adligen, Bauern und Handwerkern zusammensetzen sollte, da sich Gemüt und Artbewusstsein nur auf dem Lande oder in der Kleinstadt kultivieren ließen. Manche Vertreter dieser Bewegung wollten allen Ernstes, und zwar mit wesentlich schärferen antikapitalistischen Argumenten als in den gleichzeitig erscheinenden sozialdemokratischen Schriften, das Fabrikwesen wieder durch Zünfte verdrängen und die maschinell hergestellten Konsumgüter durch das überlieferte Gerät der Väter ersetzen.

Zu den wichtigsten Formen dieser Rückbesinnung auf das „einfache Leben" gehörte ein verstärkter Regionalismus. Im Zuge dieser Entwicklung war plötzlich überall von einer „Kultur der Landschaften und

Stämme" die Rede, um so dem amorphen Internationalismus eine gesellschaftliche Ordnung entgegenzusetzen, die noch nicht vom Makel der „zivilisatorischen Substanzlosigkeit" gezeichnet sei. Im Gegensatz zur sezessionistischen Individualisierung und der damit verbundenen Reizsteigerung propagierten deshalb die Theoretiker der Heimatkunst eine gefühlsmäßige Simplizität, deren Ziel es war, den Einzelnen wieder in das Gefüge von Stamm und Sippe einzuordnen. Anstatt eine klare Trennungslinie zwischen den ökonomischen „Entartungserscheinungen" und dem Wesen der Technik an sich zu ziehen, versteiften sie sich hierbei mehr und mehr auf das Primitive, Urhafte und Archaische, während sie die Welt der Städte unbarmherzig dem Verfall überließen. Das menschliche Ideal dieser Richtung war demzufolge der Provinz-Deutsche oder charaktervolle Hinterwäldler, der noch jene Ruhe und Gegründetheit aufweise, die man bei den großstädtischen „Hirnkulturmenschen" oder „sinnlich überreizten Genießern" vergeblich suche.

Wie wirkungsmächtig diese Richtung war, lässt sich schon daran ablesen, dass selbst manche der bisherigen großstädtischen Ästheten in den Jahren zwischen 1900 und 1910 anfingen, in ihren Gedichten vom „Freund der Fluren" zu schwärmen, oder im Gefolge des 1898 in Berlin gegründeten Wandervogels mit Rucksack und Laute die deutschen Lande zu durchstreifen, statt wie bisher bohemehaft orientierte Caféhäuser zu frequentieren. Ja, einige dieser Künstler entschlossen sich sogar, mit gleichgesinnten Malern und Schriftstellern für immer oder zumindest für längere Zeit aufs Land zu ziehen, um dort sogenannte Künstlerkolonien zu gründen, von denen sich um die Jahrhundertwende die bekanntesten in Ahrenshoop, Grötzingen, Kronberg, Neu-Dachau, Willingshausen und Worpswede befanden. Wie bei dem Stil- und Gesinnungspluralismus um 1900 nicht anders zu erwarten, lagen allerdings nicht alle dieser Künstlerkolonien auf der gleichen ideologischen Linie. Da gab es einerseits Ästheten wie Heinrich Vogeler in Worpswede, die vom Jugendstil herkamen und auch auf dem Lande viele Jahre einen überfeinert-sezessionistischen Stil beibehielten. Aber da gab es auch andere, die sich neben ihrem Malen und Dichten auch für eine ländliche Kulturarbeit im Sinne völkischer Erweckungsvorstellungen einsetzten. Ihr Ziel war, durch die erneute Einführung von Spinnstuben, Volkstänzen und Sonnenwendfeiern jedes deutsche Dorf wieder in ein „Deutschhausen" zu verwandeln.

Wohl der lauteste Rufer innerhalb der letzteren Gruppe war Friedrich Lienhard, der mit einer ressentimentgeladenen Mittelstandsgesinnung gegen die avancierte Großstadtkultur anzukämpfen versuchte. Finsterste Provinzideale, oberlehrerhaft-verbohrt und anerzogen, erschienen ihm als die wichtigsten Grundlagen deutscher Kultur. Dafür spricht sein oft wiederholtes Motto „Los von Berlin!", das heißt los von der impressionistischen Großstadtkultur, vom zynischen Materialismus, von der steigenden Erotisierung und Genusssucht sowie der Cliquenwirtschaft der Snobs und Kritiker. Im Ankampf gegen die großstädtische Korruption des deutschen Wesens, wie es in seinem Manifest *Die Vorherrschaft Berlins* (1900) heißt, setzte er sich darum wie Adolf Bartels, Theodor Fritsch, Heinrich Sohnrey und Ernst Wachler für ein bäuerliches Artbewusstsein ein, das sich neben kulturellen Traditionen auch auf „stämmige Ochsenknechte und gesunde Kuhmägde" stützen sollte.

Im Bereich der E-Künste machten sich solche heimatkünstlerischen Bestrebungen vornehmlich in der Literatur und Malerei bemerkbar. Und zwar wurden diese Werke weniger von den Bauern und Bäuerinnen als vom großstädtischen Publikum geschätzt, das sie entweder als Exotikum empfand oder mit konservativer Gesinnung gegen die naturalistische Darstellung des „sozialdemokratisch verseuchten" Proletariats ausspielte. Vor allem einige Romane dieser Richtung erlebten in diesem Zeitraum ungewöhnliche Erfolge und überflügelten als Bestseller sämtliche impressionistisch-sezessionistischen Schriften. Die wichtigste Figur dieser literarischen Fronde gegen das „undeutsche" Großstadtwesen war erwartungsgemäß der Bauer. Alle aktuellen Probleme, die sich aus der Umwandlung Deutschlands in einen Industriestaat ergaben, wurden auf diese Weise einfach ausgeblendet und ein Lebensstil beschrieben, der nur „Urphänomene" wie Volk, Gemüt und Heimatliebe zu kennen schien. Wenn in derartigen Werken überhaupt Städtisches erwähnt wurde, dann lediglich als Schreckbild eines internationalen, zum Teil semitischen Molochs, der ein gesundes Bauernvolk nach dem anderen zu verschlingen drohe. Der Schwerpunkt dieser

Fritz Mackensen: *Mutter und Kind* (1892), Bremen, Kunsthalle. Seiner nationalkonservativen Gesinnung entsprechend, übertrug der Mitbegründer der Worpsweder Künstlerkolonie bei Bremen die Darstellung einer Madonna ins Deutsch-Bäuerliche.

Bewegung lag weitgehend auf dem norddeutschen Gebiet, der Heimat der Friesen und Niedersachsen, wo sich der altdeutsche Rassegeist, wie es hieß, noch am reinsten erhalten habe. Beispielhaft dafür sind Romane wie *Die Dithmarscher* (1898) von Adolf Bartels, *Jörn Uhl* (1901) von Gustav Frenssen und *Der Wehrwolf* (1910) von Hermann Löns. In den Werken des Naturalismus und Impressionismus sahen die Autoren solcher Werke von vornherein etwas „Undeutsches", wenn nicht gar „Jüdisches" oder „Französelndes". Was sie diesen Bestrebungen als arteigene Weltanschauung entgegensetzten, war eine Mischung aus Friedrich Naumanns nationalsozialen Ideen, Julius Langbehns Bauernkult und Adolf Damaschkes Bodenreformtheorien, zu der sich häufig ein vaterländischer Bismarck-Kult, eine volkhafte Christus-Vorstellung sowie eine Vorliebe für nationaleugenische Gesichtspunkte gesellten.

Ebenso deutlich lassen sich diese volkhaft-archaischen Tendenzen in der Malerei um 1900 nachweisen. Im Gegensatz zu den Stimmungslandschaften einiger Worpsweder oder Neu-Dachauer Künstler, die ihr Publikum mit romantischen Nebelstreifen und unruhigen Baumsilhouetten zu beeindrucken suchten, herrschten auf den Bildern der volkhaft-heimatverbundenen Richtung meist jene derben, plumpen Gestalten vor, denen man nachsagte, „Bauern in Nibelungenstiefeln" zu sein. Einer dieser „Maler der Faust" war Fritz Boehle, dessen Werke von den völkisch empfindenden Kreisen als eine gelungene Synthese aus Albrecht Dürer und Hans von Marées, heimatlicher Verwurzelung und monumentaler Formgesinnung gefeiert wurden. Die meisten seiner Bilder stellen urtümliche Lebensstationen wie Kindheit, Arbeit, Liebeswerben, Kampf oder Sterben dar, denen etwas bewusst Exemplarisches anhaftet. Es sind Sinnbilder bäuerlicher Festigkeit, die auf alles Genrehafte, Stimmungsmäßige oder Milieudeterminierte verzichten, um das Leben auf dem Lande ins Zeitlose und damit „Große" zu erheben. Ähnliche Bilder dieser Art finden sich bei Fritz Mackensen oder Albin Egger-Lienz. Ja, selbst die Werke des frühen Ernst Barlach, wenn auch eher ins Bäuerlich-Slawische abgewandelt, tragen noch Merkmale dieser Richtung.

Der neue Monumentalismus

Neben den künstlerischen Ausdrucksformen der Heimatkunst und ihrer bäuerlichen Simplizität entwickelte sich nach 1900 eine Bewegung, die zwar ebenfalls einen spezifisch „deutschen" Stil ins Auge fasste, aber in ihrem geistigen und künstlerischen Wollen weit über das bloß Reaktionäre und Partikularistische hinausstrebte. Während in den höheren Künsten bisher vornehmlich sezessionistische L'art-pour-l'art-Tendenzen, kunstgewerbliche Extravaganzen oder heimat-künstlerische Regressionsvorstellungen geherrscht hatten, versuchte diese Bewegung alle schöpferischen Kräfte zu einem einheitlichen „Stilwollen" zusammenfassen. Ihr Ziel war die Gestaltung überzeitlicher Monumente, deren äußere Form weder vom Sezessionistisch-Originellen noch vom Heimatlich-Vorgegebenen abhängig sein sollte. Sie bemühte sich, nicht nur in Politik und Wirtschaft, sondern – ob nun bewusst oder unbewusst – auch in der Kunst zur Weltgeltung des neuen deutschen Reiches beizutragen. Die Eigenart des Persönlichen oder das Eintreten für bestimmte gesellschaftliche Sondergruppen wurde deshalb in dieser Richtung so weit wie möglich zurückgestellt. Statt bestimmte Klasseninteressen zu vertreten, mochten es nun naturalistisch-proletarische, impressionistisch-großbürgerliche, wilhelminisch-höfische oder heimatverbunden-bäuerliche sein, gab man in diesem Umkreis vor, nur der Idee des Heroischen, Kultstiftenden oder Neureligiösen zu huldigen, und zwar aus einem Erwähltheitsbewusstsein heraus, dem ein anspruchsvolles „Denken in Jahrhunderten" zugrunde lag. Diese Richtung war daher kein plattes Wilhelmiden-tum, das sich an Siegesalleen oder Sedan-Feiern berauschte, sondern der Versuch, sich in wesentlich höher geartete Bereiche aufzuschwingen.

In den kulturkritischen Schriften dieser Bewegung äußerte sich diese Tendenz erst einmal in einer scharfen Verurteilung dessen, was ihre Autoren als „subjektivistische Anarchie" oder „klassengebundene Einkräftigkeit" der Zeit vor 1900 empfanden. Über alles Cliquen- oder Sektenbewusstsein hinaus sollte Kunst, wie in den großen Zeiten der Antike oder des Mittelalters, im Rahmen dieser Richtung wieder der Erbauung oder Erziehung des ganzen Volkes dienen, woraus sich ein ins Monumentale drängendes Stilverlangen entwickelte, das in letzter Konsequenz zu einem denkmalhaften Gesamtkunstwerk, einem Tempel oder Festspielhaus hinstrebte. Was also diese Richtung ins Auge fasste, war die Verewigung eines noch nicht Anwesenden, aber Erwünschten, und nicht die Verlebendigung eines unmittelbar Gegebenen.

In der Baukunst waren daher die Jahre zwischen der Jahrhundertwende und dem Beginn des Ersten Weltkriegs eine Zeit, in der viele

Architekten gewaltige Tempel, Mahnmale oder Türme entwarfen. Da sie jedoch im Überschwang der ersten Begeisterung für diesen neuen Monumentalismus ihre Pläne meist ins Phantastische übersteigerten, blieben ihre Entwürfe weitgehend in der Schublade liegen oder wurden nur als „Architekturphantasien" veröffentlicht. Beispielhaft dafür sind die architektonischen *Studien* (1900) von Fritz Schumacher: ein klotziger Montsalvatsch und ein ebenso überdimensionaler Zyklopentempel, die in ihrem monumentalen Pathos inmitten der wilhelminischen Renaissancearchitektur wie unbehauene Findlinge wirken. Auch Architekten wie Wilhelm Kreis und Bruno Schmitz bevorzugten zu gleicher Zeit in ihren Architekturphantasien endlose Treppen, riesige Portale oder ägyptische Pylonen, die – wie in den Tempelentwürfen von Fidus – mit Löwen, Drachen oder Greifen geschmückt sind, wobei die Einzelformen zum Teil ein ins Monumentalisierende drängendes Gemisch aus teutonischen, indischen oder ägyptischen Elementen bilden.

Fritz Schumacher: Feuerbestattungsanlage in Dresden-Tolkewitz (1904). Die Säulen- und Quaderbauweise soll an archaische Grabmäler der Antike und der Völkerwanderungszeit erinnern.

Ja, manche dieser Bauten wurden sogar errichtet und verursachten bei den zwar national, aber nicht hohenzollernhörig eingestellten bürgerlichen Kulturträgerschichten ein ungeheures Aufsehen. Dazu gehörte vor allem das Leipziger Völkerschlachtsdenkmal (1913) von Bruno Schmitz mit seinen zyklopischen Gesteinsquadern und riesenhaften Symbolfiguren. Als ebenso monumentalisierend empfanden manche die Bismarck-Denkmäler von Wilhelm Kreis, meist Rundtempel mit grobem, verwittertem Aussehen, die an das Grabmal Theoderichs des Großen in Ravenna gemahnen sollten. Doch neben solchen archaisierenden Bestrebungen entwickelte sich zu gleicher Zeit auch eine Bauweise, die eher an „altdeutsche", das heißt romanische oder gotische Stilformen erinnerte. Dafür sprechen Repräsentationsbauten wie das Märkische Museum (1904) von Ludwig Hoffmann in Berlin oder die Pfullinger Hallen (1908) von Theodor Fischer. Selbst auf manche Zweckbauten dieser Ära, ob nun Warenhäuser, Fabriken, Botschaften

Eingangshalle des Leipziger Völkerschlachtdenkmals. Dieses Bauwerk entstand zwischen 1898 und 1913 zu Ehren des Sieges der deutsch-russischen Koalitionsarmee über die von Napoleon geführte Grande Armée am 16. bis 19. Oktober 1813. Der Gesamtentwurf stammte von Bruno Schmitz, die monumentalen Kriegerfiguren schuf Franz Metzner.

oder Krematorien, wurde dieser monumentalisierende Stil angewandt. Auf diesem Gebiet waren es vor allem die Bauten von Fritz Schumacher und Peter Behrens, die damals allgemein bewundert wurden.

Die gleiche formale Ballung kennzeichnet viele Statuen dieser Jahre. Auch hier verbreitete sich nach 1900 eine steigende Abneigung gegen das Genrehaft-Historisierende und Salonhaft-Verkitschte des gründerzeitlichen Hohenzollernkults. Anstatt weiterhin realistisch detaillierte Gipsmodelle, die sich auf peinlich genaue Kostümstudien stützten, in unpassende Dimensionen zu vergrößern, bemühten sich die Bildhauer dieser Richtung um raumerfüllte Gestalten, die rein durch Masse und Form statt durch inhaltsbestimmte Attribute einen monumentalen Eindruck erwecken sollten. Aus diesem Grunde vermieden sie alles Intim-Individuelle und suchten von vornherein die Verbindung mit der Architektur, um so jene Einheitswirkung zu erreichen, die ägyptischen Kolossen, griechischen Tempelfiguren und gotischen Portalstatuen ihre bedeutungssteigernde Ausdrucksform gibt. Büsten oder Statuetten, die sich auch im Wohnzimmer aufstellen lassen, wurden deshalb in steigendem Maße durch Bauplastiken, Denkmäler, Reliefs oder Brunnenfiguren verdrängt, die nicht ohne eine typisierende Allgemeinheit und einen architektonischen Rahmen auskommen können.

Einer der ersten Vertreter dieser Richtung war Adolf Hildebrand, der bereits in seinem 1893 erschienenen Buch *Das Problem der Form* eine auf die Architektur bezogene Plastik befürwortete, die in ihren schlichten Formen wie ein scharfer Affront gegen die wilhelminische Prunkplastik eines Reinhold Begas oder Gustav Eberlein wirken sollte. Daher vermied er in seinen eigenen Werken sowohl die historischen Details als auch die sinnlich-impressionistische Aktauffassung eines Auguste Rodin. Ähnliches gilt für viele Statuen von Ludwig Habich, Hermann

Hahn, Fritz Klimsch, Franz Metzner, Louis Tuaillon oder Arthur Volk-
mann, wo es sich um muskelstarke Athleten, reitende Amazonen oder
gebärtüchtige Frauen handelt, von denen alles Historisierende abge-
streift ist und die meist in monumentaler Nacktheit dargestellt werden. Besonders Franz Metzner presste dabei alle Körperformen, ob
nun Köpfe, Arme, Beine oder Rümpfe, gern in streng stilisierte Formen, um so den gewünschten architektonisch-monumentalen Effekt
zu erzielen. Manche seiner Figuren wirken deshalb mit ihren unnatür-
lich verzerrten Muskelpaketen, rechteckigen Bartklötzen und sockel-
artigen Füßen so outriert, dass sie von impressionstisch orientierten
Kritikern als lächerliche „Nacken- oder Schenkelmenschen" hingestellt
wurden.

Wie stark diese Tendenz einer neudeutschen Monumentalisierung
war, beweist selbst die Malerei dieser Jahre. Auch hier fällt nicht das
Intime, Vereinzelte, Individualistische ins Auge, sondern ein Bemühen
um Öffentlichkeit, das jenseits aller liberalistischen Sonderinteressen
steht. Aus diesem Grunde wurde das kleinformatige Leinwandbild,
dessen kultureller Wirkungsraum seit dem frühen 19. Jahrhundert das
bürgerliche Wohnzimmer war, weitgehend durch das Fresko, den Altar
oder das Triptychon verdrängt, die in ihrer typisierenden Art am besten in einen architektonischen Rahmen passen. Gute Beispiele dafür
sind die Gemälde für das Neue Rathaus (1913) in Hannover, wo Fritz Erler die Wandbilder für den großen Festsaal entwarf und Ferdinand
Hodler das Monumentalgemälde *Einigkeit* für den Sitzungssaal schuf.
Als Motive dienten ihnen dabei weder sonnenüberströmte Impressionen noch raffiniert verschlüsselte Symbole, von denen nur ästhetisch
verfeinerte Sondergruppen angesprochen würden, sondern schlichte
Gemeinschaftsideale, die auch künstlerisch ungebildeten Menschen
verständlich sind. Deshalb beschränkten sich viele Maler dieser Richtung auf eine Formelsprache, die sich an allgemeinste Vorstellungen
hielt: den dekorativen Reigen der Jahreszeiten, allegorische Vertretun-
gen des Staates oder „urmenschliche" Situationen wie Mutter und
Kind, Liebespaare oder mythologische Figuren, welche in gewollt ver-
einfachter Zeichensprache aus dem Konkreten ins Allegorische erhoben wurden. Statt ästhetischen Ergötzens, genießerischer Lebensstei-
rung oder pikanter Aufreizung trat so – wie in der Heimatkunst, wenn
auch in wesentlich monumentalerer Form – eine Ethisierungsabsicht,
die in Richtung Formung und Lebensgestaltung drängte. Der dargestellte Gegenstand sollte wieder „wirken" und nicht nur „beeindru-

cken", wieder kultisch-religiöse oder gemeinschaftliche Ideale vermitteln, in denen sich eine feste Wertskala manifestiert.

Diese Wendung ins Ethische und Überindividuelle führte zwangsläufig zu einer scharfen Frontstellung gegen den ästhetischen Solipsismus der späten neunziger Jahre. Ob nun Impressionismus, Neoimpressionismus, Stimmungslyrismus oder Symbolismus: All das erschien den Vertretern dieser Richtung als zu privat, da in der Kunst derartiger Ismen weniger das Allgemeine und Seinsollende als der subjektive Ausdruck regiere. Infolgedessen brach ein wahrer Kulturkrieg aus, der auf beiden Seiten mit äußerster Erbitterung geführt wurde. So behauptete etwa ein Impressionist wie Max Liebermann, der die malerische Pinselfertigkeit über alles stellte: „Wo die Begabung aufhört, fängt der Stil an." Die Theoretiker des neuen Stilwollens machten sich hingegen über die innere Leere der impressionistischen „Klecksereien" lustig, die sie in ihrer flüchtigen und farbensprühenden Art als französisch-oberflächlich empfanden. Und dieser Krieg spaltete auch das kunstinteressierte Publikum. Während die großbürgerlich-modernistisch eingestellten Kreise in Berlin eher die in der Mitte der neunziger Jahre gegründete Sezession sowie den Kunstsalon von Bruno und Paul Cassirer favorisierten, hielten sich die staatlichen Stellen, sofern sie sich überhaupt der „Moderne" öffneten und nicht weiterhin dem wilhelminischen Historismus huldigten, eher an die Vertreter der Monumentalmalerei.

Die Grundform dieser neuen, hieratisch durchgestalteten Malerei war – wie in der Plastik – meist der menschliche Körper, und zwar als Akt, als überindividuelle Gestalt, als heroisches Urbild, als Idee des Menschen schlechthin. Nach einer Zeit verschwommener Impressionen und raffinierter Liniengespinste kam dadurch ein Figurenstil zur Herrschaft, der sich vorwiegend auf modellhafte Posen, wie das einfache Schreiten, Sitzen, Gehen, Liegen oder Stehen stützte, die selbst in relativ unverbindlicher Form dem Betrachter eine Haltung der Verehrung abverlangen

Ferdinand Hodler: *Blick ins Unendliche* (1916), Zürich, Kunsthaus. Die Darstellung eines nackten Jünglings greift Ideale des Jugendstils und der Lebensreformbewegung auf und tendiert ins Monumentale. Gemälde wie dieses machten den Schweizer Hodler zu einem der beliebtesten Maler in Deutschland. 1908 schuf er für die Universität in Jena und 1913 für das Rathaus in Hannover große Wandbilder.

sollten. An die Stelle der sinnlich-animierenden Aktmalerei der impressionistischen Ära mit ihrer Freude am Überraschenden und Frivolen, an den Surprises d'amour, den flatternden Batisthemdchen, den Strumpfbändern und den verworrenen Negligés trat deshalb zusehends das Kultische des menschlichen Aktes, der zum Teil bis ins Übermenschliche oder Gottebenbildliche erhoben wurde. Ob nun in den Werken von Adolf Bühler, Johann Vinzenz Cissarz, Fritz Erler, Otto Greiner, Max Klinger, Ludwig Schmid-Reutte oder Franz Stassen: Überall trifft man auf Athletengestalten, die sich dem Betrachter als Prometheus-Figuren, mareéssche Rossebändiger, lebensstarke Wikinger oder Zarathustratypen aufzudrängen versuchen, und zwar so massig, klotzig und ausdrucksschwer, dass sich häufig der Eindruck des Überforderten und Verquälten einstellt. Lediglich bei dem Osttiroler Albin Egger-Lienz und dem Schweizer Ferdinand Hodler nahmen die ins Personenkultische gesteigerten Elemente eine ästhetische Form an, die über das bloß Klotzige hinaus einen bedeutsameren Eindruck erweckt.

Das gleiche Streben nach feierlich-zeremoniellen Ausdrucksformen, die sich nicht an Einzelne, sondern an eine Gemeinschaft wenden, lässt sich in Teilen der Literatur nach 1900 beobachten. Nachdem der Impressionismus alle größeren Werktypen aufgelöst hatte, um die sinnliche Eindrucksfülle in einem Satz, ja einem Wort zusammendrängen zu können, war von älteren Gattungen wie dem Roman, Drama oder Epos nur ein Trümmerfeld kleiner Skizzen und Einakter übrig geblieben. Auch im Jugendstil hatten weiterhin Kurzformen wie die Lyrik, der Brettl-Sketch oder der Romanzenzyklus im Vordergrund gestanden. Dagegen bemühten sich viele Autoren nach 1900 wieder um die große Form: das Drama, das Epos oder das Gedichtwerk. An die Stelle der betont modernistischen Raffinesse trat somit auch auf diesem Gebiet ein Traditionalismus, der sich mehr und mehr am Leitbild einer rein formalistisch verstandenen „Klassik" orientierte. Überall fielen daher in den kulturkritischen Schriften dieser Jahre wieder Worte wie „Größe" oder „Neuidealismus", in denen sich ein „Imperialismus der Seele" manifestierte, welcher nicht ohne den dahinter stehenden ökonomischen Aufschwung der Jahre nach 1900 zu verstehen ist und in vielen Künstlern das Gefühl erweckte, eine kulturmissionarische Rolle spielen zu können.

Im Bereich der Lyrik wurde dieser Wandel unter anderen von Stefan George vollzogen, der sich um die Jahrhundertwende von einem tech-

Sabine Lepsius: *Stefan George* (1900), Frankfurt a. M., Städelsches Kunstinstitut. George ließ sich gern in starrer Pose als Kämpfer, Prophet oder kreisbildender Führer abbilden. Sitzend, in priesterlicher Haltung ist er hier auf der Mitteltafel eines monumentalen Triptychons zu sehen, dessen Seitentafeln ursprünglich zwei Epheben und eine harfespielende Frau zeigten. Später wurde das Ganze zu einem Porträt reduziert.

nisch versierten Wortkünstler in einen Priesterdichter wandelte, dessen höchstes Ideal nicht mehr die Kunst um der Kunst willen, sondern ein ethischer Gestaltungswille war, der aus dem Sektiererischen allmählich ins Kreisstiftende und dann sogar Gesamtvölkische überzugreifen versuchte. Weniger ein preziöser Ästhetizismus als eine verpflichtende „Mitte" sollte von nun an im Zentrum seiner literarischen und menschenbildnerischen Bemühungen stehen. Das belegt am besten sein monumentales Gedichtwerk *Der siebente Ring* (1907), wo sich George nach seinem noch vom Jugendstil geprägten *Teppich des Lebens* (1900) plötzlich mit der Aura des Prophetischen umgab. Statt sich wie in seinen frühen Gedichten als „salbentrunkener Prinz" in irgendein paradis artificiel zurückzuziehen, trat er jetzt mit der angemaßten Pose eines übermenschlichen Zeitrichters auf, als habe er die Macht, ex cathedra zu sprechen. *Der siebente Ring* wie der darauf folgende *Stern des Bundes* (1914) richteten sich nicht mehr mit sezessionistischer Absicht an einen kleinen Kreis von Kunstfreunden, sondern an einen Männerbund junger Dichter und Gelehrter, in dem George jenes Gefolge sah, aus dem – in Form eines „geheimen Deutschland" – einmal die von höchsten Idealen beseelte Führerschicht eines neuen Reiches hervorgehen würde.

So hochgespannte Ansprüche waren selbstverständlich in der Literatur nach 1900 nicht die Regel, traten aber dennoch erstaunlich oft auf. In Bereich des Dramas war es vor allem Paul Ernst, der sich im Sinne der neuen Monumentalisierungsabsichten gegen jede Form einer milieubedingten Determiniertheit à la Gerhart Hauptmann oder psychologischen Zerfaserung à la Arthur Schnitzler wandte und auf der Bühne wieder „Helden" sehen wollte. Wie George scharte auch er einen Kreis ergebener Anhänger um sich, mit denen er die Forderung erhob, im Drama nur noch die „Mitglieder der höheren freien Gesellschaftsschichten" auftreten zu lassen, da nur sie über die nötige „Fallhöhe" verfügten, die zu einer echten Tragödie, als der höchsten literarischen

Form, gehöre. Im Sinne solcher Postulate bemühte sich Ernst, in seinen Dramen dem Ideal einer „Stilkunst" nahe zu kommen, der das Prinzip einer idealistischen Sollensethik zugrunde liegt. Inhaltlich stützte er sich hierbei weitgehend auf Themen der griechischen Antike, der germanischen Frühzeit oder der mittelalterlichen Kaisergeschichte, um sich von vornherein auf einer Stilebene zu bewegen, die ihm einen leichteren Zugang zum Feierlichen, Zeremoniellen und damit Monumentalisierenden ermöglichte.

Als das bedeutendste zeitgenössische Versepos galt in diesen Jahren der *Olympische Frühling* (1900–1906) von Carl Spitteler, in dem die mit dieser Richtung sympathisierenden Kritiker eine endgültige Absage an jenen Romantyp sahen, der sich durch seine Tendenz zum Beschreibenden und Psychologisierenden von vornherein jeden Weg zum Monumentalisierenden versperrt habe. Da jedoch viele Autoren selbst das Versepos noch als zu breit ausladend und damit nicht „geballt" genug empfanden, neigten sie eher dazu, sich am knappen Erzählstil der altisländischen Sagas, christlichen Legenden oder spätmittelalterlichen Volksbücher zu orientieren. Ebenso beliebt war für kurze Zeit das Genre des herrisch erzählten Sucher-Romans, in dem sich ein Einzelner, wie in Hermann Burtes *Wiltfeber* (1912), als Wegbereiter einer gesamtvölkischen Gesundung aufzuspielen versucht.

Auch im Bereich des Theaterbetriebs wandten sich manche Kritiker nach 1900 in aller Schärfe gegen den impressionistischen „Amüsierbetrieb" der verwöhnten Literatencliquen und ihrer Neigung zum Geschmäcklerischen und Dekadenten. Am unerbittlichsten äußerten sich dabei einige Vertreter des George-Kreises, die das herrschende Bühnenwesen als „merkantile Institution" verwarfen, welche sich lediglich an die „reiz-, wenn nicht gar giftstoffhungrigen Nervenbündel gewisser Großstadtmenschen" wende. Aus den schicksalsvollen Tragödien und religiösen Mysterienspielen der Vergangenheit seien dadurch zirkushafte Spektakel für „Jobber" und „Schmuckweiber" geworden, wie Friedrich Gundolf schrieb. Den gefährlichsten Markthelfer dieser Depravierung des Geschmacks sahen diese Kreise in Max Reinhardt, den sie entweder als gehaltlosen Impressionisten oder geschäftüchtigen Theatermanager anprangerten. In den frenetischen Beifall des sezessionistisch orientierten Großbürgertums, das an Reinhardt'schen Inszenierungen gerade das Raffinierte und Überreizte, die Entkleidungsszenen und das nervöse Abtasten schöngekurvter Frauenleiber schätzten, mischten sich daher nach 1900 mehr und mehr Stimmen, die sich für

einen monumentalisierenden oder zumindest deutsch-klassischen In-
szenierungsstil in der Bühnenkunst einsetzten. Diese Kritiker bekannten sich meist zu Adolphe Appia, Edward Gordon Craig oder Emil Orlik,
welche das Theater wieder in einen Ort der Weihe verwandeln wollten. An die Stelle des dekorativen Prunks à la Reinhardt traten demzufolge bei den von ihnen beeinflussten Inszenierungen weitgehend
schlichte Höfe, Schluchten oder Säulenhallen, die in ihrer monumentalen Vereinfachung den Eindruck einer archaisch gesehenen Antike erwecken sollten. Vorbilder dazu lieferten vor allem die Inszenierungen
im Münchener Künstlertheater oder im Festspielhaus in Hellerau. Ja,
selbst Reinhardt schwenkte schließlich auf diese Linie ein, wie etwa
seine damals viel bewunderte Inszenierung von Karl Vollmoellers *Mi-
rakel* (1912) beweist.

Auf dem Gebiet der Musik war es wesentlich schwieriger, die Tendenz ins Monumentalisierende in eine neue „Stilkunst" umzusetzen.
Ein Bemühen, das so stark ins Figurale, Plastische und Personenkulti-

Emil Orlik: Szene vor dem Palast aus einer Inszenierung von Shakespeares *Winter-märchen* (um 1915), die in ihrer monumentalen Schlichtheit dem antinaturalistischen wie auch dem antiimpressionistischen Charakter der stilkünstlerischen Reformbewegung auf dem Theater entsprechen sollte.

sche drängte, schien sich auf die Welt der Töne nicht übertragen zu lassen. Aus diesem Grunde versuchten die Mitglieder des George-Kreises, aber auch andere Künstler und Kritiker dieser Richtung, das Phänomen des Musikalischen aus dem allgemeinen Stilverlangen auszuschalten. In der verschwommen-malerischen Musik der neunziger Jahre sahen diese Kreise lediglich formauflösende Tendenzen am Werke. Vor allem einige betont national eingestellte Kritiker wandten sich daher zusehends gegen das Überhitzte, Brillante, Äußerliche oder Sensationslüsterne des tonpoetisch-impressionistischen Musikbetriebs, durch den die edle „Frau Musika" zu einer leichtfertigen Buhldirne herabgesunken sei. Für diese allgemeine Entseelung und Entformung machten solche Kritiker hauptsächlich „welsche" Komponisten wie Jules Massenet, Jacques Offenbach und Camille Saint-Saëns, aber auch Richard Wagner verantwortlich, in dessen musikalischen Gefühlsentladungen sie vornehmlich die verschwülten Affekte eines sinnlich Unerfüllten sahen. Wohl am schärfsten wurde Richard Strauss bei diesem Scherbengericht angegriffen. In seiner Musik herrschten, wie es hieß, sowohl die Untugenden der Wagner'schen Musikdramen als auch die eines französischen Impressionisten wie Claude Debussy vor. Statt am Klassisch-Formbestimmten festzuhalten, habe er alles Heroische, Mythische oder Tragische in einen oberflächlichen Nervenkitzel verwandelt, ja sei in Werken wie *Salome* (1905) und *Elektra* (1908) nicht einmal vor Entartungen ins „Perverse" zurückgeschreckt.

Was diese Kritiker solchen Tendenzen entgegensetzten, nahm weitgehend zwei Formen an: eine national-ausdruckshafte und eine eher formal-betonte. In den deutschtümelnden Kreisen wurde der Hauptnachdruck auf das Ideelle, den Offenbarungscharakter der Musik gelegt, um so das Ethisch-Verpflichtende des kompositorischen Schaffens hervorzuheben. Dabei verwandte man gern Prädikate wie verantwortungsbewusst, gemeinschaftsbetont, kulturfördernd, gesund, männlich oder volksverbunden, die sich gegen die impressionistische „Oberflächlichkeit" wandten. Nicht die klangliche Suggestion, sondern der „seelische Edelgehalt" galt hier als das höchste Kriterium der musikalischen Aussage. Bei der anderen Gruppe dieser Richtung stand eher der „Kampf um die Form" im Vordergrund, was in ihrer auffälligen Vorliebe für Sonaten, Variationen und Fugen zum Ausdruck kommt. Anstatt weiterhin das Tonmalerische der impressionistischen Musik, die endlosen Modulationen der Wagner-Epigonen sowie die raffinierte Koloristik eines Richard Strauss nachzuahmen, kam hier ein Aus-

Artur Langes Skulptur *Die Quelle der Kraft* (1908) heroisiert das Athletische, wie es die betont „maskulinen" Strömungen nach der Jahrhundertwende bevorzugten.

druckswille zum Durchbruch, der den Nachdruck weniger auf das Harmonische als auf die motivlich durchgearbeitete Kontrapunktik legte.

Das Verbindende dieser beiden Gruppen, die in der Praxis oft ineinander übergingen, war das Konzept einer „Fortschrittlichen Reaktion". Damit meinte man die Verwerfung des Modernistischen zugunsten altbewährter Traditionen, in denen sich entweder das Ewige des Volkstums oder das Unvergängliche großer Formen manifestiere, welche als etwas Überindividuelles und damit Zeitloses gegen das „subjektivistische Chaos" der zeitgenössischen Großstadtkultur ausgespielt wurden. Als überragendes Vorbild galt in diesem Umkreis vor allem Johann Sebastian Bach, was nicht nur die vielen Bach-Nachahmungen und -Transkriptionen von Ferruccio Busoni, Sigfrid Karg-Elert und Max Reger, sondern auch Werke wie die Bach-Monografie (1908) von Albert Schweitzer belegen. Andere Musikkritiker, wie Eduard Spranger und August Halm, bekannten sich in den gleichen Jahren zu großen Symphonikern wie Beethoven bzw. Bruckner oder stellten die Sonate und die Fuge als die beiden „Urformen" des musikalischen Gestaltungswillens hin.

Bei einem solchen Traditionalismus ist es nicht verwunderlich, dass die E-Musik dieser Jahre eine verwirrende Fülle von Bach-, Beethoven- und Bruckner-Elementen enthält. Der bezeichnendste Vertreter dieser Richtung war Max Reger, bei dem der Gedanke der „Fortschrittlichen Reaktion" tatsächlich stilbildend wurde. Mit ihm trat ein Mann aus der Provinz auf den Plan, der alles Großstädtische, Intellektuelle und Gesellschaftlich-Geschliffene vermissen ließ, weder Kastengeist noch Sezessionismus kannte, sondern in Kunst und Leben an überlieferten Bindungen festhielt. Aus diesem Grunde verschmähte er es, dem Neuen um des Neuen willen nachzujagen. Er empfand es als seine Aufgabe, der „deutschen Kunst" zu dienen und als echter „Meister" die Reihe Bach – Beethoven – Brahms fortzusetzen. Wie kaum ein Anderer bekannte er sich unter dem Motto „Bachisch sein heißt: urgermanisch, unbeugsam sein" zur reinen Form, zur Kontrapunktik und erreichte daher sein Größtes in jenen Orchestervariationen, die meist mit einer bekrönenden Doppelfuge schließen. Noch übersteigerter äußerte sich dieser neue musikalische Monumentalismus in den Spätwerken Gustav Mahlers. Dafür spricht vor allem seine 8. Symphonie (1907) für Orchester, Doppelchor und Solisten, oft die „Symphonie der Tausend" genannt, die bei ihrer Münchener Uraufführung einen überwältigenden Erfolg hatte. Trotz mancher antisemitischen Vorurteile wurde daher Mahler selbst von gewissen deutschtümelnden Musikkritikern, die sich sonst eher für Hans Pfitzner begeisterten, mit Symphonikern wie Beethoven und Bruckner verglichen und sein idealistisches Wollen gegen die als „schmissig" empfundene Orchestertechnik eines Richard Strauss ausgespielt.

Kommen wir zu einigen Folgerungen. Ob nun in Architektur, Malerei, Literatur, Theater oder Musik: Das Ergebnis dieser stilkünstlerischen Tendenzen war aufgrund ihrer individuellen Sollensethik meist eine Kunst, die trotz ihrer hohen Absichten weitgehend im Bereich des Ästhetisch-Formalen oder gar Solipsistischen befangen blieb. Immer wieder handelt es sich in diesem Umkreis um Künstler, die sich weltanschaulich in einem gesellschaftlichen Niemandsland bewegten. Selbst sie waren keine Anwälte irgendwelcher Allgemeingefühle, sondern traten weitgehend im Rahmen eines freischaffenden Liberalismus auf. Trotz der weitgehenden Typisierung kommt daher in ihren Werken häufig etwas Willkürliches zum Durchbruch, das innerhalb der damals herrschenden Kulturwarenproduktion eher durch seine artistische Neuheit als durch seine monumentale Allgemeinverbindlichkeit bestechen wollte. Nur so lässt sich das Gewaltsame und Konstruierte dieser Richtung verstehen, der es weniger um die Darstellung verehrungswürdiger Objekte als um den hybriden Versuch ging, die eigene Person in den Mittelpunkt eines „interesseheischenden Wohlgefallens" zu rücken. Und das musste notwendig zu anmaßenden oder gespreizten Überheblichkeitsgesten führen. Schließlich gab in ihrer Kunst weniger das darzustellende Objekt als der gestalterische Prozess den letzten Ausschlag, wodurch die ästhetische Formgebung trotz ihrer angestrebten Typisierung oft eine unleugbar forcierte Note behielt.

Das notwendige Ergebnis dieses Monumentalismus war demzufolge ein schrittweises Abgleiten in ein Stilwollen, das sich in seiner idealistischen Ausprägung meist mit irgendwelchen kunstvollen Outriertheiten begnügte. Statt wahrhaft monumental zu sein, was stets eine innere Übereinstimmung mit den gesellschaftlichen, religiösen und politischen Einrichtungen der eigenen Zeit voraussetzt, wurde hier eine Formenwelt beschworen, die häufig eher einen dekorativen als einen inhaltlich verbindlichen Eindruck erweckt. Daher das Erlesene, Kostbare und Kunstgewerbliche dieser Kunst, die nur im Bereich des „Völkischen" ins Gesamtnationale vorstieß, dort jedoch ästhetisch meist ins Banale abglitt und daher die bildungsbürgerlichen Schichten eher kalt ließ.

Werkbetont-sachliche Tendenzen

Was sich neben diesen stilkünstlerischen Monumentalisierungsbestrebungen, die je nach weltanschaulicher Orientierung ins Formalistisch-Dekorative oder Volkhaft-Archaisierende tendierten, an schlichteren Formen entwickelte, wurde damals meist mit Adjektiven wie „sachlich" oder „puristisch" umschrieben. Weltanschaulich gesehen, war damit eine deutliche Wende vom Autoritären zum Werkbetonten verbunden. Im Gegensatz zu vielen ideologisch überspannten Schwärmern und Utopikern der Jahrhundertwende traten hier Künstler und Werkgemeinschaften auf, die vom Gefühl einer unmittelbaren Zeitbezogenheit ausgingen. Sie sahen in den zahlreichen technologischen Modernisierungsschüben der deutschen Industrie seit dem Beginn der Hochkonjunkturphase während der frühen neunziger Jahre keine „zivilisatorischen" Dekadenzerscheinungen, sondern nützliche Manifestationen einer allmählichen Befreiung des Menschen aus den Resten jener Herrschaftsformen, die auf dem Prinzip eines aristokratischen Personenkults beruhten. Nicht der individuelle Rang, sondern die gesellschaftlich-verbindliche „Sache" war in ihren Augen das Entscheidende. Um ein solches Ziel zu erreichen, verlangten manche Vertreter dieser Neuen Sachlichkeit sogar eine soziale Neuordnung, bei der an die Stelle des liberalistischen Eigennutzes eine gerechtere Verteilung der gemeinsamen Güterproduktion treten würde. Daher propagierten sie einen „Idealismus der Arbeit", durch den sich alle Menschen in „Werktätige" oder „Schaffende" verwandeln sollten.

Aufgrund einer solchen Haltung verwundert es nicht, dass sich derartige Puristen weitgehend auf das Architektonische und Handwerkliche beschränkten. Malerische, literarische und musikalische Bestrebungen erschienen den meisten Anhängern dieser Richtung viel zu „privat". Deshalb lag für sie weniger die freie als die angewandte Kunst an der Spitze der stilbildenden Tendenzen. Kunst sollte nach ihrer Meinung nicht der Erhebung ins Überwirkliche dienen, das heißt vor der unaufhörlich anschwellenden Industrialisierung und Vergroßstädterung ins Stilkünstlerische ausweichen, sondern sich in erster Linie an der Formung wahrhaft aktueller Kulturaufgaben beteiligen. Das bisherige Interesse am Kunstgewerblichen oder Monumentalen machte daher hier immer stärker dem Werkbetonten Platz, wodurch im Rahmen dieser Richtung sowohl die älteren ästhetischen Repräsentationsvorstellungen als auch die künstlerische Willkür in den Hintergrund traten. Schließlich sahen ihre Vertreter die vordringlichen Bauaufgaben dieser Zeit nicht mehr in Kirche und Palast, sondern in Siedlung, Fabrik und Warenhaus, also Bauten für Wohn- und Zweckgemeinschaften, bei denen jeder überspitzte Individualismus fehl am Platze wäre.

Wie durchgreifend diese Überwindung des Personenkultischen war, lässt sich zum Teil bis ins Detail verfolgen. Während viele Architekten bisher in repräsentativ-dekorative Elemente wie Löwen, Karyatiden und Säulen verliebt waren, bemühte man sich im Rahmen dieser Richtung um Zweckformen, in denen aufwandsbetonte Epochen wie die

Heinrich Tessenow: Sechshäusergruppe in Dresden-Hellerau (1909). Hier baute Tessenow auch die Festhalle für das von Emile Jaques-Dalcroze geleitete Theater- und Tanzensemble.

Gründerzeit nur architektonische Grundmodelle gesehen hatten. Das Gleiche gilt für den Wandel der Materialien. An die Stelle von Palisander, Bronze, Plüsch oder Marmor traten jetzt zusehends Zement, Eisen und Glas. Auf diese Weise wurde der dämmerige Saloncharakter durch eine sachbetonte Helligkeit ersetzt, die keine abschließende Hoheit oder Unzugänglichkeit mehr erlaubten. Beispielhaft dafür sind die lichtdurchfluteten Bank- und Schalterräume sowie die klar gegliederten Fabrikhallen dieser Richtung, in denen sich alles in Glas aufzulösen scheint und eine nüchterne Linienführung den Zweckcharakter dieser Räume betont. Nicht mehr der ornamentale Schnörkel sollte hier als Schönheit empfunden werden, sondern die Logik, das Rationelle, die Materialgerechtheit. Was sich daraus entwickelte, war ein Purismus, der nach den Ornamenträuschen der neunziger Jahre wie ein „Gefängnisstil" wirkte. Es gab daher genug Ästheten, die geradezu einen Schock bekamen, als sie die ersten dieser Bauten sahen, als so nüchtern empfanden sie diese rein zweckbetonte Ornamentlosigkeit.

Neben solchen ablehnenden Stimmen meldeten sich jedoch im selben Zeitraum auch Kulturtheoretiker wie Alexander von Gleichen-Rußwurm, Samuel Lublinski und Henry van de Velde zu Wort, die sich unter dem Motto „Kampf dem Ornament" immer entschiedener für eine durchgreifende Neuorientierung der gesamten kunstgewerblichen Bestrebungen einsetzten. Und zwar betonten sie dabei vor allem das streng Asketische, das keine Rücksicht mehr auf den Sezessionsgeschmack der „künstlerisch" eingerichteten Villenbesitzer nehme. Statt weiterhin mit parvenühafter Prätention einer „individuellen Künstlerkunst" zu huldigen, traten sie in Zeitschriften wie *Dekorative Kunst* oder *Deutsche Kunst und Dekoration* mehrfach für eine „bürgerliche Sachkultur" ein, ja propagierten im Stolz auf die Großleistungen der deutschen Industrie bereits einen die gesamte Kultur bestimmenden „Maschinenstil", um so mit den Gebrauchsgütern der US-amerikanischen Wirtschaft konkurrieren zu können.

Statt also Möbel und Gebrauchsgegenstände nur für eine exklusive Clique von Kennern und nicht für die Produzierenden selber herzustellen, forderten manche Theoretiker dieser Richtung bereits eine Produktion auf „breitester volkswirtschaftlicher Basis". Das Übel wie bisher in der von den Ästheten verteufelten Maschine zu sehen, erschien diesen Kreisen absurd. Nicht die Maschine, sondern der Missbrauch, den man mit ihr getrieben habe, sei schuld an der steigenden Verkitschung, erklärten sie, da man ihr immer noch Arbeitsweisen zumute, die an die

Töpferscheibe oder die Hobelbank erinnerten. Eine Rettung aus diesem Dilemma sah ein Architekt wie Hermann Muthesius nur in der Herausbildung einer „Sachkultur", die auf einem vertieferen Verständnis für das Genuin-Technische und Ingenieurhafte beruhe. Was ihm imponierte, waren die „mathematische Sachform einer Kurbelstange", die „Eleganz eines elektrischen Beleuchtungskörpers" oder der „Aufbau einer Dynamomaschine", in denen sich die neue Zweckform am reinsten manifestiere. Um solchen Formen zum Siege zu verhelfen, trat er energisch dafür ein, den kunsthistorisch gebildeten Musterzeichner durch den Ingenieur zu ersetzen, der seine Einfälle stets am gegebenen Material erprobe. Erst dann werde sich das „Kunstgewerbe" in ein „Allgemeingewerbe" verwandeln, wie er schrieb, das durch seine klaren Formen dem Alltag eine neue „Ansehnlichkeit" verleihen würde.

Aufgrund dieser Wende bot ein früherer Jugendstil-Designer wie Henry van de Velde seinen Klienten plötzlich nicht mehr ornamentalverschnörkelte, sondern puristisch wirkende Möbelgarnituren an. Der gleiche Wandel lässt sich im Bereich der Wiener Werkstätten verfolgen. Man denke an den Unterschied zwischen Otto Wagners Majolikahaus (1899) und seinem Postsparkassengebäude (1905), wo nicht mehr die floralen Muster, sondern die klaren Flächen vorherrschen. Noch puristischer wirken die kurz darauf entstandenen Architektur- und Interieurentwürfe von Adolf Loos, der den Jugendstil als „Ornamenthölle" bezeichnete und lediglich die „Brauchbarkeit" und „Bequemlichkeit" als oberste Ziele anerkannte. Nicht die Künstler, schrieb er, sondern die Ingenieure und Klempner seien heute die „Quartiermacher der Kultur". Ebenso entschieden bekannte sich 1907 der Architekt Fritz Schumacher in seinem Traktat *Streifzüge eines Architekten* mit Formeln wie „Sachform statt Stilkarussell", „Zweckmäßigkeit statt Jugendstil" oder „Raumkunst statt Flächenkunst" zu einer weitgehend versachlichten Architekturgesinnung.

Solche Forderungen waren vor 1914 nicht leicht in die Praxis umzusetzen. Dazu war das kulturell tradierte „Kunstbedürfnis" sowohl der staatlichen als auch der privaten Auftraggeber noch zu groß. Und so kam dieser neue Purismus erst einmal in den Kleinformen des Kunstgewerbes zum Durchbruch. Dafür sprechen die Möbelentwürfe von Richard Riemerschmid wie auch die Formgebung bestimmter Industriegeräte wie Öfen, Lampen und Elektrogeräte von Peter Behrens, die in ihrer vorbildlichen Klarheit auch den ästhetisch ungebildeten Käufern und Käuferinnen einen Sinn für die Schönheit der „absoluten Form" zu vermitteln suchten. Der Kampf gegen die „moderne Hässlichkeit", der seit John Ruskin und William Morris viele künstlerisch interessierte Menschen bewegte, trat damit in eine ganz neue Phase ein. Die Pflege des Schönen beschränkte sich plötzlich nicht mehr auf das Ästhetische, sondern griff auch auf die bisher verachteten Industriewaren über, denen man im Sinne des gut Gearbeiteten und Materialgerechten eine logisch entwickelte „Werkform" zugrunde legte. Die als avanciert geltenden Designer hatten dabei Gebrauchsgegenstände im Auge, die rein durch ihre schlichte Formgebung gegen das Banal-Protzige des bisherigen Kunstgewerbes protestieren sollten.

Besonders auffällig vollzog sich dieser Wandel im Rahmen der Zimmerausstattung. Was die Puristen verschmähten, war vor allem das Vollgestopfte und Übermöblierte. Dementsprechend tünchten sie die Wände entweder weiß oder bespannten sie mit anspruchslosem Rupfen. Vor die Fenster hängten die Designer dieser Richtung meist luftige, ungemusterte Leinengardinen. Als Geschirr verwandten sie einfaches Steingut, und zwar ohne Landschaftsbilder, Blumengeranke oder Rokokoschnörkel. Auf diese Weise entstand eine Atmosphäre, in der für das „Künstlerische" im älteren Sinne überhaupt kein Spielraum blieb. In solchen Räumen wären hoheitsvolle Plastiken oder blumenreiche Ornamente, ja selbst gerahmte Ölgemälde, die den Betrachter in eine ästhetisch imaginierte Welt entführt hätten, völlig fehl am Platze gewesen. Wo früher das Gemütliche herrschte, regierte jetzt das Klare und Formenstrenge, um das traditionsreiche Wohnzimmer, die „gute Stube", in einen Arbeitsraum für schaffende Menschen umzuwandeln. Nichts in diesen Räumen wirkte repräsentativ, das heißt forderte zu einem aristokratischen Nichtstun auf, das zu seiner inneren Rechtfertigung einer historisch stilisierten Einkleidung bedurft hätte. Nicht die Dekorationen standen hier im Vordergrund, sondern die Entschiedenheit der Linienführung, die konzentrierende Kraft der glatten Flächen und die kompromisslose Nüchternheit der Möbel, von denen sich die Innenausstatter dieses Purismus ein ebenso klares wie rationales Lebensgefühl versprachen.

Ihre erste offizielle Anerkennung erfuhren diese Tendenzen auf der Dritten allgemeinen deutschen Kunstgewerbeausstellung (1906) in Dresden. Hier wurden nicht nur handgearbeitete Einzelstücke, sondern auch industriell angefertigte Serienmodelle ausgestellt, um so die Gleichrangigkeit beider Gebiete zu betonen. Dementsprechend war neben Schmuckgegenständen selbst der Dampfschiff- und Maschinenbau

Mit Peter Behrens'
Turbinenhaus der
Allgemeinen Elektrizi-
tätsgesellschaft (AEG)
in Berlin (1909)
beginnt sich eine
spezifisch „moderne"
Industriebauweise
durchzusetzen.

vertreten. Außerdem sah man Öfen, Laternen, Ladeneinrichtungen, Ar-
beiterwohnungen, Klassenzimmer, Eisenbahnabteile, Wartesäle und
technisches Gerät, um so auf den inneren Zusammenhang der Gesamtkultur hinzuweisen. Das organisatorische Ergebnis dieser Leis-
tungsschau war die Vereinigung der Münchener und der Dresdener
Werkstätten zu den Deutschen Werkstätten (1907), was noch im selben
Jahr die Gründung des Deutschen Werkbundes zur Folge hatte, in dem
sich alle „sachlich" ausgerichteten Kreise zu einer Werkgemeinschaft
zusammenschlossen, die sich zu einer sozialen Verpflichtung des Kapitals bekannte. Auf diese Weise entstand eine Mischung aus sozialethi-
schen und merkantilen Tendenzen, die von Peter Bruckmann, Theodor
Fischer und Hermann Muthesius, den Gründern des Werkbundes, als
„Idealismus des gemeinsamen Kapitals" bezeichnet wurde. Was man
dabei als höchstes Ziel ins Auge fasste, war eine Einheitlichkeit des Geschmacks, deren Mustergültigkeit auf dem schlechthin Funktions-
bedingten beruhen sollte.

Durch diese Wendung ins Sachliche entstand eine „courage du capi-
tal", die nicht nur kommerziellen und imperialistischen Zwecken zugute kam, sondern sich auch bestimmten kultur- und sozialpolitischen
Aufgaben zuwandte. So berief etwa ein Industrieller wie Karl Ernst

Osthaus, einer der eifrigsten Förderer des Werkbundes, Architekten wie Henry van de Velde, Peter Behrens und Richard Riemerschmid nach Hagen, um sich von ihnen Pläne zu einem Museum, einer Villenkolonie, einem Krematorium und einer Wohnsiedlung vorlegen zu lassen, die nicht vom Makel der „liberalistischen Anarchie" gezeichnet seien. Ebenso „idealistisch" orientiert waren die großzügigen Kultur- und Sozialleistungen von Ernst Abbe in Jena, die Anlage mancher Arbeitersiedlungen dieser Jahre, welche meist das Aussehen parzellenartiger Gartenstädte hatten, sowie die Wendung ins Werkbetont-Puristische bei der architektonischen Planung von Industrieanlagen. Als besonders einflussreich erwies sich in diesem Zusammenhang die 1907 erfolgte Berufung von Peter Behrens zum künstlerischen Berater des AEG-Konzerns. Wohl die bekannteste Probe seines Könnens bietet das 1909 errichtete Turbinenhaus in Berlin, bei dem die architektonische Gesamtidee in einem überzeugenden Verhältnis zu den industriell geforderten Funktionen steht. Vergleichbar damit sind im gleichen Zeitraum lediglich die Fagus-Werke (1911) von Walter Gropius, bei denen ebenfalls eine saubere Reihung gleicher Bauteile und zugleich eine unaufdringliche Einheit von Form und Funktion herrscht.

Aus all diesen Tendenzen entwickelte sich schließlich eine Architekturgesinnung, die sich die Planung ganzer Städte zur Aufgabe setzte.

Walter Gropius' Gebäude der Fagus-Werke in Alfeld an der Leine (1911) gehört neben dem ebenfalls von Gropius entworfenen Büro- und Fabrikgebäude für die Kölner Werkbund-Ausstellung (1914) zu den Pionierleistungen der frühen Glas-Beton-Bauweise.

Während die Künstler des Jugendstils wie auch die Vertreter der Heimatkunst die Großstadt noch als eine Antithese zu jeder ins Ästhetische oder Nationale zielenden Kunstgesinnung empfunden hatten, sahen die „Sachlizisten" gerade auf diesem Gebiet ein Feld ungeahnter Möglichkeiten. Dafür sprechen Bücher wie *Der Städtebau* (1911) von Werner Hegemann oder *Die Architektur der Großstadt* (1913) von Karl Scheffler, in denen eine vernünftige Trennung von Wohn- und Industriegebieten gefordert wurde, denen jedoch, wie es hieß, eine vollständige „Lebenserneuerung" vorausgehen müsse. Schließlich könne sich ein „großer Baustil" erst dann entwickeln, wenn über alle „grundsätzlichen Probleme" des Gemeinschaftslebens eine „wortlose Einigkeit" herrsche. Scheffler verwarf daher die „snobistische" Arroganz der bisherigen Villenkultur und forderte eine neue Sesshaftigkeit im Rahmen großer Blockbauten oder Reihenhäuser, um so zum Ende der „kapitalistischen Verwirrung" beizutragen. Dass es sich bei diesem oft beschworenen Vereinfachungsprozess nicht nur um einen werkbundbetonten „Idealismus der Arbeit", sondern zugleich um eine monopolkapitalistische Konzentration handelte, wurde ihm und vielen anderen puristisch argumentierenden Kritikern kaum bewusst. Demzufolge landeten einige Werkbund-Theoretiker zwangsläufig bei der Vorstellung einer „demokratisch gefärbten Großbürgerkultur", die einen höchst widersprüchlichen Charakter hat. Unter dem gleichen Zwiespalt litten die Reflexionen von Walther Rathenau, dem damaligen Leiter des AEG-Konzerns, der sich in seinem Buch *Zur Mechanik des Geistes und vom Reich der Seele* (1913) ebenfalls zu einer steigenden Vergeistigung der menschlichen Arbeit bekannte. Auch er setzte seine Hoffnungen auf ein wachsendes, wenn auch abstrakt bleibendes Verantwortungsbewusstsein der gesellschaftlichen Oberschichten, die sich endlich mit der Idee eines genossenschaftlichen Gemeinbesitzes anfreunden sollten, statt sich weiterhin dem Gesetz der privatwirtschaftlichen Konkurrenz zu unterstellen.

Andere Werkbund-Förderer korrumpierten dagegen nach 1910, als das Zweite Kaiserreich aufgrund der anhaltenden Hochkonjunktur zur zweitstärksten Industriemacht der Welt aufstieg, die idealistischen, genossenschaftlichen oder sozialistischen Tendenzen innerhalb dieser Richtung immer stärker ins Nationale. Sie waren eher von der Idee besessen, ganz Deutschland in einen einzigen Werkbund umzuwandeln, um so die bereits von Paul de Lagarde beschworene deutsche „Volksgemeinschaft" zu verwirklichen. Ob nun ein Nationalliberaler wie

Friedrich Naumann, ein neuromantischer Verleger wie Eugen Diederichs, ja selbst ein Architekt wie Hermann Muthesius: Viele Befürworter des Werkbundes wurden mit den Jahren immer nationalgesinnter und setzten sich im Sinne der von Kaiser Wilhelm II. ausgegebenen Parole „Das Imperium ist der Markt" für eine nationale Kulturarbeit ein, der ein „volkhafter" Affekt gegen alles Ausländische zugrunde lag und die in einem „Sieg der deutschen Arbeit" kulminieren sollte.

Ihre letzte große Zusammenfassung erlebten alle diese Tendenzen im Juli 1914, also wenige Wochen vor Beginn des Ersten Weltkrieges, auf der großen Kölner Werkbund-Ausstellung. Theodor Fischer baute hier die Haupthalle, Hermann Muthesius das Gebäude der Farbenschau, Josef Hoffmann das Österreichische Haus, Peter Behrens die Festhalle, Henry van de Velde den Theaterbau, Gert Metzendorf eine Arbeitersiedlung und Walter Gropius ein Büro- und Fabrikgebäude. Alle diese Bauten hatten etwas Öffentliches, das heißt vertraten nicht bestimmte Personen oder Gruppen, und wirkten dadurch, als ob sie sich für eine übergeordnete Sache einsetzten. Dennoch wies das Ganze keine innere Geschlossenheit auf. Letztlich stellte hier jeder bedeutende Architekt – im Rahmen des kapitalistischen Konkurrenzsystems – seine Bauauffassung vor. Daher kam es bei den Vorträgen, die anlässlich dieser Ausstellung gehalten wurden, zu heftigen ideologischen Auseinandersetzungen. Während ein Architekt wie Bruno Taut nach einem „Diktator" rief, der dem Werkbund für die nächsten drei Jahre eine strenge Marschroute vorschreiben sollte, bekannten sich andere entweder zu einem glühenden Individualismus oder zu einem imperialistisch gestimmten Nationalismus. Und damit blieb das Konzept einer genossenschaftlichen Überwindung des Kapitalismus erst einmal eine unrealisierte Utopie.

Die frühexpressionistische Revolte

Nicht minder widersprüchlich wirken jene ins Rebellische vorstoßenden Kulturaktivitäten, die heute meist als „frühexpressionistisch" bezeichnet werden. Ihre Anfänge gehen auf die Jahre 1905 bis 1910 zurück. Und auch hier lässt sich deutlich zwischen extrem individualistischen sowie eher gruppenbezogenen Strömungen unterscheiden. Soziologisch gesehen, kamen die Frühexpressionisten weitgehend aus den Schichten jener jungen Maler und Schriftsteller, die noch keinen festen Platz innerhalb der wilhelminischen Gesellschaft gefunden hatten und ihre ideologische Obdachlosigkeit mit ekstatischen Bekenntnissen zu einer völlig anders gearteten Welt zu überblenden versuchten. Ihre Orte waren weder das Architekturbüro oder die Designerwerkstatt der Werkbund-Anhänger noch das Zelt oder das Lagerfeuer der Wandervögel, sondern die Dachstube oder das Caféhaus, wo sie ihren ins Fessellose drängenden Phantasien wie auch ihren Wutausbrüchen gegen die sie umgebende Gesellschaft einen möglichst hemmungslosen Ausdruck verleihen konnten.

Zugegeben, manche dieser Frühexpressionisten schlossen sich vorübergehend Malergemeinschaften wie der „Brücke" (ab 1905) oder dem „Blauen Reiter" (ab 1911) an. Andere scharten sich um Zeitschriftengründungen wie *Der Sturm* (ab 1910) oder *Die Aktion* (ab 1912). Aber letztlich empfanden sich die meisten Vertreter dieser Richtung durchaus als Einzelne. So gab etwa Ludwig Rubiner 1912 auf die rhetorische

Egon Schiele: *Doppelbildnis Heinrich und Otto Benesch* (Zentralinspektor Heinrich Benesch und sein Sohn Otto) (1913), Linz, Lentos Kunstmuseum. Die im Frühexpressionismus beliebte Darstellung des Konflikts zwischen Vater und Sohn weist in vielen Fällen auf den bürgerlich-antibürgerlichen Charakter der dahinter stehenden Revolte hin.

Frage: „Wer sind eigentlich meine Kameraden?", die bewusst anarchistisch-provozierende Antwort: „Prostituierte, Dichter, Zuhälter, Gelegenheitsdiebe, Sammler von verlorenen Gegenständen, Nichtstuer, Liebespaare inmitten der Umarmung, religiös Irrsinnige, Säufer, Kettenraucher, Arbeitslose, Pennbrüder, Einbrecher, Kritiker, Schlafsüchtige, Gesindel." Ja, um diese Aufzählung noch zu übersteigern, erklärte er am Schluss lapidar: „Wir sind der heilige Mob!" Eine solche Gesinnung wurde zwar nicht von allen Frühexpressionisten geteilt, entsprach aber durchaus dem in dieser Richtung allgemein verbreiteten Gefühl des Außenseiterischen, das sich vornehmlich durch radikal übersteigerte Argumente Gehör zu verschaffen suchte.

Dementsprechend bediente sich die Literatur des Frühexpressionismus einer Sprachgebung, die sich ständig im Bereich des Schreihaften, Stammelnden oder Geballten bewegt, um sich nur ja keinen Schockeffekt entgehen zu lassen. Wie schon in früheren bürgerlich-antibürgerlichen Avantgarde-Bewegungen hielt man sich auch in diesem Bereich an die Parole: „Épater la bourgeoisie!" In frühexpressionistischen Dramen wie Reinhard Johannes Sorges *Der Bettler* (1912), Walter Hasenclevers *Der Sohn* (1914) oder *Der junge Mensch* (1916) von Hanns Johst treten daher ständig die gleichen lebenshungrigen, leistungsverweigernden, genialisch überspannten Jünglinge auf, die sich im offenen Aufruhr gegen die moralische Stickluft und arbeitsame Pedanterie ihrer Elternhäuser befinden. Statt sich in philisterhafter Manier „abrichten" zu lassen, nehmen diese Figuren stets das Recht für sich in Anspruch, in eine Welt der ungehemmten Freizügigkeit aufzubrechen. Wie schon in den Tagen der Romantik empören sich hier meist Genies gegen Spießbürger und rennen schon in der ersten Szene ins Bordell, um damit ihre absolute Unbürgerlichkeit zu demonstrieren, ohne zu merken, wie sehr sie sich damit als die Söhne ihrer Väter auswiesen.

Aufgrund dieser Einstellung drang ein Großteil dieser Literatur kaum über die üblichen Spießersatiren hinaus. Dennoch wirkte sie in ihrer revoluzzerhaften Art durchaus neu. Schließlich hatten sich die Revolutionen von 1789 und 1848 noch *für* und nicht *gegen* das Bürgertum ausgesprochen. Doch waren es wirklich die „Bürger", gegen die sich der Frühexpressionismus wandte? Oder war es nicht in romantischer Tradition eine abstrakte Front von „Spießern", welche diese Bewegung in allen Schichten der Gesellschaft wahrzunehmen glaubte? Genau besehen, sahen nämlich die Frühexpressionisten ihre Feinde weniger in der Kaste der Industriellen oder höheren Verwaltungsbeamten als in

jenen „Ich-Leichen" oder „Vergreisten", die auf „plüschenen Sofas blö-
den": also jenen Repräsentanten einer „bourgeoisen Lethargie", die keinen „Mumm" mehr hätten, sich zu wilden, kühnen Aktionen aufzuraf-
fen. Diesen „Juste-Milieu-Fritzen" schleuderten sie deshalb eine Aus-
druckskunst entgegen, bei der sie selbst vor den billigsten Klischees
nicht zurückschreckten, solange diese auf eine aufreizende Weise rebellisch wirkten. Daher das Hingehauene und Hinausgeschriene ihrer
Literatur, das Hingewischte, Plakative, Fratzenhafte oder „Negroide" ihrer Malerei sowie das Atonale, Dissonante, ins Kakophonische Tendierende ihrer Musik. Kurzum: Der Frühexpressionismus bevorzugte vor
allem Ausdrucksmittel wie Aggressivität, Deformierung oder Travestie,
um so den „ewigen Spießer" oder „vertrottelten Methusalem" so knall-
hart wie nur möglich vor den Kopf zu stoßen.

Wogegen diese Richtung war, ist daher schnell beschrieben: letztlich
gegen alles, was ihr als eine Fessel erschien und somit einem unge-

Emil Nolde: *Exotische
Masken* (1911),
Kansas City, Nelson
Gallery of Art.
Der Expressionismus
empfand die Wildheit
als lebensintensivie-
rend. Einige Maler
griffen deshalb gern
Motive aus der
Bildwelt der Ein-
geborenen in den
deutschen Kolonien
in Afrika und in der
Südsee auf.

hemmten, rasenden Sichausleben entgegenstand. Aus diesem Grunde wandte sie sich gegen sämtliche Manifestationen des wilhelminischen Establishments: den militaristischen Drill, die autoritätsgläubige Untertanengesinnung, das kapitalistische Arbeitenmüssen, den positivistischen Lernzwang an den Universitäten, die moralische Prüderie innerhalb der Familien sowie die kirchlichen Vertröstungen auf ein sich nie einstellendes Jenseits. *Wofür* diese Richtung eintrat, lässt sich dagegen wesentlich schwerer bestimmen. Was waren eigentlich ihre Zielutopien? Ja, hatte sie überhaupt solche? Oder war sie lediglich der Ausdruck einer wirtschaftlichen Prosperität, in der die bürgerlichen Lebenserwartungen von Jahr zu Jahr immer größer wurden? Jedenfalls blieben ihre Gegenbilder meist relativ unkonkret. Viele Frühexpressionisten beriefen sich in diesem Zusammenhang einfach auf einen noch nie da gewesenen „Aktivismus". Andere sprachen von „Jugend", „Wille", „Enthemmung", „Weltveränderung" oder „subjektiver Grenzenlosigkeit", wenn sie um ihre Ziele befragt wurden. Und zwar verstanden sie darunter eine Lebensform, bei der es keinen Leerlauf mehr gibt, sondern die stets zum Bersten mit Energie geladen ist. Als zum Letzten entschlossene Leidenschaftsmenschen wollten diese Gruppen erst einmal „frei" sein und gingen daher allem aus dem Wege, was irgendwie nach Ordnung, Verpflichtung oder Verantwortlichkeit klang.

Es ist mithin geradezu unmöglich, den Frühexpressionismus auf eine bestimmte kulturpolitische Gesamtlinie festlegen zu wollen. Er setzte sich für alles ein, was eine intensive Stimulation oder Erregung versprach, ohne lange zu fragen, woher diese Erregung kam oder wohin sie tendierte. Weltanschaulich betrachtet, führte das zu einem geradezu unübersehbaren Tohuwabohu. Subjektivistisches stand hier neben Kollektivistischem, Aggressives neben Seraphischem, Egoistisches neben Altruistischem, Pessimistisches neben Utopischem, Geistiges neben rein Triebhaftem. Das Spezifische dieser Richtung äußerte sich also meist nur in der extremen Tonlage, mit der diese Konzepte aufgegriffen und künstlerisch vermittelt wurden. Daraus folgte, dass der Frühexpressionismus zwar alles verdammte, aber zugleich alles propagierte, was sich überhaupt an Vorstellungen, Ideen oder Utopien ausdenken ließ. Er formulierte es lediglich krasser als andere bürgerlich-antibürgerliche Aufstandsbewegungen seit der Mitte des 19. Jahrhunderts. Dennoch lohnt es sich, wenigstens einige Programmpunkte kurz anzuführen, die sich in seinen Schriften besonders häufig finden. Statt sich gesellschaftspolitisch zu definieren, das heißt sich als Vertretung einer bestimmten Klasse oder Partei zu verstehen, stützte sich diese Richtung meist auf existenziell gefärbte Abstrakta wie Intensität, Natur, Erotik oder leuchtendes Ich. Damit gab sie zwar ihren künstlerischen Werken eine grell-aufrüttelnde Note, die in bohemehaft-anarchistischen Literaten- und Malerkreisen ein großes Aufsehen erregte, verfehlte aber mit ihrem inzwischen legendär gewordenen „Oh Mensch"-Pathos die Masse der von ihr ins Auge gefassten Bürger und Arbeiter. Und so blieb die frühexpressionistische Revolte eine recht kurzlebige Episode innerhalb der allgemeinen Kulturentwicklung des Zweiten Kaiserreiches.

Vor allem bei der Unterklasse, die sich kulturell entweder in den sozialdemokratisch ausgerichteten Arbeiterbildungsvereinen die klassische Kunst des aufsteigenden Bürgertums zwischen 1750 und 1848 anzueignen versuchte oder sich mit kruden Volksbelustigungen in Form von Rummelplatzmusik, Moritatensängern, Trivialromanen, Zirkusdarbietungen oder den ersten Kintopp-Vorführungen begnügte, fand die „revolutionäre" Kunst der Frühexpressionisten überhaupt keinen Widerhall. Doch auch die damaligen Bürger konnten anfangs mit dieser Kunst wenig anfangen. Es gab zwar unter ihnen einige Galeristen, Theaterleiter, Konzertagenten sowie Zeitschriftenverleger, die solche Tendenzen als kulturelle Novitäten aufgriffen und auch aus ihnen einen gewissen Profit herauszuschlagen versuchten, aber die Mehrheit der kulturinteressierten Schichten dieser Jahre sah im Frühexpressionismus eher etwas Jugendlich-Unreifes oder Bizarr-Obszönes, über das sie sich größtenteils lustig machte. Sie blieb im Bereich der Literatur, Malerei und Musik weiterhin dem Impressionismus, der Heimatkunst und dem stilkünstlerischen Monumentalismus treu und bevorzugte im Hinblick auf das Architektonische und Designerhafte vor allem jene Werkbund-Tendenzen, in denen sie ein neues deutsches „Stilwollen" erblickte. In ihren Reihen herrschte keineswegs das Gefühl, dass zu einer besseren Kultur ein totaler Umsturz der bestehenden Verhältnisse nötig sei. Im Gegenteil, diese Schicht lebte höchst saturiert im Bereich der „machtgeschützten Innerlichkeit" und berief sich ständig voller Stolz auf die angebliche „Weltgeltung" der klassisch-romantischen sowie der neueren deutschen Kultur.

Die wilhelminische Bildungsbourgeoisie war daher 1914, als der Erste Weltkrieg begann, mehrheitlich davon überzeugt, dass man den Russen, Engländern und Franzosen mit „kulturmissionarischem" Eifer entgegentreten müsse, um die „heiligen Güter" der deutschen Kultur nicht im Strudel der westlichen Zivilisation untergehen zu lassen. „Das große Deutschland ist wieder da", schrieb damals ein junger Autor wie Arnold Zweig begeistert, „das Feuer Beethovenscher Allegri und Scherzi spukt in der deutschen Kriegsführung, die tragende Ordnung romanisch-deutscher Fassaden und der gefasste, schweigsame Griffel Holbeinscher Zeichnungen gibt sich kund im organisatorischen Leben der Daheimgebliebenen. Und über allem hängt die furchtlose Nähe des Todes (und des Teufels Schrecken) aus Dürers großem Blatt. Der Ritter reitet." Ja, noch in den folgenden Kriegsjahren erschien ein Buch nach dem anderen, in denen Frankreich und England als die Länder der „Kaufleute" und „Zivilisationsliteraten" angeprangert wurden, während man Deutschland – wie in den *Betrachtungen eines Unpolitischen* (1918) von Thomas Mann – weiterhin als ein „Bollwerk wahrer Kultur" hinstellte. Von den wichtigsten Vertretern des damaligen Bildungsbürgertums protestierte daher kaum jemand, als der auf Rebellion drängende Frühexpressionismus von den Zensurbehörden der obersten Heeresleitung während der Kriegszeit weitgehend unterdrückt wurde.

Die Weimarer Republik (1919–1933)

Bedroht von rechts und links

Als sich die Kieler Matrosen am 28. Oktober 1918 weigerten, in hoffnungsloser Situation noch einmal gegen die Engländer in See zu stechen, kam es auch in anderen deutschen Städten zu öffentlichen Ausbrüchen eines seit langem schwelenden Unmuts gegen die offiziellen Durchhalte- und Siegesparolen. Überall bildeten sich Arbeiter- und Soldatenräte, die auf eine sofortige Beendigung des Krieges und eine revolutionäre Umwälzung des herrschenden Systems drangen. Vor allem in Berlin wurde Anfang November von den erregten Massen die umgehende Beseitigung der Hohenzollernmonarchie gefordert. Die bürgerlichen Parteien, welche sich 1914 geschlossen hinter Kaiser und Reich gestellt hatten, wurden durch diese Entwicklung weitgehend paralysiert und überließen die Initiative vorübergehend den Linken. Und diese – teils reformistisch, teils revolutionär gesinnt – stellten sich zwar den Massen, versuchten sie aber sofort in ihre parteiideologischen Bahnen zu lenken. So proklamierte Philipp Scheidemann, einer der Führer der Mehrheitssozialdemokratischen Partei (MSPD), am 9. November kurz nach 14 Uhr von einem Fenster des Reichstagsgebäudes spontan die „Deutsche Republik", während Karl Liebknecht, als Vertreter der spartakistisch gesinnten Unabhängigen Sozialdemokratischen Partei (USPD), um 16 Uhr vom Balkon des alten Kaiserschlosses die „Freie sozialistische Republik Deutschland" ausrief. Alle unmittelbar darauf folgenden Entwicklungen standen im Zugzwang dieser Konstellation. Theoretisch lag die Reichsgewalt in den folgenden Tagen beim „Rat der Volksbeauftragten", dem drei Mitglieder der MSPD (Friedrich Ebert, Philipp Scheidemann, Otto Landsberg) und drei der USPD (Hugo Haase, Wilhelm Dittmann, Emil Barth) angehörten. Doch dieser Rat wurde nie wirklich aktionsfähig, da sich Ebert schon am Abend des 10. November der Unterstützung Wilhelm Groeners, des Oberbefehlshabers der ins Reich heimkehrenden Truppen, versicherte, wobei er diesem als Gegenleistung einen geschickt taktierenden Stabilisierungskurs versprach. Ein ähnliches Stillhalteabkommen zwischen Gewerkschaften und Unternehmern unterzeichneten Carl Legien und Hugo

Stinnes am 15. November, um auch auf diesem Sektor der Möglichkeit einer linksorientierten Revolution zuvorzukommen.

Ebert, konfrontiert mit einer unübersehbaren Gärung in den breiten Volksmassen, trat in den folgenden Wochen entschieden für Ruhe und Ordnung ein und bestand auf sofortigen Wahlen zu einer verfassunggebenden Nationalversammlung, um – mittels einer erhofften parlamentarischen Mehrheit der MSPD – die durch ihn geschaffenen Verhältnisse so schnell wie möglich zu legalisieren. Als die USPD und der Spartakusbund, aus dem am 31. Dezember die Kommunistische Partei Deutschlands (KPD) hervorging, diese Entschlüsse ablehnten sowie den am 5. Januar 1919 ausgerufenen Generalstreik unterstützten, ließ Gustav Noske als Volksbeauftragter der MSPD mit Hilfe des nationalkonservativ eingestellten Generals Walther von Lüttwitz alle Bemühungen, doch noch ein sozialistisches Rätesystem durchzusetzen, rücksichtslos niederschlagen, wobei auch Karl Liebknecht und Rosa Luxemburg von fanatisierten Freikorpsmitgliedern ermordet wurden. All das geschah während der Wahlkampagne zur Nationalversammlung, an der sich gerade die rechten und mittleren Parteien lebhaft beteiligten, da diese in einer mehrheitssozialdemokratisch orientierten Republik den letzten rettenden Strohhalm vor einer drohenden „Bolschewisierung" Deutschlands erblickten. Besonders energisch setzten sich die Deutschnationale Volkspartei (DNVP) und die Deutsche Volkspartei (DVP), obwohl sie auf ihren Plakaten weiterhin altständisch-autoritäre Traditionen beschworen, für diesen Kurs ein. Nicht ganz so reaktionär und zugleich taktierend gebärdete sich das Zentrum unter Matthias Erzberger, das zwar auch jedwede linksorientierte Gesellschaftsveränderung scharf ablehnte und vor allem christliche Ideale in den Vordergrund rückte, sich aber fest auf den Boden der Republik stellte. Die neu gegründete Deutsche Demokratische Partei (DDP) trat dagegen wesentlich entschiedener für einen „Geist der Erneuerung" ein. Allerdings distanzierte sich auch sie von jeder Form eines „bolschewistischen Terrors" und appellierte an den selbständigen Mittelstand, dass heißt die Industriellen und die Intelligenzschichten, sich rückhaltlos in den Dienst der neuen Republik zu stellen. Auch die Wahlparolen der MSPD waren alles andere als umstürzlerisch. Sie plädierte in erster Linie für eine freiheitliche Grundordnung, die jedem Staatsbürger und jeder Staatsbürgerin die gleichen Aufstiegsmöglichkeiten garantieren sollte, während sie alle „roten" Rätekonzepte entschieden ablehnte. Dagegen befürwortete die USPD durchaus gewisse

Sozialisierungsmaßnahmen, schreckte jedoch davor zurück, diese Maßnahmen notfalls auch mit Gewalt durchzusetzen. Wirklich revolutionär verhielten sich in diesen Wochen nur die Anarcho-Syndikalisten und Teile der KPD. Sie waren deshalb die Einzigen, welche die Wahlen zur Nationalversammlung boykottierten.

Das Ergebnis dieser Wahlen fiel wesentlich „rechter" aus, als die MSPD erwartet hatte, zumal Ebert in letzter Minute den Frauen das allgemeine Wahlrecht verliehen hatte, was vor allem den konservativen und konfessionell gebundenen Parteien zugute kam. Demzufolge ging die MSPD aus den Wahlen vom 19. Januar 1919 zwar als die stärkste Partei hervor, errang jedoch nicht die absolute Mehrheit und musste mit dem Zentrum und der DDP eine Koalition eingehen, um weiterhin an der Macht zu bleiben. Dass Ebert zum Reichspräsidenten aufstieg, bedeutete zweifellos einen Sieg für die MSPD. Aber die neue Verfassung wurde weitgehend von Vertretern der DDP ausgearbeitet und erhielt so das Gepräge einer spezifisch „bürgerlichen" Demokratie. Es kam zwar auch zur Gründung einer Sozialisierungskommission, diese trat jedoch nie wirklich in Aktion.

Das Ergebnis der Novemberrevolution war also nicht jener sozialistische Volksstaat, den die USPD und die Spartakisten erhofft hatten, sondern eine parlamentarische Demokratie mit starker Präsidialmacht. Genau besehen, bildete sich eine deutsche demokratische Republik heraus, die sich ideell an den Träumen von 1848 orientierte, was durch die neuen Landesfarben (Schwarz – Rot – Gold statt Schwarz – Weiß – Rot) sowie die neue Nationalhymne („Deutschland, Deutschland über alles"), die aus der Befreiungskriegszeit bzw. dem Vormärz stammten, ausdrücklich unterstrichen wurde. Damit war zwar eine Republik entstanden – aber wer identifizierte sich eigentlich mit ihr? Sicher nicht die Linken, die darin eine „Bürger-Republik", wenn nicht gar eine „Geldsack-Republik" sahen. Und ebenso wenig die Rechten, von denen große Teile noch in einer monarchistisch-autoritären Gesinnung befangen waren. Ja, selbst das mittlere Bürgertum empfand diesen Staat nicht als seine Republik, sondern als eine Republik der verkleinbürgerlichten MSPD, der man lediglich aus Angst vor einem möglichen Linksruck zugestimmt hatte. Wirkliche Verteidiger der Republik waren anfangs nur die Führer der MSPD, die ihr vertrauenden Gewerkschaftsfunktionäre und einige liberale Intellektuelle, welche sich die Aufgabe stellten, inmitten einer kapitalistischen Marktwirtschaft und eines verschärften Klassenkampfes eine freiheitlich-demokratische Grundord nung zu schaffen, die weltanschaulich auf den Zukunftserwartungen einer zwar aufgeklärten, aber weitgehend vorindustriellen Bourgeoisie beruhte. Dass die Nationalversammlung nach Weimar einberufen wurde, war daher nicht nur eine Absage an den altpreußisch-militaristischen „Geist von Potsdam", sondern zugleich ein Bekenntnis zu den humanitär-gemäßigten Idealen des goethezeitlichen Bürgertums, welche die auf Ruhe und Ordnung bedachten Schichten nach wie vor als vorbildlich empfanden.

Die ideologischen und kulturellen Folgerungen, die sich aus dieser innenpolitischen Konstellation ergaben, sind leicht vorherzusehen. Die mehrheitssozialdemokratischen Kulturtheoretiker hielten nach 1919 weiterhin an Franz Mehrings These fest, sich erst einmal das „Kulturelle Erbe" des aufsteigenden Bürgertums zwischen 1750 und 1848 anzueignen, statt eine klassenbewusste Arbeiterkultur anzustreben. Sie unterstützten demzufolge unter der Parole „Wissen ist Macht" in ihren Kulturhäusern, Arbeiterbildungsvereinen, Arbeiterchören sowie der Volksbühnenbewegung vor allem die kulturelle Inbesitznahme jener Werke, die dem Bürgertum auch in der Kunst dazu verholfen hätten, sich gegen die Vertreter des Feudalabsolutismus als neue politische Macht durchzusetzen. Und das waren für die Kulturtheoretiker der MSPD vor allem die Werke der Aufklärung, der Weimarer Klassik und dann des Vormärz, wobei sie den Hauptnachdruck auf „Freiheitssänger" wie Lessing, Schiller und Heine legten. Zugegeben, auch die Lieder der Lassalleaner und der älteren SPD wurden weiter gesungen, verloren jedoch zusehends jenen rebellischen Impetus, der sie einstmals ausgezeichnet hatte. Statt wie noch zur Zeit der Bismarck'schen Antisozialistengesetze von 1878–1890 mit dem dafür nötigen Elan „heroisch" zu kämpfen, ruhte sich die Führungsspitze der MSPD jetzt eher auf den endlich errungenen Höhen der Macht aus und unterdrückte jeden Versuch, diese Position von links überholen zu wollen.

Das gehobene Bürgertum, das die neuen Verhältnisse nur höchst widerwillig akzeptierte, hielt nach 1918/19 noch jahrelang an einer antidemokratischen Haltung fest und berief sich auch kulturell auf seinen bisherigen Führungsanspruch, in Fragen der Kunst – schon aufgrund seiner Bildungsvoraussetzungen – die allein bestimmende Klasse zu sein. In seinen Augen galt daher nur das als künstlerisch schätzenswert, was den „höheren Ansprüchen akademisch gebildeter Menschen" genügte. Diese Schicht, die im öffentlichen Kulturleben weiterhin fast alle führenden Stellen besetzt hielt, unterstützte darum in der schwierigen Anfangsphase der Weimarer Republik aufgrund ihres bürgerlichen Traditionsbewusstseins vor allem die sogenannte klassische Kunst zwischen 1780 und 1848, wenn auch – im Gegensatz zu den Sozialdemokraten – einschließlich der deutschnationalen Romantik, ließ aber auch jene ästhetische „Moderne" gelten, die sich in der ökonomischen Konjunkturphase um 1900 entwickelt hatte. Infolgedessen erfreuten sich auch in der frühen Weimarer Republik Dichter wie Stefan George, Rainer Maria Rilke und Hugo von Hofmannsthal, die bereits vor dem Ersten Weltkrieg zu Kultfiguren der wilhelminischen Hochkulturszene aufgestiegen waren, innerhalb der Bildungsbourgeoisie weiterhin eines hohen Ansehens. Die gleiche Hochschätzung brachte diese Schicht einem Komponisten wie Richard Strauss entgegen, der auf seinen *Rosenka-*

valier (1911) jetzt Opern wie *Die Frau ohne Schatten* (1919) und *Die ägyptische Helena* (1928) folgen ließ, zu denen wiederum Hofmannsthal die Libretti geschrieben hatte. Und auch im Berliner Theaterleben spielte ein Regisseur wie Max Reinhardt, der sich nach 1900 durch seine im impressionistisch-sezessionistischen Geschmack ausgestatteten Aufführungen einen Namen gemacht hatte, in den zwanziger Jahren nach wie vor eine führende Rolle.

Auf dieser Kulturebene, wo es um die Anerkennung und Pflege der anspruchsvollsten Werke der klassisch-romantischen sowie der modernistischen Kunst der Jahrhundertwende ging, traten deshalb nur höchst minimale Änderungen ein. Hier klagte man zwar lauthals über die verheerenden Folgen jener Hyperinflation, die bis 1923 andauerte und sich für weite Schichten des Bürgertums finanziell recht fatal auswirkte, hielt aber dafür umso fester an jenen Kulturwerten fest, auf die man früher, als „Besitz und Bildung" noch eine staatlich anerkannte Einheit bildeten, so stolz gewesen war. Doch woran hätten sich diese Schichten in der Anfangsphase der Weimarer Republik kulturell sonst halten sollen? Schließlich entstand in diesen Jahren im rechten

Max Liebermann: *Richard Strauss* (1919), Berlin, Nationalgalerie. Richard Strauss gehörte zu den meistgespielten anspruchsvollen Komponisten seiner Zeit. Max Liebermann war von 1899 bis 1933 Vorsitzender der Berliner Sezession, 1920 wurde er Präsident der Preußischen Akademie der Künste.

Spektrum der künstlerischen Bemühungen wenig, was sich mit den Hochleistungen der älteren bürgerlichen Kultur vergleichen ließ. Gut, da gab es die auf Eichendorff-Texten beruhende Kantate *Von deutscher Seele* (1921) von Hans Pfitzner sowie den ersten Band des *Kaiserbuchs* (1922) von Paul Ernst, denen deutlich anti-linke Affekte zugrunde lagen. Und bis 1923 erschienen auch eine Reihe deutschnationaler Kriegsromane, die sich in den Dienst der 1919 von Paul von Hindenburg im Umlauf gebrachten „Dolchstoß"-Legende stellten. Ja, es traten sogar monarchistisch gesinnte Autoren auf, die in ihren Utopie-Romanen von Herrschern wie Wilhelm III. oder Otto II. träumten. All das erwies sich jedoch kulturell als ebenso unwirksam wie jene rechten Putschversuche vom Kapp-Lüttwitz-Coup im März 1920 bis hin zum Marsch auf die Münchner Feldherrnhalle im November 1923, der von Adolf Hitler und Erich Ludendorff angeführt wurde. So leicht ließ sich die frühe Weimarer Republik nun doch nicht stürzen. Dazu mussten wesentlich größere Bevölkerungsmassen in Bewegung gesetzt werden, wie sich später zeigen sollte.

Aber auch die vielen Putschversuche von links scheiterten in den Jahren zwischen 1919 und 1923. Sowohl der Spartakus-Aufstand in Berlin als auch die Münchner Räterepublik zu Beginn des Jahres 1919 wurden von der MSPD mit Hilfe der sich überall bildenden reaktionären Freikorps ebenso schnell niedergeschlagen wie die späteren linken Aufstände im Ruhrgebiet, in Hamburg und in Sachsen. Schließlich hielten die gewerkschaftlich organisierten Arbeiter in diesem Zeitraum weiterhin zur MSPD. Noch entschiedener wandten sich die groß- bis kleinbürgerlichen Schichten gegen alle vom Spartakusbund, der USPD oder der KPD unterstützten Aufstandsversuche, welche sie als „proletarisch" ablehnten. Die überwältigende Mehrheit dieser Schichten unterstützte nicht einmal jene linksbürgerliche Kunstströmung, die unter dem Schlagwort „Expressionismus" in die Kulturgeschichte eingegangen ist. Hierbei handelte es sich um eine Bewegung, die sich auf der bürgerlichen Kunstszene bereits seit 1905 in kleineren Gruppen, wie der „Brücke", dem „Sturm"-Kreis und dem „Blauen Reiter", bemerkbar zu machen versuchte, aber im Ersten Weltkrieg durch die wilhelminischen Zensurbehörden an ihrer weiteren Entfaltung gehemmt worden war. Infolgedessen kam sie erst 1918/19 so richtig zu sich selbst, nämlich als eine Strömung, die zwar von Anfang an einen aufmüpfigen Charakter hatte, aber lange Zeit ihrer Tendenz zur Rebellion kein politisch konkretes Telos zu geben vermochte. Erst durch die Novemberrevolution, obwohl sie diese nicht herbeigeführt hatte, welche aber einem Großteil ihrer Vertreter als der endlich erreichte Höhepunkt ihrer ureigensten Bestrebungen erschien, wurde deshalb der Expressionismus zu jener Bewegung, die mit allen linksgerichteten Revolutionsbemühungen dieser Ära sympathisierte. Ja, viele seiner aktivistisch gesinnten Anhänger fühlten sich nach 1918 plötzlich als die zentralen Polit-Avantgardisten und beteiligten sich an den verschiedenen von sozialistischen Idealen angefeuerten Aufständen. Andere bemühten sich, wenigstens mit ihren Kunstwerken die sich nur zögerlich zu antimonarchistischen Vorstellungen durchringende Bourgeoisie, ja vielleicht sogar Teile der Arbeiterklasse zu einer rebellischen Gesinnung aufzuputschen.

Aufs Künstlerische übertragen, hieß das, dass die meisten expressionistischen Dichter, Maler oder Komponisten nach 1918 versuchten, das Bürgerlich-Sezessionistische der Vorkriegsära weit hinter sich zu lassen. Jetzt schien ihnen endlich der Zeitpunkt gekommen zu sein, als Volkstribunen aufzutreten und gegen die Mächte des Militarismus, Kapitalismus und Imperialismus zu Felde zu ziehen. Für alle älteren L'art-pour-l'art-Theorien hatten daher diese Künstler nur noch Verachtung übrig. Im Gegensatz zu den genießerisch oder formkünstlerisch eingestellten Ästheten der Jahrhundertwende strebten sie nach einer Art engagé, die ausschließlich von der Größe ihrer Ideen und des dahinter stehenden menschheitlichen Elans ausgehen sollte. Sie priesen deshalb Künstler, die auf alles Private verzichteten, aus ihrer persönlichen Einsamkeit heraustraten und sich zu geistigen oder politischen Führern aufschwangen. Das ideologische Leitbild der literarischen Radikalexpressionisten war infolgedessen nach 1918 der Ausrufer, der sich ständig auf einer imaginären Bühne bewegt und die um ihn versammelte Volksmenge mit ekstatischer Gebärde zur Revolution mit-

Ludwig Meidner: Titelblatt zu Walter Hasenclevers Gedichtband *Der politische Dichter* (1919). Es zeigt den expressionistischen Lyriker und Dramatiker, der sich als selbsterwählter Volkstribun bemüht, die „breiten Massen" zu einer radikalen Veränderung der gesellschaftlichen Verhältnisse aufzuputschen.

zureißen versucht. „Er wird ihr Führer sein", hieß es 1919 in Walter Hasenclevers Manifest *Umsturz und Aufbau*, „er wird verkünden, / Er wird
den großen Bund der Staaten gründen, / Das Recht des Menschentums.
Die Republik."

Während für einen priesterlich auftretenden Lyriker wie Stefan
George ein „Dichtwerk" noch etwas Sakrales war, dem man sich nur
mit der nötigen Ehrfurcht nähern durfte, wurde es jetzt zu einer
Kunstform billigster Art: zum Massenartikel, zum Pamphlet, zum Auf-
ruf, zum Plakat. Doch nicht nur Lyrisches, jeder geschriebene Text
sollte im Zuge der Novemberrevolution schlagwortartig vereinfacht
wirken und sich mit dem inzwischen legendär gewordenen „Oh
Mensch"-Pathos „An Alle!" wenden, wie es in Anlehnung an Lenins berühmten Funkspruch von 1917 häufig hieß. Dazu passen aufrührerisch
gestimmte Publikationen wie *Die Tribüne*, *Die Revolution* oder *Die Erhebung*, die schon im Titel zu verstehen gaben, dass hier die Kunst
nicht zum Besten der Kunst, sondern zum Besten der Menschheit betrieben wurde. Überhaupt verstand sich die Literatur dieser Richtung
zusehends als Waffe, als Propaganda, als Florett. „Wir wollen eine Literatur", schrieb Kurt Hiller pointiert, „die birst vor Tendenz, nicht Literatur zu bleiben." Sogar manche der bildenden Künstler versuchten, dem
gleichen Anspruch zu genügen. Statt weiterhin wohlbehütete Salonge-
mälde oder Museumsstücke zu schaffen, an denen sich nur gebildete
Kenner und Kennerinnen delektieren, versuchten auch sie eine aktivie-
rende Kunst zu schaffen, die sich in Form von Plakaten, Holzschnitten
oder Zeitungs- und Zeitschriftenillustrationen direkt an die „breiten
Massen" wandte. „Bilder sind Extrablätter über den letzten Stand des
Geistes", schrieb Felix Stiemer 1918 über die Holzschnitte Conrad Felix-
müllers, „fort aus den Ausstellungen. Auf die Straße! Verkauf des geistigen Telegrammverkehrs in Millionenauflagen."

Die logische Konsequenz dieses „Ausruferhaften" war eine gewaltsame Übersteigerung aller künstlerischen Mittel in Richtung Expression und Ekstase. Die meisten Künstler dieser Richtung wollten nach
1918 nicht mehr logisch sein, nicht mehr gewissenhaft ausmalen oder
objektiv registrieren, sondern alles zu posaunenhafter Stoßkraft ver-
dichten. Ihre Werke sollten wie Donnerworte, wie Stimmen aus dem
Jenseits wirken. Eine derart forcierte Ballung aller künstlerischen Ausdrucksmittel führte notwendig zu einer Form- und Gestaltzertrümme-
rung, die auch die menschlichen Inhalte nicht unberührt ließ. Das
zeigt sich am deutlichsten dort, wo es um Themen oder Motive ging,

mit denen man der bürgerlichen „Wohlanständigkeit" die Maske vom Gesicht reißen wollte. Hierfür sprechen vor allem die Legionen von Prostituierten, Zuhältern und Ganoven, welche die expressionistischen Werke dieser Ära bevölkern. Solche Gestalten hatte es in der Kunst selbstverständlich schon vorher gegeben, wenn auch meist in ein animierendes Halbdunkel gehüllt oder mit einem Hauch „Romantik" überzogen. Dagegen erschien dieses Milieu jetzt so dreckig, ekelhaft, verbrecherisch wie nur möglich, um dem bürgerlichen Publikum einen Schock nach dem anderen einzujagen.

In einem solchen Themenbereich konnte Hohes und Erhabenes, falls es überhaupt anvisierte wurde, nur in Form von Travestie, Parodie oder Karikatur erscheinen. Rein durch die Nachbarschaft zu Zirkus, Bordell und Kolportage wurde so selbst das Monumentale, Religiöse und Idealistische häufig ins Gemeine verzerrt und damit als ideologische Verbrämung der herrschenden Schichten entlarvt. Letztlich gab es in diesem Umkreis kaum etwas, über das sich diese Richtung nicht grimmig oder hetzerisch lustig gemacht hätte. Anstatt sich wie viele der bisherigen Kritiker des Bürgertums mit kleinen Nadelstichen zu begnügen, liebten die novembristisch eingestellten Expressionisten die großen Brockenwürfe, um endlich „klare Bahn" zu schaffen. Revolution wollte diese Bewegung – und nicht das Flickwerk wohlmeinender Reformen.

So gesehen, entpuppt sich diese polit-ästhetische Revolution erst einmal als Angriff auf die gesamte bürgerliche Wert- und Ordnungswelt, das heißt vorwiegend als Opposition und nicht als Proposition. Wogegen sie war, ist nur allzu deutlich: gegen alles. Da ihr die bisherige Gesellschaft als verrottet, korrupt oder verfilzt erschien, wollte sie keinen Stein auf dem anderen lassen. Wesentlich unklarer wirkt dagegen die ideologische Zielrichtung dieser Revolution. Wonach strebte sie eigentlich? Wie bei vielen historischen Umsturzbemühungen wird man auch hier meist mit großen Worten abgespeist. 1789 waren es „Liberté, Égalité, Fraternité", 1848

Otto Gleichmann: *Strahlen – Stürzen* (1920), Hannover, Sprengel-Museum. Mit seiner expressionistischen Katastrophenstimmung beschwört das Bild im Untergang des Alten zugleich die Heraufkunft des Neuen.

„Demokratie" und „Republik" gewesen. Jetzt nannte man es häufig „Wesentlichkeit" oder „fesselfreies, rasendes Leben". Keine dieser Thesen ist besonders originell. Doch auf eine griffige Formel gebracht, wirken alle Revolutionen notwendig banal. Man kann nicht sorgfältig differenzieren, wenn man die „breiten Massen" aufputschen will. Auch diese Richtung zog daher zu ihrer ideologischen Stützung alles heran, was sich auf einen handgreiflichen Slogan reduzieren ließ. Besonders beliebt war dabei das Schlagwort „Intensität", das fast alle Expressionisten seit 1910 zu ihrer Lieblingsvokabel erwählten, ganz gleich, ob sie sich gegen Bürgerlichkeit, Berufszwang, moralindurchsäuerte Tugendvorstellungen, positivistischen Wissenschaftsbetrieb, relativierenden Historismus oder militärischen Drill auflehnten. Leben, Liebe, Freiheit: Alles sollte wieder im Zeichen des „Leidenschaftserfüllten" stehen. Statt wie der Jugendstil das „schöne Leben" auf seine Fahnen zu schreiben, sehnte sich der Expressionismus nach dem „rasenden Leben". „Man frage nicht nach der Qualität dieser Kunst", schrieb Kurt Pinthus im Vorwort der Lyrikanthologie *Menschheitsdämmerung* (1919), „sondern nach ihrer Intensität."

Demzufolge ist selbst in den literarischen Werken des Expressionismus der Nachkriegsära geradezu pausenlos von menschlicher Unbedingtheit oder schrankenloser Entfesselung des Individuums die Rede. Viele ihrer Protagonisten gaben vor, nur „aus der Glut" heraus zu leben oder sich im Rausch dionysischer Orgien ganz der Enthemmtheit ihrer Triebe und Gefühle hinzugeben. Wie schon in den expressionistischen Werken vor 1914 behauptete man nach wie vor, ständig taten- oder zumindest erlebnishungrig zu sein, um nur ja kein geistiges, seelisches oder sexuelles Hochgefühl zu verpassen. Ihren Höhepunkt erlebte diese neue Intensität in den beliebten Simultangefühlen dieser Richtung. Liebe, Hass, Wollust, Zeugenwollen und destruktiver Umsturzwillen: Alles sollte in einer leidenschaftserregten Coincidentia oppositorum zusammenfallen. Kein Wunder, dass auch in vielen expressionistischen Werken nach 1918 Phänomene wie „Natur", „Erotik" und „leuchtendes Ich" im Vordergrund standen. Um wieder im ursprünglichen Sinne „Mensch" zu sein, strebten die meisten Vertreter dieser Bewegung weiterhin danach, sich radikal auszuleben, und wenn dies bis zur Raserei führen sollte. Ein Großteil der literarischen Slogans dieser „Revolution" wirkt darum wie eine expressiv überhitzte Form jenes bürgerlichen Liberalismus des 19. Jahrhunderts, dem das unveräußerliche Recht des Einzelnen auf „Freiheit" als das höchste ideologische Ziel erschien.

„Einmaliger unvergleichlicher Natur zu leben, riet ich den Lebendigen", hieß es 1918 im Vorwort zum Neudruck von Carl Sternheims *Die Hose*. Viel anders hatte die selbstbewusste Manchester-Bourgeoisie auch vorher nicht argumentiert.

Genau betrachtet, wirkt deshalb diese „neue Menschlichkeit" häufig wie eine gesteigerte Form der alten Menschlichkeit. Das Glück des Naturmenschen, Rousseau, Romantik, Südsee, freie Liebe: All das waren um 1918/19 keine besonders neuartigen Konzepte. Doch steckt nicht hinter dieser Expression noch ein tieferer Sinn, in dem sich das eigentlich Revolutionäre verbarg? Was äußert sich denn in diesen Werken, wenn man ihre vordergründige Frontstellung gegen die bisherige Form der „Bürgerlichkeit" einmal beiseite lässt? Wird nicht das bürgerliche Ich in ihnen durch die vielen Steigerungen und Deformierungen völlig zersprengt, entpersonifiziert, ja geradezu „entnaturt"? Bei genauerem Zusehen wirken nämlich die in der Kunst dieser Richtung dargestellten Figuren selten wie jene Individuen, die einstmals so stolz auf ihre „persönliche Note" waren. Meist sind es bewusste Konstruktionen oder entpsychologisierte Typen, die, wie in Georg Kaisers *Gas*-Trilogie (1917–20), Leonhard Franks *Der Mensch ist gut* (1918) und Ernst Tollers *Die Wandlung* (1919), weder einen Namen noch sonstige einzelpersönliche Charakteristika aufweisen. Jedenfalls fehlt ihnen – im Vergleich zu den Protagonisten der bisherigen bürgerlichen Kunst – jede Gemüthaftigkeit, psychologische Besonderheit oder beseelte Intimität und damit das spezifisch Subjektive.

Die dargestellte Wirklichkeit der expressionistischen Kunst nach 1918 sieht demzufolge meist ganz anders aus als ihr Programm. Sie bekannte sich zwar theoretisch zu intensiveren Formen von Natur und Menschlichkeit, folgte jedoch in ihrer ästhetischen Praxis weitgehend dem großstädtisch-technologischen Trend zu steigender Abstraktion und Begrifflichkeit. Letztlich ging sie immer wieder in Begriffskunst, Gedankenkunst, ja manchmal reine Phänomenologie über. Obwohl die expressionistische Revolution der versachlichten Welt der kapitalistischen Marktwirtschaft und der mit ihr verbundenen Industrialisierung eine „menschlichere" Welt entgegensetzen wollte, nahm sie als typische Großstadtkunst in ihrer Tendenz zur Abstraktion an vielen der von ihr bekämpften Prozesse durchaus teil. Sie wirkt daher wie ein Widerspruch in sich selbst. An sich versuchte sie, Werke zu schaffen, die von einer rebellisch gemeinten Lebensintensität und Umsturzgesinnung nur so strotzen sollten. Was sie jedoch schuf, waren weitgehend artistische Kürzel, Stenogramme oder Formkonstruktionen, die mit den konkreten politischen und sozioökonomischen Problemen der Novemberrevolution sowie der auf sie folgenden Ereignisse nur wenig zu tun hatten.

Schließlich waren die meisten dieser Expressionisten keine realitätsvertrauten Politiker, sondern relativ weltfremde Künstler. Und als Künstler hatte das „Gewagte" für sie vor allem den Reiz des Bürgerschrecks. Manche ihrer Werke wirken deshalb geradezu wie eine Entfesselung der Volkskraft für das Seltene und Erlesene, als hätten die „breiten Massen" der Arbeiter und Kleinbürger nur darauf gewartet, sich ihren ästhetischen Geschmack revolutionieren zu lassen. Dafür sprechen jene expressionistischen Werke, die man nur auf Büttenpapier und mit handschriftlicher Signierung kaufen konnte. Neben schneidenden politischen Anklagen war demzufolge der Expressionismus auch eine Revolution der Macher und Modischen, die sich an aufrührerischen Gebärden berauschten, ohne selbst aufrührerisch gestimmt zu sein. Selbst das unmittelbar politische Engagement einiger Expressionisten steht dazu in keinem Widerspruch. Nichts gegen einen noblen Einsatz, aber wohin tendierte er? Unter eine kritische Lupe genommen, erweist er sich oft als subjektiv ehrlich, aber objektiv verfehlt. Dafür spricht sogar die viel gerühmte Münchner Räterepublik unter Kurt Eisner, Gustav Landauer und Ernst Toller, die als menschheitlich eingestellte Dichter und Literaten von einer geistig-seelischen „Weltwende" träumten, ohne sich über die konkreten Folgen ihres eigenen Tuns wirklich im Klaren zu sein. Wie sehr diese drei mit utopischen Hoffnungen auf Geist und Kunst vertrauten, beweist die Tatsache, dass sie im Frühjahr 1919 in München als Erstes die Universität und das Theater „sozialisierten".

Fast die gleichen Anschauungen finden sich bei anderen expressionistischen Aktivisten. So schlug etwa Kurt Hiller vor, ein „Deutsches Herrenhaus des Geistes" zu gründen. Andere sprachen von einer „seelisch-inspirierten Wiedergeburt", die sich an Tolstois Lehre der religiösen Gewaltlosigkeit orientieren sollte. Wieder andere beriefen sich auf einen Kommunionismus, dem sie die Bergpredigt Jesu und zugleich das *Kapital* von Marx zugrunde legten. Unter einer weiträumigen historischen Perspektive betrachtet, fehlte es dieser „Menschheitsdämmerung" letztlich an einer ausreichenden Vorbereitungszeit. Wenn man bedenkt, wie viel ideologische Bemühungen den Revolutionen von 1789 und 1917 vorangegangen sind, versteht man, warum die expressionistische Revolte von Anfang an zum Scheitern verurteilt war. Schließlich setzte sie zwischen 1905 und 1910 ein, als in der deutschen Kultur entweder ein ästhetischer Formalismus oder ein massiver Druck von rechts dominierten. Daher war auch der Expressionismus noch immer von vielen bürgerlich-sezessionistischen Ideologien überlagert. Wegen dieser Ausgangslage zerfiel er ständig in kleine Gruppen und Grüppchen, deren Vertreter neben der Masse der Konservativen, der Zentrumsleute und der revisionsfreudigen Sozialdemokraten wie hilflose Einzelgänger wirkten. Eine der wenigen politischen Organisationen, an die sich manche Expressionisten zu klammern versuchten, bildete die USPD. Doch selbst diese Partei war ideologisch viel zu unklar und numerisch zu schwach, um einen wirklichen Zentrierungspunkt der revolutionären

Kräfte zu bilden. Obendrein wurde sie durch das Massaker von München einer Reihe ihrer wichtigsten Führer beraubt und löste sich später sogar als Partei wieder auf.

Aufgrund dieser Voraussetzungen blieb der Expressionismus, bei allem Aufsehen, das er durch seine krassen Stilmittel und Motive erregte, politisch und kulturell relativ wirkungslos. Die revolutionär gesinnten Arbeiter konnten mit einer solchen Kunst, die mit allen bisherigen ästhetischen Normen zu brechen versuchte, wenig anfangen. Was sie ansprach, waren eher die „realistischen" Darstellungen auf den Grafiken von Käthe Kollwitz oder Heinrich Zille. Doch auch die Mehrheit der noch immer wilhelminisch orientierten Bourgeoisie distanzierte sich von der expressionistischen Kunst. Sie sah darin vornehmlich ein Seitenstück zu den verschiedenen linken Aufstandsversuchen, durch die sie sich in ihrem bisherigen Besitzstand bedroht fühlte. Ja, selbst der mit großem idealistischem Elan gegründete Arbeitsrat für Kunst, dem so berühmte expressionistische Maler und Architekten wie Erich Heckel, Ludwig Meidner, Max Pechstein, Karl Schmidt-Rottluff, Lyonel Feininger, Emil Nolde, Walter Gropius und Bruno Taut angehörten,

Karl Schmidt-Rottluff: *Ist euch nicht Kristus erschienen* (1918), Berlin, Brücke Museum. Der Holzschnitt ist ein Beispiel für den „Kommunionismus" einer religiös-sozialistischen Strömung, die gegen Ende des Ersten Weltkrieges selbst das Christliche in den Dienst eines revolutionären Umbruchs zu stellen versuchte.

löste sich schon im Mai 1921 wieder auf, da er keinen genügenden Rückhalt beim kunstinteressierten Bürgertum fand. Wer sich danach überhaupt noch für diese Richtung interessierte, gehörte meist zu irgendeiner Gruppe „modernistisch-elitär" orientierter Kritiker oder Galeristen. Und so wurden die Werke des Expressionismus, dessen Vertreter sich weitgehend als Revolutionäre verstanden hatten, schließlich zu Sammelobjekten reicher Kunstkenner bzw. avantgardistisch eingestellter Literaturfreunde. Zugegeben, einige expressionistische Dichter, wie Ernst Toller, blieben auch in langjähriger Festungshaft ihren aufrührerischen Gesinnungen treu. Aber ansonsten kühlte die Vorliebe vieler Vertreter dieser Bewegung für „Revolutionäres" schon in den Jahren 1921/22 merklich ab. Ja, 1923 hörte man in den bürgerlichen Gazetten, die sich mit dem Juste-milieu der Weimarer Republik abgefunden hatten, schon Stimmen, die vom „Tod des Expressionismus" sprachen.

Die einzige Künstlergruppe, die in diesem Zeitraum noch „radikalere" Thesen vertrat als der Expressionismus, war der ebenso kurzlebige Bund der Dadaisten, der nach eher formalistisch-verspielten Anfängen im Zuge der Novemberrevolution ebenfalls mit anarchistisch-kommunistischen Tendenzen zu sympathisieren begann. In Berlin bekannten sich vor allem Johannes Baader, George Grosz, Raoul Hausmann, John Heartfield, Wieland Herzfelde, Richard Hülsenbeck, Franz Jung und Erwin Piscator zu ihm. Im Gegensatz zu den Expressionisten im Arbeitsrat für Kunst ging es den Berliner Dadaisten von Anfang an nicht um eine neuartige Kunst, sondern um eine bessere Lebenspraxis. Ihr Ismus sollte ein Ismus sein, der allen Ismen ein Ende bereitet. Statt also an die Stelle der alten Kunst lediglich eine anders geartete Kunst zu setzen, erklärten sie sich gegen Kunst überhaupt und priesen statt dessen das Foto, die Maschine und das politische Happening. Weiterhin Kunst abzusondern, erschien ihnen selbst in expressionistisch-rebellischer Variante als hoffnungslose Bürgerlichkeit, das heißt als Flucht in die „überschwängliche Misere". „Die Dussel", schrieb Hausmann 1919 im Hinblick auf viele Expressionisten in der Zeitschrift *Dada*, „die unfähig sind, Politik zu treiben, wollten sich an den Proletarier [heranmachen]. Aber so doof, verzeihen Sie, ist der Proletarier nicht, dass er die unfruchtbare Toberei aus lauter Hohlheit nicht merkte. Kunst ist ihm, was vom Bürger kommt."

Schon die ersten Aktionen der Berliner Dadaisten standen deshalb im Zeichen eines aggressiven Antiästhetizismus. So hielt etwa der

Oberdada Baader am 17. November 1918 im Berliner Dom eine Anspra-
che unter dem Titel „Jesus Christus ist euch Wurscht". Andere Dadaisten klebten nichtsahnenden Passanten Unter den Linden Schilder auf
den Rücken, welche Aufschriften trugen wie „Dada, tritt mich in den
Steiß, das hab ich gern", „Dada, Dada über alles" oder „Dada siegt". Um
dem Ganzen dennoch ein Programm zu geben, riefen Hausmann und
Hülsenbeck 1919 in der ersten Nummer des *Dada* alle „schöpferischen
und geistigen Menschen der ganzen Welt" auf, sich „auf den Boden
des radikalen Kommunismus" zu stellen, durch eine „umfassende Me-
chanisierung jeder Tätigkeit" eine „progressive Arbeitslosigkeit" herbeizuführen sowie die „Errichtung der Allgemeinheit gehörender Licht-
und Gartenstädte" zu befördern. Außerdem verlangten sie die „Verpflichtung aller Geistlichen und Lehrer auf die dadaistischen Grundsät-
ze", den „brutalsten Kampf" gegen den Expressionismus, die sofortige
„Errichtung eines Staats-Kunsthauses" und ähnliche halb witzig, halb
radikal formulierte Maßnahmen.

Die gleiche antibürgerliche, das heißt kunstfeindliche Tendenz dominierte auf ihren Dada-Messen, wo vor allem Fotocollagen, Klebebilder,
Ulkplakate, ausgestopfte Puppen und Ähnliches zu sehen waren. Sich
im Zeitalter der Fotografie noch immer mit einer mühseligen „Pinselei"
abzuplacken, erschien den Dadaisten besonders fragwürdig. Ebenso

Eröffnung der 1. Inter-
nationalen Dada-
Messe in der Berliner
Buchhandlung Bur-
chard am 5. Juli 1920.
Stehend: Raoul Haus-
mann, Otto Burchard,
Johannes Baader, Wie-
land und Margarete
Herzfelde, George
Grosz, John Heart-
field. Sitzend: Hannah
Höch und Otto
Schmalhausen (von
links nach rechts).
An der Wand links ein
Gemälde von Otto
Dix, rechts eines von
George Grosz.

George Grosz:
*Prost Noske – das
Proletariat ist
entwaffnet!* (1919).
Titelblatt der 3. Num-
mer der von Wieland
Herzfelde im Malik-
Verlag herausgegebe-
nen Zeitschrift *Die
Pleite*, die 1920 ver-
boten wurde. Nach
der blutigen Nieder-
schlagung des Sparta-
kus-Aufstandes, bei
dem auch Rosa Lu-
xemburg und Karl
Liebknecht ermordet
wurden, prostet hier
ein Reichswehroffizier
dem für diese Aktion
verantwortlichen
Reichswehrminister
Gustav Noske (MSPD)
zu.

„lebenserleichternd" empfanden sie den tatlinisti-
schen Maschinenkult der frühen Sowjetunion. Daher nimmt es nicht wunder, dass manche Dadaisten schließlich nicht nur den Expressionismus, sondern *alle* Formen von Kunst schlechthin verwarfen.
So riefen etwa Grosz und Heartfield 1920 allen
Ernstes dazu auf, die gesamte Malerei von Rubens
bis Kokoschka einfach zu verbrennen. Solche Thesen sowie einige Schüsse in der Dresdner Galerie
führten 1920 schließlich zur sogenannten Kunstlump-Debatte, in der sich die KPD – gegen die Dadaisten – auf die Seite der Mehring'schen Erbe-Vor-
stellungen stellte und sich obendrein auf Lenin berief, der den Tabula-rasa-Konzepten des russischen
Proletkults ebenfalls mit der Forderung einer „kritischen Aneignung des bürgerlichen Erbes" entgegengetreten war. Dass diese Debatte damals
nicht konsequent ausgetragen wurde, hängt weitgehend damit zusammen, dass um 1920 weder die
deutschen noch die russischen Kommunisten eine kohärente Kunsttheorie besaßen und sich die Zeit zwischen 1920 und 1923 in beiden
Ländern obendrein als so turbulent erwies, dass die Kunstdebatten erst
einmal hinter den parteipolitischen Auseinandersetzungen zurückstehen mussten.

Dass selbst ein kommunistisch ausgerichteter Dadaismus keine Lösung in dieser Hinsicht bot, sahen schließlich sogar Grosz und Heartfield ein, die sich am entschiedensten für ihn eingesetzt hatten. Während ein harmloser Mitläufer wie der „Merz"-Künstler Kurt Schwitters
den Dada-Konzepten noch jahrelang die Treue wahrte und ständig
neue Werke einer Nicht-Kunst, Un-Kunst oder Un-Art produzierte, stießen sie zu einer politisch aggressiven Agitprop-Kunst vor, wie sich in
ihren Illustrationen zu Blättern wie *Die Pleite* (1919–1921) und *Der Gegner* (1919–1924) ablesen lässt. Dass sich die Dada-Bewegung 1923 weitgehend auflöste, stimmte sie daher keineswegs wehmütig. Sie hatten
sich inzwischen zu der Erkenntnis durchgerungen, dass man sich im
Rahmen des bürgerlichen Kunstbetriebs als Kommunist nur satirisch
betätigen könne. Und das taten sie denn auch – vor allem George
Grosz, der in diesen Jahren eine boshafte Schärfe entwickelte, der das
Prinzip einer totalen Negation der bestehenden Verhältnisse zugrunde

lag. Das demonstrieren unter anderem seine Zyklen *Das Gesicht der herrschenden Klasse* (1921) sowie *Abrechnung folgt* (1923), in denen er mit grafischer Unerbittlichkeit gegen den neu erstarkenden Kapitalismus, die militaristische Tradition und den Weißen Terror der frühen Weimarer Republik zu Felde zog. Während Hausmann und Baader nie auf eine hanebüchene Witzigkeit verzichten, was ihren dadaistischen Manifesten trotz aller antibürgerlichen „Wurschtigkeit" letztlich einen Stich ins Ästhetisierende gibt, bevorzugte Grosz stets den „blutigen Ernst". Seine Zeichnungen sollten in ihrer kaltschnäuzigen Aggressivität weniger antikünstlerische Kunstprodukte als böser Spott, ätzende Kritik oder beißende Satire sein. Statt von Problemen des „Ateliers" auszugehen, schrieb er 1922 im *Kunstblatt*, müsse jeder engagierte Grafiker in Zukunft mit kritischer Nüchternheit die sozioökonomischen Grundbedingungen der gegenwärtigen Gesellschaft ins Auge fassen.

Und diese neue „Nüchternheit", zu der sich zu diesem Zeitpunkt viele der ehemals revolutionär eingestellten Künstler und Künstlerinnen bekannten, bewirkte nicht nur den „Tod des Expressionismus", sondern auch den „Tod des Dadaismus". Jedenfalls war damit die vehemente Turbulenz innerhalb der Künste erst einmal zu Ende. Im gleichen Sinne, wie die politischen Putschversuche von rechts und links nach 1923 allmählich abebbten, hörte auch der Utopismus der expressionistischen Kunst sowie die grotesk-brutale Witzigkeit der dadaistischen Antikunst auf. Große Teile des Bürgertums atmeten deshalb befreit auf und erhofften sich von der allmählichen Stabilisierung der politischen und sozioökonomischen Verhältnisse auch eine ihren ästhetischen Ansprüchen gemäßere Kultur, der ihre Kunsttheoretiker schon in den Jahren 1923/24 mit antirevolutionärer Absicht die Bezeichnung „Neue Sachlichkeit" gaben. Auf diese Weise verloren, so grotesk es klingt, nicht nur die expressionistischen, sondern auch die dadaistischen Werke ihre irritierende Brisanz und wurden zusehends zu Sammelobjekten der betuchten liberalen Bourgeoisie, ja zogen sogar schon als Zeugnisse einer als „modern" hingestellten Kunst in die staatlichen und städtischen Museen ein.

Die Zeit der relativen Stabilisierung

Wie es zu dieser neuen „Nüchternheit" kam, ist oft beschrieben worden. Wohl die Hauptsache dafür war das Ende jener Hyperinflation, durch die in den Jahren nach dem Ersten Weltkrieg große Teile der deutschen Industrie lahm gelegt wurden. Dieser Produktionsrückgang bewegte 1924 die US-amerikanische Regierung, die weiterhin eine „Bolschewisierung" Deutschlands befürchtete, der deutschen Wirtschaft im Rahmen des Dawes-Plans mit großzügigen Millionenkrediten unter die Arme zu greifen, was eine ungewöhnlich rasche Stabilisierung der sozioökonomischen Verhältnisse der frühen Weimarer Republik bewirkte. Das ideologische Ergebnis dieser „Wende" war ein marktwirtschaftlicher Pragmatismus, der alle politischen Veränderungs- oder gar Umsturzkonzepte der Zeit nach der Novemberrevolution als weltfremd diffamierte und sich einen neuen „Aufschwung" nur von einer möglichst raschen Ankurbelung der Export- und Gebrauchsgüterindustrie versprach. Aufgrund der dadurch ausgelösten technologischen Modernisierungsschübe, die sich weitgehend am Modell des Fordismus orientierten, konnte Deutschland im Jahr 1929 wieder den zweiten Platz in der Rangliste der führenden Industrienationen der Welt einnehmen, den es 1913 schon einmal innegehabt hatte.

Das führte dazu, dass aus der Weimarer Republik ein Staatsgebilde wurde, dessen Regierungen in den Jahren zwischen 1923 und 1929 ihre demokratischen Zukunftshoffnungen fast ausschließlich auf die Beschleunigung der wirtschaftlichen Wachstumsrate setzten. Was den Vertretern der nachrevolutionären Situation auf dieser Ebene vorschwebte, war also ein bewusst profit- und konsumorientiertes Gegenkonzept zu den überspannten Weltveränderungsutopien der Expressionisten und zugleich den revolutionären Forderungen der auf eine Rote-Räte-Republik drängenden Kommunisten. Die Verwirklichung ihrer ökonomischen Vorstellungen versprachen sich die sogenannten Sachlizisten, wie diese Gruppen nach 1923 vorübergehend hießen, vor allem von der Einführung neuer Technologien sowie der Rationalisierung und Automation der industriellen Produktionsweise. Zugleich hofften sie, dass dies zu einer Verkleinbürgerlichung oder zumindest numerischen Verringerung des Proletariats zugunsten einer Ausweitung der im Verwaltungs- und Dienstleistungssektor tätigen Angestelltenschichten führen würde. Dieser Prozess lässt sich als Demokratisierung, aber auch als „Weißer Sozialismus" bezeichnen. Jedenfalls war sein

Ziel eine steigende Kommerzialisierung aller Lebensbereiche, an deren Ende eine auf Massenproduktion beruhende „Wirtschaftsdemokratie" stehen sollte, in der es keine älteren feudalistischen oder bürgerlichen Wertvorstellungen wie Rang, Vornehmheit und Standesbewusstsein, aber auch keine von der Mehrheit der Bevölkerung abgehobenen Bildungs- und Kulturkonzepte mehr geben würde.

So gesehen, war die „Neue Nüchternheit" oder „Neue Sachlichkeit" erst einmal ein eminent politisches und sozioökonomisches Phänomen, das sich als Ausdruck der rapide fortschreitenden Industrialisierung und Vergroßstädterung Deutschlands verstand. Die Vertreter dieser Richtung befürworteten zwar durchaus eine gewisse Demokratisierung, aber in Form einer Demokratie, die durch ihre Stärkung der monopolkapitalistischen Schichten den „breiten Massen" – trotz des neu eingeführten allgemeinen Wahlrechts – keine wahrhaft konkrete Teilhabe an Politik und Wirtschaft ermöglichen würde. Viele Hauptvertreter solcher Anschauungen stellten dabei mit beschönigender Absicht gern die angeblich klassische Kulturgesellschaft um 1800 als ihr weltanschauliches Leitbild hin. Was jedoch nach 1923 in ihrer eigenen kulturellen Betriebsamkeit den Ton angab, war kein goethezeitlicher Humanismus, sondern ein genau kalkulierender Geschäftsgeist, dem als soziales Regulativ allein ein konkurrenzbetontes Profitstreben zugrunde lag, das als die wichtigste, weil alle anderen Wertvorstellungen niederreißende Antriebskraft auf dem Weg zu einer „sachgerechten" Demokratie angepriesen wurde.

Aufgrund dieser Haltung definierten sich die Theoretiker der Neuen Sachlichkeit – im Gegensatz zu den Programmatikern fast aller politischen und kulturellen Bewegungen der Zeit vor 1923 – nicht mehr als Sprecher einer bestimmten Klasse, sondern als Repräsentanten einer sozialliberalen „Wirtschaftsdemokratie", in der jeder Mensch, der über Fleiß, Intelligenz und das nötige Durchsetzungsvermögen verfüge, die gleiche Aufstiegschance habe. Wenn im Rahmen dieser Ideologie überhaupt noch soziologische Kriterien auftauchten, bezogen sich diese meist auf jene klein- bis mittelbürgerliche Schicht der Angestellten, die sich damals zwischen den Bauern und dem Proletariat auf der einen sowie der Aristokratie und dem Großbürgertum auf der anderen Seite als eine immer größer werdende Klasse auszubreiten begann. Dieser Teil der Bevölkerung wurde darum von den Anhängern betont marktwirtschaftlicher Gesichtspunkte nicht nur wegen seiner numerischen Stärke, sondern auch wegen seiner angeblich „moderneren", das heißt durch keine älteren Traditionen überformten Lebensweise gern als Wegbereiter einer zu erreichenden oder bereits erreichten „demokratischen" Gesellschaft apostrophiert.

Die trotzdem vorhandenen Gegensätze innerhalb der sich allmählich wandelnden Weimarer Gesellschaft galten demzufolge bei systemkonformen Gesellschaftswissenschaftlern nicht mehr als soziale oder bildungsbedingte, sondern – in betont sachlicher Manier – als generationsverursachte Unterschiede. Wenn man nicht die Angestellten ins Auge fasste, waren es meist die Vertreter der sogenannten Nachkriegsgeneration, die wegen ihrer angeblichen Sachlichkeit als die Hauptrepräsentanten des neuen Zeitgeists hingestellt wurden. Im Gefolge solcher Theoriebildungen gab es in der zweiten Hälfte der zwanziger Jahre immer wieder Versuche, die Charakteristika einer jeden Generation – wegen ihrer angeblich über den Klassen schwebenden gesellschaftlichen Unbestimmtheit – eher auf irgendwelche Mentalitätsdiskurse als auf klar erkennbare politische und sozioökonomische Voraussetzungen zurückzuführen. Der Vorkriegsgeneration wurde dabei gern ein „bürgerlich-romantisches" und der Nachkriegsgeneration ein „nüchtern-konkurrentistisches" Verhältnis zum Leben zugeschrieben. Dementsprechend lief dieses Denken schon damals auf das hochideologisierte Leitbild einer bereits nivellierten Mittelstandsgesellschaft hinaus, in der sich die einzelnen Bevölkerungsschichten weniger durch ihre Klassenzugehörigkeit als durch ihre Generationszugehörigkeit und die sich daraus ergebenen Verhaltensnormen unterscheiden ließen.

Der zentrale Bezugspunkt der Neuen Sachlichkeit war deshalb nicht mehr – wie noch in weiten Bereichen der heimatkünstlerischen oder neuromantischen Strömungen der Jahrhundertwende – das Land oder die kleine Stadt, sondern einzig und allein die Großstadt mit ihrer sich angeblich bereits vollziehenden Standardisierung und der sich daraus ergebenden Demokratisierung aller gesellschaftlichen Lebensformen. In ihr sahen die Vertreter dieser Richtung den allein entscheidenden Ort, in dem sich das lebenswerte Leben in einer Welt der anonymen Freizeit abspiele, wo sich jeder Mensch – jenseits aller älteren Wertvorstellungen – in immer ungehemmterer Form den diversen Reizen der Eventkultur hingeben könne. Zudem galt die Großstadt als derjenige Bereich, in dem bereits der höchste Grad an Industrialisierung und Technisierung erreicht sei, also die weitestgehende Mobilität und ein dementsprechendes Lebenstempo herrsche. Nicht in Berlin, sondern in altmodischen Kleinstädten zu wohnen, galt daher im Rahmen solcher Vorstellungen als ausgesprochen „unsachlich".

Der Hauptakzent der meisten Ideologiekonzepte, welche die Vertreter der Neuen Sachlichkeit für diesen neuen Lebensstil entwickelten, lag demzufolge weniger auf den neuen Arbeitsformen, aus denen sich wegen ihrer nicht teilhabenden Anonymität ohnehin keine sozialen Identitätsstiftungen entwickeln ließen, sondern auf den neuen Freizeitformen, welche die Großstadt ihren Bewohnern und Bewohnerinnen zu bieten habe. Als die wichtigsten dieser Erlebnisbereiche wurden dabei seit Anfang der zwanziger Jahre die Vergnügungsmöglichkeiten innerhalb der sich rasch ausbreitenden Unterhaltungsbetriebsamkeit hingestellt. Und darunter verstanden die Anhänger der Neuen Sachlichkeit vor allem den Spaß an Sportereignissen wie Fußball, Boxen und Radrennen, an neuen technischen Errungenschaften wie Automobilen, Rundfunksendungen, Filmen und Schallplatten, am animierenden Charakter der Reklamen und Schaufenster im Bereich der Gebrauchsgüteranpreisung, am ständigen Informiertsein durch Zeitungen und illustrierte Magazine sowie an der wesentlich freieren Befriedigung erotischer Bedürfnisse in Form „offener Zweierbeziehungen" oder dem Untertauchen in der Prostituierten-, Homosexuellen- oder Lesbenszene.

In derartigen Betätigungen wollten sich die an ihnen teilnehmenden Menschen ein Lebensgefühl aneignen, das nicht mehr auf Wertvorstellungen wie christlicher Nächstenliebe, mühsam angeeigneter Bildung, geistiger Kritikfähigkeit, hoher Kultur oder kameradschaftlicher Solidarität beruhte. Solche Werte erschienen vielen Sachlizisten als historisch überholt. Stattdessen erstrebten sie ein Leben, das im Zeichen von Neugier, Unterhaltung, Abwechslung, Mobilität, Entfrustrierung und Triebabfuhr stehen sollte. Demzufolge hatten sie nichts dagegen, diese Bedürfnisse im Rahmen einer weitgehend auf dem Prinzip von Angebot und Nachfrage beruhenden Freizeit- und Vergnügungsindustrie zu befriedigen. Um dabei eventuell entstehende Konkurrenzgefühle nicht zu privaten Konflikten ausarten zu lassen, versuchten sie sich bei solchen Vergnügungen, wie im Sport, stets an das Gebot des „Fair Play" zu halten. Sogar im Bereich der Liebe sollte in Zukunft nicht mehr die seelische Bindung, sondern nur noch eine sachlich ausgeübte Erotik den Ausschlag geben. Statt sich wie Goethes Werther aus unerwiderter Liebe zu einem bereits verlobten Mädchen das Leben zu nehmen, hieß es in den einschlägigen Schriften dieser Richtung, „sportele" man jetzt mit den Freundinnen anderer Männer Sex und gebrauche dabei Präservative, um allen unliebsamen Nebenwirkungen aus dem Wege zu gehen.

Viele dieser Programme – wie die Forderung nach der Freigabe der Homosexualität, der erleichterten Ehescheidung, der Beseitigung der Antiabtreibungsbestimmungen, der Entkriminalisierung des Ehebruchs sowie der absoluten Gleichstellung von Frauen in Beruf, Politik, Bildung und Sport – hatten zweifellos einen Zug ins Demokratisierende. Aber sie standen zugleich im Zeichen einer Dialektik, bei der trotz bedeutsamer Gewinne auch gewisse Verluste nicht zu übersehen sind, die sich aus der Diffamierung aller herkömmlichen seelischen und kulturellen Wertvorstellungen ergaben, welche zusehends als Manifestationen bürgerlicher Frustrierungen hingestellt wurden. Im Zuge dieser Entwicklung kam es zwangsläufig zu einer Tendenz ins frei Verfügbare aller menschlichen Beziehungen, wodurch selbst die Befriedigung emotionaler, erotischer und kultureller Bedürfnisse in den Bereich der kommerzialisierten Vergnügungsindustrie abzuleiten drohte. Schließlich wurden von den verschiedenen Branchen dieser Industrie plötzlich Dinge angeboten, die schon damals als die „Ware Sport", die „Ware Liebe" oder die „Ware Kultur" galten und vornehmlich einen vergnüglich zerstreuenden, wenn nicht gar politisch ablenkenden Charakter hatten.

Doch es war nicht nur der auf ihren bloßen Tauschwert reduzierte Charakter vieler Lebensformen, welcher die Neue Sachlichkeit zum Teil so problematisch macht, es war auch ihr uneingelöstes Demokratisierungsversprechen, das im Rahmen einer als gesellschaftlich hingestellten, aber privat angeeigneten Güterproduktion zwangsläufig einen geheuchelten Charakter behalten musste. Zugegeben, viele der von den Vertretern und Vertreterinnen der Neuen Sachlichkeit propagierten Neuerungen konnten auch von den „breiten Massen" genutzt werden. Anderes blieb dagegen weiterhin ein Privileg der sich aufgrund von Besitz und Bildung von der Mehrheit der Bevölkerung absondernden Schicht der oberen Zehntausend. Wer also von einer Lebensform oder gar Kultur der Neuen Sachlichkeit spricht, sollte nicht vergessen, dass zwar der Ort der „Großen Stadt" allen in ihr Wohnenden frei zugänglich war, ja auch die billigeren Formen der neuen Medien – wie die Abendblätter der Zeitungen, die kleinen Kinos, die Sportveranstaltungen, die Reklamen sowie die Massenverkehrsmittel – allen Menschen zur Verfügung standen, es jedoch viele Teilbereiche innerhalb der Neuen Sachlichkeit gab, die weiterhin der gesellschaftlichen Elite vorbehal ten blieben. Und diese umfasste damals lediglich fünf bis sechs Prozent der Bevölkerung, also vor allem die Schichten mit Abitur- und Mittelschulbildung sowie die aus den betuchteren Kaufmannsfamilien Stammenden. Für solche Menschen bedeutete Neue Sachlichkeit nicht allein den Gebrauch der neuen Massenverkehrsmittel oder den Spaß an Boulevardblättern, Kintoppfilmen und Fußballspielen, sondern auch den Gebrauch des Telefons und des Telegrafen, die Mitgliedschaft in einem vornehmen Tennisklub, die Freude am eigenen Auto, an den neuen Formen der Mode sowie den Vorzügen des „Neuen Wohnens", das heißt an all dem, was für die Schichten der Arbeiter und Angestellten wegen des hohen Kostenaufwands weiterhin unerschwinglich blieb.

Der Geist der neuen Mode entspricht dem Geist der neuen Architektur (1928). Illustration aus einem Modeheft des Lette-Hauses mit Entwürfen von Wassili und Hans Luckhardt zum Umbau des Berliner Alexanderplatzes im Hintergrund.

Die gleiche Beobachtung lässt sich im Hinblick auf das Kulturverhalten der von den Anhängern und Anhängerinnen der Neuen Sachlichkeit bereits als homogenisierte Mittelstandsgesellschaft hingestellten Bevölkerungsschichten machen. Ja, hier kommt der widersprüchliche Charakter der von ihnen propagierten Konzepte vielleicht noch deutlicher zum Vorschein. So gab es auf der einen Seite Sachlichkeitsfanatiker und -fanatikerinnen, die aus Abneigung gegen die bürgerliche Kultur die klassischen Formen der früheren Künste, also die seriöse Literatur, Malerei und Musik, völlig verwarfen. Sie schätzten nur noch auf die neue Großstadtmentalität zugeschnittene Phänomene wie Architektur, Innenausstattung, Gebrauchsgüter, Modeattribute, Werbeplakate sowie andere Designprodukte, worin sie den Ausdruck einer wahrhaft „modernen", auf den älteren bürgerlichen Bildungsanspruch verzichtenden Sachkultur sahen. Demzufolge charakterisierte Adolf Behne, einer der einflussreichsten Repräsentanten dieser Bewegung, 1929 in dem Band *Das neue Berlin* die elegant aufgemachten Modezeitschriften, das Happy-End-Lächeln auf den konsumanreizenden Werbungen sowie die vollen Schaufenster der großen Warenhäuser als die besten Manifestationen der Neuen Sachlichkeit, durch die eine ganz neue Kultur im Werden sei, die auf die entfrustrierende Funktion der älteren, ins „Höhere" zielenden Kunstvorstellungen getrost verzichten könne. Am wohlsten, schrieb Behne weiter, fühle er sich daher im Menschengewimmel der großen Einkaufsstraßen mit ihren reich bestückten Passagen, da hier alle müßig Umherschlendernden von der gleichen Schaulust und Konsummentalität ergriffen würden, in denen der Zeitgeist der neusachlichen Großstadtkultur seine überzeugendste Ausprägung erlebe.

Was Behne und andere Theoretiker dieser Art unter „Kultur" verstanden, war daher neben dem Unterhaltenden im Bereich der Illustrierten, der Lustspielfilme sowie der Schlager- und Tanzmusik vor allem die Freude an der Fülle der neuen, sachgerecht gestalteten Gebrauchsgüter. Nicht das Nur-Schöne, aber im Alltag Funktionslose empfanden solche Sachlizisten als das ästhetisch und menschlich Befriedigende, sondern jene Produkte einer neuen Lebenskultur, die auf alle idealistischen Ausflüchte in die „überschwängliche Misere" verzichteten. Und dieses Bestreben sahen sie vor allem in den von Ernst May, Bruno Taut sowie Wassili und Hans Luckhardt entworfenen Siedlungsprojekten, den Warenhäusern von Erich Mendelssohn, den Stahlrohrmöbeln von Marcel Breuer und den Entwürfen für die Adler-Werke von Walter Gropius realisiert. Ebenso positiv äußerten sie sich über die attraktiv gestalteten Werbeplakate, die programmatischen Erklärungen in Zeitschriften wie *Gebrauchsgrafik* (ab 1923), *Die Form* (ab 1925) und *Schaufenster. Kunst und Technik* (ab 1925) sowie den manifestartigen Charakter von Büchern wie *Befreites Wohnen* (1927) von Siegfried Gideon, *Großstadtarchitektur* (1927) von Ludwig Hilbersheimer, *Standardartikel aus der industriellen Serienproduktion* (1931) von Richard Vogt oder *Zweckmäßiges Wohnen für jedes Einkommen* (1931) von Werner Gräff. Alle Praktiker und Theoretiker, die sich dem Sog der Neuen Sachlichkeit hingaben, stellten deshalb im Bereich des ästhetischen Gestaltens

Das Adler-Cabriolet (1929) von Walter Gropius ist ein Beispiel für den weit über die Architektur und Innenausstattung hinausgreifenden Gestaltungswillen des berühmtesten Bauhaus-„Meisters".

nur noch das „Sachgerechte" als leitbildlich hin, während sie irgendwelche Dramen, Gedichte, Leinwandbilder, Statuen oder Werke der
„Opus-Musik" von vornherein als obsolet empfanden. Sie hatten nicht
mehr die ältere Bildungsbourgeoisie, sondern den an allem Neuen interessierten „Konsumenten", den „Mittelstandsflaneur" oder die „Neue
Frau" im Auge, wenn sie ans Planen oder Gestalten gingen.

Zu den wichtigsten neusachlichen Kunstformen, die neben den
„breiten Massen" sogar ein anspruchsvolleres Publikum anzogen oder
gar faszinierten, gehörte jener Film der zweiten Hälfte der zwanziger
Jahre, dem es gelang, das Zeitgemäße mit den neuen technischen Errungenschaften zu einer als „mediengerecht" bezeichneten Synthese
zu verschmelzen. Demzufolge flimmerten in diesen Jahren nicht nur
unzählige Lustspielfilme, Seifenopern und historische „Schinken" mit
Publikumslieblingen wie Lil Dagover, Rudolf Forster, Willy Fritsch, Lili-
an Harvey, Emil Jannings, Pola Negri, Asta Nielsen, Henny Porten und
Conrad Veidt über die Leinwand, sondern auch Filme, mit denen Regisseure wie Fritz Lang, Ernst Lubitsch, Friedrich Wilhelm Murnau, Georg Wilhelm Pabst und Josef von Sternberg selbst diesem Genre, das
lange Zeit als eine Unterklassenbelustigung galt, ein auch die bildungsbürgerlichen Schichten ansprechen-
des Image zu geben vermochten. Als spezifisch neusachlich galt in diesem Umkreis ein Querschnittfilm wie *Berlin.*
Symphonie einer Großstadt (1927) von
Walter Ruttmann, der wie Robert Siod-
maks *Menschen am Sonntag* (1929) oder
Joe Mays *Asphalt* (1929) weder die üblichen Slapstick- noch die ebenso üblichen
Kolportageelemente enthielt. Doch das
größte Aufsehen in diesem Umkreis erregte der Film *Metropolis* (1927) von Fritz
Lang. Und das verdankte er vor allem der
Tatsache, dass er neben seinen spektakulären Massenszenen und technologischen
Effekten weder auf den expressionistischen *Caligari*-Spuk der frühen zwanziger
Jahre noch auf den billigen Effekt einer
klassenversöhnlerischen Schlussszene ver-
zichtete.

Fotocollage für das
Programmheft des
Films *Berlin. Sympho-*
nie einer Großstadt
(1927) von Walter
Ruttmann. Der be-
kannteste Dokumen-
tarfilm der Neuen
Sachlichkeit versuch-
te, die steigende
Technisierung und
allgemeine Hektik des
städtischen Lebens
ohne explizite Kritik
darzustellen.

Auf der anderen Seite waren einige Vertreter und Vertreterinnen der Neuen Sachlichkeit noch bildungsbürgerlich genug eingestellt, auch den anspruchsvollen Genres der so genannten höheren Künste weiterhin eine gewisse Rolle innerhalb dieser vornehmlich auf Unterhaltungs- und Informationsbedürfnissen beruhenden Sachkultur zuzugestehen und ihnen im Rahmen des neuen, den Tendenzen ins Massenmediale angepassten ästhetischen Supermarkts eine kleine Sonderabteilung einzuräumen. Schließlich galt die „seriöse" Kunst seit langem als eine fest etablierte Institution, welche zwar nur von einer kleinen, aber dafür zahlungskräftigen Schicht getragen wurde, die keineswegs gesinnt war, ihren bisherigen Stellvertretungs- oder gar Führungsanspruch in Sachen „Kultur" leichtsinnigerweise irgendwelchen nivellierenden Demokratisierungstendenzen zum Opfer zu bringen. Die gleiche Haltung bezogen viele der älteren Verleger, Galeriebesitzer und Konzertmanager sowie die mit ihnen verbundenen Kritiker, die trotz aller immer stärker ins Eindimensionale abrutschenden Tendenzen der sich rapide ausbreitenden Freizeit- und Vergnügungsindustrie sehr wohl erkannten, dass sich auch mit den älteren Hochformen der Literatur, Malerei und Musik, falls man sie dem neusachlichen Zeitgeist geschickt anpassen würde, bei den besitz- und bildungsbürgerlichen Schichten, welche sich nicht ohne weiteres der Mentalität der kleinbürgerlichen Angestelltenklasse angleichen wollten, noch durchaus lukrative Geschäfte machen ließen.

Demzufolge entstand selbst innerhalb der sogenannten höheren Künste um 1923/24 eine Strömung, die sich aus Anpassung an die in Politik, Wirtschaft, Ideologie und Alltagsleben herrschenden Tendenzen ebenfalls als Neue Sachlichkeit ausgab, obwohl es gerade das Ziel dieser aus der Abwendung vom Expressionismus und Dadaismus hervorgegangenen Richtung gewesen war, von allen ins Bildungsgesättigte, Idealistische und damit Hochkulturelle zielenden Erwartungen der älteren bürgerlichen Intelligenz endgültig Abschied zu nehmen. Was also in der Folgezeit in den höheren Künsten als Neue Sachlichkeit ausgegeben wurde, beruhte – sowohl ideologisch als auch ästhetisch – auf einem nur mühsam vertuschten Widerspruch. Schließlich hätte eine Gesellschaft wie die der mittleren Weimarer Republik, welche in ihren politischen und wirtschaftlichen Führungskreisen die Vorstellung einer sukzessiven Demokratisierung weitgehend mit einer verstärkten Kommerzialisierung aller Lebensbereiche gleichsetzte und sich hierbei gern auf das Vorbild der Vereinigten Staaten berief, an sich keine „höhere", das heißt sich von den sogenannten breiten Massen absetzende Kultur dulden dürfen. Genau besehen, wäre eine solche Gesellschaft, die im Hinblick auf die USA sowohl den dort praktizierten Fordismus und Taylorismus als auch die in diesem Lande bereits erreichte Massenmedienkultur sowie die ihr zugrunde liegende Schmelztiegel-Ideologie als besonders „demokratisch" empfand, an sich verpflichtet gewesen, auf alle Ausflüge ins Hochkulturelle grundsätzlich zu verzichten und sich mit dem aus dem Profit verheißenden Wechselspiel von Angebot und Nachfrage ergebenden niedersten Nenner – als dem einzigen Maßstab in allen kulturellen Fragen – zufrieden zu geben. Dass sie dennoch auch mit den Prestige verheißenden Genres der Hochkultur liebäugelte, deutet darauf hin, dass sie als Übergangsphase zu einer Gesellschaft der voll entwickelten kapitalistischen Marktwirtschaft noch nicht ganz zu sich selbst gekommen war. Sie vermied vorerst die Konsequenz, in kultureller Hinsicht entweder nur dem Trend ins Eindimensionale einer nivellierten Mittelstandsgesellschaft nachzugeben oder sich auf eine wahrhaft demokratische Weise zu entschließen, den „kleinen Kreis der Kenner zu dem großen Kreis der Kenner" zu erweitern, wie es später Bertolt Brecht forderte. Demzufolge blieb die Neue Sachlichkeit nicht nur auf politischem, sondern auch auf kulturellem Gebiet ein Zwittergebilde, das einen besonders guten Einblick in die notwendigen Widersprüche einer fast ausschließlich mit kommerziellen Mitteln angestrebten Demokratisierung erlaubt.

Aufgrund dieser Situation wurde sogar aus der Neuen Sachlichkeit, die eigentlich allen Kunstismen ein Ende bereiten wollte, einer jener Ismen, den die Kenner der Kunstszene selbst in den höheren Künsten als einen neuen „Stil" empfanden. Für die malerische, musikalische und literarische Formenwelt der sich als neusachlich verstehenden Kunst der mittzwanziger Jahre und der mit ihr verbundenen Wertvorstellungen hatte das kaum zu übersehende Folgen. Schließlich existierte die „Institution Kunst" auch in diesem Zeitraum durchaus weiter und war keineswegs, wie die konsequenten Sachlichkeitsfanatiker glaubten, den betont antibürgerlichen Attacken der sich als „novembristisch" verstehenden Avantgarde-Bewegungen der Zeit zwischen 1918 und 1923 zum Opfer gefallen. Und das, obwohl gerade der Dadaismus jeden hochkulturellen Anspruch auf eine grausam-groteske Weise als lächerliches Unterfangen frustrierter bürgerlicher Ästheten angeprangert hatte und auch das Weimarer Bauhaus mit seinen dem Konstruktivismus verpflichteten Methoden von den freien Künsten zu

Gunsten der angewandten Künste abgerückt war. Ja, selbst die neu-sachliche Wendung ins Massenmediale und der daraus resultierende Abbau hochkultureller Formansprüche hatte die „Institution Kunst" nicht wirklich in Frage stellen können. Deshalb sollte man im Hinblick auf das Phänomen „Neue Sachlichkeit" auch die Reste der weiterbeste-henden Hochkultur nicht ganz aus dem Auge verlieren.

Beginnen wir mit den bildenden Künsten, die im Rahmen wirt-schaftlicher Konjunkturperioden stets eine besonders wichtige Rolle spielen. Schließlich verfügen solche Zeiten über das genügende Investi-tionskapital, ohne das Bereiche wie Architektur, Innenausstattung oder Design notwendig brachliegen würden. Obendrein bemühen sich die von den einschlägigen Firmen angestellten Formgestalter in solchen Jahren besonders intensiv, die wieder mit mehr Geld ausgestatteten Konsumenten und Konsumentinnen durch einen raschen Modewech-sel zum Kauf von als „brand new" angebotenen Gebrauchsgütern an-zureizen. In solchen Jahren ist deshalb zwangsläufig viel von „Moder-nität" oder „Modernisierungsschüben" die Rede, um damit selbst den einfachsten Dingen des täglichen Umgangs den Anschein des Avan-cierten zu geben und alle älteren Gebrauchsgüter in den Bereich des Altmodischen und damit Obsoleten zu verweisen. Das trifft selbst auf

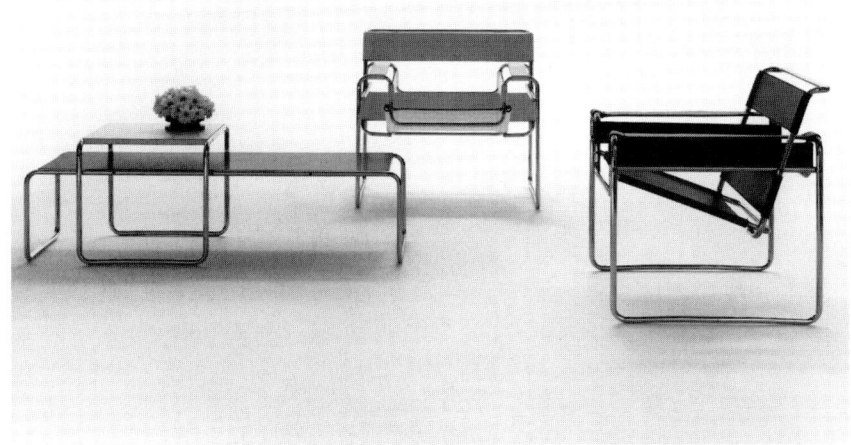

Verchromte Stahlrohr-tische und -sitzmöbel (1925) nach einem Entwurf von Marcel Breuer. Möbel dieser Art sollten – ganz im Sinne der kargen Bauhaus-Ästhetik – vor allem durch ihre Form und ihre Sachgerechtheit bestechen.

die Entwicklung des Bauhauses zu, welches sich 1919 noch unter den Roten Stern des Sozialismus gestellt hatte, während es in den Jahren nach 1923 einen Kompromiss nach dem anderen mit der sich als „neusachlich" verstehenden Designerkultur schloss. In den mittzwanziger Jahren beschäftigten sich seine Formgestalter immer nachdrücklicher mit dem Entwurf neuer Gebrauchsgüter, betont schlichter Wohn- oder Küchenensembles sowie als sachgerecht ausgegebener Werbematerialien für diese neuen „Wohnmaschinen", wobei sie auch eine modernisierte Schriftgestaltung und den Gebrauch neusachlicher Fotos oder Fotomontagen in ihre Bestrebungen einbezogen.

Realistisch gemalte oder auch expressionistisch wilde Bilder hätten in solchen Räumen, die wie Designerbüros von Architekten oder Sprechzimmer von Dentisten aussahen, überhaupt keine Funktion gehabt. In solchen Räumen herrschte ein neusachliches Formbewusstsein, das an sich gar keines Schmucks bedurfte und einen Sinn für puristische Formgestaltung demonstrieren sollte, dem vielleicht nur die konstruktivistischen Bilder eines Piet Mondrian oder des mittleren Wassili Kandinsky entsprochen hätten. Doch nicht alle an Kunst und Design interessierten Bürger wollten in solchen betont gebrauchsorientiert entworfenen Wohnmaschinen leben und richteten sich daher lediglich halbsachlich ein. Viele von ihnen verzichteten auf die kühle Strenge der im Bauhaus-Stil à la Marcel Breuer oder Walter Gropius entworfenen Wohnungen zu Gunsten einer zwar „modernen", aber nicht ganz so strikten, nur auf Schwarz-Weiß-Effekte reduzierten Ausstattung und machten auch im Hinblick auf ihren Wandschmuck durchaus Zugeständnisse an traditionelle Kunstformen. Diese Funktion erfüllten am besten jene höchst penibel gemalten Ölbilder von Carl Grossberg, Manfred Hirzel, Alexander Kanoldt, Christian Schad, Georg Scholz oder Georg Schrimpf, die seit 1923/24 als Ausdruck einer neusachlichen Malerei angepriesen wurden. Sie hatten in ihrem betont objektivierenden Realismus einerseits eine betont „altmodische" Note, wiesen jedoch andererseits eine Malweise auf, die in ihrer glasklaren, atmosphärelosen, stilllebenhaften Art an typisierte Fotografien gemahnte und so durchaus an jener das Nüchterne und Technische akzentuierenden „Modernität" der Neuen Sachlichkeit teilhatte.

Ähnliches gilt für die ins Seriöse tendierende Musik der Neuen Sachlichkeit, in der die Anpassung an das Technische oder Technizistische ebenfalls eine große Rolle spielte. Ja, in diesem Bereich äußerten sich all diese Umwälzungen vielleicht sogar noch einschneidender als im

Christian Schad: *Weibliches Bildnis* (1927) in der halb fotografischen, halb glasklar-formbestimmten Malweise der Neuen Sachlichkeit.

Bereich der bildenden Künste. Schließlich war es durch die Erfindung der Schallplatte und des Rundfunks in den zwanziger Jahren erstmals möglich geworden, das bürgerlich-aristokratische Monopol des für die Unterschichten unerschwinglichen Konzert- und Opernbetriebs zu durchbrechen. Gerade auf diesem Gebiet hätte sich also der „kleine Kreis der Kenner" durchaus in den „großen Kreis der Kenner" erweitern lassen. Die herrschenden Schichten taten jedoch wenig, ihr Bildungsmonopol auf diesem Sektor zu Gunsten der „breiten Masse" der Angestellten und Arbeiter aufzugeben. Stattdessen überließen sie auch diesen Bereich weitgehend dem auf Kommerzerwägungen beruhenden Prinzip von Angebot und Nachfrage. Und das führte im Rahmen der auf Entspannung und Unterhaltung eingestellten Freizeit- und Vergnügungsindustrie zwangsläufig zu einem gewaltigen Zuwachs an anspruchsloser Gebrauchsmusik in Form von Tanzmelodien, Schlagern, billigen Operetten à la Franz Lehár sowie Revue-, Film- und Jazzkompositionen, deren beschwingende Tanzrhythmen und nachsingbare Melodien vornehmlich der erwünschten Zerstreuung dienten.

Es gab in den zwanziger Jahren nicht wenige Musikkritiker, die diese Tendenz ins Kommerzialisierte und Technisierte als eine längst fällige Befreiung ins Demokratische begrüßten. Und damit hatten sie in mancher Hinsicht vielleicht sogar Recht. Schließlich wurde es selbst innerhalb der älteren Besitz- und Bildungsbourgeoisie in diesen Jahren durchaus fashionable, auch Shimmy oder Charleston zu tanzen, sich an gängigen Schlagern zu erfreuen sowie Operetten- und Revuetheater zu besuchen. Doch daneben favorisierten Teile der gleichen Gesellschaftsschichten, ob nun aus Informationsbedürfnis, ästhetischer Neugier oder gesellschaftlichen Prestigegründen, auch gewisse Formen einer modernistisch-seriösen Musik, die sich in Inhalt und Kompositionsweise der Neuen Sachlichkeit anzupassen versuchte. Um 1925 verstand man darunter entweder den durchmathematisierten Stil der von Arnold Schönberg entwickelten Zwölftonmusik oder jene Musik mit programmatischen Elementen, die sich – im Sinne von Zeitopern wie *Jonny spielt auf* (1927) von Ernst Křenek und *Neues vom Tage* (1929) von Paul Hindemith – durch die Einbeziehung geräuschhaft-bruitistischer, technizistisch-motorischer oder an den Jazz anklingender Motive auszuzeichnen versuchte. Allerdings gelang es – mit Ausnahme der *Dreigroschenoper* (1928) von Bertolt Brecht und Kurt Weill – den Werken dieser Richtung nur in Ausnahmefällen, über einen relativ kleinen Kreis von Kennern hinauszudringen. Trotz ihrer Tendenz, sich dem allgemeinen Zug ins „Demokratische" wenigstens thematisch anzupassen, blieb diese Musik weitgehend das, was man später als Nachtprogramm- oder Musikfestivalmusik bezeichnet hat. Ja, manche Kritiker sprachen im Hinblick auf den forciert modernistischen Charakter vieler Werke dieser Richtung schon damals von Cliquen- oder Klüngelmusik, um auf die gesellschaftliche Randständigkeit einer so elitären „Sachlichkeit" hinzuweisen.

Als wesentlich relevanter für die allgemein propagierte Tendenz ins „Demokratische" erwiesen sich dagegen Teile der Literatur der Neuen Sachlichkeit. Während in der Musik der gleichen Richtung weitgehend das Populäre oder gar Triviale über das Elitäre siegte und sich in den bildenden Künsten – von betont veristischen Malern wie Otto Dix und George Grosz einmal abgesehen – das Kühle oder Designerhafte gegen den revolutionär-expressionistischen Persönlichkeitsausdruck durchsetzte, bildete sich in einigen Teilen der Literatur dieser Jahre eine „mittlere Linie" heraus, deren Vertreter und Vertreterinnen sich sowohl von einem elitären Ästhetizismus als auch einer falschen Volkstümlichkeit zu distanzieren versuchten. Ältere Hochkulturformen wie die Tragödie und das Gedichtwerk, die noch um 1900 eine beachtliche Rolle gespielt hatten, traten daher innerhalb dieser Richtung zusehends in den

Das Bühnenbild einer Darmstädter Inszenierung von Paul Hindemiths Zeitoper *Neues vom Tage* (1929) greift bewusst formalistische Elemente auf, um das „Mechanistische" der Klangstrukturen dieses Werks zu unterstreichen.

Hintergrund. Hingegen nahmen in ihr als neusachlich empfundene Genres wie die Reportage, die Short Story, das Drehbuch, der Kabarettsketch sowie liberal ausgerichtete Kriegs-, Großstadt-, Büro- und Industrieromane à la Arnold Zweigs *Der Streit um den Sergeanten Grischa* (1928), Erich Maria Remarques *Im Westen nichts Neues* (1929), Alfred Döblins *Berlin Alexanderplatz* (1929), Irmgard Keuns *Gilgi. Eine von uns* (1931), Erik Regers *Union der festen Hand* (1931) und Hans Falladas *Kleiner Mann, was nun?* (1932) einen immer größeren Raum ein und erreichten zum Teil relativ breite Käuferschichten.

Etwas schwerer hatten es dagegen im Bereich des Theaters die sogenannten Zeitstücke oder die Werke des frühen epischen Theaters, denen es trotz ihrer auf den neusachlichen Zeitgeist zugeschnittenen Thematik, der Zuhilfenahme programmatischer Musikformen, eines eingedeutschten Jazz sowie der Verwendung filmischer Projektionen kaum gelang, einem größeren Publikum etwas von ihrer „demokratisierenden" Absicht zu vermitteln. Dazu war das Theater, schon wegen seiner hohen Eintrittspreise, noch immer eine viel zu elitäre Institution. Während die Kinos und Revuetheater in den gleichen Jahren einen relativ großen Zulauf hatten, blieb deshalb in diesem Bereich – trotz bester Absichten neusachlicher oder auch linksliberaler Dramatiker wie Carl Credé, Wilhelm Herzog, Peter Martin Lampel oder Friedrich Wolf – vieles im Hinblick auf die Gesamtgesellschaft fast ebenso randständig wie die Werke der Musikfestivalmusik oder Kunstgaleriekunst. Ja, selbst einem auf Massenwirksamkeit bedachten Theatergenie wie Erwin Piscator gelang es nur in Ausnahmefällen, diese Barrieren zu durchbrechen.

Damit wird eine Problematik sichtbar, die erneut auf den Grundwiderspruch der Neuen Sachlichkeit schlechthin verweist. Solange die Meinungsträgerschichten dieser Richtung ihre Demokratisierungshoffnungen vornehmlich auf die industrielle Produktionssteigerung setzten und hofften, dass sich durch einen gesteigerten Wohlstand zugleich eine Verfreiheitlichung der Gesamtgesellschaft ergeben würde, hatten sie zwar die konsumbegierigen Massen durchaus auf ihrer Seite, ja konnten sich sogar auf die als unumstößlich geltende Maxime stützen, dass es bisher noch nie eine Demokratie ohne einen verbrauchsbetonten Wohlstand gegeben habe, mussten aber zugleich ideologische Einbußen in Kauf nehmen, die in Krisenzeiten, also beim Rückgang der ökonomischen Zuwachsrate oder gar bei einer tiefgreifenden Depression, katastrophale Folgen haben konnten.

Die Folgen einer solchen Einstellung zeigten sich nur allzu schnell. Ein Demokratiekonzept wie das der Neuen Sachlichkeit, das keine anderen Zielvorstellungen besaß als die des gesteigerten Profitstrebens, des konkurrentistischen Aufsteigerverlangens, des gesellschaftlichen Prestiges und der konsumfreudigen Vergnügungssucht, also letztlich nur parvenühaft-materialistische Werte oder besser Unwerte aufwies, appellierte zwar an das eminent starke Gratifikationsbedürfnis, wenn nicht gar den infantilen Narzissmus innerhalb der Menschennatur, ließ aber alle ins Solidarische und damit Sozialverantwortliche tendierenden Absichten notwendig verkümmern. Darum traten zwar im Rahmen der „stabilisierten" Gesellschaft der Weimarer Republik um 1925 viele ältere Wertvorstellungen nationaler, religiöser oder klassenbewusster Art sowie die mit ihnen verbundenen negativen Aspekte des Hierarchischen, Autoritären und Patriarchalischen zusehends in den Hintergrund, wurden aber nicht durch neue Wertvorstellungen einer „freien, gleichen und brüderlichen" Teilhabe, mit anderen Worten: des unmittelbaren Mitbesitzes oder zumindest der Mitbestimmung in Wirtschaft und Politik ersetzt. Und demzufolge blieb die Tendenz ins Demokratische notwendig auf halbem Wege stecken, das heißt erschöpfte sich weitgehend in einer Art „Börsenhumanismus", wie es bei den Kritikern dieses Systems schon damals hieß.

Ähnliches gilt für die angeblichen Demokratisierungstendenzen der Neuen Sachlichkeit im Bereich der Kunst. Indem die dafür Verantwortlichen auch hier fast alles dem marktwirtschaftlichen Regulativ von Angebot und Nachfrage überließen, versuchten sie zwar die Kulturvorstellungen der älteren Bildungsbourgeoisie auf ein Minimum einzuschränken, etablierten aber an ihrer Stelle lediglich einen ästhetischen Supermarkt, in dem zwangsläufig die Tendenz ins Nivellierte einer freizeitorientierten Massenproduktion tonangebend wurde. Damit versetzten sie zwar dem Stellvertretungs- oder gar Führungsanspruch der mittel- bis großbürgerlichen Schichten einen argen Stoß, räumten jedoch den Herren der Neuen Medien – also des Rundfunks, der Zeitungen, der Wochenendmagazine, des Films und der Schallplattenindustrie – ein Kulturmonopol ein, das einen geradezu unbegrenzten Wirkungsradius hatte. Und diese Herren nutzten die ihnen zugefallene Machtstellung selbstredend auf die schamloseste Weise aus. Da sie den größtmöglichen Profit aus ihren Medien herausschlagen wollten, senkten sie erst einmal das kulturelle Niveau, um so mit ihren Produkten möglichst breite Bevölkerungsschichten zu erreichen. Und das ge-

lang ihnen auch, worauf ein US-amerikanischer Kulturkritiker wie
H. L. Mencken schon damals mit der zynischen Bemerkung reagierte:
„No one ever went bankrupt, underestimating the taste of the general
public."

Doch auch die politischen Aspekte dieser Ausweitung des Medien-
betriebs gerieten bereits in den späten zwanziger Jahren ins Feuer der
liberalen Kritik. Schließlich wurde es durch die massenhaft verbreiteten Medien und die in ihnen herrschende Tendenz zu „Social engineering"-Praktiken zusehends möglich, selbst jene Bevölkerungsschichten,
die bisher kaum am Kulturbetrieb teilgehabt hatten, bis zu drei Stunden täglich mit den Produkten einer bewusst kalkulierenden Freizeitindustrie zu berieseln und damit in ihrem Sinne zu beeinflussen. Zuge-
standenermaßen hatte das auch „demokratisierende" Wirkungen, führte jedoch zugleich zu einem immer stärkeren Manipulationsdruck auf
die klein- bis mittelbürgerlichen Schichten und machte diese – aufgrund der allgemeinen Standardisierung und damit verbundenen
Wertverluste – dafür anfällig, sich in Zeiten ökonomischer Krisen jenen
Parteien anzuschließen, die nicht nur an ihre materiellen, sondern
auch an ihre emotionalen Bedürfnisse appellierten. Demzufolge hatten
die Nationalsozialisten nach 1929, also dem Beginn der Weltwirtschaftskrise und der durch sie ausgelösten Massenarbeitslosigkeit, ein
relativ leichtes Spiel, mit ihrer ins Nationale, Mythisch-Umnebelte und
Pseudoidealistische zielenden Propaganda all jene Menschen anzusprechen, deren Sinnhunger in der nüchternen, materialistischen, ja wider-
spruchsvoll-zynischen Welt der Neuen Sachlichkeit leer ausgegangen
war. Und so erfüllte sich am 30. Januar 1933 ein echtes Bedürfnis im
Falschen, wie es bei Ernst Bloch einmal heißt.

Die Folgen der Weltwirtschaftskrise

Bekanntermaßen währte die Periode der relativen Stabilisierung der
Weimarer Republik und damit der Ideologie der Neuen Sachlichkeit
nur wenige Jahre. Nach dem 14. Oktober 1929, dem Schwarzen Freitag
an der New Yorker Börse, und den berühmt-berüchtigten Septemberwahlen des Jahres 1930, bei denen die Zahl der Mandate der NSDAP
sprunghaft von 12 auf 107 anstieg, zeigte sich auf einmal, wie brüchig
jenes politische Gebilde war, das sich „Weimarer Republik" nannte
und von einer Rechts-der-Mitte-Koalition regiert wurde. Zwischen 1923

und 1929 war für die Verfechter der Republik alles verhältnismäßig glatt verlaufen. Die Sozialdemokraten und die bürgerlichen Parteien hatten zum Wohle der Republik und der wirtschaftlichen Expansion einen Burgfrieden geschlossen, durch den ein relativ stabiles Arbeits- und Sozialklima entstanden war. Aufgrund dieser Entwicklung lag Deutschland, wie gesagt, mit seiner Industrieproduktion im Jahr 1929 wieder an zweiter Stelle in der Welt. Doch nicht allein das. Sowohl die „Gefahr der Bolschewisierung", wie es in den Kreisen der Weimarer Koalitionsparteien hieß, als auch des Putschismus von rechts waren dadurch erst einmal gebannt worden. Auf diese Weise hatte sich eine Republik herausgebildet, die trotz anhaltender innenpolitischer und sozioökonomischer Spannungen vielen Bürgern und Angestellten als Bollwerk eines unveränderlichen Rechtsstaats erschien.

Doch mit dem 14. Oktober 1929 änderte sich diese Situation geradezu über Nacht. Durch die ökonomische Krise, die schnell um sich griff, wurde die Weimarer Republik wieder in die turbulente Krisensituation der Jahre zwischen 1919 und 1923 zurückgeworfen. Die fallende Produktionsrate, die sinkende Kaufkraft, die Arbeitslosenheere sowie die sich daraus ergebende Radikalisierung der politischen Oppositionsparteien führten zusehends zu bürgerkriegsähnlichen Verhältnissen, an denen die Weimarer Rechts-der-Mitte-Koalition schließlich zerbrach. Denn in dieser Situation sahen die bürgerlichen Parteien in der SPD, die zusehends Stimmen einbüßte, keinen absoluten Garanten für eine Aufrechterhaltung der Republik mehr. Obwohl die SPD-Führung eisern am Konzept von Weimar festhielt, fürchteten die bürgerlichen Parteien eine allmähliche Abwanderung der SPD-Wähler zu den Kommunisten. Deshalb öffneten sie sich zusehends nach rechts, um dort neue Koalitionspartner zu gewinnen: erst bei den traditionell konservativen Bevölkerungsschichten und dann immer stärker bei den Nationalsozialisten, was 1932 zur Bildung der Harzburger Front, einer Koalition der Deutschnationalen Volkspartei mit der NSDAP, führte. Die innenpolitische Krise der Weimarer Republik wurde also nicht nur durch eine Radikalisierung des ultralinken und des ultrarechten Flügels eingeleitet, sondern auch durch eine lawinenartig zunehmende Abwanderung der bürgerlichen Wähler nach rechts. Demzufolge vertraten schließlich nur noch die SPD, die aus der DDP hervorgegangene Deutsche Staatspartei und das Zentrum die ursprünglichen Demokratisierungsabsichten, während fast alle anderen bürgerlichen Gruppen und Parteien seit den Septemberwahlen von 1930 mehr oder minder versteckt mit einer

rechtsautoritären Bewegung wie der NSDAP, als der wahren Vertreterin ihrer Interessen, zu sympathisieren begannen, ja schließlich zu ihr
überliefen und damit die Republik verrieten.

Dieser Umschichtungsprozess hatte selbstverständlich nicht nur politische, sondern auch ideologische und kulturelle Folgen. Während viele der ehemaligen Novembristen nach 1923 Vernunftrepublikaner geworden waren, wurden aus den Vertretern dieser Schichten jetzt immer stärker Anhänger nationalkonservativer, bündischer, völkischer
oder präfaschistischer Programme. Angesichts einer linken Gefahr, wie
sie das Anwachsen der KPD darstellte, erschien es ihnen nach dem
Rückfall in die ökonomische Depression töricht, weiterhin auf fordistische Zukunftsperspektiven zu vertrauen. Aus diesem Grunde verhielten sich zahlreiche rechtsbürgerliche Politiker in ihren massenstrategischen Überlegungen der folgenden Jahre wesentlich demagogischer.
Sie hatten eingesehen, dass es nach 1929 immer dringlicher wurde,
den von links herkommenden Gesellschaftsprogrammen mit eigenen
Sozialparolen entgegenzutreten. Anstatt
also weiterhin wilhelminisch-konservative oder liberal-pluralistische Vorstellungen zu unterstützen, die durch die galoppierende Weltwirtschaftskrise mehr und
mehr in Frage gestellt wurden, propagierten sie in der Folgezeit eine geradezu überwältigende Fülle sozialistisch klingender
Konzepte, um so den Kommunisten, die
sich durch die allgemeine Krise in ihren
Revolutions- und Änderungsvorschlägen
bestätigt fühlten, den ideologischen Wind
aus den Segeln zu nehmen.

An die Stelle der bisherigen Sachlichkeitsmaximen, welche inmitten des sozioökonomischen Tohuwabohus nach 1929
schnell an Zugkraft verloren, traten infolgedessen auf Seiten der bürgerlichen
Ideologiekomplexe zusehends geschickt
verbrämte Gemeinschaftsvorstellungen,
die sich in ihrer völkischen Ausrichtung
vor allem an die politisch Verunsicherten
wandten. In einer solchen Situation, als

Gerd Arntz: *Wahldrehscheibe* (1932). Dieser Holzschnitt stellt neben der mit den bürgerlichen Parteien liierten SPD vor allem die Kommunisten und die Nationalsozialisten als Hauptkontrahenten im Kampf um die Macht heraus.

sich nach Zeiten relativer sozioökonomischer Stabilität die Klassenfronten plötzlich wieder verhärteten, konnten es sich die konservativ-reaktionären, ja selbst die rechtsliberalen Schichten nicht länger leisten, sich weiterhin unverdrossen auf die Parolen des angeblich unaufhaltsamen Fortschritts, der technischen Modernisierungsschübe und der steigenden Demokratisierung zu berufen. Dazu war der Gegensatz zwischen den besitzenden sowie den nur kurzarbeitenden oder arbeitslosen Schichten inzwischen zu krass geworden. Starr an der Republik festzuhalten, empfanden deshalb viele Mittelstandspolitiker als immer problematischer. Bis 1929/30 hatten sie diesen Staat durchaus unterstützt oder wenigstens als Rahmenprinzip anerkannt. Doch eine solche Haltung erschien ihnen nach diesem Zeitpunkt nicht mehr effektiv genug. Also griffen sie lieber nach Schlagworten wie „Bindung", „Gemeinschaft" oder „Volk", um von der sich zuspitzenden Klassenkampfsituation abzulenken. Selbst den Slogan, dass man schließlich im gleichen Boot sitze, empfanden sie in einer solchen Situation als zu blass. Demzufolge stellten sie lieber die Forderung auf, sich zu einer „Nationalen Notgemeinschaft" zusammenzuschließen, was letztlich zu einer weit verbreiteten Selbstnazifizierung der mittel- bis kleinbürgerlichen Bevölkerungsschichten führte. Nur eine Partei wie die der Nazis, die sowohl an nationalistische als auch sozialistische Emotionen appellierte, schien den meisten dieser Bürger noch geeignet, der steigenden Flut kommunistisch-sozialistischer Forderungen wirkungsvoll entgegenzutreten.

Die NSDAP, die bereits seit 1919 existierte, aber in der Stabilisierungsperiode eine höchst randständige Rolle gespielt hatte, versuchte die „breiten Massen" vor allem durch eine radikalisierte deutschnationale Propaganda für sich zu gewinnen. Dabei konnte sie sich politisch auf jene völkischen Ideenkomplexe stützen, die bereits in der Gründerzeit und dann bei Beginn des Ersten Weltkriegs eine bedeutsame Resonanz gefunden hatten. Während die Rechten innerhalb der Bourgeoisie diese Richtung um 1900 meist unter dem Schlagwort der „Fortschrittlichen Reaktion" zusammengefasst hatten, tauchte dafür seit der Mitte der zwanziger Jahre unter gleichen oder ähnlich gesinnten Gruppen der Begriff „Konservative Revolution" auf, den ein breites Spektrum rechter Organisationen für sich beanspruchte. Zu den bekanntesten dieser rund 500 Gruppen zählten damals die Reste der Freikorps, die Baltikumer, die Schwarze Reichswehr, der Wiking, der Bund Oberland, der Werwolf, der Stahlhelm, die alten Völkischen, die Bündische Jugend, die Jungkonservativen, kurzum: all jene Verbände, die sich nach 1922/23 aus monarchistischen oder altkonservativen Organisationen allmählich zu Trägern einer nationalen Opposition entwickelten, welche in der Weimarer Republik nur eine Zwischenstation auf dem Weg zu einem zukünftigen Dritten Reich erblickten. Um 1930 schlossen sich diesen Bünden und Verbänden noch die Landvolkbewegung, Teile der Nationalbolschewisten sowie der Kreis um die Zeitschrift *Die Tat* an. Doch die einzige Gruppe dieser Art, die um 1929/30 zu einer Massenpartei anschwoll, war die NSDAP, die nach ihrem Machtantritt am 30. Januar 1933 viele der anderen völkischen, nationalen oder bündischen Organisationen schrittweise unterdrückte oder gleichschaltete, um als der alleinige Sieger der nationalen Erweckungsbewegung dazustehen.

Kulturpolitisch waren die Nationalsozialisten anfangs nicht besonders aktiv. Erst nachdem Adolf Hitler in seinem Buch *Mein Kampf* (1925–27) der NSDAP eine demagogisch effektive Marschroute vorgegeben hatte, entwickelten einige seiner Unterführer auch ein nationalsozialistisches Kulturkonzept, dem ein massiver Deutschheitskult zugrunde lag. Im Gegensatz zu anderen national gesinnten Gruppen vermieden sie dabei eine allzu enge Festlegung auf bestimmte Einzelaspekte und bemühten sich, mit einem möglichst breit gefächerten Programm so viele Bevölkerungsschichten wie nur möglich für ihre Vorstellung einer allen „artbewussten" Deutschen zugute kommenden „Volksgemeinschaft" zu gewinnen.

Die nationalkonservative Bourgeoisie versuchte vor allem Alfred Rosenberg mit seinem am 19. Dezember 1928 gegründeten Kampfbund für deutsche Kultur für die Ziele der NSDAP zu aktivieren. Dabei stützte er sich in seiner Schrift *Der Mythus des 20. Jahrhunderts* (1930) weitgehend auf jene Rassenlehren im Gefolge Houston Steward Chamberlains oder völkischer Fanatiker der Heimatkunstbewe-

Mjölnir (Hans Schweitzer): Wahlplakat (1932). Mit solchen Plakaten forderte die NSDAP die Arbeitslosen auf, nicht den „gleisnerischen" Parolen der KPD zu folgen, sondern ihre Stimme der Hitler-Partei zu geben.

gung wie Adolf Bartels und Paul Schultze-Naumburg, nach denen in der menschheitlichen Geschichte nur der nordische Geist eine kulturstiftende Rolle gespielt habe. Als Hauptwidersacher dieser arisch-idealistischen Antriebskräfte stellte er hierbei die jüdisch-materialistischen „Untermenschen" hin, deren Gesichtskreis so „niedrig" sei, dass sie überhaupt nicht wüssten, was eine höhere Kultur beinhalten könne. Deshalb sprachen Rosenberg und andere Ideologen der NSDAP, wie Joseph Goebbels und Julius Streicher, im Hinblick auf die Kunst des Novembrismus sowie den auf sie folgenden Medienrummel der mittzwanziger Jahre meist von einer Zeit der „Unkultur" oder „Sumpfkultur", in der eine „Überproportioniertheit des Jüdischen im deutschen Geistesleben" geherrscht habe, die es im Rahmen der von der NSDAP eingeleiteten „völkischen Gesundung" wieder auszumerzen gelte. Wie verbreitet solche Gedankengänge selbst unter geistig hoch stehenden Intellektuellen waren, geht unter anderem aus einer Eingabe Martin Heideggers an das Preußische Kulturministerium vom Jahr 1929 hervor, in der er schrieb, „dass wir vor der Wahl stehen, unserem DEUTSCHEN Geistesleben wieder echte bodenständige Kräfte und Erzieher zuzuführen oder es der wachsenden Verjudung im weiteren und im engeren Sinne auszuliefern".

Wen die nationalkonservativ eingestellten Schichten und die frühen Nationalsozialisten mit diesen die deutsche Kultur „unterminierenden Juden" meinten, verhehlten sie keineswegs. Zu ihnen zählten sie vor allem die Beiträger der linksorientierten *Weltbühne*, Theaterkritiker wie Siegfried Jacobsohn und Alfred Kerr, Zeitungen wie das *Berliner Tageblatt* und die *Frankfurter Zeitung*, linksliberale Romanciers wie Alfred Döblin, Lion Feuchtwanger und Arnold Zweig, Schauspieler wie Ernst Deutsch, Fritz Kortner und Max Pallenberg, Musikgrößen wie Arnold Schönberg und Franz Schreker, „Jazzkomponisten" wie Kurt Weill, Theaterdirektoren wie Leopold Jessner und Max Reinhardt sowie andere Vertreter jener „semitischen Händlergesinnung", die sich auch im Bereich der Kultur lediglich von einer niedrigen Profitgier leiten ließen.

Als kulturell „wertvoll" erschien dagegen den frühen Nationalsozialisten alles, was auch die ältere Bildungsbourgeoisie für bedeutsam gehalten hatte. Und das waren die Meisterleistungen der deutschen Gotik, die Malerei der Dürerzeit, die protestantische Kirchenmusik eines Johann Sebastian Bach, die Symphonien und Opern der Wiener Klassik, die Literatur der Goethezeit sowie die Meisterwerke der Romantik, das heißt alles, mit dem sich die „Weltgeltung" der älteren deutschen Kul-

Die Titelseite des *Illustrierten Film-Kuriers* (1930) zeigt Otto Gebühr als Hauptdarsteller eines der vielen nationalistisch ausgerichteten *Fridericus Rex*-Filme, die in den späten zwanziger Jahren gedreht wurden.

tur in den Dienst der eigenen Propaganda stellen ließ. Mit solchen Parolen kamen die Theoretiker der NSDAP bei weiten Teilen der damaligen gebildeten Schichten äußerst gut an. Schließlich wussten auch diese mit der „amerikanisierten, verjudeten und vernigerten Unkultur" der Weimarer Systemzeit, wie es damals hieß, nicht viel anzufangen. Von den liberalen bis linksliberalen Schichten Berlins sowie einiger anderer Großstädte Deutschlands einmal abgesehen, fühlten sich deshalb viele Vertreter der gebildeten Mittelschichten vom traditionsbewussten Geist der frühen Nationalsozialisten durchaus angesprochen. Schließlich hatten auch sie lange Zeit lediglich auf Kulturleistungen geschworen, die ein klassisch-romantisches Gepräge aufwiesen, und sich von allen naturalistischen und symbolistischen „Entartungen" der Fin-de-Siècle-Ära mehr oder minder scharf distanziert. Ja, selbst im Hinblick auf die Gegenwartskunst stimmten sie weitgehend mit den frühen Nationalsozialisten überein. Sowohl den Expressionismus als auch den Dadaismus hatte die Mehrheit der Bildungsbourgeoisie wegen der in ihnen zum Ausdruck kommenden „linken", ab 1929/30 als „kulturbolschewistisch" diffamierten Grundhaltung abgelehnt. Was diese Schichten – vor allem auf ihrem rechten Flügel – hoch schätzten, waren die literarischen Werke eines Paul Ernst, Hans Grimm und Hermann Stehr, die Statuen Georg Kolbes, die Gemälde der Heimatkunst und des rechten Flügels der Neuen Sachlichkeit, die Kompositionen von Hans Pfitzner und Richard Strauss sowie die kulturpolitischen Schriften Ernst Jüngers, Arthur Moeller van den Brucks und Oswald Spenglers.

Doch im Gegensatz zu anderen Gruppierungen der „Konservativen Revolution" der späten zwanziger Jahre ging es den frühen Nationalsozialisten nicht nur darum, die Bildungsbourgeoisie für sich zu gewinnen. Sie wollten *alle* Schichten des deutschen Volkes hinter sich bringen. Darum entfalteten sie kulturell eine Fülle an Aktivitäten, die von der höchsten über die mittlere bis zur untersten Ebene reichten. Als Beispiele der mittleren Ebene zogen sie im Bereich der Literatur vor allem jene Romane heran, in denen es um große Ereignisse der älteren deutschen Geschichte oder die militärischen Heldentaten des Ersten Weltkrieges ging, die leider wegen des verräterischen „Dolchstoßes" der Juden und Sozialisten nicht zum Endsieg geführt hätten. Ebenso positiv äußerten sie sich über jene halb trivialen, halb heroisierenden *Fridericus Rex*-Filme mit Otto Gebühr, welche der UFA-Konzern damals für alle deutschnational Gesinnten herausbrachte. Auch bei jenen Liedern und Sprechchören, deren zentrales Motiv die Herausbildung eines neuen völkischen Gemeinschaftsgefühls innerhalb der Hitlerjugend und der SA war, ging es den Nationalsozialisten nicht primär um ästhetische Qualität. Um an bereits Vertrautes und damit Eingängiges anzuknüpfen, übernahmen sie auf diesem Gebiet vieles aus dem reichen Repertoire der älteren Kriegslieder sowie der Lieder der Bündischen Jugend, die sie lediglich in ihrem Sinne ins Faschistische umfunktionierten. Überhaupt versuchten sie bei ihren eigenen Kunstbemühungen nur in wenigen Fällen mit bewusst neuartigen Gestaltungsmitteln aufzutrumpfen, um nicht die Mehrheit der traditionalistisch eingestellten Bevölkerung mit etwas Ungewohntem zu irritieren. Ihnen genügte es, auch auf kulturellem Sektor die legendären „alten Schläuche" mit einem alten, aber neu aufgärenden Wein zu füllen. Und das erwies sich, was die Breitenwirksamkeit ihrer Aktivitäten anging, als wesentlich effektiver als das avantgardistische Bemühen vieler Expressionisten wie auch Dadaisten, die versucht hatten, die mittleren und unteren Schichten des Bürgertums, ja selbst die Arbeiter, mit irgendwelchen schreihaften oder grotesken Stilmitteln zu „revolutionären" Taten aufzuputschen.

In Fragen der Kultur verstand sich also der frühe Nationalsozialismus nicht als Revolution, sondern – im Gegenteil – als Stärkung und Wiederbelebung all jener großen Traditionen, die einst das deutsche Volk als ein sämtliche anderen Völker überragendes Kulturvolk ausgezeichnet hätten. Allerdings schreckte die NSDAP hierbei – trotz dieser hochgespannten Konzepte – keineswegs davor zurück, mit der gleichen großsprecherischen Manier auch alle Formen der sogenannten Neuen Medien, ob nun die des Films, der Zeitungspropaganda, des Rundfunks sowie der Schallplattenindustrie, in ihren Dienst zu stellen. Schließlich wollte sie in den Jahren vor 1933 erst einmal an die Macht kommen. Und dazu war ihr jedes Mittel recht, sofern es sich als massenwirksam erwies. Es war deshalb kein Widerspruch, dass die führenden Nationalsozialisten auch Aufführungen von Boulevardkomödien und Operetten besuchten, ja sogar Schlagersänger und -sängerinnen mit hohen Ehren überschütteten, um sich möglichst „volksnah" zu geben. Statt wie die SPD oder einzelne Linksliberale die „breiten Massen" zu einem aufgeklärt-demokratischen Kulturverhalten erziehen zu wollen, zogen es die Nazigrößen vor, sich wie die Herausgeber vieler Massenmedien eines ideologisch vernebelnden „Wir"-Gestus zu bedienen, um somit ihr heuchlerisches Konzept einer harmonischen Einheit von „Führer und Volk" zu legitimieren. Und die Mehrheit der deutschen Bevölkerung war nach 1929 durch die Weltwirtschaftskrise so verunsichert, dass ihr die Vorstellung eines starken nationalen Führers, der sie wieder aus dem Sumpf der wirtschaftlichen Depression herausführen würde, wesentlich ansprechender erschien als die Vorstellung eines kommunistischen Diktators, der in erster Linie als klassenbewusster Proletarier auftrat. Demzufolge überflügelte Adolf Hitler in der Gunst der „breiten Massen" schließlich jenen KPD-Vorsitzenden Ernst Thälmann, der zwar von vielen Arbeitslosen wie auch jüdischen Intellektuellen, die sich vor Hitlers Antisemitismus fürchteten, gewählt wurde, aber wegen seiner unverhohlenen Bolschewisierungspläne beim Rest der Bevölkerung keinen großen Anklang fand.

Aufgrund dieser Voraussetzungen waren die verschiedenen Kulturaktivitäten, welche die KPD nach dem Ausbruch der Weltwirtschaftskrise entwickelte, von vornherein zum Scheitern verurteilt. Statt sich wie die Nationalsozialisten mit einem möglichst breit gefächerten, ja opportunistischen Kulturprogramm an alle Bevölkerungsschichten zu wenden, setzten die Kommunisten auch auf diesem Gebiet ihre Hoffnungen fast ausschließlich auf die revolutionäre Kampfkraft des Proletariats. Im Gegensatz zur SPD, die, wie bereits vor dem Ersten Weltkrieg, auch in der Weimarer Republik in ihren Kulturaktivitäten weiterhin die Aneignung des progressiven bürgerlichen Kulturerbes propagierte und dies in großen, zum Teil gewerkschaftlich organisierten Theater- und Sängerbünden durchzusetzen versuchte, verstand sich die KPD nicht in erster Linie als eine den Idealen der Weimarer Republik angepasste Kulturorganisation, sondern als ein politischer Kampfbund, der die revolutionäre Umwandlung dieses Staates in eine sozialistische Volksrepublik anstrebte. Schon in den ersten Jahren nach der Novemberrevolution hatte daher die KPD mit den Feuilletonbeiträgen ihrer parteieigenen Zeitung *Die Rote Fahne* wie auch den Publikationen des von Wieland Herzfelde geleiteten Malik-Verlags eine in das politische Zeitgeschehen eingreifende Kulturpolitik unterstützt und dabei neben einzelnen Arbeitergruppen vornehmlich expressionistisch oder dadaistisch orientierte Intellektuelle in ihren Bannkreis gezogen. Zu einer fast ausschließlich auf das Proletariat bezogenen Linie kam es allerdings erst nach dem im Jahr 1925 vollzogenen Führungswechsel von Elfriede Friedländer zu Ernst Thälmann. Dieser Umschwung führte dazu, dass sich die KPD immer stärker an sowjetischen Modellen orientierte. Und zwar folgte sie hierbei im Hinblick auf die Kunst weitgehend dem von der Komintern ausgegebenen Agitpropkonzept, welches in der Heraufkunft einer proletarischen Kampfkultur kulminieren sollte. Um diesen neuen Kulturvorstellungen eine organisatorische Basis zu geben, gründete die KPD im Jahr 1928 sowohl den Bund proletarisch-revolutionärer Schriftsteller (BPRS) als auch die Assoziation Revolutionärer Bildender Künstler Deutschlands (ASSO). Ja, 1929 vereinigte sie in der Interessengemeinschaft für Arbeiterkultur (IfA) alle inzwischen entstandenen kommunistischen Kulturorganisationen unter einem Dach.

Mit dieser Organisationspolitik versuchte sich die KPD auch auf kulturellem Gebiet eine eigene Öffentlichkeit zu schaffen. Durch die damit vollzogene Abgrenzung von der als verbürgerlicht, ja „sozialfaschistisch" diffamierten SPD bedeutete das eine merkliche Einengung ihrer kulturpolitischen Aktivitäten. Das äußerte sich am deutlichsten

Otto Griebel: *Die Internationale* (1928–1930), Berlin, Deutsches Historisches Museum. Unter den Arbeitern, die hier die *Internationale* singen, befindet sich auch der junge Griebel, der dem Bergmann vor ihm solidarisch die Hand auf die Schulter legt. Solche Bilder entsprachen dem Selbstverständnis der kommunistisch gesinnten Assoziation Revolutionärer Bildender Künstler Deutschlands (ASSO), die Griebel 1929 mitbegründet hatte.

John Heartfield: *Für Brot und Freiheit*. Die Titelseite einer Sondernummer der *Arbeiter-Illustrierten-Zeitung* (AIZ) vom Herbst 1930, die sich eng an sowjetische Vorbilder hielt.

in der ab 1929 im Parteiauftrag von Johannes R. Becher herausgegebenen Zeitschrift *Die Linkskurve*, in der sich die Kulturfunktionäre der KPD nicht nur von der Sozialdemokratie, sondern auch von linksliberalen Schriftstellern wie Alfred Döblin und Heinrich Mann absetzten, weil diese trotz aller Gesellschaftskritik weiterhin für die Aufrechterhaltung der Weimarer Republik eintraten. Im Sinne der in Moskau ausgegebenen Kominternparolen wurde in diesem Blatt fast nur jene Agitpropliteratur unterstützt, die sowohl von der Arbeiterkorrespondentenbewegung und Roten Sprechchorbewegung als auch von jener Autorengruppe getragen wurde, die ab 1930 beim Internationalen Arbeiter-Verlag in Berlin mit der Herausgabe der Roten Eine-Mark-Romane von Willi Bredel und Klaus Neukrantz begann. Da jedoch die KPD, deren Anhänger meist Erwerbslose waren, die keine bzw. nur sehr geringe Mitgliedsbeiträge zahlen konnten, im Gegensatz zu der von Großindustriellen wie Erich Kirdorf und Fritz Thyssen unterstützten NSDAP, nur über sehr kärgliche finanzielle Mittel verfügte, hatten solche kulturpolitischen Aktivitäten nur eine geringe Breitenwirksamkeit. So blieb etwa der Gesamtumsatz ihrer Bücher stets unter einem Prozent aller in Deutschland hergestellten Bücher. Und auch der in ihrem Sinne operierenden Prometheus-Filmproduktion gelang es nur zwei Filme, nämlich *Mutter Krausens Fahrt ins Glück* (1929) von Phil Jutzi und *Kuhle Wampe* (1932) von Slatan Dudow, Bertolt Brecht und Hanns Eisler, herauszubringen.

Umso wichtiger war deshalb für die KPD ein linksengagiertes Organisationstalent wie Willi Münzenberg, dessen publizistische und kulturelle Aktivitäten zwar keine strenge Parteibindung aufwiesen, aber dessen sozialistische Zielsetzungen letztlich vor allem der KPD zugute kamen. Die von seinem Pressekonzern herausgegebene *Arbeiter-Illustrierte-Zeitung* (*AIZ*), die zeitweilig eine Auflage von 300000 Exemplaren erreichte, erfreute sich wegen der Fotomontagen John Heartfields sowie wohlrecherchierter Reportagen selbst bei vielen linksliberalen Intellektuellen eines hohen Ansehens. Als ebenso erfolgreich erwies sich Münzenbergs Zeitung *Welt am Abend*, die vor 1933 die Hauptinformationsquelle der Berliner Arbeiter war. Auch andere Unternehmungen dieses Pressekonzerns, wie die Zeitschriften *Der Arbeiterfotograf* und *Der Weg der Frau*, zeugten von Münzenbergs Talent, die von ihm herausgegebenen Neuen Medien in den Dienst einer halb linksliberalen, halb proletarischen Gegenöffentlichkeit zu stellen.

Doch die künstlerisch bedeutsamsten Leistungen der von der KPD unterstützten Kulturpolitik entstanden zwischen 1928 und 1933 in jenem Bereich, für den man später den Begriff „Linke Materialästhetik" geprägt hat. Ihre bekanntesten Vertreter waren meist bürgerliche Künstler, die im Umkreis des Expressionismus, des Dadaismus oder des veristischen Flügels der Neuen Sachlichkeit begonnen hatten und sich unter dem Eindruck der Weltwirtschaftskrise und des Anwachsens der nationalsozialistischen Bewegung immer stärker nach links orientierten. Ihre programmatischen Verlautbarungen begannen ab 1929/30 häufig mit Angriffen auf den bewusst neutralisierenden Objektivismus der Neuen Sachlichkeit, den Béla Bálazs in der *Weltbühne* als Manifestation einer „taylorisierten Welt" anprangerte, in der eine fortschreitende Amerikanisierung und damit Vertrustung der deutschen Kultur zum Ausdruck komme. Auf der gleichen Linie lagen Hanns Eislers Angriffe in der *Roten Fahne* gegen die „relative Stabilisierung in der Musik" Paul Hindemiths sowie Bertolt Brechts Gedicht *700 Intellektuelle beten einen Öltank* an, in dem er sich gegen den neusachlichen Technikkult im Bereich des Literarischen wandte. Die Schärfe dieser Äußerungen hing zum Teil damit zusammen, dass die Verfasser solcher Statements in ihnen oft über ihre eigene Vergangenheit Gericht hielten. Was sie aufgrund dieser Neuorientierung nach 1929/30 ins Auge fassten, waren infolgedessen meist künstlerische Ausdrucksformen, denen eine klare Absage an ältere, weitgehend bürgerlich-objektivierende Realitätskonzepte zu Gunsten einer an konkreten Materialien der gegenwärtigen technisch-politischen Wirklichkeit zugrunde lag.

Angeregt von der sogenannten Produktionsästhetik aus der Anfangsphase der Sowjetunion, die 1928 durch den dort einsetzenden Fünfjahrplan eine neue Aktualisierung erfuhr und 1930 von Sergej Tretjakow in Berlin ausführlich erläutert wurde, stellten damals vor allem Bertolt Brecht und Walter Benjamin wichtige Überlegungen zu einer linken Materialästhetik an, deren politische Qualität nicht allein in

ihrer Tendenz, sondern auch und vor allem in ihrer Formgebung beste-
hen sollte. Doch es war nicht nur die sowjetische Produktionsästhetik,
die für diese Richtung vorbildlich wurde. Im Bereich der Theaterpraxis
hatte Erwin Piscator bereits in den frühen zwanziger Jahren durch seinen rücksichtslosen Umgang mit tradierten Kunstmaterialien einen
ähnlichen Weg eingeschlagen. Ebenso wichtige Anstöße in Richtung
Musik stammten von Hanns Eisler und in Richtung Fotomontage von
John Heartfield. Die Hauptkriterien dieser Kunst, wie sie Bertolt Brecht
in seinen Theorien zum epischen Theater formulierte, beruhten vor allem auf der Bevorzugung proletarischer Themen, der steigenden Akti-
vierung der Zuschauer, Leser und Betrachter, der Verwendung nichttra-
ditioneller Künste wie Film und Foto, der dialektischen Verknüpfung
von ästhetischer und sozialer Phantasie sowie der kollektiven Zusammenarbeit aller Künste. Dahinter stand eine völlig neue Auffassung
des künstlerischen Materials, das nicht mehr als tote Stofflichkeit, sondern als prozesshafter Bestandteil der sozialen Wirklichkeit begriffen
werden sollte, um so den inneren Zusammenhang von Materialrevolu-
tion und Gesellschaftsrevolution hervorzuheben. Kurzum: Es war die
Absicht dieser Künstler, das Technisch-Sachgerechte der avantgardistischen Kunst mit der Denkkultur des dialektischen Materialismus zu
verknüpfen. Fast alle Werke dieser Richtung bevorzugten demzufolge
eine „induktive Methode", deren Ziel darin bestand, die Rezipienten in
die jeweilige „Operation" einzubeziehen und damit in Koproduzenten
zu verwandeln. So gesehen, sollte diese Ästhetik eine Kunst des „wis-
senschaftlichen Zeitalters" befördern, die an das Aufnahmevermögen
der mit dieser Kunst konfrontierten Menschen hohe Anforderungen
stellte.

Allerdings blieben die meisten solcher Werke nur erste Ansätze zu
der von Brecht, Eisler, Grosz, Heartfield und Piscator propagierten Materialästhetik. Vor allem auf Gebieten wie Film und Funk, wo die auf
Unterhaltung oder Social engineering bedachten Interessen der großen
Konzerne ins Spiel kamen, mussten die Vertreter dieser Richtung vorerst ins Utopische ausweichen. Doch letztlich scheiterten sie in der
Endphase der Weimarer Republik nicht nur am Gegendruck der reaktionären Kulturindustrie sowie der finanziellen Mittellosigkeit der KPD,
sondern auch an ihren eigenen, zu hoch gesteckten Erwartungen. Zugegeben, es gab damals noch viele jener „lesenden Arbeiter", auf die
vor allem Brecht seine Hoffnungen setzte. Aber waren es genug, um
komplizierten Stücken wie *Die heilige Johanna der Schlachthöfe* (1932)

zu einem wirkungsreichen Erfolg zu verhelfen? Oder blieben nicht solche Bemühungen, so politisch korrekt und ästhetisch gekonnt sie auch waren, einfach zu anspruchsvoll, um in einer Situation, wo es in der politischen Arena um Tod oder Leben ging, der braunen Lawine überhaupt noch Einhalt gebieten zu können? Aber wie primitiv oder opportunistisch hätten sich diese Künstler angesichts der breiten Front der rechten Parteien verhalten müssen, um eine effektive Gewinnchance zu haben? Es war töricht und zugleich ehrenvoll, dass sie es nicht taten. Deshalb siegten auch auf diesem Gebiet schließlich die Rechten, die keine Skrupel hatten, in der Wendezeit von 1932/33 nicht nur politisch, sondern auch kulturell alle nur denkbaren Mittel, ob nun die erhabensten oder die trivialsten, einzusetzen, um möglichst breite Schichten der deutschen Bevölkerung in eine Nation ihnen willig folgender Mitläufer zu verwandeln.

Die Ära des Nationalsozialismus und des Exils (1933–1945)

Das NS-Programm der begrenzten Pluralität

Als Adolf Hitler am 30. Januar 1933 vom Reichspräsidenten Paul von Hindenburg in der Potsdamer Garnisonkirche das Kanzleramt übertragen wurde, brach bei den Konservativen, Deutschnationalen, Völkischen und Nationalsozialisten ein gewaltiger Jubel aus. Schließlich hatten viele dieser Gruppen auf einen solchen oder ähnlichen „Tag des Heils" nicht erst seit den Septemberwahlen von 1930, als die NSDAP ihren ersten großen Wahlsieg errang, sondern bereits seit dem Zusammenbruch des Zweiten Kaiserreichs im November 1918 gewartet. Die Weimarer Republik war den meisten dieser Organisationen, Bünde

Reichspräsident Paul von Hindenburg und der von ihm zum Reichskanzler ernannte Führer der Nationalsozialistischen Deutschen Arbeiterpartei (NSDAP) Adolf Hitler am 30. Januar 1933, dem Tag der offiziellen Machtübergabe.

und Parteien von Anfang an als etwas „Fremdes" erschienen. In ihr hatten sie keinen wahrhaft deutschen Staat, sondern lediglich ein anarchisches Konglomerat verschiedenster Interessengruppen, wenn nicht gar einen eigensüchtigen „Kampf aller gegen alle" gesehen, dessen naturgesetzliches Resultat der Schwarze Freitag von 1929 gewesen sei. Wo allein der Mammon, der Kommerz, der niedrigste Egoismus herrsche, behaupteten die Deutschnationalen immer wieder, müsse jedes Gefühl für innere Verbundenheit oder gar völkischen Gemeinsinn zwangsläufig verkümmern und schließlich absterben.

Um dieser Entwicklung Einhalt zu gebieten, waren die deutschbewussten Kreise sowohl dem profitorientierten Geschäftsgeist der bürgerlichen Rechtsliberalen als auch den proletarisch-sozialistischen Umsturzvorstellungen der Kommunistischen Partei bereits seit 1919 und dann verstärkt seit 1929/30 mit einer Fülle nationaler Erweckungs- und Gesundungskonzepte entgegengetreten, in denen sie die Schaffung eines Dritten Reiches anvisiert hatten. Und je näher der Zeitpunkt der von ihnen erhofften „Wende" kam, desto zahlreicher und vehementer waren diese utopisch gefärbten Phantasien auf ideologischer und kultureller Ebene geworden. Ja, nach der Machtübergabe an die Nationalsozialisten wurden solche Zukunftsentwürfe geradezu Legion. Ob nun Autoren aus dem bürgerlich-konservativen, neureligiösen, deutschnationalen oder faschistischen Lager: Fast alle brachten in den Monaten nach dem Januar 1933 Schriften heraus, in denen sie den Machtantritt der NSDAP als eine wirkliche Revolution, eine welthistorische Stunde Null, eine Wiederherstellung der alten Reichsherrlichkeit, wenn nicht gar einen Erweckungsakt „österlich Auferstandener" feierten. Allerdings zeigte sich schon nach kurzer Zeit, dass sich die Verfasser dieser Publikationen zwar in einem Punkte, nämlich der negativen Sicht der Weimarer Republik und ihrer fatalen Wirtschaftspolitik, weitgehend einig waren, sich jedoch in anderen Fragen, welche die Zukunft des neuen Reiches betrafen, oft erheblich unterschieden.

Wohl den größten Block innerhalb dieses Schrifttums bildeten jene Veröffentlichungen, die eine eindeutig rechtskonservative Ausrichtung hatten und die nationalsozialistische Ideologie lediglich aus strategischen Gründen zur Abschirmung gegen den Einbruch sozialistischen oder gar kommunistischen Ideenguts unterstützten. In ihnen dominierte politisch, sozioökonomisch und kulturell weitgehend der Machtanspruch jener mit Hindenburg liierten Industriellen und Großagrarier, welche einen kleinbürgerlichen „Gefreiten" wie Hitler erst nach Überwindung tiefgehender Skrupel an die Macht gelassen hatten. Aus diesem Grunde verwendeten manche dieser Schriften das Gedankengut der NSDAP nur darum, um sich ebenfalls „volksorientiert" zu geben und somit den Linken – wegen der seit 1929 andauernden Weltwirtschaftskrise – den ideologischen Wind aus den Segeln zu nehmen. Was diese Schichten von Hitler und seinen Mannen erwarteten, war vor allem die Nationalisierung der „kommunistisch verseuchten" deutschen Arbeiterschaft sowie die Umleitung sämtlicher antikapitalistischen Affekte auf die seit wilhelminischer Zeit von den Linken angeblich rückhaltlos protegierten jüdischen „Blutsauger am deutschen Volkskörper". In allen anderen Fragen, vor allem der Eigentumsfrage, erhofften sie sich dagegen eine konsequente Anknüpfung an den älteren Status quo.

Der Marxismus ist der Schutzengel des Kapitalismus. Dieses nationalsozialistische Wahlplakat zu den Reichstagswahlen im November 1932 sollte die SPD als eine judenfreundliche Partei entlarven. Der Kapitalist wird durch seine lange Nase im Sinne ältester Klischees als ein Angehöriger der semitischen Rasse gekennzeichnet.

Einen völlig anderen Ton hatten hingegen die Schriften jener mittelständischen oder kleinbürgerlichen Autoren, die tatsächlich an Hitler und die von ihm angeführte Partei „glaubten". Nur sie, die nicht vom Primat der Wirtschaft oder Politik, sondern vom Primat der Idee ausgingen, drängten demnach in den Wochen und Monaten nach der Machtübergabe auf eine tiefgreifende Veränderung der gesamten gesellschaftlichen Struktur Deutschlands zu Gunsten einer tatsächlichen Volksgemeinschaft und einer ihr gemäßen nationalen Kultur. Sie wollten einen Staat, in dem jeder für jeden eintritt und daher stets das im nationalen Sinne „Richtige" tut. In den Traktaten dieser Autoren – mochten sie nun nationalbolschewistischen, nationalrevolutionären, soldatisch-nationalistischen, altvölkischen, deutschnationalen, christgermanischen, deutschgläubigen, jugendbewegten oder rassistisch orientierten Gruppen angehören – stand infolgedessen stets das Ideenträchtige, das Gefühlsmäßige, das Aufputschende im Vordergrund. In ihnen wurde behauptet, dass es nicht die von wirtschaftlichen Interessen gelenkten Klassen, sondern die von genialen Führern inspirierten Völker seien, welche die Geschichte vorantrieben. Wenn sich diese Schichten Hitler unterwarfen, taten sie es aus dem Gefühl heraus, dadurch an der in ihm verkörperten Volkskraft teilzuhaben. Sie wollten nicht mehr zu jenem entwürdigten „Stimmvieh" gehören, das von den meisten Parteien der Weimarer Republik nur anlässlich bevorstehender Wahlen umbuhlt worden sei. Statt sich mit einer so schäbigen Rolle zu begnügen, drangen sie darauf, endlich zu Repräsentanten eines Staates zu werden, der sie in der Zuversicht bestärken würde, Teil einer Nation zu sein, die sich nach langen Jahren einer politischen und kulturellen Überfremdung wieder entschlossen habe, zu ihren „arteigenen" Werten zurückzukehren. Und diese Werte sahen sie vor allem in rassebewussten und heimatverbundenen Vorstellungen. Sie schworen darum auf „Blut und Boden" und zogen gegen all jene vom Leder, die in der Weimarer Republik nicht gezögert hätten, sich von den Drahtziehern einer „artfremden Verjudung, Amerikanisierung oder Bolschewisierung" ans Gängelband nehmen zu lassen.

Die zwei wichtigsten Kulturwerte der in den Nationalsozialismus einmündenden altvölkischen Bewegungen, die das Jahr 1933 als einen „Triumph der nationalen Idee" begrüßten, waren demzufolge die geradezu ins Kultische gesteigerten Formen einer rassistischen Germanenverehrung sowie die eines bäuerlichen Schollemythos. Diese beiden Zielvorstellungen hatten bereits im Gedankenkreis der Fortschrittlichen Reaktion der Vorkriegszeit und auch innerhalb der Völkischen Opposition der Weimarer Republik eine wichtige Rolle gespielt, wurden aber erst jetzt – im Vertrauen auf eine ideologische Unterstützung durch die Nationalsozialisten – zu Flammenzeichen einer erhofften „nationalen Gesundung". Während die deutschnational empfindenden Schichten des späten 18. und frühen 19. Jahrhunderts die Germanen im tacitäischen Sinne noch als Leitbilder einer seit dem frühen Mittelalter durch Adel und Kirche unterdrückten freiheitlichen Gesinnung verstanden hatten, sahen die Völkischen um 1933 in ihnen vornehmlich Repräsentanten jenes deutschen Heldenmuts, der in Zukunft nötig sein werde, um mit wiederaufgestellten deutschen Truppen die „Schmach von Versailles" wettzumachen. Die besonders fanatischen Rassentheoretiker dieser Bewegung traten daher immer stärker für eine konsequent durchgeführte „Aufnordung" des deutschen Volkes, das heißt eine Ausmerzung alles Fremdrassigen und Erbkranken, ein. Auf diese Weise wollten sie jenen Rassekräften neue Auftriebe geben, deren Hauptinstinkt – wie in der Völkerwanderung des 4. Jahrhunderts –

wieder die germanische „Landnahme" werden müsse, um so dem deutschen Volk, als einem „Volk ohne Raum", den ihm gemäßen Wirkungsradius zu verschaffen.

Auf der Ebene der Literatur äußerte sich dieser intensivierte Germanenkult sowohl in einer Fülle von Völkerwanderungsromanen, in denen – wie bei Hans Friedrich Blunck – vor allem die Ostgoten und Vandalen als besonders heldenhaft herausgestrichen wurden, als auch in einer erstaunlichen Vielfalt obskurer Utopieromane, in deren Zentrum oft die sagenumwitterte Insel Atlantis stand. In Atlantis sahen solche Autoren die Urheimat jener Arier, die nach dem Untergang dieser Insel auf alle anderen Kontinente ausgeschwärmt seien und dort eine Reihe bedeutsamer Hochkulturen errichtet hätten. Eine ähnliche Kulturmission müsse jetzt von Deutschland ausgehen, hieß es in manchen dieser Romane, um allen „dekadenten oder untermenschlichen Völkern" wieder die Vorstellung einer wahren Hochkultur zu geben. In die gleiche Richtung zielten jene Aufnordungsromane, in denen germanische Zuchtkolonien beschrieben wurden, deren Bewohner urarische Thingspiele inszenieren und ihren Söhnen vor allem isländische Sagas zu lesen geben, um sie nach dem Sumpf der Weimarer „Rassen-

Arthur Kampf: *Germanische Siedlung der jüngeren Steinzeit* (1936), Dortmund, Westfälisches Schulmuseum. Dies Bild ist eines der vielen Beispiele für die im Dritten Reich beliebten Germanen-Motive, mit denen die bäuerlich-kraftvolle Herkunft der nordischen Rasse herausgestellt werden sollte.

verköterung" erneut mit den Höhen einer arteigenen Kultur vertraut zu machen. Ja, manche dieser Phantasten, wie Herman Wirth, stellten sogar die These auf, dass die germanische Kultur der Bronzezeit mit ihren Runen, Fibeln und Luren allen anderen Hochkulturen der grauen Vorzeit an rassischer Kraft und ästhetischer Vollendung völlig gleichwertig gewesen sei. Und Maler wie Paul Bürck, Wilhelm Dohme, Arthur Kampf und Franz Stassen malten die entsprechenden Bilder dazu.

Einem ähnlichen Fanatismus begegnet man in einigen Bauernromanen dieser Ära. In ihnen standen im Gefolge von Adolf Bartels, Gustav Frenssen und Hermann Löns meist jene nordisch gesinnten Friesen, Dithmarscher oder Niedersachsen im Mittelpunkt, die sich nicht nur durch eine tiefe Ehrfurcht vor der deutschen Scholle, sondern auch durch ihren in vielen Kriegen bewährten Heldenmut ausgezeichnet hätten. Und auch hier wurde alles, was in der älteren Dorfliteratur eher provinziell-rustikale Züge aufwies, nach 1933 so stark faschisiert, dass manche Protagonisten dieser Romane fast wie „Bauern in Nibelungenstiefeln" wirken, um so das Kriegerische, Hünenhafte, Heroische solcher Gestalten herauszustreichen. Während in den großen Städten das deutsche Volk langsam verkümmere oder gar absterbe, hieß es in ihnen oder den sie begleitenden Schriften, habe sich bei den Bauern jene altgermanische Stärke erhalten, in der viele Theoretiker dieser Richtung den Urquell einer längst überfälligen „völkischen Gesundung" sahen. Daher sind sowohl die altansässigen Schollebauern als auch die weizenblonden Siedlerehepaare dieser Romane meist von urwüchsiger Kraft und zeichnen sich – wie auch auf vielen bäuerlichen Genreszenen der Malerei dieser Jahre – nicht nur durch ihre Muskelstärke, sondern auch durch ihren überreichen Kindersegen als Hoffnungsträger eines nordischen Zukunftsstaates aus.

Als die höchsten Leitbilder einer neuen deutschen Kultur galten jedoch bei derartigen Erweckungsfanatikern jene imperialen Ordenszusammenschlüsse, die sich im Umkrcis dcs älteren Deutschritterordens oder irgendwelcher ins Imperiale gesteigerten Gralsrittervorstellungen bewegten. Besonders Alfred Rosenberg, der 1928 den Kampfbund für deutsche Kultur gegründet hatte, spielte schon früh mit solchen Ordensvorstellungen und hielt 1934 auf der südöstlich von Danzig gelegenen Marienburg eine Rede, in der er sich für eine weitgreifende Ostkolonisation unter Führung einer neudeutschen Ritterelite aussprach. Ähnliche Vorstellungen hegte Heinrich Himmler, der in

seiner SS von Anfang an einen militanten, neureligiösen Orden sah, zu dem nur
die besten „deutsch-nordischen Männer"
gehören sollten. In scharfer Ablehnung
der römisch-katholischen Kirche fasste er
dabei eine Ordensreligion ins Auge, die
auf den indogermanischen Vorstellungen
der *Edda*, der *Bhagavad-Gita*, der *Veden*
sowie den Rassentheorien von Houston
Stewart Chamberlain, Georg von Schöne-
rer und Dietrich Eckart beruhen sollte.
Wie Rosenberg war er davon überzeugt,
dass sich eine neue deutsche Kultur – wofür sich schon Paul Schultze-Naumburg in
seinem Buch *Kunst und Rasse* (1928) eingesetzt hatte – nur durch einen euge-
nischen Läuterungsprozess des im Laufe
der Jahrhunderte durch viele rassische
Fremdeinwirkungen zusehends depravier-
ten deutschen Volkes erreichen lasse.

Sieg oder Unsieg ruht in Gottes Hand/Der Ehre
sind wir selber Herr und König!

Georg Slytermann
von Langeweyde:
Ritter (1943). Als
Darstellung eines ger-
manischen Krieger-
typs lehnt sich dieser
Holzschnitt deutlich
an Albrecht Dürers
Ritter, Tod und Teufel
sowie an einige ins
Heroische stilisierte
Bildnisse Stefan
Georges an.

Ja, selbst Adolf Hitler, der nicht nur ein „lebensnaher Tatsachenmensch", sondern auch ein „blutechter großer Träumer" sei, wie sich
Rosenberg ausdrückte, war nicht frei von solchen Wahnideen. Auch er
kam in seinen privaten Äußerungen immer wieder auf derartige Ordensvorstellungen zurück. Und zwar verband er solche Konzepte meist
mit jener ihm am Herzen liegenden Gralsvorstellung, die er einerseits
Richard Wagner, andererseits jenem Wiener Arierfanatiker Jörg Lanz
von Liebenfels verdankte, der bereits 1908 als Anführer eines völkisch
gesinnten Neutemplerordens auf Burg Werffenstein an der Donau eine
Hakenkreuzfahne gehisst hatte, um diese Burg in eine Gralsburg der
ariosophischen „Blonden und Mannesrechtler" umzufunktionieren.
Während es Wagner in seinem *Parsifal* vor allem um eine Umwandlung des christlichen Abendmahls ins Vegetarische gegangen war,
stellte Hitler – im Gefolge von Lanz von Liebenfels – den Gralsmythos
stets als einen arischen Mythos hin. Das Blut, das im Gralskelch auf-
bewahrt werde, war für ihn nicht das Blut Christi, sondern das nordische Blut. Er bezeichnete daher in diesem Zusammenhang die SS gern
als eine „Bruderschaft der Templeisen um den Gral des reinen Blutes",
der erst dann wieder aufleuchten werde, wenn das deutsche Blut von

allen fremdrassigen Bestandteilen gereinigt sei. In sich selbst sah Hitler im Hinblick auf solche Vorstellungen den „leidenden Amfortas", der noch immer an der verhängnisvollen Blutvermischung des deutschen Volkes leide.

Doch derartige Anschauungen, wie überhaupt alle Fernziele des Nationalsozialismus, äußerte Hitler nur seinen engsten Vertrauten gegenüber. Wenn es nach 1933 um die politischen Nahziele, das heißt die Erhaltung der kurz zuvor errungenen Machtposition ging, trat er fast ausschließlich als „lebensnaher Tatsachenmensch" auf. Hitler sah sehr wohl, dass er sich erst einmal mit den bestehenden Machtblöcken innerhalb Deutschlands arrangieren musste. Und das waren damals vor allem die Verbände der deutschen Großindustriellen, die Reichswehr und die zwei großen christlichen Konfessionen. Um diese Organisationen nicht gegen sich in Harnisch zu bringen, schloss er daher 1933/34 mit ihnen ein Bündnis oder Konkordat nach dem anderen, ja stellte sich als ein vertrauenswürdiger Hüter altbewährter Traditionen hin. Die gegen diesen Kurs rebellierenden Gruppen innerhalb der SA, welche sich unter dem Sieg der NSDAP einen antikapitalistisch-revolutionären Akt vorgestellt hatten und vor allem sozialistische Vorstellungen durchsetzen wollten, drängte Hitler dementsprechend in den Hintergrund. Um keinen Zweifel an seiner Gesinnung aufkommen zu lassen, ließ er im Juni 1934 die führenden Vertreter solcher Ansichten – unter ihnen Ernst Röhm, den Anführer der SA – kurzerhand an die Wand stellen. Ja, auf dem Nürnberger Reichsparteitag des gleichen Jahres betonte er ausdrücklich, dass der Nationalsozialismus keine revolutionäre, sondern eine „aufbauende" Weltanschauung sei, bei der das Wohl des gesamten deutschen Volkes im Vordergrund stehen müsse. Und damit hatte er neben den durch die Weltwirtschaftskrise verunsicherten kleinbürgerlichen Angestellten auch die meisten Anhänger jener früheren mittel- oder großbürgerlichen Parteien, die sich bereits im Juni/Juli 1933 aufgelöst hatten, auf seiner Seite.

Eine ähnliche Haltung nahm Hitler auf dem Gebiet der Kultur ein, wo er wie im Bereich der Politik lediglich die Kommunisten und Juden auszuschalten oder zu marginalisieren suchte, während er sich anderen Gruppierungen gegenüber etwas toleranter verhielt. Und zwar gab er hierbei nur die großen Linien an und überließ die Ausführungsbestimmungen weitgehend jenem Joseph Goebbels, den er bereits im März 1933 zum Reichsminister für Volksaufklärung und Propaganda ernannt hatte. Als getreuer Diener seines Herrn ließ dieser mit den ersten Maßnahmen, die zu einer neuen Kulturauffassung führen sollten, nicht lange auf sich warten. Wichtige Fanale in dieser Richtung waren die Aberkennung der deutschen Staatsbürgerschaft der ins Ausland geflohenen Regimegegner unter den Schriftstellern und Schriftstellerinnen sowie die am 10. Mai 1933 veranstalteten öffentlichen Bücherverbrennungen derartiger Staatsfeinde. Diesen Aktionen folgte am 4. November des gleichen Jahres ein von Goebbels erlassenes Schriftleitergesetz, das sich vor allem gegen jüdische Autoren und Autorinnen wandte, denen in der Folgezeit die Erlaubnis zu Publikationen nur dann erteilt wurde, wenn sie diese bei parteiamtlich offiziell zugelassenen jüdischen Verlagen herausbrachten. Alle diese Maßnahmen führten dazu, dass viele der das Dritte Reich ablehnenden Kulturschaffenden, nachdem die Nationalsozialisten einige von ihnen vorübergehend in sogenannte Schutzhaft genommen hatten, im Laufe des Jahres 1933 Deutschland verließen. Und dazu gehörten an prominenter Stelle auch die linksliberalen bzw. jüdischen Mitglieder der Sektion Literatur innerhalb der Preußischen Akademie in Berlin, die, wie Heinrich Mann, Thomas Mann und Alfred Döblin, umgehend durch betont nationalkonservative Mitglieder ersetzt wurden.

Das entscheidende Überwachungsorgan dieser Maßnahmen war – neben Alfred Rosenbergs NS-Kulturgemeinde – die zwischen September und November 1933 von Goebbels eingerichtete und von ihm mit Hilfe Hans Hinkels geleitete Reichskulturkammer, die im Hinblick auf die drei Hauptkünste in die Reichsschrifttumskammer, die Reichsmusikkammer und die Reichskunstkammer untergliedert war. Neben einem überzeugten Nationalsozialisten wie Hanns Johst, der den NS-Autorenverband leitete und zum Führer der Reichsschrifttumskammer aufstieg, wurde im Rahmen dieser Organisation sogar ein bisher als bürgerlich, ja sogar „judenfreundlich" geltender Komponist wie Richard Strauss vorübergehend als Führer der Reichsmusikkammer eingesetzt. Schließlich ging es den Nationalsozialisten nicht nur darum, sich allein auf ihre engsten Gefolgsleute zu stützen, sondern auch bereits berühmte Künstler und Künstlerinnen als Aushängeschilder für ihre kulturpolitischen Maßnahmen zu gewinnen. Eine solche Rolle spielte beispielsweise im Bereich der Literatur Hans Grimm, der zwar kein eingetragener Nationalsozialist war, aber wegen seines Romans *Volk ohne Raum* (1926) bei den nationalkonservativen Leserschichten ein großes Ansehen genoss. Und viele dieser alten Völkischen, wie etwa der Komponist Hans Pfitzner, nahmen solche Ehrungen nicht ungern an, ja beschwerten sich sogar, wenn man sie von Seiten der NSDAP nicht genügend beweihräucherte. Lediglich Stefan George, dem Goebbels 1933 die Führung der Sektion Literatur an der Preußischen Akademie antrug, lehnte ein solches Anerbieten ab. Er hatte sich sein *Neues Reich*, wie sein letzter Gedichtband von 1928 hieß, offenbar wesentlich geistidealistischer vorgestellt.

Um es sich leicht zu machen, wurden von den führenden NS-Kulturtheoretikern viele der ihren deutschnationalen Vorstellungen widersprechenden Kunstrichtungen einfach als „undeutsch" abgewertet. Darunter verstanden sie, wenn es um die Kunst der jüngsten Vergangenheit ging, in erster Linie jenes Novembristische, Bauhäuslerische, Dadaistische, Veristische, von der Komintern Beeinflusste, das die meisten Nationalsozialisten – im Hinblick auf die Weimarer Republik – pauschalisierend als „kulturbolschewistisch" bezeichneten. Über den Expressionismus waren die hohen Parteifunktionäre zuerst geteilter Meinung, reihten ihn aber – wegen seiner wilden, oft ins Linke tendierenden Chaotik – dann doch unter die als „undeutsch" hingestellten Richtungen ein. Im Hinblick auf „Jüdisches" unterschieden die dafür zuständigen NS-Behörden anfangs zwischen linksjüdischen Tendenzen, die sie selbstverständlich ablehnten, sowie unpolitisch-jüdischen Kunstwerken, wie etwa den Schriften Franz Kafkas, die weiterhin beim jüdischen Schocken-Verlag erscheinen konnten. Außerdem erlaubten sie den kunstinteressierten Deutschen jüdischer Abstammung, einen Kulturbund deutscher Juden zu gründen, der anfangs 17000 Mitglieder zählte und zu dessen Ehrenpräsidenten der Maler Max Liebermann und der Schriftsteller Jakob Wassermann, der Autor des Buches *Mein Weg als Deutscher und Jude* (1920), gehörten. In ihm konnten diese Schichten jahrelang mit drei Theatergruppen, zwei Symphonieorchestern, einem Opernensemble und zahlreichen Chören ihre eigenen sowie für kurze Zeit sogar deutsch-klassische oder deutsch-romantische Traditionen pflegen. Ja, selbst für einen als „jüdisch" abqualifizierten Verlag wie Bermann-Fischer war es möglich, weiterhin Thomas Manns *Josephs-Romane* herauszubringen, obwohl ihr Verfasser 1933 Deutschland verlassen hatte und in die Schweiz gegangen war.

Wesentlich schärfer traten die Nationalsozialisten gegen ihre als kulturelle Widersacher eingestuften Gegner erst nach der Mitte der dreißiger Jahre auf, als sie sich bereits im Vollbesitz ihrer Macht fühlten. Dafür spricht unter anderem die im Sommer 1937 von Hitlers Lieblingsmaler Adolf Ziegler in München inszenierte Horrorschau „Entartete

Kunst", in der eine beachtliche Anzahl aus staatlichen und städtischen Museen entfernter Bilder von expressionistisch bzw. kulturbolschewistisch angeprangerten Künstlern ausgestellt wurde. Um den Besuchern die „Widerwärtigkeit" dieser Gemälde einzubläuen, wiesen die Veranstalter dabei in ihrem Ausstellungsführer sowie in plakatartigen Schrifttafeln auf den „schizophrenen, negroiden oder untermenschlichen" Charakter dieser Werke hin. Die gleichen Bezeichnungen wandte Hans Severus Ziegler 1938 auf der von ihm in Düsseldorf veranstalteten Ausstellung gegen jene „Entartete Musik" an, die sich in den zwanziger Jahren vor allem technizistischer, zwölftöniger oder jazzartiger Elemente bedient habe. Dadurch wurde es selbst für einen Komponisten wie Paul Hindemith, der nach einer expressionistischen Anfangsphase in den späten zwanziger Jahren wieder zu relativ traditionellen Gestaltungsmitteln zurückgekehrt war und sich obendrein der Sympathie des einflussreichen Dirigenten Wilhelm Furtwängler erfreute, unmöglich, seine 1934 abgeschlossene Oper *Mathis der Maler* in Berlin aufzuführen.

So viel – in gebotener Kürze – zu den von den Nationalsozialisten abgelehnten Tendenzen innerhalb ihres eigenen, als „artbetont" ausgegebenen Kulturprogramms. Doch nun zu einer wesentlich komplizierteren Frage: Worin sahen denn die NS-Kulturtheoretiker eigentlich jenes „Deutsche" in der Kunst, das sie mit allen Mitteln der ihnen zur Verfügung stehenden Propagandamaschinerie als das einzig Wertvolle und damit Unterstützenswerte hinzustellen versuchten? Als geschickt kalkulierende Realpolitiker legten sie sich dabei nicht auf ein klar umrissenes Konzept fest, sondern unterstützten – unter Ausschluss „jüdischer, negroider und kulturbolschewistischer" Tendenzen im Bereich der Kunst – erst einmal alles, was ihnen im Hinblick auf die jeweils ins Auge gefassten Bevölkerungsschichten, die sie für ihre auf Machterhaltung bedachte Politik zu gewinnen suchten, als

Titelseite einer Broschüre zur Düsseldorfer Ausstellung „Entartete Musik" (1938), die sich vor allem gegen die als „undeutsch" angeprangerten Elemente in der Musik der Weimarer Republik wandte.

besonders effektiv erschien. Im gleichen Sinne, wie sie in der Politik mit ihren ideologischen Fernzielen lange Zeit hinterm Berge hielten, um nicht die in traditionellen Denkformen befangene Mehrheit der Bevölkerung unnötigerweise vor den Kopf zu stoßen, ließen sie auch auf kulturellem Sektor anfangs ihre auf eine extrem nationale, nordische, gralshafte, rassenzüchterische Linie verengte Blickrichtung nicht allzu deutlich werden und bemühten sich, die Gunst der verschiedenen Schichten der deutschen Bevölkerung durch ein möglichst breites, vom Höchsten bis ins Unterhaltsam-Populäre reichendes Kulturangebot für sich einzunehmen.

Werke mit spezifisch „nazistischer" Tendenz, die vielen Kunstinteressierten wie eine Fortsetzung der „politisierten" Kunst der Weimarer Republik erschienen wären, waren infolgedessen im Rahmen der von der NSDAP unterstützten Kunst relativ selten. Gut, es gab selbstverständlich die obligaten Hitlerporträts wie auch die Porträts anderer Führergestalten des Dritten Reiches. Und es gab auch einige Darstellungen der ins Heroische stilisierten Straßenkämpfe der SA gegen „Rotfront und Reaktion" von Elk Eber und Richard Schwarzkopf sowie die dementsprechenden SA-Romane von Wilfried Bade. Ebenso faschistisch sollten manche Statuen von Arno Breker oder jene monumentalen Sportsheroen wirken, die Josef Thorak 1936 für das Berliner Olympiastadion schuf. Doch auch sie bildeten nur eine verschwindende Minderheit der im Dritten Reich entstandenen Plastiken. Selbst auf dem Sektor der von Joseph Goebbels gewaltig angekurbelten Filmproduktion war der Prozentsatz spezifisch „nazistischer" Filme, wie etwa *Hitlerjunge Quex* (1933) oder *SA-Mann Brandt* (1933), nicht besonders zahlreich. Erst nach dem Beginn des Zweiten Weltkriegs und den Plänen zur endgültigen Judenausrottung, die 1942 auf der berüchtigten Wannseekonferenz ausgearbeitet wurden, traten in dieser Hinsicht einige Wandlungen ein. In Vorbereitung solcher Ereignisse oder im Gefolge späterer Entwicklungen kamen plötzlich auch betont antisemitische Filme wie *Jud Süß* (1940) und *Der ewige Jude* (1940) sowie jene Filme heraus, welche die Siege der deutschen Truppen verherrlichten oder, wie der Film *Kolberg* (1943), eine Durchhaltemoral propagierten, in denen das Faschistisch-Tendenziöse immer aufdringlicher wurde.

Doch, wie gesagt, aufs Große und Ganze gesehen, blieben Werke mit einer so offenkundigen Tendenz eine höchstens fünf bis zehn Prozent umfassende Minderheit. Die Mehrheit der zwischen 1933 und 1945 im

Dritten Reich gedruckten, gemalten, komponierten oder gefilmten Kunstwerke blieb weitgehend im Bereich des Nichtfaschistischen und wies lediglich in ihren deutschbetonten Elementen eine innere Korrespondenz mit den in dieser Zeit vorherrschenden Polittendenzen auf. Noch weniger loyal oder gar systemkonform war vieles, was sich in den Bereich der Inneren Emigration zurückzog, in dem sich manchmal sogar eine ins Kryptische verschlüsselte Kritik am Nationalsozialismus nachweisen lässt, die jedoch den Zensoren des Regimes entweder entging oder die sie als „ungefährlich" einstuften und deshalb nicht verboten. Schließlich wollten die staatlichen Autoritäten den deutschen Künstlern zwar irgendwelche Sympathien mit „kulturbolschewistischen" Tendenzen austreiben, aber sie nicht so stark brüskieren, dass sie ins Lager der Systemgegner übergegangen wären.

Relativ leicht fiel es den nationalsozialistischen Theoretikern, die ältere Bildungsbourgeoisie für die traditionsverpflichteten Parolen innerhalb der Kulturpolitik des Dritten Reiches zu gewinnen. Da große Teile dieser Schichten bereits in den zwanziger Jahren aus ihrer Abneigung gegen alle „modernistischen" Abweichungen von den Idealen der klassisch-romantischen Kunst kein Hehl gemacht hatten, stimmten sie jetzt durchaus jenen Verfügungen zu, welche der *Säuberung des Kunsttempels* dienen sollten, wie eine der diesbezüglichen Schriften von Wolfgang Willrich aus dem Jahr 1937 hieß. Es gab daher kaum Proteste, als die expressionistischen Bilder aus den Museen sowie die linken Publikationen aus den Bibliotheken und Buchhandlungen verschwanden. Und auch der Zwölftonmusik, den Zeitopern oder den Jazzrhythmen trauerte in diesen Schichten kaum jemand nach. Stattdessen war man hier beglückt, dass die Symphonieorchester wieder mehr Beethoven und Brahms spielten, in den Oberschulen der Hauptnachdruck erneut auf die Lektüre der deutschen „Klassiker" gelegt wurde und es zu einer merklichen Renaissance der Malerei der Dürerzeit

Josef Thorak: Statue eines Athleten im Monumentalstil der NS-Zeit auf dem Reichssportfeld zu Berlin (1936), wo im gleichen Jahr die Olympischen Spiele stattfanden.

Szene aus der Film-
komödie *Rosen in
Tirol* (1940) in der
Regie von Géza von
Bolváry mit den
Schauspielern Hans
Holt, Theo Lingen
und Hans Moser.

kam, die diesen Schichten als der absolute Höhepunkt der deutschen Kunst erschien. Vieles an dieser Begeisterung für das große „Erbe" war keineswegs geheuchelt, sondern entsprach durchaus dem Geschmack und der Weltanschauung jener nationalkonservativen Schichten, die zwar manches am Nationalsozialismus etwas „kleinbürgerlich", wenn nicht gar „halbgebildet" empfanden, aber seine alles Deutsch-Klassische und Deutsch-Romantische anpreisende Kulturpolitik als eine längst überfällige Revision der seit dem Einbruch der fremdländischen „Kunst-Ismen" stattgefundenen Depravierung der deutschen Kultur begrüßten.

Doch die enorme Aufwertung der älteren deutschen Hochkultur zu Ungunsten aller angeblichen Entartungen ins Modernistische oder Kulturbolschewistische war, wie gesagt, nur *ein* Aspekt der nationalsozialistischen Kulturpolitik. Da die NS-Kulturtheoretiker nicht nur die Bildungsbourgeoisie, sondern sämtliche Schichten des deutschen Volkes für ihre Weltanschauung zu gewinnen suchten, mussten sie – neben den Tendenzen ins Hochkulturelle – auch den mittleren und unteren Schichten der deutschen Bevölkerung ein Kulturangebot machen, das sie bei guter Laune hielt und somit nicht zu Systemgegnern werden ließ. Um das zu erreichen, bemühten sich die dafür Verantwortlichen mit allen ihnen zur Verfügung stehenden Mitteln – unter anderem im Rahmen der am 27. November 1933 ins Leben gerufenen NS-Gemeinschaft „Kraft durch Freude" – auch jene breite Schicht der Angestellten anzusprechen, die in den zwanziger Jahren in den Sog der Neuen Medien geraten war und nach 1933 von den verschiedenen Branchen der Kulturindustrie weiterhin eine ihre arbeitsfreie Zeit möglichst abwechslungsreich ausfüllende Unterhaltung erwartete. Was die Taktiker unter den nationalsozialistischen Parteifunktionären an Kulturprogrammen entwarfen, hatte daher stets eine polyperspektivische Ausrichtung: Der Bildungsbourgeoisie boten sie die Werke der älteren Hochkultur an, den mittel- und kleinbürgerlichen Schichten offerierten sie eine auf Zerstreuung abgestimmte Freizeitkultur, den Bauern hofften sie durch eine Erneuerung der älteren Volkskultur ein stärkeres Selbstbewusstsein zu geben und den mit den technischen Innovationen der Weimarer Republik sympathisierenden Bevölkerungsgruppen suchten sie durch schnelle Autos und schnittige Flugzeuge zu imponieren.

Es ist daher kaum möglich, von einer durchgängigen oder gar ideologisch kohärenten NS-Kulturpolitik zu sprechen. Höchstes steht hier neben Niedrigstem, Archaisches neben Technologischem, Anspruchsvolles neben Trivial-Unterhaltsamem. Mit der gleichen, zum Teil höchst plump verschleierten Widersprüchlichkeit, mit der die Ideologen der NSDAP sowohl Christliches als auch Unchristliches, Weihnachten als auch Julklapp, Familienzusammenhalt als auch Lebensbornanstalten, Friedensparolen als auch militanten Schneid propagierten, um neben den in breiten Bevölkerungsschichten verankerten älteren Wertvorstellungen zugleich einige ihrer nordisch-imperialistischen Fernziele anzudeuten, gingen sie auch im Bereich der Kulturpolitik vor.

Wohl am deutlichsten äußerte sich das in ihrer Einstellung dem Phänomen des „Germanischen" gegenüber, das sie aus rassenzüchterischen Gründen besonders stark herausstellten, aber zugleich – wegen seiner altertümlichen Komponente – als Kulturfaktor herunterzuspielen suchten. So duldeten die NS-Kulturverantwortlichen zwar für eine Weile altgermanische Thingspiele, unterstützten aber vorwiegend das herkömmliche Repertoire der städtischen und staatlichen Bühnen, das sich am Geschmack der älteren Bildungsbourgeoisie orientierte. Ähnlich hielten sie es im Bereich der als „ernsthaft" geltenden Musik. Neben Versuchen, die altgermanische Lurenmusik wiederzubeleben, woran sich sogar Wilhelm Kempf beteiligte, wurden auch hier fast ausschließlich die herkömmlichen Formen der klassisch-romantischen Symphonie-, Konzert- und Kammermusik weitergepflegt. Und auch Bemühungen, in alten Domen, wie etwa in Braunschweig, Fresken mit germanischen Kriegern und Bauern anzubringen, fanden keine breitere Beachtung. Ja, um ihre Ideologie nicht der Gefahr des Lächerlichen auszusetzen, ließen manche NS-Kulturpolitiker utopisch ausgerichtete Schriften wie den Roman *Im Jahre 2000 im Dritten Reich* (1933) eines anonym bleibenden „Schmid" sogar kurzerhand verbieten, weil sie die in ihm dargestellte germanische Mütterreligion als „überfaschistisch" empfanden. Hitler sagte gar im Hinblick auf künstlerische Darstellungen solcher Art, dass er für die germanophilen „Rauschebärte" mit ihren bildungsbürgerlich-historisierenden und demzufolge volksfremden Vorstellungen nicht viel übrig habe.

Genauer besehen, sollten solche Äußerungen niemanden verwundern. Schließlich stammten weder Hitler noch ein Großteil seiner Unterführer aus jenem Teil der Bourgeoisie, der noch von den herkömmlichen Idealen der Humboldt'schen Bildungsvorstellungen zehrte oder sich im Zuge der Fortschrittlichen Reaktion um 1900 in Vertreter einer völkisch gesinnten Revolutio germanica gewandelt hatte. Die meisten von ihnen waren eher Kleinbürger, deren ästhetischer Geschmack kaum über den Horizont des mehrheitlich Akzeptierten hinausging. Sie verhielten sich daher nicht nur taktierend, wenn sie auch das Unterhaltsame oder gar Triviale unterstützten. In vielem entsprachen Werke dieser Art durchaus ihren eigenen kulturellen Bedürfnissen. So hat etwa Hitler nie ein Hehl daraus gemacht, wie eindrucksvoll er die Wiener Ringstraßenarchitektur empfand, dass er den ins Kitschige tendierenden Salonkünstler Hans Makart für den bedeutendsten Maler des späten 19. Jahrhunderts hielt, ja dass er noch als Fünfzigjähriger für die Indianerromane von Karl May schwärmte, die zu diesem Zeitpunkt fast nur noch von Elf- bis Zwölfjährigen gelesen wurden. Seine Begeisterung für Klassisches oder Romantisches aus dem deutschen Kulturerbe wirkt daher manchmal etwas geheuchelt. Gut, die Opern des Makart-Verehrers Richard Wagners gefielen ihm. Doch die galten schon damals bei vielen wirklichen Musikkennern wegen ihrer Neigung zum Pompösen als leicht abgeschmackt. Und auch zu den Schriften Friedrich Nietzsches bekannte er sich nur aus ideologischen Gründen, ohne sie wirklich genauer gelesen, geschweige denn in ihrer philosophischen Komplexität verstanden zu haben.

Dementsprechend sind die meisten Kunstwerke, die im Dritten Reich an die Öffentlichkeit traten, trotz aller Lippenbekenntnisse von Seiten führender Nationalsozialisten keineswegs so bedeutsam, rassebewusst oder heroisierend, wie man es aufgrund der vielen kulturtheoretischen Anspruchserklärungen dieser Zeit erwarten würde. Vieles, was damals geschaffen wurde, wirkt im Nachhinein ausgesprochen traditionell, unterhaltsam, ja geradezu harmlos und könnte darum auch heute noch aufgeführt, gezeigt, gespielt oder vorgeführt werden, ohne dass jemand etwas spezifisch „Nationalsozialistisches" darin sehen oder hören würde. Und zwar gilt das selbst für die Literatur, von der man noch am ehesten Programmatisches im parteiideologischen Sinne erwarten würde. So standen etwa im Bereich des Theaters neben den klassischen Stücken gegen Mitte der dreißiger Jahre wie eh und je die Lustspiele und Boulevardkomödien auf dem Spielplan. Etwas „ernsthafter" traten dagegen einige NS-Barden auf. Dafür sprechen vor allem die Lyrikbände von Heinrich Anacker und Gerhard Schumann, in denen sich außer den üblichen Liebes- und Naturgedichten auch viele Bekenntnisse zu dem durch die Nationalsozialisten angefachten Geist der „völkischen Gesundung" sowie sorgfältig gereimte Verherrlichungen Hitlers und seiner Partei finden. Die Romanproduktion der mittleren dreißiger Jahre, wenn man an die Werke von Josefa Berens-Totenohl, Werner Beumelburg, Hans Friedrich Blunck, Mirko Jelusich oder Ina Seidel denkt, macht dagegen einen recht konventionellen Eindruck. Hier blieben die dominierenden Genres weiterhin die Geschichts-, Liebes-, Bauern- und Heimatromane, bei denen in vielen Fällen eher das bereits Gewohnte als das Völkisch- oder Rassistisch-Neuartige im Vordergrund stand.

Ähnliches gilt für die visuellen Künste der mittleren dreißiger Jahre. Im Bereich der Architektur herrschte bei offiziellen Bauten meist ein ins Monumentale tendierender klassizistischer Stil vor, der sich vielfach – wie in den Bauten Hermann Gieslers, Albert Speers und Paul Ludwig Troosts – auf Schinkel-Anleihen stützte, aber auch das Zyklopische der assyrischen, altägyptischen oder frühgriechischen Kunst nicht verschmähte, während andere Architekten dieser Zeit vielfach den Baustil der zwanziger Jahre fortsetzten. Die gleiche Zweiteilung findet sich im Hinblick auf die Werke der Bildhauerkunst. Arno Breker und Josef Thorak bevorzugten fast durchgehend das Monumentalisierende. Georg Kolbe, Gerhard Marcks und Richard Scheibe blieben dagegen auch nach 1933 weitgehend ihren bereits früher entwickelten Stilhaltungen treu. Noch traditioneller verhielten sich die Maler dieser Ära, die mehrheitlich an den bürgerlichen Realismus der zweiten Hälfte des 19. Jahrhunderts anknüpften und alle Ausflüge ins Expressionistische, Konstruktivistische oder andere Formen einer als „abwegig" geltenden Un-Kunst sorgfältig mieden. Das zeigte sich beispielsweise auf der Ersten Großen Deutschen Kunstausstellung, die im Juni 1937 – parallel zur Ausstellung Entartete Kunst – im gerade fertig gestellten Haus der Deutschen Kunst in München eröffnet wurde. Was hier vorherrschte, waren die seit langem beliebten Landschaften. Sie bildeten etwa 40 Prozent aller ausgestellten Bilder, und zwar als Darstellungen jener „heilen Welt", in der es noch keine Telegrafendrähte, keine Eisenbahnen und keine Fabriken gab. Darauf folgten – rein quantitativ gesehen – Porträts und bäuerliche Szenen mit 35 Prozent und Tierbilder mit 10 Prozent. Auch höchst traditionelle Aktgemälde fehlten – trotz der anfangs von der NS-Führungsspitze höchst nachdrücklich vertretenen Keuschheitsparolen – keineswegs. Die Bilder mit einer spezifisch nationalsozialistischen Thematik, das heißt die SA-Szenen und Funktionärsporträts, nahmen dagegen nur fünf Prozent ein. Der Hauptakzent der ausgestellten Gemälde lag also eindeutig auf Darstellungen des

Albert Speers Modell zur Großen Halle (1938) für das Zentrum der von den Nationalsozialisten geplanten Welthauptstadt Germania. Links das Führerpalais, rechts das Oberkommando der Wehrmacht. Germania sollte die als bürgerlich-altmodisch empfundene Reichshauptstadt Berlin ersetzen.

Druck nach dem Gemälde *Der Abend* von Oskar Martin-Amorbach, das auf der „Großen Deutschen Kunstausstellung 1939" im Haus der Deutschen Kunst in München zu sehen war und die Ursprünglichkeit der ländlichen Arbeit und ein archaisches Ideal der Familie beschwören sollte.

„einfachen Lebens", kurzum: auf jenen idyllischen, unkomplizierten, allgemein-menschlichen Genreszenen, die sich bereits im 19. Jahrhundert gut verkauften und die es in gleicher Form noch heute in vielen Bilder- und Rahmengeschäften zu sehen gibt. Kein Wunder also, dass Werke von Fritz Mackensen, Otto Modersohn und Heinrich von Zügel, die noch aus der Motivwelt von 1900 stammten, auf den Großen Deutschen Kunstausstellungen der späten dreißiger Jahre von kaum jemandem als altmodisch empfunden wurden. Wer diese Maler nicht von früher kannte, hätte sie ebenso gut für NS-Maler halten können.

Nicht viel anders sah es im Bereich des Filmschaffens dieser Ära aus. Obwohl es sich beim Film um eins der Neuen Medien handelte, wurden – von Filmen wie *Triumph des Willens* (1934) und *Olympia* (1936) von Leni Riefenstahl einmal abgesehen – bei den Dreharbeiten der

Standfoto mit den Publikumslieblingen Willy Birgel und Zarah Leander aus dem Film *Zu neuen Ufern* (1937) von Detlef Sierck.

dreißiger Jahre kaum avantgardistische Stilmittel eingesetzt. Im Gegenteil, die von Goebbels 1933 gegründete Reichsfilmkammer sowie der 1937 verstaatlichte UFA-Konzern sorgten dafür, dass neben eindeutig nazistisch oder militaristisch-heroisch ausgerichteten Filmen vornehmlich mit der Hollywood-Produktion konkurrierende Lustspielfilme mit bekannten Stars wie Viktor de Kowa, Theo Lingen, Hans Moser, Heinz Rühmann und Adele Sandrock gedreht wurden, die sich an das Unterhaltungsbedürfnis der „breiten Massen" wandten. Filmhistoriker haben nachgewiesen, dass von den 1350 Filmen, die während des Dritten Reichs in die Kinos gelangten, 1200 als „Unterhaltungsfilme" einzustufen sind. 230 davon waren Kriminalfilme, 295 melodramatische Liebesfilme und 523 Filmkomödien oder Musikfilme, mit anderen Worten: spannende, rührende oder unterhaltsame Kintopp-Produkte. Vor allem gegen Kriegsende, als die aufheiternde Note immer nötiger wurde, um das kämpfende oder leidende deutsche Volk überhaupt noch bei „guter Laune" zu halten, wurden immer mehr Filme wie *Die große Liebe* (1942) von Rolf Hansen oder *Die Frau meiner Träume* (1944) von Georg Jacoby mit längeren Gesangseinlagen gedreht, in denen sich beliebte Schlagersängerinnen wie Zarah Leander und Marika Rökk „voll ins Zeug legen" konnten.

Überhaupt spielten visuelle und musikalische Werke – wegen ihrer unmittelbaren Suggestionskraft – in der NS-Kultur eine wesentlich größere Rolle als literarische Erzeugnisse, zu deren Verständnis stets ein erheblich anspruchsvollerer Aneignungsprozess nötig ist. Daher unterstützten die NS-Musikbehörden weiterhin alle großen Opernhäuser und Symphonieorchester mit beträchtlichen Subventionen, um sowohl den „gehobenen" Schichten der deutschen Bevölkerung das ihnen vertraute Hochkulturniveau zu gewährleisten als auch die sogenannten mittelständischen Schichten für die bedeutendsten Werke der deutschen Musiktradition zu interessieren. Doch wie in allen anderen Branchen der NS-Kultur wurde selbst in der Musik, der deutschen Ars sacra, wie sie meist hieß, von den hierfür Verantwortlichen das eher „Populäre" keineswegs in den Hintergrund gedrängt. Darunter verstanden die Führungsschichten der NSDAP einerseits eine bewusst aufputschende Militär-, SA- und HJ-Musik, andererseits eine die „breiten Massen" aufheiternde oder einlullende Unterhaltungsmusik. Im Bereich des Aufputschenden standen dabei vor allem alte Soldatenlieder, faschisierte Wandervogel- oder SPD-Lieder sowie jene „Lieder der Bewegung" im Vordergrund, von denen das *Horst-Wessel-Lied*, das bei allen parteiamtlichen Anlässen direkt nach dem *Deutschlandlied* gesungen wurde, fast den Charakter einer zweiten Nationalhymne annahm. Doch die meisten Musikproduktionen dieser Ära hatten eine durchaus unterhaltsame Note, wobei – neben der Tanzmusik – vor allem die Filmmusik eine führende Rolle spielte. Ihre Schlager, wie „Ich weiß, es wird einmal ein Wunder geschehn", „Ich tanze mit dir in den Himmel hinein" oder „Das kann doch einen Seemann nicht erschüttern", sollten vor allem gegen Kriegsende ständig neue Hoffnungen wecken oder wenigstens eine dem erhofften „Endsieg" dienliche Durchhaltemoral unterstützen. Aber mit kulturellen Bemühungen allein ließ sich der Zweite Weltkrieg nicht gewinnen, wie sich spätestens im Herbst 1944 herausstellte, worauf im folgenden Frühjahr dann die entscheidende Katastrophe folgte.

Die Innere Emigration

Auf dem Unterhaltungssektor des NS-Kulturbetriebs verlangten die hierfür Verantwortlichen selbst von nicht-systemkonformen Künstlern und Künstlerinnen keine allzu großen Zugeständnisse an die NS-Ideologie, sondern begnügten sich damit, dass sich diese Gruppen – wie schon im Medienbereich der Neuen Sachlichkeit der Weimarer Republik – weiterhin in den Dienst einer maßgeschneiderten kulturellen Zerstreuung der „breiten Massen" stellen würden. Auf diesem Gebiet fanden demnach viele der ehemaligen Unterhaltungstalente, selbst solche, die sich in den letzten Jahren vor der Machtübergabe an die Nationalsozialisten sogar einige Abstecher ins „Linke" geleistet hatten, durchaus einträgliche Verdienstmöglichkeiten. Schließlich konnten die Kulturpolitiker des Dritten Reichs nach dem 30. Januar 1933 nicht über Nacht eine neue Mannschaft von Film- und Schlagerproduzenten aus dem Boden stampfen, sondern mussten erst einmal mit den bereits versierten Spezialisten auf diesem Gebiet vorlieb nehmen. Und das taten sie auch, wodurch viele „Sachlizisten", aber auch ehemalige linksliberale Künstler und Künstlerinnen, falls sie nicht jüdischer Herkunft waren, innerhalb der mittleren und unteren Bereiche der Kulturindustrie – wenn auch manchmal ungenannt oder unter Pseudonymen – nach 1933 in ihren jeweiligen Branchen höchst aktiv bleiben konnten.

Anders stand es dagegen mit jenen Kulturschaffenden, die ästhetisch oder ideologisch höhere Ansprüche stellten. Falls sie nicht völkisch oder präfaschistisch gesinnt waren, befürchteten sie anfangs, dass sie von den verschiedenen Reichskulturkammern zum Schweigen verurteilt würden. Doch diese Angst erwies sich in den meisten Fällen als unbegründet, wie sich bald herausstellen sollte. Schließlich betonte Joseph Goebbels am 15. November 1933 – anlässlich der Einweihungsfeierlichkeiten der Reichskulturkammer – in einer öffentlichen Rede ausdrücklich, dass jeder „bedeutende Künstler", selbst wenn er nicht zu den „erklärten Parteigängern der NSDAP" gehöre, von Seiten seines Ministeriums keine „Gesinnungsriecherei" zu befürchten habe. Wer also auf künstlerischem Gebiet eine „arische" Abstammung nachzuweisen vermochte und vor 1933 nicht die Kulturpolitik der KPD unterstützt hatte, konnte in den folgenden Jahren als männlicher oder weiblicher Autor, Maler oder Komponist durchaus weiterarbeiten und seine Werke auch publizieren, ausstellen oder zu Gehör bringen, solange diese nicht gegen die „angestammten Werte" der deutschen Nation verstießen. Aber solche Absichten lagen den meisten bildungsbürgerlichen Künstlern und Künstlerinnen, die sich schon seit langem als die geistigen Galionsfiguren der deutschen Nation fühlten, ohnehin fern. Daher entstanden in diesen Kreisen auch nach 1933 weiterhin unzählige Werke, die sich in ihren hochkulturellen Ansprüchen kaum von jenen unterschieden, die schon seit den Tagen des Zweiten Kaiserreichs und der Weimarer Republik eher das Allgemein-Menschliche beschworen hatten, statt das auf die unmittelbare Gegenwart Bezogene in den Vordergrund zu rücken.

Gegen eine solche Kunst hatten die NS-Kulturtheoretiker nichts einzuwenden. Vor allem den Gebildeten unter ihnen erschienen derartige Werke im Hinblick auf die von der NSDAP propagierte These von der Rückbesinnung der deutschen Kunst auf den ehrwürdigen Traditionsschatz der Vergangenheit völlig gerechtfertigt. Sie begrüßten demzufolge sämtliche Werke, die sich gegen die „undeutschen" Verheutigungstendenzen innerhalb des Kulturbetriebs der Weimarer Republik wandten. Stattdessen befürworteten sie eine Weltanschauung, die auf dem Gedankenkreis einer zyklischen Wiederkehr jener ins Zeitlos-Idealistische tendierenden Gesinnungen beruhte, in denen die Bildungsbourgeoisie schon seit langem die Grundlage aller wahrhaft großen Kunstleistungen sah. Dennoch wurde das, was die NS-Kulturtheoretiker als eine ihren Absichten durchaus dienliche Kunst hinstellten, von manchen Vertretern und Vertreterinnen dieser Richtung keineswegs als spezifisch „faschistisch" eingeschätzt. Zugegeben, die meisten unter ihnen empfanden sich in ihrer nationalkonservativen, religiös-konfessionellen oder humanistisch-goethezeitlichen Orientierung als durchaus systemkonform. Aber daneben gab es auch Künstler und Künstlerinnen, welche in einem solchen Rückzug ins Überzeitliche eher eine Form der Inneren Emigration aus den Niederungen der politischen Alltagsrealität in die höheren Regionen eines wahrhaft substanziellen Lebens sahen.

Allerdings handelte es sich selbst bei den Angehörigen der letzteren Richtung keineswegs um eine kohärente Künstlergruppe. Schon die Verschiedenheit ihrer Gesinnungen trennte sie in mehrere Lager. Doch nicht nur das. Auch ihrer Einstellung zum NS-Regime und seinem Kulturbetrieb lagen mindestens drei höchst unterschiedliche Haltungen zugrunde. Die erste Gruppe blieb einfach – ohne groß darüber nachzudenken – bei ihrem gewohnten Bildungsdünkel, den sie weiterhin als maßgeblich für jedes höhere Kulturbewusstsein hielt. Die zweite Gruppe flüchtete angesichts der Übermacht der NS-Kulturpraxis und damit der Gefahr ungewollter parteiideologischer Indienstnahmen von Anfang an in jenes gesellschaftliche Abseits, wo sie sich relativ ungestört ihren privaten Neigungen hingeben konnte. Und die dritte Gruppe innerhalb dieser Richtung versuchte in ihren Werken – wenn auch unter den herrschenden Zensurverhältnissen – wenigstens in kryptisch verborgenen Einzelzügen eine gewisse Résistance zu den ihr als missliebig erscheinenden Aspekten der NS-Ideologie und der von ihr in Gang gesetzten politischen Praxis zum Ausdruck zu bringen,

Im Gegensatz zur Überakzentuierung des Visuellen und Akustischen in der NS-Kunst stand im Bereich der „kritischen" Inneren Emigration zumeist das Literarische im Vordergrund. Bei der Niederschrift eines Gedichts, einer Novelle oder eines Romans hegten manche Autoren und Autorinnen dieser Richtung oftmals die Hoffnung, dass ihre widerständlerischen Intentionen von den NS-Zensoren übersehen wür-

Ernst Barlach in seinem Atelier. Das Foto stammt aus dem Jahr 1935, als Barlach seine Skulpturen wegen ihrer „slawischen Gesichtszüge" nicht mehr ausstellen durfte. Im Hintergrund ist der vollendete *Fries der Lauschenden* zu erkennen.

den und ihre Texte, selbst wenn sie nicht ganz systemkonformer Art waren, dennoch bei Verlagen wie Goverts, Rauch oder S. Fischer/Suhrkamp bzw. in Zeitschriften wie *Neue Rundschau, Europäische Revue, Deutsche Rundschau, Hochland* oder *Eckhart* erscheinen könnten. Bei Filmen, Opern, Chorwerken, Symphonien, Dramen, Fresken oder großen Bauten, die auf öffentliche, das heißt parteiamtliche Subventionen angewiesen waren, gab es solche Hoffnungen kaum. Lediglich bei der Arbeit an einer Grafik oder einem Gemälde konnten sich Vertreter und Vertreterinnen der Inneren Emigration, wie Ernst Barlach, Otto Dix, Hans Grundig, Karl Hofer, Käthe Kollwitz und Otto Pankok, ebenfalls eine Tendenz ins Kritische leisten, da sich hier stets die Möglichkeit ergab, solche Werke – aufgrund älterer, bereits in der Weimarer Republik angeknüpfter Beziehungen – weiterhin an private Sammler zu verkaufen.

Von einer tatsächlichen „Kultur" der Inneren Emigration zu sprechen, ist daher etwas problematisch. Falls man unter diesem Begriff nur jene Werke versteht, in denen sich ein deutlich nachweisbarer Widerstand gegen die diktatorischen Tendenzen des Nationalsozialismus äußert, war ihr Wirkungskreis recht eingeschränkt. Wenn man dagegen unter Innerer Emigration im Bereich der Kultur alles versteht, was im Dritten Reich in den verschiedenen Künsten im Bereich des Unpolitischen blieb, ist die Zahl solcher Werke geradezu unüberschaubar. Aufgrund dieser Voraussetzungen hatte die Gruppe der auf eine untergründige Weise kritisch eingestellten Künstler und Künstlerinnen nur ein relativ kleines Publikum, während die Werke der zweiten Gruppe bis in die „breiten Massen" hineinreichten und zum Teil von den Produkten der gängigen Unterhaltungsindustrie kaum zu unterscheiden waren.

Die meisten Werke der Inneren Emigration, die heute noch bekannt sind, finden sich im Bereich der Literatur. Hier gab es vom Anfang bis zum Ende des Dritten Reichs eine Fülle von „Halb- und Dreiviertelgebräunten, literarischen Mischlingen, Schein-Gleichgeschalteten, Überwinterern, Abseitigen, Einsamen, Wetterfahnen, inneren Emigranten, kurz: literarischen Vertretern jener deutschen Volksschichten, die im ‚Dritten Reich' leben, aber dem Faschismus gleichgültig, misstrauisch und zum Teil feindselig gegenüberstehen", wie der Exilautor Franz Carl Weiskopf diese Gruppe von Autoren 1939 charakterisierte. Ja, ein anderer Exilautor wie Thomas Mann hatte bereits ein Jahr zuvor in seiner Rede *Dieser Friede* mit ähnlicher Akzentsetzung von den „Deutschen

Otto Dix: *Landschaft am Oberrhein* (1938), Dresden, Staatliche Kunstsammlung, Galerie Neue Meister. Dieses Gemälde ist ein Beispiel für den Rückzug ins Heimatlich-Regionale, mit dem Dix der totalen Verfemung durch die Nationalsozialisten zuvorzukommen versuchte.

der inneren und äußeren Emigration" gesprochen und daran sogar – höchst bildungsbewusst – die Hoffnung einer „Opposition extra und intra muros" geknüpft. Doch auch manche der im Dritten Reich gebliebenen Autoren und Autorinnen beschrieben ihre Existenz schon damals als „geistiges Exil", „innere Emigration" oder „aristokratische Form der Emigration", um sich von all jenen „Gleichgeschalteten" abzusetzen, die sich nur allzu willig den ideologischen und ästhetischen Normen der neuen Machthaber unterworfen hätten.

Neben solchen kritisch gemeinten Tendenzen war jedoch, wie gesagt, ein durchgehender Grundzug der meisten anderen Werke dieser Richtung eher ihr Ausweichen vor der bedrängenden Gegenwärtigkeit des nationalsozialistischen Regimes ins Seelisch-Verinnerlichte, Irrational-Mystische oder Existentiell-Überzeitliche. Hierbei knüpften sie häufig an klassisch-romantische Traditionen an, um sich damit in die altbewährte Traditionskette deutschnationaler Wertvorstellungen einzureihen. Ebenso beliebt war es innerhalb dieser Richtung, sich auf Historisches oder Naturmagisches zu beschränken oder Formen des „einfachen Lebens" zu beschwören. Ja, selbst ein noch von bildungsbürgerlichen Traditionen zehrender Ästhetizismus breitete sich in diesen Regionen aus, der sich vornehmlich durch sein betont exklusives Stil- und Bildungsniveau von der als „niedrig" empfundenen Tonlage der meisten faschistischen Proklamationen abzusetzen versuchte.

Von einer breiteren Rezeption solcher Hochkulturwerke kann jedoch in den dreißiger Jahren nur in Ausnahmefällen gesprochen werden. Vieles aus diesem Bereich, wie etwa die Werke des ästhetischen Eskapismus und der mit ihr korrespondierenden literarischen Kalligrafie eines Friedrich Georg Jünger, Ernst Jünger oder Erhart Kästner, blieb weitgehend im Bereich des Esoterischen. Ein größeres Publikum erreichten nur betont schlicht geschriebene Werke, wie Ernst Wiecherts Roman *Das einfache Leben* (1937), wo in exemplarischer Form ein bewusster Rückzug ins Provinzielle und Verinnerlichte dargestellt wird. Mit der in diesem Werk ausgedrückten Haltung konnten sich damals viele jener „Stillen im Lande" identifizieren, welche zwar nicht mit dem Nationalsozialismus übereinstimmten, aber bereits vor seiner ideologischen Übermacht resigniert hatten. Einen etwas widerständlerischen Charakter hatten dagegen die aus christlichem Geist geschriebenen historischen Romane *Der Großtyrann und das Gericht* (1935) von Werner Bergengruen, *Der Vater* (1937) von Jochen Klepper sowie *Las Casas vor Karl V.* (1938) von Reinhold Schneider, in denen es um eine Kritik an brutal ausgeübten Machtpraktiken ging, die sich von aufmerksam-kritischen Lesern und Leserinnen durchaus mit den Verhältnissen in Nazi-Deutschland in Parallele setzen ließen.

Auf anderen Gebieten ist es dagegen nicht so leicht, von künstlerischen Manifestationen einer Inneren Emigration zu sprechen. So gab es zwar in der Filmindustrie einige Skriptwriter, die Nichtfaschisten waren, aber in diesem auf Breitenbewirkung bedachten und daher scharf kontrollierten Medium keine systemkritischen Tendenzen unterbringen konnten. Ähnliches gilt für den Bereich der öffentlichen Musikaufführungen. Zu Hause konnte man durchaus spielen, was man wollte. Aber Werke, die über den Bereich des Kammermusikalischen hinausgingen und in ihrer Aufführungspraxis den Einsatz staatlicher Subventionen voraussetzten, unterstanden von vornherein den Kontrollorganen der Reichsmusikkammer. Noch am leichtesten fiel es jenen Komponisten, im Bereich des Nicht-Faschistischen zu bleiben, die sich auf die angeblich nicht-mimetische Orchestermusik beschränkten. Wesentlich schwieriger war es dagegen, textgebundene Musikwerke aufzuführen. Das galt vor allem für die Oper, wo von den Nationalsozialisten fast alles am Maßstab Richard Wagners gemessen wurde. So gelang es Paul Hindemith nicht einmal, seinen durchaus „tonalen" *Mathis der Maler* (1934) aufführen zu lassen, da dieses Werk Goebbels vom Libretto her als nicht deutschnational genug erschien. Ja, selbst der bei den Nazi-Größen wegen seines internationalen Prestiges beliebte Richard Strauss konnte seine 1935/36 komponierte Oper *Friedenstag* erst nach Überwindung mehrerer Hürden im Jahr 1938 zur Aufführung bringen. Und sogar die relativ problemlosen *Carmina burana* (1937) von Carl Orff, der vor 1933 vor allem Texte von jüdischen oder als kulturbolschewistisch geltenden Autoren, wie Franz Werfel und Bertolt Brecht, vertont hatte, lösten in Parteikreisen anfangs eine lebhafte Kontroverse aus, bevor sie auf höchster Ebene als ein der NSDAP genehmes Werk freigegeben wurden.

Etwas einfacher hatten es in diesen Jahren lediglich christlich-protestantische Komponisten wie Hugo Distler und Ernst Pepping, deren Publikum hauptsächlich aus jenen „Stillen im Lande" bestand, die auch ein Schriftsteller wie Ernst Wiechert zu erreichen suchte. Doch von einer Inneren Emigration, die diesem Begriff auch politisch Ehre machen würde, kann man in diesem Umkreis letztlich nur im Hinblick auf die Werke von Karl Amadeus Hartmann sprechen, der bereits 1933 ein symphonisches Tonpoem unter dem Titel *Miserere* komponierte, das er insgeheim seinen im Konzentrationslager Dachau inhaftierten Freunden widmete. Von ihm wurde keins seiner Werke innerhalb des Dritten Reiches aufgeführt. Zu Hartmanns Hauptwerken aus diesen Jahren gehören seine Antikriegsoper *Simplicius Simplicissimus Jugend* (1934) nach einem Libretto des in die Schweiz ausgewichenen linksliberalen Dirigenten Hermann Scherchen, sein dissonanzenreiches *Concerto funebre* (1939) für Violine und Streichorchester sowie seine ebenso düster-anklagende 1. Symphonie (1940), deren musikalische Ausdrucksmittel deutlich an den von den Nationalsozialisten verpönten „Expressionismus" eines Alban Berg und Anton Webern erinnern.

Im Bereich der bildenden Künste stellte sich das Phänomen „Innere Emigration" etwas anders. Während von jenen Werken, die im Dritten Reich im Untergrund geschrieben oder komponiert wurden, viele nach 1945 gedruckt und aufgeführt wurden, verschwand von den Bildern, die in den dreißiger Jahren nicht ausgestellt werden konnten, das meiste in Privathand und tauchte auch später nur in Ausnahmefällen wieder auf. Daher wissen wir nur relativ wenig darüber, was eine Reihe bedeutender Maler der Neuen Sachlichkeit nach 1933 schuf und ob diese Bilder, falls es keine der üblichen Landschaften oder Porträts waren, in ihren thematischen Bezügen eine nicht-systemkonforme Note hatten oder gar ins Widerständlerische tendierten. Zu den bekanntes-

Franz Radziwill: *Der Heimkehrer* (1944), Privatsammlung. Die gespenstisch-verfremdete Landschaft im Stil des Magischen Realismus der zwanziger Jahre tendiert mit ihrer düsteren Stimmung und den bedrohlich angreifenden Tieffliegern ins Apokalyptische.

Käthe Kollwitz: *Klage um Ernst Barlach* (1940). Berlin, Käthe-Kollwitz-Museum. Barlach, wie Käthe Kollwitz ein im Dritten Reich „verfemter" Künstler, war im Oktober 1938 in Rostock gestorben.

ten Nichtfaschisten unter den Malern dieser Ära gehörte Otto Dix, dessen Bilder der mittdreißiger Jahre in ihren Todesallegorien zum Teil bereits auf vorausgeahnte Katastrophen hinzudeuten scheinen. Andere bildende Künstler, wie Karl Hofer, Richard Oelze und Franz Radziwill, drückten solche nicht- oder antifaschistischen Haltungen meist in Motiven der Vergänglichkeit oder angstvollen Erwartung aus. Wohl am bekanntesten in dieser Hinsicht wurden später jene Statuen oder Reliefs von Ernst Barlach und Käthe Kollwitz aus den Jahren nach 1933, die in ihren Werken solche Motive schon während der Weimarer Republik im Hinblick auf die vielen Opfer des Ersten Weltkrieges gestaltet hatten und deren Werke jetzt häufig einen indirekten Bezug auf die Gräuel des Faschismus und seiner Opfer nahmen.

Gruppenstrategien innerhalb des Exils

Im Jahr 1933 und in den Jahren danach kam es aufgrund der faschistischen Säuberungsaktionen zu einer Massenvertreibung „unliebsamer Elemente", deren Ausmaß selbst in der deutschen Geschichte, in der es viele solcher Emigrationswellen gegeben hat, ohne Beispiel ist. Während es im Zeitalter der Französischen Revolution, der Metternich-Ära oder der Bismarck'schen Gesetze gegen die „gemeingefährlichen Bestrebungen" der Sozialdemokratie nur Einzelne oder kleine Gruppen waren, die sich der drohenden Verhaftung durch die Flucht ins Ausland zu entziehen versuchten, waren nach der Machtübergabe an die Nationalsozialisten über 500 000 Menschen aus politischen oder rassischen Gründen gefährdet, in den Internierungslagern der neuen Machthaber zu verschwinden oder täglichen Repressalien ausgesetzt zu werden. Am meisten hatten die Kommunisten und die Juden zu befürchten. Aber auch viele Sozialdemokraten, Linksintellektuelle, Homosexuelle, Erbkranke, Körperbehinderte, Zeugen Jehovas, Mitglieder der Bekennenden Kirche sowie Sinti und Roma fühlten sich plötzlich bedroht und sahen sich nach Zufluchtsstätten um. Doch selbst die Flucht ins Ausland schien manchen unter ihnen keine hundertprozentige Gewähr zu bieten, mit dem Leben davonzukommen. Schließlich bezeichneten führende Nationalsozialisten all jene, die sich dem angekündigten Jüngsten Gericht über alles „Undeutsche" entzögen, als „Kadaver auf Urlaub", die man bis ans Ende der Welt verfolgen werde.

Eine so verstörte, terrorisierte und ideologisch disparate Flüchtlingsgruppe konnte sich außerhalb Deutschlands nicht sofort zu einer humanistischen oder antifaschistischen Front zusammenschließen, wie manche der besonders aktivistisch eingestellten Vertriebenen anfangs hofften. Was in den ersten Wochen des Exils vorherrschte, war weitgehend die Vereinzelung, die Zerklüftung, das allgemeine Chaos, da weder die meisten Linksengagierten noch die sogenannten Unpolitischen einen solchen Gang der Ereignisse vorhergesehen hatten. Im Februar/März stand für viele erst einmal das nackte Überleben und nicht irgendeine gemeinsame Aktion im Vordergrund. Im Rückblick auf diese Zeit schrieb Wolf Franck 1935 in seinem *Führer durch die deutsche Emigration* verbittert: „Emigrant und Emigrant, das war von Anfang an nicht dasselbe. Die Geschäftsleute wollten nichts von den Politikern wissen, die Sozialdemokraten nichts von den Kommunisten, die mit Beziehungen Versehenen nichts von den Hilflos-Fremden und die Rei-

chen schon gar nichts von ihren armen Schicksalsgenossen." Ja, in Lion
Feuchtwangers Roman *Exil* hieß es noch 1940 kurz und bündig: „Die
deutsche Emigration war zerklüfteter als jede andere."

Und diese Aufspaltung ist auch der Grund, warum sich die Exilfor-
schung bis heute nicht auf einen umfassenden Begriff für die nach
1933 aus Deutschland vertriebenen Gruppen einigen konnte. Je nach
ideologischer Orientierung hat sie von Emigranten, Exilanten, Auswan-
derern, Vertriebenen oder Flüchtlingen gesprochen. Die Unpolitischen
unter dieser Forschergruppe gebrauchten meist den Begriff „Emigranten". Die antifaschistischen Aktivisten und Aktivistinnen bevorzugten
dagegen Bezeichnungen wie „Vertriebene" oder „Verbannte". In ihren
Ohren klang das Wort „Emigrant" zu sehr nach „freiwilligem Auswan-
derer", was schon Bertolt Brecht in seinem Gedicht *Über die Bezeichnung Emigranten* moniert hatte. Es ist daher etwas problematisch,
pauschalisierend einfach von „Exilkunst" zu sprechen. Auf ihr ideologisches Engagement überprüft, hatten nämlich Thomas Mann und Bertolt Brecht, Franz Werfel und Lion Feuchtwanger, Alfred Döblin und

Politische Häftlinge, „Systemgegner", beim Appell im Konzentrationslager Oranienburg im August 1933. Von links nach rechts: Ernst Heilmann (Vorsitzender der SPD-Landtagsfraktion), Friedrich Ebert jun., Rundfunkreporter Alfred Braun, Ministerialrat Hermann Giesecke, Rechtsanwalt Kurt Magnus und der Intendant der Rundfunkstunde Dr. Hans Flesch.

HERBSTNOVITÄTEN 1933

Alfred Döblin
JÜDISCHE ERNEUERUNG
Broschiert Hfl. 1.—; in Leinen Hfl. 1.50

Lion Feuchtwanger
DIE GESCHWISTER OPPENHEIM
Broschiert Hfl. 2.90;   ROMAN   in Leinen Hfl. 3.90

Lion Feuchtwanger
DER JÜDISCHE KRIEG
Broschiert Hfl. 2.75; in Leinen Hfl. 3.25

Emil Ludwig
GESPRÄCHE MIT MASARYK
MIT EINEM LEBENSBILD MASARYKS
Broschiert Hfl. 3.25; in Leinen Hfl. 4.25

Heinrich Mann
DER HASS
DEUTSCHE ZEITGESCHICHTE
Broschiert Hfl. 2.50; in Leinen Hfl. 3.50

Gustav Regler
DER VERLORENE SOHN
Broschiert Hfl. 2.75;   ROMAN   in Leinen Hfl. 3.75

Joseph Roth
TARABAS
EIN GAST AUF DIESER ERDE
Broschiert Hfl. 2.75;   ROMAN   in Leinen Hfl. 3.75

Anna Seghers
DER KOPFLOHN
Broschiert Hfl. 1.90; in Leinen Hfl. 2.90

Ernst Toller
EINE JUGEND IN DEUTSCHLAND
Broschiert Hfl. 2.—; in Leinen Hfl. 3.25

Arnold Zweig
SPIELZEUG DER ZEIT
Broschiert Hfl. 2.50; in Leinen Hfl. 3.75

DIE BÜCHER SIND IN JEDER BUCHHANDLUNG ERHÄLTLICH

QUERIDO VERLAG / AMSTERDAM

Anzeige für die Neuerscheinungen von deutschen Exilautoren und -autorinnen beim holländischen Querido-Verlag im Herbst 1933.

Anna Seghers, Max Herrmann-Neiße und Erich Weinert, Alfred Kerr und Siegfried Kracauer, Bruno Walter und Hermann Scherchen, Hanns Eisler und Kurt Weill, Richard Beer-Hofmann und Johannes R. Becher, Wassili Kandinsky und John Heartfield, Kurt Schwitters und Felix Nußbaum kaum Gemeinsamkeiten. Dass sie alle Anti-Nazis waren, reichte als Solidarisierungsbasis nicht aus. Ja, es gab sogar mitten im Exil Gestalten wie Bernard von Brentano und Ernst Glaeser, die sich selbst in diesem Punkt nicht ganz eindeutig verhielten.

Wie lässt sich daher die Fülle dieser Künstler und Künstlerinnen, bei denen entschiedenes Engagement neben kleinmütigem Verzagen, nobelster Heroismus neben persönlicher Unzulänglichkeit steht, in bestimmte Richtungen einteilen? Gab es hier überhaupt klar erkennbare Gruppen, die auch außerhalb Deutschlands politisch wirksame Kulturaktivitäten entfalten konnten, oder war das Ganze nur ein Chaos von Einzelstimmen? Da sich die meisten dieser Vertriebenen aufgrund ihrer weit auseinander klaffenden bürgerlich-humanistischen, linksliberalen, linken, nationalkonservativen oder kulturzionistischen Überzeugungen bereits vor 1933 heftig, ja zum Teil erbittert bekämpft hatten, hörten solche Streitigkeiten auch im Exil nicht auf. Zu welchen Konsequenzen diese ideologischen Unterschiede führten, lässt sich unter anderem daran ablesen, in welche Länder die von den Nationalsozialisten bedrohten Gruppen oder Bevölkerungsschichten flüchteten. Zugegeben, unter den deutschen Juden und Jüdinnen gab es selbstverständlich viele, die erst einmal dahin gingen, wo sie Verwandte hatten oder wo sie ein Einreisevisum erhielten. Bei den in erster Linie aus politischen Gründen Vertriebenen spielten dagegen neben solchen Faktoren auch die politischen Zustände innerhalb der von ihnen gewählten Exilländer eine wichtige Rolle.

Die meisten KPD-Führer sowie einige der mit ihnen verbündeten Kulturschaffenden, die in Deutschland nach dem 30. Januar 1933 besonders bedroht waren, flohen so rasch wie möglich in die Sowjetunion. Die wichtigste Rolle unter den Künstlern dieser politischen Ausrichtung spielten Johannes R. Becher, Willi Bredel, Gustav von Wangenheim, Erich Weinert und Friedrich Wolf. Sowohl in Moskau als auch in Engels, der Hauptstadt der 1925 gegründeten Deutschen Wolgarepublik, konnten diese Gruppen zu Anfang eine recht aktive Kulturpolitik entfalten, bei der sie selbst von „Avantgardisten" wie Erwin Piscator und Hanns Eisler unterstützt wurden, die es erst später – unter den verschärften Bedingungen der 1934 auf dem Moskauer Allunionskongress verkündeten Doktrin des „Sozialistischen Realismus" – vorzogen, in den Westen überzuwechseln. Dennoch versuchten manche der vertriebenen deutschen Künstler auch danach, in Moskau weiterhin kulturpolitisch aktiv zu bleiben. Neben der seit 1931 bestehenden deutschsprachigen Zeitschrift *Internationale Literatur* erschien hier ab Juli 1937 auch die in vielen westlichen Ländern beachtete Zeitschrift *Das Wort*, als deren Herausgeber auf dem Titelblatt Bertolt Brecht, Willi Bredel und Lion Feuchtwanger genannt wurden. Damit wollte sich dieses Blatt zu dem seit 1934/35 verkündeten Volksfrontkurs einer möglichst breiten antifaschistischen Allianz bekennen, die neben sozialistisch orientierten Antifaschisten auch bürgerlich-humanistische Künstler für ihre Ziele zu aktivieren versuchte.

Doch nicht alle linksorientierten Künstler und Künstlerinnen unter den Vertriebenen gingen nach dem Sieg Hitlers und seiner Partei in die Sowjetunion. Im Gegenteil, ein Großteil zog es vor, lieber in jene demokratisch regierten Länder zu gehen, in denen ein etwas „freiheitlicherer" Geist herrschte. Und das waren nach 1933 vor allem die Tschechoslowakei und Frankreich. Besonders Prag zog anfangs viele deutsche Exilanten an, da in dieser Stadt noch immer eine starke Deutschsprachigkeit herrschte und außerdem Staatspräsidenten wie Tomáš Masaryk und Eduard Beneš kulturpolitisch für ein liberales Klima sorgten. Wie in kaum einem anderen Exilland erhielten hier einige deutsche Autoren, darunter Heinrich Mann, sogar eine neue Staatsbürgerschaft, um ihnen damit eine größere Bewegungsfreiheit zu gewährleisten. Selbst deutschen Kommunisten und Kommunistinnen wie John Heartfield, Wieland Herzfelde, Willi Münzenberg und Hedda Zinner wurde in diesem Lande – trotz mancher Proteste von Seiten der NS-Botschaft – die Möglichkeit geboten, kulturpolitisch tätig zu werden und in ihren Werken eine scharfe antifaschistische Gesinnung zum Ausdruck zu bringen. Ja, in Prag konnten sogar deutschsprachige Dramen aufgeführt werden, die Mitglieder des Bert-Brecht-Klubs linksgerichtete Aktivitäten entfalten sowie antifaschistische Blätter wie *Die Neue Weltbühne, Der Gegen-Angriff,* die *Neuen deutschen Blätter* und die *Arbeiter-Illustrierte-Zeitung* erscheinen und ungehindert in andere Länder verschickt werden.

Ähnlich und doch anders sahen die Verhältnisse für die deutschen Vertriebenen in Paris aus. Hier gab es zwar keine verbreitete Deutschsprachigkeit wie in großen Teilen der Tschechoslowakei, wo damals noch 28 Prozent der dort lebenden Menschen Deutsch sprachen, aber in dieser Stadt herrschte ein politisch liberales Klima, das dem in Prag relativ ähnlich war. Daher zog auch Paris viele deutsche Exilanten an, darunter bildende Künstler, Schriftsteller und Schriftstellerinnen wie Alfred Döblin, Kurt Kersten, Max Lingner, Heinrich Mann, Gustav Regler, Anna Seghers, Bodo Uhse und Johannes Wüsten bzw. Journalisten und Publizisten wie Hermann Budzislawski, Bruno Frei, Alfred Kantorowicz, Alfred Kerr, Egon Erwin Kisch, Maximilian Scheer, Leopold Schwarzschild und Paul Westheim, die in dieser Stadt eine deutsche Exil-Kultur aufzubauen versuchten, zu deren ersten Aktivitäten die im Sommer 1933 vollzogene Neugründung des von den Nationalsozialisten liquidierten Schutzverbandes deutscher Schriftsteller sowie die Herausgabe des *Braunbuches über Reichstagsbrand und Hitlerterror* in den von Willi Münzenberg geleiteten Editions du Carrefour gehörten. Noch im gleichen Jahr wurde in Paris der Deutsche Klub, das Institut zum Studium des Faschismus (INFA) und das *Pariser Tageblatt* gegründet, die weitgehend dem politischen und ästhetischen Selbstverständnis der deutschen Exilanten in Paris dienten, ohne vorerst groß auf die französische Öffentlichkeit einzuwirken.

Zu den politischen Hauptbemühungen der Antifaschisten unter den Exilanten in Frankreich gehörten die Beteiligung an der Saar-Abstimmung sowie die Vorbereitungen zu jenem großen Internationalen Schriftstellerkongress zur Verteidigung der Kultur, der vom 21. bis zum 25. Juni 1935 in Paris stattfand und an dessen Planung sich auch führende linke französische Schriftsteller, darunter Jean-Richard Bloch, André Gide und André Malraux, beteiligten. Auf ihm wurde – schon vor der im Mai 1936 in Frankreich zur Regierung kommenden Front populaire unter Léon Blum – eine von den Kommunisten eingeleitete Volksfrontpolitik beschlossen, die ein enges Bündnis mit den bürgerlichen

„Humanisten" anstrebte. Ähnliche Ziele setzte sich die Deutsche Freiheitsbibliothek in Paris, die 1936 eine Ausstellung „Das Freie Deutsche Buch" veranstaltete, während der Schutzverband deutscher Schriftsteller ein Jahr später zur Pariser Weltausstellung, auf der auch das Dritte Reich mit einem monumental auftrumpfenden Pavillon vertreten war, eine Ausstellung unter dem Titel „Das deutsche Buch 1837–1937" beisteuerte. Selbst im Bereich des Theaters gab es zeitweilig ähnliche Aktivitäten: Kabaretts wie Die Laterne sowie Die Bunte Bühne veranstalteten antifaschistische Abende und Slatan Dudow inszenierte 1937 mit Helene Weigel *Die Gewehre der Frau Carrar* von Bertolt Brecht, von dem schon vorher das mit Kurt Weill verfasste Stück *Die sieben Todsünden der Kleinbürger* sowie einige Szenen aus *Furcht und Elend des Dritten Reiches* unter dem Titel *99%* in Paris über die Bretter gegangen waren.

Nach dem Sieg Francos über die spanischen Republikaner und die internationalen Brigaden, den Moskauer Schauprozessen, dem Münchner Appeasement-Abkommen und dem Hitler-Stalin-Pakt trat jedoch

Ilja Ehrenburg (rechts), Klaus Mann (links) und Gustav Regler, drei der damals bekanntesten linken Autoren, bei einem Gespräch auf dem Pariser Volksfrontkongress zur „Verteidigung der Kultur" im Juni 1935.

eine allgemeine Lähmung unter den linken Antifaschisten in Paris ein, die bis 1938 die meisten Kulturaktivitäten innerhalb des deutschen Exils entwickelt hatten. Noch verzweifelter wurde die Lage der deutschen Exilanten in Paris wie auch in Südfrankreich, wo Lion Feuchtwanger vielen deutschen Autoren in Sanary-sur-mer ein vorübergehendes Asyl geboten hatte, nach dem Einmarsch der Hitler-Armeen in Polen am 1. September 1939 und dem dadurch ausgelösten Kriegszustand zwischen dem Dritten Reich und Frankreich. Ja, als die Nazi-Wehrmacht im Mai 1940 in Frankreich einmarschierte, wurden viele deutsche Exilanten von der mit den Nationalsozialisten sympathisierenden Vichy-Regierung unter Marschall Henri-Philippe Pétain in Konzentrationslagern, unter anderem in Gurs und Le Vernet, interniert, falls es ihnen nicht vorher gelungen war, die letzten Schiffe in Marseille zu erreichen oder über die Pyrenäen nach Spanien und von dort nach Lissabon zu entkommen, um sich in Richtung Amerika einzuschiffen.

So viel zu den kulturpolitischen Bemühungen der linken Antifaschisten und Antifaschistinnen unter den aus dem Dritten Reich Vertriebenen in der Sowjetunion, Tschechoslowakei und Frankreich, wo sich ihnen zwischen 1933 und 1938 noch am ehesten Möglichkeiten für solche Aktivitäten eröffneten. Doch wohin waren inzwischen die bürgerlichen Humanisten und Humanistinnen unter den Gegnern des Nazi-Regimes geflohen, die schon in der Weimarer Republik für die kulturpolitischen Bemühungen der KPD nur Verachtung an den Tag gelegt hatten? Wie erwartet, wichen sie mehrheitlich, falls sie die Möglichkeit dazu hatten, in als „bürgerlich" geltende Länder wie Holland, Schweden, England oder die Schweiz aus. Etwas pauschalisierend gesehen, lassen sich im Hinblick auf sie zwei Gruppen unterscheiden: eine resignierend-eskapistische und eine kulturbewusst-humanistische. Zu denen, die das Schwert einfach sinken ließen, weil sie im Dritten Reich eine „perfekte Verwirklichung" ältester deutscher Kleinbürgersehnsüchte erblickten, gehörte selbst ein ehemaliger Linksliberaler wie Kurt Tucholsky. Andere Autoren, Maler oder Komponisten dieser Gruppe, welche die Nationalsozialisten im Jahre 1933 rücksichtslos aus ihren ästhetischen Innenräumen gerissen hatten, verfielen im Exil entweder in düstere Lamentationen über die schicksalhafte Dunkelheit ihres Verstoßenseins oder klagten à la Theodor W. Adorno über ihr „beschädigtes Leben". Wieder andere, darunter deutsch-jüdische Schriftsteller wie Franz Werfel und Alfred Döblin, versuchten voller Verzweiflung, im katholischen Glauben eine neue Heimat zu finden.

Eine ebenso „unpolitische" Haltung – jedenfalls in ihren Anfängen – vertraten die sogenannten Geistgläubigen oder humanistischen Verteidiger der älteren Hochkultur unter den aus Deutschland Vertriebenen. Sie setzten sich weitgehend aus bestbürgerlichen Künstlern und Künstlerinnen zusammen, die sich in eine vornehme Reserviertheit zurückzogen und die These vertraten, dass eine gute Kunst stets die beste Politik sei. Dafür sprechen viele Äußerungen, die jene gutgläubigen DDP-Liberalen und Coudenhove-Kalergi-Anhänger unter den Schriftstellern kurz nach 1933 von sich gaben, welche sich in der späten Weimarer Republik als Vertreter einer „kommenden Ära des Weltbürgertums" gefühlt hatten. Klaus Mann, der in seiner Zeitschrift *Die Sammlung* auch solche Autoren immer wieder verzweifelt zum antifaschistischen Widerstand aufzurufen versuchte, erklärte daher später, als die NS-Dikatur vorüber war, voller Erbitterung: „Die Majorität ‚unserer Emigranten' bestand eben doch aus braven Bürgern, die sich in erster Linie als ‚gute Deutsche', erst in zweiter Linie als Juden und zu allerletzt, oder überhaupt nicht, als Antifaschisten empfanden."

Wie unpolitisch die Gesinnung mancher dieser Bildungsbürger war, zeigt sich am deutlichsten in ihrer Einstellung dem NS-Regime gegenüber. Gerade die Feinsinnigsten unter ihnen reagierten in diesem Punkt oft rein affekthaft. Ohne eine tiefere Einsicht in die politischen oder sozioökonomischen Dimensionen dieses Phänomens sahen sie in Hitler vornehmlich eine Gestalt aus dem Nichts, die auf unerforschliche Weise ganz Deutschland über Nacht in die finsterste Barbarei gestürzt habe. „Hitler ist ein historischer Fehler, der überhaupt nicht in die deutsche Geschichte gehört", behauptete ein Philosoph wie Ernst Cassirer in diesen Jahren. Wenn daher diese Kreise von den Nationalsozialisten sprachen, blieben sie meist im Bereich des Unpolitisch-Metaphorischen befangen, das heißt stellten die „braunen Horden" innerhalb des sogenannten Dritten Reichs als Vertreter des Dämonischen, Krankhaften, Teuflischen oder Wahnsinnigen hin. Alles, was damit zusammenhing, war für sie „rohestes Untermenschentum", „viehische Pestgegend" oder „schauerliche Heimkehr in Nacht und Tod". In sich selbst sahen sie dagegen Repräsentanten der kosmopolitischen Haltung Goethes oder des kantischen Idealismus, wofür sie gern die Formel des „anderen, besseren Deutschland" gebrauchten. „Wo ich bin, ist die deutsche Kultur", soll Thomas Mann damals ohne Ironie gesagt haben. Wohl das berühmteste Dokument dieser Haltung ist sein Roman *Lotte in Weimar* (1939), der an Goethe gerade das Konservative und Bildungsaristokratische betont. Ohne jeden Hinweis auf irgendwelche progressiven Elemente seines Protagonisten wird hier Goethe vornehmlich als ein großes Individuum herausgestellt, das sich mit herablassender Ironie über den nationalen Schwindel der Befreiungskriege mokiert sowie an einer altständischen Gesellschaftsordnung mit weltbürgerlichem Überbau festzuhalten versucht. In diesem Roman ist die Hauptfigur des „anderen, besseren Deutschlands" noch immer die nach innen gekehrte Persönlichkeit, worin sich zwar ein kulturelles, aber kein spezifisch politisches Gegenbild zum Deutschland der Nationalsozialisten manifestiert.

Aufgrund dieser Haltung blieben die meisten humanistisch eingestellten Emigranten in bürgerlich-demokratischen Staaten wie Holland, Schweden und der Schweiz weitgehend Einzelgänger. Obendrein wären kulturpolitische Gruppenaktivitäten deutscher Exilanten von den Behörden dieser Länder, die dem Dritten Reich gegenüber größtenteils eine vorsichtig taktierende Appeasement-Politik betrieben, ohnehin kaum geduldet worden. Selbst in Großbritannien, wohin die meisten dieser humanistisch gesinnten Vertriebenen gegangen waren, weil sie sich von diesem Land eine größere „Liberalität" versprochen hatten, blieb der Spielraum solcher Aktivitäten relativ begrenzt. Eine der wenigen Organisationen, die solche Bemühungen unterstützten, war der 1938 – im Zuge der Volksfrontpolitik dieser Jahre – in London gegründete Freie deutsche Kulturbund, dem als „Linke" unter anderem Jürgen Kuczinsky, Alfred Meusel und Ernst Hermann Meyer und als „Bürgerliche" Alfred Kerr, Oskar Kokoschka, Berthold Viertel und Stefan Zweig angehörten. Obwohl dieser Kulturbund nach 1939 weiter aktiv bleiben konnte, ja sich seine Mitgliederzahl sogar erhöhte, erfuhr er während des Krieges auch Rückschläge, da die englischen Behörden 1940 rund 10 000 Deutsche, darunter viele Exilanten, als „feindliche Ausländer" internieren ließen. Doch selbst in diesen Lagern hörten die Kulturaktivitäten der aus Deutschland Vertriebenen, und zwar einschließlich beachtlicher Theateraufführungen, Lesungen und Konzerte, keineswegs auf. Erst nach dem im Juni 1941 erfolgten Überfall der NS-Armeen auf die Sowjetunion verbesserte sich das Verhältnis zwischen den Exilierten und den britischen Behörden wieder. Vor allem gegen Kriegsende, als sich die Niederlage Deutschlands immer klarer abzeichnete, nahmen die kulturellen Aktivitäten der Exilierten – ob nun innerhalb oder außerhalb der Lager – beträchtlich zu. Neben Gruppen, die vornehmlich an Literatur interessiert waren, kam es jetzt auch zu verstärkten politästhetischen Bemühungen innerhalb der Sektionen für Musiker, bildende Künstler und Theaterschaffende, die erst nach der Niederlage Nazi-Deutschlands im Mai 1945 wieder abflauten, worauf sich der Kulturbund in der Folgezeit auflöste bzw. von einem Heinrich-Heine-Klub abgelöst wurde.

Nach 1939/40 wurden die Vereinigten Staaten zusehends zum wichtigsten Exilland, in das vor diesem Zeitpunkt nur wenige Vertriebene unter den deutschen Künstlern und Künstlerinnen gegangen waren. Erst nach dem siegreichen Vordringen der NS-Armeen in die Tschechoslowakei, nach Österreich, Frankreich, Belgien, Holland, Dänemark und Norwegen fassten viele dieser Exilierten – neben „exotischen" Ländern wie Kuba, Mexiko und Brasilien oder Städten wie Schanghai – auch die USA als letztmögliche Zufluchtsstätte ins Auge. Obwohl die Einwanderungsbedingungen dieses Landes wegen eines restriktiven Quo-

Arthur Kaufmann: *Die geistige Emigration* (begonnen 1939/40, vollendet 1964/65), Mühlheim, Städtisches Museum. Mittelteil und rechter Flügel eines Triptychons. Unter den dargestellten USA-Emigranten befinden sich Albert Einstein, Otto Klemperer, Erika Mann, Klaus Mann, Thomas Mann, Erwin Piscator, Max Reinhardt, Ludwig Renn, Ernst Toller, Kurt Weill und Arnold Zweig.

tensystems recht schwierig waren, gelang es in den Jahren zwischen 1939 und 1941, nachdem vorher schon Kulturgrößen wie Thomas Mann, Arnold Schönberg, Ernst Toller und Kurt Weill über den Großen Teich geflohen waren, einer stattlichen Reihe namhafter Künstler und Wissenschaftler wie Theodor W. Adorno, Günther Anders, Ernst Bloch, Bertolt Brecht, Hermann Broch, Paul Dessau, Alfred Döblin, Hanns Eisler, Lion Feuchtwanger, Bruno Frank, Leonhard Frank, Oskar Maria Graf, Wieland Herzfelde, Paul Hindemith, Max Horkheimer, Leopold Jessner, Otto Klemperer, Ernst Křenek, Emil Ludwig, Heinrich Mann, Klaus Mann, Erwin Piscator, Max Reinhardt, Erich Maria Remarque, Bruno Walter, Franz Werfel, Carl Zuckmayer und vielen anderen in die USA zu entkommen. Doch trotz dieser Fülle bedeutender Namen blieben die Kulturaktivitäten dieser Exilanten relativ gering. Noch am ehesten konnten manche der bekannteren Wissenschaftler und Dirigenten in den Vereinigten Staaten Fuß fassen, während den Künstlern und Künstlerinnen – vor allem nach dem Kriegsbeginn zwischen den USA und Nazi-Deutschland im Dezember 1941 – kaum irgendwelche Möglichkeiten offen standen, im US-amerikanischen Kulturleben eigene gesellschaftspolitische Aktivitäten zu entwickeln, zumal die Linken unter ihnen ständig vom Federal Bureau of Investigation (FBI) überwacht wurden.

Viele der exilierten deutschen Kulturschaffenden – wohl wissend, dass es in den Vereinigten Staaten kein staatlich subventioniertes Kulturleben gab – erhofften sich in diesem Land irgendwelche Erwerbsmöglichkeiten lediglich im Rahmen der in den USA üppig florierenden Freizeit- oder Unterhaltungsindustrie. Demzufolge waren bereits im Laufe der dreißiger Jahre rund 800 deutsche Regisseure, Kameramänner sowie Schauspieler und Schauspielerinnen, darunter Wilhelm Dieterle, Marlene Dietrich, Fritz Kortner, Fritz Lang, Peter Lorre, Ernst Lubitsch, Friedrich Wilhelm Murnau, Max Reinhardt und andere, nach Hollywood gegangen und hatten dort zum Teil recht gute, ja vorzügliche Arbeitsbedingungen vorgefunden. Ebenso erfolgreich hatte sich Kurt Weill in der zweiten Hälfte der dreißiger Jahre mit einigen seiner Musicals, wie *Knickerbocker Holiday* (1938) und *Lady in the Dark* (1940), im Broadway-Milieu etabliert. Auch berühmte Schriftsteller wie Lion Feuchtwanger, Emil Ludwig, Thomas Mann und Franz Werfel hatten mit ihren ins Englische übersetzten Romanen und Biografien in den USA eine breite Leserschaft gefunden. Doch die Mehrheit der anderen Künstler, darunter vorher weltberühmte wie Arnold Schönberg und

Bertolt Brecht, deren Werke sich wegen ihrer ästhetischen Esoterik oder politischen Brisanz nicht profitbringend vermarkten ließen, führte in den USA eine kaum beachtete Randexistenz. Schließlich stand hier, von den künstlerischen Leistungen des John Reed Club, der Works Progress Administration und des Artists' Congress einmal abgesehen, die übermächtige kapitalistische Kulturwarenindustrie, in der ein profitbringendes Starwesen herrschte, jeder Art von kulturpolitischen Gruppenaktivitäten von vornherein ablehnend gegenüber. Wer mit diesem System nicht übereinstimmte, blieb deshalb zwangsläufig im Abseits und konnte sich wie Brecht, der sich in Hollywood wie „Lenin im Prater" vorkam, nur damit trösten, dass seine zwischen 1936 und 1941 im Exil geschriebenen Dramen, wie *Mutter Courage und ihre Kinder*, *Leben des Galilei*, *Furcht und Elend des Dritten Reiches* und *Der gute Mensch von Sezuan*, vielleicht nach dem Kriege in einem befreiten und sich zum Sozialismus durchringenden Deutschland aufgeführt würden.

Lediglich in New York kam es während der letzten Kriegsjahre zeitweilig zu einigen kulturpolitischen Aktivitäten, die vom Jewish German Club, dem deutsch-jüdischen Blatt *Aufbau-Reconstruction* sowie dem von Wieland Herzfelde gegründeten Aurora-Verlag ausgingen. Doch selbst diese Bemühungen blieben weitgehend marginal. Nur Thomas Manns Stimme drang für eine Weile über den inneren Kreis der Exilanten hinaus, da er als einer der aktivsten Verehrer Franklin D. Roosevelts gute Beziehungen zum US-amerikanischen State Department unterhielt. Ja, 1942 wurde er sogar von der BBC aufgefordert, eine Reihe von *Reden an deutsche Hörer* zu halten, in denen er seine Hoffnungen anfangs auf einen zunehmenden Widerstand gegen die „braune Diktatur" setzte, dann jedoch, als dieser Widerstand ausblieb, den Deutschen gegen Kriegsende nur noch die Leviten las.

Die Besatzungszeit (1945–1949)

Hoffnungen auf einen Neuanfang

Nach dem Zusammenbruch des Dritten Reichs im Mai 1945 war nicht nur politisch, sondern auch kulturell eine völlig andere Situation als nach dem Ende des Ersten Weltkriegs gegeben. Diesmal hatte keine Revolution stattgefunden, an die sich freie Wahlen zu einer konstituierenden Nationalversammlung anschlossen. Stattdessen wurde das, was von Deutschland übrig geblieben war, in vier Besatzungszonen aufgeteilt und jahrelang von den US-amerikanischen, sowjetischen, britischen und französischen Militärbehörden verwaltet. Während sich also seit dem November 1918 die politische und kulturelle Opposition gegen das Hohenzollern-Regime in Form linker Parteien und Kunstströmungen mit kämpferischem Elan für eine demokratische oder gar sozialistische Neuordnung der bestehenden Verhältnisse einsetzen konnte, herrschte nach 1945 – aufgrund der harten Besatzungsbestimmungen – erst einmal ein Zustand weitgehender Politikverdrossenheit. Nur höchst vereinzelt kam es zu Ausbrüchen aufgestauter Unmutsäußerungen, die mit dem Anspruch einer revolutionären Umgestaltung der deutschen Verhältnisse aufzutrumpfen versuchten. Für größere Aktionen dieser Art war jedoch die sozioökonomische Situation, das heißt die weitgehende Zerstörung der großen Städte und der Rückgang der Industrieproduktion, einfach zu niederdrückend. Und es traten auch kaum politische oder kulturelle Leitfiguren auf, denen die Mehrheit der Bevölkerung vertraut hätte. Schließlich war das, was es vor 1933 als Gegenbewegung zum Präfaschismus gegeben hatte, entweder nach 1933 brutal unterdrückt oder ins Exil gejagt worden. Und selbst von den Exilanten kamen nach dem Mai 1945 nur wenige sofort in das viergeteilte Rumpfdeutschland zurück, da sie entweder in ihren Gastländern eine neue „Heimat" gefunden hatten oder von den Behörden dieser Staaten an einer zügigen Rückkehr gehindert wurden.

In den ersten beiden Jahren nach Kriegsende waren sich die vier Besatzungsmächte im Hinblick auf das Kulturleben innerhalb des besiegten Deutschlands, nämlich die Liquidierung der NS-Organisationen sowie eine mögliche Neuordnung der künstlerischen Infrastruktur unter antifaschistischem und antimilitaristischem Vorzeichen, noch relativ einig. Sämtliche Verantwortlichen in Rundfunk, Presse, Verlagswesen, Film und Theater wurden von den betreffenden Militärbehörden einer genauen Überprüfung unterzogen und – falls sie sich als „nazistisch vorbelastet" entpuppten – aus ihren Ämtern entfernt. Auch alle Bücher, welche für „Nationalsozialismus, Rassenhochmut und Aggressionslehre" eingetreten waren, mussten aufgrund der alliierten Anordnungen aus öffentlichen Bibliotheken, Buchläden und Verlagssortimenten entfernt werden. Ebenso scharf verfuhren die gleichen Behörden im Bereich des Rundfunks, den die Nationalsozialisten besonders effektiv zur politischen Manipulierung der „breiten Massen" eingesetzt hatten. Hier lag die Verwaltung anfangs allein in den Händen alliierter Kulturoffiziere und ging erst allmählich in die Verfügungsgewalt unbelasteter oder entnazifizierter deutscher Intendanten über, denen als Vertreter der Öffentlichkeit sogenannte unabhängige Rundfunkbeiräte von insgesamt 30 Mitgliedern verschiedener gesellschaftlicher Gruppierungen zur Seite traten. Ab Mai 1945 erschien außerdem in jeder der vier Besatzungszonen je eine große, überregionale Zeitung, die von den zuständigen Militärbehörden mit Unterstützung deutscher Redakteure herausgegeben wurde. In der sowjetischen Zone war dies die *Tägliche Rundschau*, in der britischen *Die Welt*, in

Wegen der Zusammenkunft der Siegermächte in Berlin am 5. Juni 1945 hatte die sowjetische Militärregierung die Bevölkerung aufgefordert, für jedes Haus eine der vier alliierten Fahnen anzufertigen.

der US-amerikanischen *Die Neue Zeitung* und in der französischen die *Nouvelles de France*. Daneben gestatteten die Siegermächte lediglich regionale Blätter und vergaben die Lizenzen hierfür nur an politisch Unbelastete. Alle Zeitungsbesitzer des Dritten Reichs, die sogenannten Altverleger, wurden so mit einem Schlag ausgeschaltet.

Die gleiche einschneidende Wirkung hatten die Verordnungen der Alliierten auf dem Gebiet des Verlagswesens. Unmittelbar nach dem Krieg wurde die Herstellung von Büchern erst einmal stark gedrosselt. Während die deutsche Buchproduktion im Jahr 1932 an der Spitze aller Länder der Welt gelegen hatte, sank sie in der Zeit zwischen 1945 und 1949 auf ungefähr ein Zehntel ihres ehemaligen Umfangs ab. Wie die Zeitungen unterlagen sämtliche bücherproduzierenden Unternehmen bis 1949 einer mehr oder minder scharfen Kontrolle der Militärbehörden. Verlage mit Nazivergangenheit wie Beck, Lehmann, Bruckmann oder Langen-Müller erhielten darum anfänglich keine Lizenz. Auch Schriftsteller wie Hanns Johst und Erwin Guido Kolbenheyer durften als „Hauptschuldige" des Nazi-Regimes weder publizieren noch öffentlich auftreten. Selbst ein sich als Vertreter der Inneren Emigration ausgebender Autor wie Ernst Jünger stand mehrere Jahre auf der Schwarzen Liste der Alliierten. Fast die gleichen Prozesse spielten sich im Bereich des Theaters ab. Hier waren es die Intendanten, welche die Hauptverantwortung für die „politische Unbeflecktheit" ihres Ensembles und die auf ihren Bühnen gespielten Stücke übernehmen mussten. Den stärksten Druck in dieser Hinsicht übten in den drei Westzonen anfangs die US-Amerikaner aus. Da die Vertreter dieses Landes von der Voraussetzung ausgingen, dass die Deutschen eine bedeutsame „Kulturnation" seien, schenkten sie diesem Bereich eine besonders hohe Aufmerksamkeit. Deshalb durften zu Anfang nur deutsche Dramen mit einer „humanistischen" Ausrichtung à la Lessings *Nathan der Weise* und Goethes *Iphigenie* sowie jene US-amerikanischen Stücke aufgeführt werden, die den Deutschen durch die theatralische Präsentation des „American Way of Life" einen Einführungskurs in das Wesen der Demokratie geben sollten.

Das ideologische Pendant zu dieser Ausschaltung der nazistischen Vergangenheit innerhalb des kulturellen Lebens bildete eine, wenn auch höchst bruchstückhafte Aufwertung derjenigen Künstler und Künstlerinnen, deren Werke im Dritten Reich als „undeutsch" oder gar „entartet" gegolten hatten. Noch am ehesten gab man jenen eine Chance, wieder bekannt zu werden, die trotz ihrer Verfemung nach

1933 in Deutschland geblieben waren. Allerdings hielten viele von ihnen nach Kriegsende nicht das, was sich manche von ihnen versprochen hatten. Jetzt, als ihre Stunde endlich schlug, zeigte es sich, dass sie zum Teil unterm Faschismus wie gelähmt dahingelebt hatten, ohne irgendetwas Bedeutendes zu schaffen. Weil sich also mit ihnen wenig Staat machen ließ, sahen sich die Kulturverantwortlichen schließlich gezwungen, in den Jahren nach 1945 erst einmal solche Künstler und Künstlerinnen in den Vordergrund zu rücken, die bereits vor 1933 angesehen waren und im Dritten Reich – wenigstens teilweise – in der Marginalitätszone des Privaten oder Halboffiziellen weitergearbeitet hatten.

In den bildenden Künsten gehörten dazu vor allem Ernst Barlach und Käthe Kollwitz, deren Werke jenen klagenden, appellartigen Charakter besaßen, den die Kunstinteressierten unter den durch die Katastrophe des deutschen Volkes Erschütterten als wahrhaft zeitgemäß empfanden. Ihre Statuen und Grafiken wurden deshalb schon im Herbst 1945 überall ausgestellt. Neben sie traten kurz darauf die Werke ehemaliger Expressionisten wie Erich Heckel, Emil Nolde, Max Pechstein und Karl Schmidt-Rottluff oder gesellschaftskritischer Realisten wie Otto Dix und Karl Hofer, die nach 1933 innerhalb Deutschlands eine halbverfemte Randexistenz geführt hatten. Sogar einige Maler der totalen Gegenstandslosigkeit wurden im Zuge dieser Wiedergutmachungswelle erneut aufgewertet. Allerdings gehörten dazu meist jene, die wie Willi Baumeister und Fritz Winter auch im Dritten Reich heimlich weitergemalt hatten, und nicht im Exil verstorbene Altmeister der modernistischen Avantgarde wie Wassili Kandinsky oder Paul Klee. Vor allem die Zeitschrift *Das Kunstwerk* trat – in Anlehnung an das neu erwachende Interesse für diese Art von Malerei in den „westlichen" Ländern – schon 1947 für die abstrakte Malerei ein, ohne sich allerdings mit ihren Ansichten sofort flächendeckend durchsetzen zu können.

Ebenso zweigleisig verlief die Entwicklung der anspruchsvollen Musik nach 1945. Zu Anfang wurden auch hier, wie in der Malerei, erst einmal die Werke der verfemten, vergessenen oder angeblich entarteten Komponisten wieder vorgestellt. Vor allem Dirigenten wie Ferenc Fricsay, Karl Amadeus Hartmann und Hans Rosbaud bemühten sich, das deutsche Konzertpublikum wieder mit den Werken fast vergessener Weltgrößen wie Béla Bartók, Sergej Prokofjew, Dimitri Schostakowitsch und Igor Strawinsky vertraut zu machen. Unter den deutschen

Komponisten, welche die NS-Behörden unterdrückt hatten, war es ins-
besondere Paul Hindemith, dessen Werke, wie etwa die Vorspiele zu
seiner Oper *Mathis der Maler* (1934), damals häufig gespielt wurden. Er
galt bei vielen als ein Verfemter, der selbst im Exil seinem Heimatlan-
de innerlich treu geblieben sei. Wesentlich kühler standen dagegen die
meisten E-Musik-Freunde anfangs den „abstrakten" Werken Arnold
Schönbergs und seines Kreises gegenüber, die bei den nach Gefühl
und Tonalität hungernden Nachkriegshörern und -hörerinnen auf keine große Gegenliebe stießen. Eher gespielt wurden dagegen die Werke
älterer deutsch-jüdischer Komponisten, die im Dritten Reich auf den
Index geraten waren. Das gilt vor allem für Felix Mendelssohn-Barthol-
dy, der aufgrund seiner „romantischen" Grundstimmung zu einem der
meistaufgeführten Wiedergutmachungskomponisten der Nachkriegszeit wurde, während die Symphonien Gustav Mahlers, die sich in
Deutschland nie recht durchgesetzt hat-
ten, selbst in diesen Jahren relativ selten
in den Konzertprogrammen der Radiosta-
tionen oder großen Symphonieorchester
auftauchten.

Karl Hofer: *Frau in Ruinen* (1945). Hofer war im Dritten Reich verfemt. Beim Bombardement von Berlin gingen viele seiner Bilder verloren. In der Nachkriegszeit wurde er als Direktor der Kunsthochschule in Berlin und Vizepräsident des Kulturbundes zur demokratischen Erneuerung Deutschlands bekannt.

Auch auf dem Sektor der Literatur erschienen nach 1945 nicht sofort alle Werke jener verfolgten, verfemten oder vertriebenen Autoren und Autorinnen, die
der Nationalsozialismus unterdrückt hatte. Und zwar hing das anfangs bei berühmten Schriftstellern oder Schriftstellerinnen kaum mit ideologischen Kriterien zusammen. So konnten etwa die
grauumschlagten *Versuche* Bertolt Brechts
sowohl in der sowjetischen als auch in
der US-amerikanischen Besatzungszone
herauskommen. Auch der kommunistisch
orientierte Exilroman *Das siebte Kreuz*
von Anna Seghers wurde in beiden dieser
Zonen publiziert. Ebenso unbehelligt ließen sich expressionistische Lyrikbände
oder Dramen zu diesem Zeitpunkt noch
als Ausdruck der von den Nationalsozialisten verfemten „Moderne" in allen vier

Besatzungszonen veröffentlichen und wurden von jüngeren Lesern oder Leserinnen fast wie Neuerscheinungen begrüßt. Daneben legten die vier Besatzungsmächte – wie zu erwarten – großen Wert darauf, dass den Deutschen auch unbekannte Werke ihrer eigenen modernen Autoren vorgestellt wurden, was sich an der Fülle der in diesen Jahren erscheinenden Übersetzungen von Albert Camus, Thomas Stearns Eliot, Christopher Fry, André Gide, Ernest Hemingway, Jean-Paul Sartre, Michail Scholochow, Konstantin Simonow, Evelyn Waugh oder Thomas Wolfe ablesen lässt.

Durch diese Aktivitäten, ob nun Ausstellungen, Konzerte oder Bucherscheinungen, kam es im Bereich der Kultur zwischen 1945 und 1947/48 zu einer Vielfalt miteinander harmonierender oder auch konkurrierender Strömungen, bei denen sich Altes und Neues oft auf seltsame Weise miteinander vermischten. Was in diesen Jahren den Ton angab, war also weniger eine klar definierte Richtung als ein Pluralismus, der eine erstaunliche ideologische und ästhetische Bandbreite hatte, das heißt von der antifaschistisch-linken bis zur christlich-kon-

Otto Pankok: *Von Auschwitz zurück* (1948). Pankok blieb während der Nazi-Diktatur in Deutschland und gehörte zum Widerstandsflügel der Inneren Emigration. Dies Bild ist eine der höchst seltenen künstlerischen Darstellungen von Auschwitz-Überlebenden.

servativen, von der sowjetischen bis zur US-amerikanischen sowie von der bisher als zu „abstrakt" geltenden bis zur im herkömmlichem Sinn „gegenständlichen" Kunst reichte. Angesichts des gerade niedergerungenen NS-Regimes und der anfänglich durchaus „progressiven" Kulturpolitik der vier Besatzungsmächte bestand damals noch die Bereitschaft, sich mit allem vertraut zu machen, worin sich innerhalb der allgemeinen Misere der durch Hunger, Wohnungsnot und Vertriebenenelend gezeichneten Nachkriegszeit etwas Anderes, Besseres, Erbauliches, Tröstendes, Experimentelles, Politisch-Befreiendes andeutete. Dieser Pluralismus wurde von vielen Künstlern, Kulturtheoretikern und Kunstinteressierten keineswegs als Chaos oder Widerspruch empfunden, sondern im Zeichen der neu gewonnenen ideologischen Freiheitlichkeit als Fortschritt in Richtung „Demokratie" und zugleich als Wiedergutmachungsakt an den vielen Leidtragenden der nationalsozialistischen Gleichschaltung der Künste durchaus begrüßt.

Innerhalb dieses pluralistischen Durcheinanders gab es allerdings eine Richtung, welche die neu gewonnene Freiheit nicht nur aufatmend genoss, sondern zu ihrem Schutz zugleich eine durchgreifende Umgestaltung der politischen und kulturellen Grundvoraussetzungen befürwortete. Ihre Vertreter und Vertreterinnen wollten zwar auch Freizügigkeit und Toleranz, aber doch im Rahmen einer gesellschaftlichen Ordnung, welche eine solche Toleranz überhaupt erst möglich mache. Sie setzten sich deshalb für den Aufbau einer antifaschistischen Kultur ein, der jene Leitlinien zugrunde liegen sollten, die viele Sozialisten und bürgerliche Humanisten im Zuge der Volksfrontpolitik bereits im Exil der dreißiger Jahre gefordert hatten. Um einen Rückfall in den Faschismus zu verhindern, traten sie im Einklang mit dem von den Siegermächten im Juli 1945 unterzeichneten Potsdamer Abkommen nicht nur für eine entschiedene Entnazifizierung, Entmilitarisierung und Entkartellisierung ein, sondern unterstützten zugleich alle Maßnahmen, die eine demokratische Umerziehung der „breiten Massen" der deutschen Bevölkerung ins Auge fassten. Statt tatenlos im Windschatten der Besatzungsmächte zu verharren, bemühten sich diese Gruppen, direkt in das unmittelbare Zeitgeschehen einzugreifen. Ideologisch gesehen, steuerten sie hierbei meist einen dritten Weg zwischen West und Ost, sprich: zwischen Kapitalismus und Kommunismus an. Im Gegensatz zu jenen, welche den maßlos übersteigerten Nationalismus der NS-Bewegung mit einem europäischen oder abendländischen Internationalismus zu überwinden hofften, blieben allerdings die meisten

Vertreter und Vertreterinnen dieser Richtung – in Fortführung der älteren Volksfrontstrategien, die ein „anderes, besseres Deutschland" anvisiert hatten – bewusst „national" eingestellt. Ihr Antifaschismus sollte nicht einer fortschreitenden Entnationalisierung Deutschlands dienen, was einer Liquidierung der Schuldfrage gleichgekommen wäre, sondern hatte die Auswechslung der reaktionären zu Gunsten der demokratisch-freiheitlichen Traditionen ihres zutiefst geliebten Vaterlandes zum Ziel.

Solche Bemühungen wären sicher im Cliquenhaften stecken geblieben, wenn ihnen der Kulturbund zur demokratischen Erneuerung Deutschlands keinen organisatorischen Rahmen geboten hätte. Dieser Bund trat bereits im Juni 1945 ins Leben und hielt am 4. Juli 1945 im großen Sendesaal des Berliner Rundfunks seine erste öffentliche Versammlung ab. Im August des gleichen Jahres gründete er den Aufbau-Verlag und schuf sich mit der Zeitschrift *Aufbau* und dem Wochenblatt *Sonntag* zwei wichtige, auf einen politischen und kulturellen Neuanfang hinarbeitende Publikationsorgane. Zu seinem ersten Präsidenten wurde der aus dem Moskauer Exil zurückgekehrte Schriftsteller Johannes R. Becher gewählt, der in seinem *Deutschen Bekenntnis* (1945) erklärte, dass die wichtigsten Kräfte bei der „weltanschaulich-moralischen Wiedergeburt" des deutschen Volkes „Demokratie, Sozialismus und Christentum" sein sollten. Als Vizepräsidenten standen ihm der Schriftsteller Bernhard Kellermann, der Maler Karl Hofer sowie der Altphilologe und Rektor der Humboldt-Universität Johannes Stroux zur Seite. Weitere führende Positionen übernahmen der Theaterkritiker Herbert Jhering, der Physiker Robert Havemann, der SPD-Politiker Gustav Dahrendorf, die Bildhauerin Renée Sintenis, der Schauspieler Paul Wegener, der Philosoph Ernst Niekisch, der damals noch für einen „verantwortungsbewussten Sozialismus" eintretende CDU-Politiker Ernst Lemmer, der KPD-Politiker Anton Ackermann, der Romanist Victor Klemperer, der Regisseur Wolfgang Langhoff, der Pädagoge Eduard Spranger, die Maler Otto Nagel und Max Pechstein sowie die Autoren bzw. Autorinnen Willi Bredel, Ricarda Huch, Ludwig Renn, Anna Seghers und Günther Weisenborn. Aufgrund dieser eindrucksvollen Phalanx schlossen sich dem Kulturbund schon im ersten Jahr 22 000 Mitglieder an, deren Zahl bis zum Jahr 1948 auf 120 000 anstieg.

Das bereits auf der ersten Veranstaltung des Kulturbundes verabschiedete Grundsatzprogramm enthielt vor allem folgende Postulate: die „Vernichtung der Nazi-Ideologie auf allen Lebens- und Wissensgebieten", die „Zusammenarbeit aller demokratisch eingestellten weltanschaulichen und religiösen Gruppen", die Schaffung einer „unverbrüchlichen Einheit der Intelligenz mit dem Volk", die „Überprüfung der Geschichtsentwicklung Deutschlands", die „Wiederentdeckung der freiheitlich-humanistischen, wahrhaft nationalen Traditionen Deutschlands", die „Anbahnung einer Verständigung mit den Kulturträgern anderer Völker" zum Zwecke einer „Wiedergewinnung des Vertrauens und der Achtung der Welt", die „Einflussnahme auf die geistige Betreuung der deutschen Jugenderziehung" sowie die „Anerkennung hervorragender Leistungen durch Stiftungen und Preise". Im Gegensatz zum Faschismus sollte im Rahmen dieser Organisation niemandem eine bestimmte Ideologie aufgezwungen werden. Nur in einem Punkte machte der Kulturbund keinen Kompromiss, und zwar in der Forderung, dass es in aller künftigen Kunst um die großen nationalen, politischen Belange des deutschen Volkes gehen müsse. Aus diesem Grund verwarf er jede elitäre Absonderung von den „breiten Massen" der Bevölkerung, wie er auch jede bloße „Zerstreuung und Unterhaltung" in der Kunst strikt ablehnte.

Im Sinne dieser demokratisch-pluralistischen Grundkonzepte unterstützte demzufolge der Kulturbund keinen besonderen „Ismus" in den Künsten. Während sich nach 1918 all jene Ismen, in denen sich ein

Karl Hubbuch: *Es gibt auch Leute, an denen die Schrecken des Krieges spurlos vorübergingen* (1946). Hubbuch, ein kritischer Realist der späten zwanziger Jahre, durfte nach 1933 nicht mehr ausstellen. Die Zeichnung stammt aus einer Reihe von Grafiken zur Nachkriegsmisere.

avantgardistisch-revolutionärer Elan Bahn zu brechen versuchte, nur so überstürzt hatten, begnügten sich die auf Umgestaltung oder Neuordnung drängenden Kräfte diesmal mit wesentlich bescheideneren Vorstellungen. Wenn sie überhaupt nach einem Ismus griffen, was selten genug geschah, dann noch am ehesten zu dem Schlagwort „Realismus". Was man darunter verstand, war allerdings keine einfache Abbildlichkeit, sondern etwas wesentlich Intensiveres, Aufwühlenderes, Konkreteres. Als realistisch galt diesen Künstlern und Künstlerinnen vornehmlich jene Kunst, die weder vor einer kritischen Auseinandersetzung mit der faschistischen Vergangenheit noch einer couragierten Beschäftigung mit der eigenen Gegenwart zurückschrecken würde. Aus diesem Grund fassten sie eine Kunst ins Auge, die sich trotz der erdrückenden Misere der Nachkriegszeit phrasenlos der „Forderung des Tages" stellen sollte, statt ins Artistische, Elitäre, Hermetische, kurz: Unrealistische auszuweichen. Demzufolge wurde in diesem Umkreis das Inhaltliche meist wesentlich wichtiger genommen als die sogenannte Formfrage. Den Hauptverantwortlichen unter den Mitgliedern dieser Organisation ging es in erster Linie darum, in allen drei Künsten endlich wieder bedeutungsvolle Leit- oder Vorbilder zu schaffen, das heißt ihr Publikum zu erschüttern oder es zumindest aus der Trägheit des Herzens aufzuschrecken, indem sie es mit Themen wie Faschismus, Krieg, Konzentrationslagern, Flüchtlingselend und Aufbauleistungen konfrontierten.

Im Bereich der bildenden Kunst war einer der einflussreichsten Wortführer dieser Richtung Karl Hofer, der als Vizepräsident des Kulturbundes an besonders exponierter Stelle stand. Statt einem „artistisch geschulten Publikum mit stark snobistischem Einschlag" eine „eiskalte Kunst der Abstraktion" vorzusetzen, wie er 1947 im dritten Heft der Zeitschrift *Bildende Kunst* schrieb, befürwortete er einen „expressiven Realismus", dem in sinnbildlicher Form eine die Gesamtgesellschaft betreffende Aussage über die Situation der Menschen in „unserer Zeit" zugrunde liegen sollte. Ähnliche Forderungen, die von „realen Erkenntnissen" ausgingen, finden sich bei Malern wie Otto Dix, Heinrich Ehmsen, Hans Grundig, Wilhelm Lachnit, Otto Nagel und Horst Strempel. Im Bereich der „seriösen" Musik äußerte sich die gleiche Tendenz in einem energischen Zweifrontenkrieg gegen ein Abgleiten ins Vulgäre auf der einen und eine Absonderung ins Esoterische auf der anderen Seite. Als positive Alternative dazu gebrauchten die engagierten Musikkritiker dieser Jahre gern das Adjektiv „bekennerhaft", um sich damit für eine möglichst schlichte, aber inhaltlich aussagekräftige Tonsprache à la Werner Egk, Hugo Distler oder Paul Hindemith einzusetzen. Und auch in der Literatur befürworteten die Vertreter und Vertreterinnen dieser Richtung statt ästhetisch-verschmockter Ausflüge in die kalligrafischen oder hermetisch-verschlüsselten Bereiche der Inneren Emigration jetzt jenes Einfach-Realistische, das für alle Menschen verständlich sein sollte. Im Gefolge solcher Tendenzen kam es dementsprechend – ob nun bei manchen Schriftstellern des Berliner Kulturbunds oder den Autoren der 1946 von Alfred Andersch und Hans Werner Richter in München gegründeten Zeitschrift *Der Ruf* – in Form eines radikalen „Kahlschlags" fast durchgehend zu einer Absage an jede „poetische" Überhöhung, um das Gesellschaftlich-Konkrete nicht zu Gunsten einer idealistisch-heroisierenden oder verblümt-ästhetisierenden Scheinwelt zu verdrängen. Das Gleiche gilt für frühe DEFA-Filme wie *Die Mörder sind unter uns* (1946) von Wolfgang Staudte oder *Ehe im Schatten* (1947) von Kurt Maetzig, die an die kritisch-realistischen Traditionen der Weimarer Republik anzuknüpfen versuchten.

Conrad Felixmüller: *Im Juni gehe ich schwarz über die Grenze* (1947). Um die Grenze zwischen der sowjetischen Besatzungszone und den westlichen Besatzungszonen zu passieren, benötigte man seit 1946 einen sogenannten Interzonenpass.

Doch die meisten dieser Bemühungen erwiesen sich als äußerst kurzlebig. Solange es in der unmittelbaren Nachkriegszeit nur wenige unterhaltsame Massenmedien gab, schienen solche Hoffnungen, nämlich eine für das gesamte deutsche Volk verbindliche hohe Kunst zu entwerfen, die auf alle Ausflüchte ins „Unterhaltsame und Zerstreuende" verzichten würde, manchen Kulturtheoretikern in West und Ost noch durchaus „realistisch". Doch als der erste Nachkriegsschock überwunden war, stellten sich solche Zielsetzungen als illusorisch heraus. Schließlich setzte bei breiten Schichten der Bevölkerung, die keine auf das „Höhere" in der Kunst eingestellte Oberschulbildung besaßen und zugleich harte Aufbauleistungen erbringen mussten, schon 1946/47 abends und an Wochenenden wieder ein steigendes Unterhaltungsbedürfnis ein. Dies

wurde zu Anfang vornehmlich durch die Musik und die Filme der westlichen Siegermächte, aber dann auch durch die sich allmählich regenerierende westdeutsche Unterhaltungsindustrie befriedigt. Wirklich einschneidende Änderungen traten jedoch erst in den Jahren 1947/48 ein, als jener Kalte Krieg zwischen den Westmächten und den Sowjets ausbrach, der auch auf kulturellem Sektor zu völlig neuen Frontstellungen führte.

Nach dem Beginn des Kalten Krieges

Im Bereich der Literatur zeigten sich die ersten Auswirkungen dieser Neuorientierung auf jenem Ersten Deutschen Schriftstellerkongress, der im Oktober 1947 vom Kulturbund zur demokratischen Erneuerung nach Berlin einberufen wurde. Neben Vertretern und Vertreterinnen des antifaschistischen Widerstands und der Inneren Emigration wie Rudolf Hagelstange, Ricarda Huch, Elisabeth Langgässer, Ernst Penzoldt und Günther Weisenborn traten hier auch Exponenten des Exils wie Johannes R. Becher, Stephan Hermlin, Alfred Kantorowicz, Hans Mayer und Friedrich Wolf als Redner auf. Trotz der Entschiedenheit beider Lager, im Sinne der „inneren und äußeren" Widerstandskämpfer gegen das Dritte Reich weiterhin an der politischen und kulturellen Einheit Deutschlands festzuhalten und jeder Spaltungstendenz entschieden entgegenzutreten, kam es dennoch bei dieser Tagung nicht zu der vorher erhofften ideologischen Einhelligkeit, da zu diesem Zeitpunkt bereits der Kalte Krieg seinen Schatten über das Ganze zu werfen begann. Die auf diesem Kongress zur Debatte stehenden ideologischen Gegensätze führten schon wenige Wochen später dazu, dass sich der Kulturbund in den drei Westsektoren Berlins wie auch den westlichen Besatzungszonen Deutschlands immer größeren Schwierigkeiten gegenübersah, ja sich teilweise auflöste oder verboten wurde. Schließlich war der Hauptgegner diesseits des „Eisernen Vorhangs", wie die innerdeutsche Grenze im Rahmen der westalliierten Propaganda hieß, plötzlich nicht mehr der Faschismus, sondern immer eindeutiger der Kommunismus. Und damit gerieten alle linksdemokratischen Neuordnungskonzepte, selbst jene, die nur kulturelle Ziele verfolgt hatten, in Gefahr, von den Vertretern der westlichen „Freiheits"-Ideologie einfach von der Tagesordnung abgesetzt zu werden.

In den von den drei Westmächten besetzten Teilen Deutschlands waren es die Vereinigten Staaten, die im Kalten Krieg die Führungsrolle übernahmen. Sie befürworteten nicht nur politisch, sondern auch kulturell eine konsequente Frontstellung gegen den als „totalitaristisch" hingestellten Sozialismus. Demzufolge unterstützten sie in ihrer Besatzungszone mit Hilfe wohlausgestatteter Amerika-Häuser und finanzieller Subventionierung von Seiten der CIA alle Bemühungen, den antifaschistischen „Realismus" oder gar den sowjetischen „Sozialistischen Realismus" als Ausdruck einer die individuelle Freiheit unterdrückenden Kunst anzuprangern. Wer sich dieser ideologischen Wende nicht anpasste, wurde von den US-amerikanischen Kulturoffizieren kurzerhand als „Pinko" oder „Fellow Traveller" des Kommunismus verdächtigt. Aufgrund dieser Entwicklung zogen es linke Schriftsteller, Dozenten und Journalisten wie Eduard Claudius, Günther Cwojdrak, Stephan Hermlin, Stefan Heym, Hans Marchwitza, Hans Mayer und Karl-Eduard von Schnitzler nach 1947/48 vor, ihren Wohnsitz wegen zunehmender Repressalien aus den Westzonen in die Sowjetische Besatzungszone zu verlegen. Ähnlichen Schwierigkeiten sah sich jene Münchner Autorengruppe gegenüber, deren Zeitschrift *Der Ruf* Ende 1947 von den US-amerikanischen Behörden wegen angeblicher Linkslastigkeit vorübergehend verboten wurde und erst als relativ systemkonformes Blatt wieder neu erscheinen durfte. Einer der wichtigsten Wortführer dieser Kampagnen gegen alles Linke wie auch gegen die Idee eines „Dritten Weges" zwischen den beiden Supermächten war hierbei Melvin J. Lasky, der dem Congress for Cultural Freedom in Westberlin vorstand und zugleich die Zeitschrift *Der Monat* (ab 1948) herausgab, die er unter dem Deckmantel der Totalitarismuskritik – unter anderem durch die Veröffentlichung des bis dahin verbotenen Romans *1984* (1949) von George Orwell – in den Dienst einer hektisch angekurbelten antikommunistischen Propaganda stellte.

All jene, die im Gefolge dieses neuen Kurses in den Westzonen als Parteigänger und Parteigängerinnen eines konsequenten Antikommunismus auftraten, wandten sich deshalb immer nachdrücklicher gegen jedes linksorientierte Engagement und unterstützten im Sinne Karl R. Poppers das Konzept einer „Open Society", worunter sie im Bezugsfeld dieser Jahre eine bürgerlich-kapitalistische Gesellschaftsordnung älterer Prägung verstanden. Wer also „Restauration" statt „Neuordnung" befürwortete, brauchte sich lediglich als Verteidiger einer verstärkten gesellschaftlichen „Offenheit" auszugeben und hatte damit all jene Bevölkerungsschichten auf seiner Seite, die sich von einer Wiederherstellung der früheren sozioökonomischen Verhältnisse auch eine Wiederherstellung ihrer gesellschaftlichen und kulturellen Führungsrolle versprachen. Parolen dieser Art wurden deshalb von einem Großteil der westdeutschen Bildungsbourgeoisie sofort zustimmend aufgegriffen. Bei den linken Politikern und Kulturtheoretikern im Osten Deutschlands stießen sie dagegen, wie erwartet, auf scharfen Widerstand. Und das führte zwangsläufig zu einer von beiden politischen Großmächten nachdrücklich geförderten weltanschaulichen und kulturellen Polarisierung der zwei deutschen Teilgebiete, die es in dieser Schärfe in der unmittelbaren Nachkriegszeit nicht gegeben hatte.

Während viele Künstler und Künstlerinnen im Ostsektor Berlins sowie in der Sowjetischen Besatzungszone auch nach 1947/48 weiterhin an der vom Kulturbund propagierten Volksfrontpolitik festzuhalten versuchten, das heißt ein ideologisches Bündnis zwischen den Linken und den bürgerlichen Humanisten anstrebten, wurde nach dieser politischen und kulturellen Tendenzwende in den westlichen Teilen Deutschlands fast nur noch jene Kunst unterstützt, die sich den Konzepten der „bürgerlichen Mitte" verpflichtet fühlte. Diese Entwicklung führte bei den Konservativen zu einem Festhalten am klassisch-romantischen Kulturerbe, während die als „liberal" geltenden Kreise eher für die Wiederbelebung jener als „Klassische Moderne" ausgegebenen Kunst eintraten, welche den Hauptteil der Ismen-Strömungen zwischen 1890 und dem Ende der Weimarer Republik gebildet hatte. Doch ob nun die Goethezeit oder die Klassische Moderne: Beide dieser Leitbilder wurden im Westteil Deutschlands weitgehend als Ausdruck einer subjektgefärbten, aber zugleich ins Zeitlose verklärten Kultur hingestellt, in der es noch vornehmlich um Kunst und nicht um Politik gegangen sei. Überhaupt knüpften diese zwei Gruppen im Verlauf des Kalten Krieges immer weniger an die freiheitlich-demokratischen oder gar revolutionären Traditionen der deutschen Kunst an, sondern hielten sich – in bewusster Absehung von allen gesellschaftlichen Engagementsformen – eher an die wohletablierten Traditionen des Allgemein-Menschlichen, der Ästhetisierung oder der seelischen Verinnerlichung. Statt weiterhin auf jene zu hören, die von Neuordnung oder Umerziehung gesprochen hatten, vertraten sie kulturell weitgehend die Haltung jener älteren Bildungsbürger, die sich jetzt als „gebrannte Kinder" des Nationalsozialismus mehrheitlich als Nichtfaschisten, das heißt als Vertreter der Inneren Emigration ausgaben – was Thomas Mann in seiner „Großen Kontroverse" mit Walter von Molo und Frank

Thieß schon 1945/46 in aller Schärfe als ideologisch ungerechtfertigt zurückgewiesen hatte.

Am deutlichsten drückten sich solche Spannungen im Bereich des Literarischen aus. Das zeigte sich bereits 1948 auf jenem Zweiten Deutschen Literaturkongress, der im Mai dieses Jahres in Frankfurt am Main stattfand. Hier war es nur noch Hans Mayer, der weiterhin am humanistisch-engagierten Auftrag der Literatur festhielt. Statt sich an „westlichen" Autoren wie André Gide, Ernst Jünger oder Franz Kafka zu orientieren, berief er sich lieber auf Bertolt Brecht, Maxim Gorki und Thomas Mann. Die meisten anderen Sprecher und Sprecherinnen dieser Tagung, darunter Rudolf Hagelstange, Elisabeth Langgässer und Rudolf Alexander Schröder, verwarfen hingegen jede Form einer um Zeitnähe und Realistik bemühten „littérature engagée" und traten für eine ins Zeitlose erhobene reine Dichtung ein. Statt auf „Engagement" oder „propagandistische Absichtserklärungen" zu pochen, sei es nach dem kulturellen Chaos der unmittelbaren Nachkriegsära jetzt endlich an der Zeit, wie es im Herbst des gleichen Jahres in einem Sammelband unter dem Titel *Literatur und Politik* hieß, vom „Schrifttum" wieder zur „Dichtung", das heißt vom „Unkultivierten" zum „Kultivierten" zurückzukehren. In schroffem Gegensatz zu jener Erklärung des sowjetischen Kulturoffiziers Alexander Dymschitz, die zur selben Zeit in der *Täglichen Rundschau* erschien und in Anlehnung an Andrej Shdanow für eine Gleichsetzung von „Realismus" und „Parteilichkeit" eintrat, zogen sich demzufolge große Teile der westdeutschen Autoren und Autorinnen nach diesem Zeitpunkt, was unter anderem die Werke von Werner Bergengruen, Georg Britting, Erhart Kästner, Wilhelm Lehmann, Gertrud von Le Fort und Luise Rinser belegen, immer stärker in die als „unpolitisch" geltenden Bereiche der Natur, des Religiösen, des Mythisch-Magischen oder des Formalästhetischen zurück.

Auch die westdeutsche Musikkritik wollte nach 1947 nicht hinter solchen Tendenzen zurückstehen. So wandte sich der damals höchst einflussreiche Hans Heinz Stuckenschmidt 1949 in seinem Buch *Musik im 20. Jahrhundert* gegen jede Art von „Weltveränderungsmusik", die sich zum Sprachrohr von „Parteistaaten" mache. Umso nachdrücklicher setzte er sich dagegen für einen bisher als formalistischen Außenseiter geltenden Zwölftonkomponisten wie Arnold Schönberg ein, den die entweder an klassisch-romantischer oder an halbmoderner Musik à la Béla Bartók, Paul Hindemith und Igor Strawinsky orientierte Kritik ungebührlich vernachlässigt habe. Noch prononcierter bekannte sich

Theodor W. Adorno zu Schönberg, dessen Werke er 1949 in seiner *Philosophie der neuen Musik* – im Sinne der von ihm vertretenen negativen Dialektik – als die einzige „Flaschenpost" zu noch „unbekannten Ufern" bezeichnete. Ja, die Zeitschrift *Melos* erklärte in ihrem Novemberheft des gleichen Jahres, dass es in Zukunft keine seriöse Musik mehr geben dürfe, die „nicht mit einem Tropfen Zwölftontechnik gesalbt" sei.

Im Bereich der Malerei gebrauchten die „westlich" orientierten „Moderne"-Fanatiker zum gleichen Zeitpunkt, um sich von allen bisherigen Formen des Realismus abzusetzen, meist Gleichsetzungen wie: realistisch gleich verständlich, verständlich gleich massenzugewandt, massenzugewandt gleich totalitaristisch und totalitaristisch gleich kulturfeindlich. Nur eine gegenstandslose Malerei, hieß es in diesem Umkreis, sei nicht an die „niedere" Welt der Objekte gebunden, sondern entspringe einem kreativ-freien Schöpfungsakt, in dem sich die Individualität eines nicht in totalitäre Systeme eingebundenen Malers manifestiere. Während um 1946/47 noch die Werke von Ernst Barlach oder Käthe Kollwitz als die entscheidenden Beiträge zur gegenwärtigen

Willi Baumeister: *Metaphysische Landschaft (Ocker)* (1948), Stuttgart, Kunstmuseum. Die abstrakte Malerei, im Dritten Reich verboten, lebte in der Nachkriegszeit wieder auf. Der damals in Stuttgart wirkende Baumeister galt in den drei westlichen Besatzungszonen als ihr Hauptvertreter.

Kunstsituation galten, waren es jetzt immer stärker die nicht-abbild-lichen Mauerbilder von Willi Baumeister, die buntfleckigen, aber zu-gleich ornamental angeordneten Abstraktionen von Ernst Wilhelm Nay oder die kristallin durchleuchteten Formgebilde eines Fritz Winter, die von bewusst formalästhetisch orientierten Blättern wie *Das Kunst-werk* als Inbegriff einer unrealistischen und damit ins „Westliche" be-freiten Kunst herausgestrichen wurden.

Neben der durch den Kalten Krieg in Gang gesetzten antikommunis-tischen Propagandawelle war es vor allem jene am 20. Juni 1948 ohne vorherige Absprache mit der UdSSR durchgeführte Währungsreform, durch die in den drei Westzonen und in Westberlin allen antifaschis-tisch-demokratischen Neuordnungsvorstellungen und damit allen Hoffnungen auf eine „realistische und zugleich hohe Kultur für jeder-mann" zwangsläufig die sozioökonomische Basis entzogen wurde. In-dem es in diesen Besatzungsgebieten zur Wiederherstellung einer weitgehend profitorientierten Wirtschaftsordnung kam, musste es dort auch zur Restaurierung jener Meinungs- und Unterhaltungsindustrie kommen, in der bereits in den zwanziger Jahren vornehmlich das Prin-zip von Angebot und Nachfrage geherrscht hatte. Während sich in Ost-deutschland nach diesem Zeitpunkt im wirtschaftlichen und kultu-rellen Bereich immer stärker die staatlichen Verwaltungsapparate mit ihren ideologischen Zielsetzungen durchsetzten, wurde also in der Fol-gezeit im Westen der wichtigste Motor aller weiteren Entwicklungen wieder jene Privatwirtschaft, in der weitgehend die neoliberalen Ma-nagerschichten das Sagen hatten. Und das führte im Hinblick auf die Künste notwendig zu einer unaufhaltsamen Ausdifferenzierung in ei-ne Fülle hoher, mittlerer und niederer Teilkulturen, innerhalb deren die einzelnen Branchen der Freizeitindustrie der Kaufkraft und den Bil-dungsvoraussetzungen der jeweils ins Auge gefassten Bevölkerungs-schichten und Interessengruppen so weit wie möglich entgegenzukom-men suchten. Kurzum: Jene deutsche Nachkriegskultur, in der vor Be-ginn des Kalten Krieges noch eine deutliche Dominanz der E-Kultur geherrscht hatte, spaltete sich nach 1947/48 in eine östliche, wo aus nationalpädagogischen Gründen weiterhin ein starker Nachdruck auf die Priorität der Hohen Kunst gelegt wurde, und eine westliche, in der sich ein ästhetischer Supermarkt herausbildete, in welcher der Hohen Kunst nur noch ein elitäres Oberstübchen zugewiesen wurde, während die „breiten Massen" an den Billigangeboten der Unterhaltungsindus-trie ihr Genügen finden sollten.

Die ehemalige Bundesrepublik Deutschland (1949–1990)

Die Ära des „Wirtschaftswunders"

Nach dem Beginn des Kalten Krieges zwischen den USA und der UdSSR musste es notwendig zu einer Spaltung Deutschlands in zwei, den beiden Hauptsiegern des Zweiten Weltkrieges unterstehende Einflussbereiche kommen. Den ersten Schritt dazu unternahmen, wie gesagt, die drei Westmächte mit ihrer im Juni 1948 in der Trizone und im Westsektor Berlins durchgeführten Währungsreform, mit der sie dem westlichen Teil des ehemaligen Dritten Reichs die finanzielle Grundlage einer ökonomischen Aufwärtsentwicklung geben wollten, um ihn dadurch in ein Bollwerk gegen den östlichen Kommunismus umzuwandeln. Die Durchführung dieser Pläne wurde weitgehend Ludwig Erhard, dem verantwortlichen Leiter des bizonalen Wirtschaftsrats, übertragen. Erhard war bereits seit 1947 gegen die Fortführung der planwirtschaftlichen Maßnahmen der ersten Nachkriegsjahre oder gar eine Überführung der sogenannten Schlüsselindustrien in Gemeineigentum eingetreten. Stattdessen hatte er die relativ freie Entfaltung kapitalistischer Privatinitiativen im Rahmen einer „sozialen Marktwirtschaft" empfohlen. Da der von ihm gutgeheißene Wirtschaftskurs in den Jahren 1948/49 mit dem Anlaufen des Marshall-Plans verbunden wurde und damit breiten Schichten der westdeutschen Bevölkerung – nach zehnjähriger Plan- und Zwangswirtschaft – wie ein Durchbruch zu demokratischer Freiheit erschien, erwiesen sich die Erhard'schen Wirtschaftskonzepte als äußerst erfolgreich und verschafften den Vertretern restaurativer Ideologievorstellungen in den westalliierten Besatzungszonen eine höchst günstige Ausgangsposition.

Konrad Adenauer, der als Vorsitzender der Christlich-Demokratischen Union nach den ersten westdeutschen Wahlen im September 1949 das Kanzleramt übernahm, ernannte daher Ludwig Erhard umgehend zu seinem Wirtschaftsminister. Beide Politiker ließen in der Gründungsphase der ehemaligen Bundesrepublik nicht davon ab, diesen Kurs, der die entscheidende Voraussetzung ihrer Politik des Antikommunismus und der Westintegrierung bildete, mit allen ihnen zur Verfügung stehenden Mitteln zu fördern. Aus diesem Grunde wurde

Freie Bahn dem Marshallplan (1950). Dieses Werbeplakat entstand in engem Zusammenhang mit der Aufhebung der Zollschranken und den US-amerikanischen Kreditleistungen, welche die westdeutsche Industrie ankurbeln sollten.

1950 nicht nur der bisherige Preisstopp aufgehoben, sondern auch die sogenannte Kleine Steuerreform verabschiedet, die allen Bundesbürgern mit hohem Einkommen großzügige Abschreibungsvergünstigungen und Steuerermäßigungen zugestand, um so die nötigen wirtschaftlichen Investitionsanreize zu schaffen. Außerdem kam es zur endgültigen Einstellung von Demontagen, zur Aufhebung der Produktionsbeschränkungen, zur Rückgabe der Montanindustrie an ihre früheren Besitzer, zur Lockerung der Dekartellisierungvorschriften sowie zur Wiederaufnahme exportfördernder Beziehungen zu anderen westlichen Ländern.

Die hierdurch ermöglichte Produktionssteigerung wurde von Adenauer und Erhard weitgehend als das Werk ihrer Partei herausgestrichen. Voller Stolz wiesen sie darauf hin, dass die westdeutsche Industrieproduktivität von 1950 bis 1960 um 164 Prozent angestiegen sei und somit die Zuwachsrate aller anderen Industrienationen im gleichen Zeitraum weit übertroffen habe. Daher konnte die Bundesrepublik bereits gegen Ende dieses Zeitraums im Rahmen der 1957/58 in Kraft tretenden westeuropäischen Wirtschaftsgemeinschaft als das ökonomisch stärkste Land auftreten. „Wir sind wieder wer!", hieß es dementsprechend in vielen westdeutschen Zeitungen, die sich mit dieser Entwicklung identifizierten. Ja, Ludwig Erhard wurde als Symbol dieses ökonomischen Aufschwungs allgemein als „Mr. Wirtschaftswunder" apostrophiert. Und mit solchen Parolen gelang es der Koalition aus CDU und CSU bei den Bundestagswahlen von 1957, was sich bisher nicht wiederholt hat, eine absolute Mehrheit im Bundestag zu erringen.

Die Ideologie, die sich aufgrund dieser „Erfolgsstory" entwickelte, stützte sich auf zwei höchst verschiedene und doch komplementäre Zielvorstellungen. Die eine wurde von den Neokonservativen um Adenauer, die andere von den Neoliberalen um Erhard unterstützt. Die Neokonservativen beriefen sich bei ihren Westintegrationskonzepten und ihrem Antikommunismus weitgehend auf traditionelle Wertvorstellungen, unter denen vor allem die christlichen, genauer gesagt: die christ-katholischen, eine zentrale Rolle spielten. Dementsprechend verbrämten sie ihre „Politik der Stärke" gegen den „gefährlich dräuenden Ostblock" gern mit einer abendländisch-missionarischen Tendenz, die manchmal – in ihren Befreiungsversprechungen den „unter dem Joch des Kommunismus schmachtenden Völkern" gegenüber – fast den Charakter einer Kreuzzugsideologie annahm. Die Neoliberalen hingegen verzichteten weitgehend auf solche ins Religiöse übersteigerten Vorstellungen und begnügten sich mit dem Konzept, dem Kommunismus nicht mit einer bestimmten Weltanschauung, sondern mit „vollen Schaufenstern" entgegentreten zu wollen, was sie für wesentlich verführerischer hielten als irgendwelche anspruchsvollen Ideologiekomplexe. Doch letztlich herrschte, ideologiekritisch betrachtet, zwischen diesen beiden Zielvorstellungen kein gravierender Unterschied. Schließlich richteten sich beide in erster Linie gegen den Kommunismus. Und damit konnte sich die CDU/CSU nicht nur aufgrund ihrer wirtschaftlichen „Erfolge", sondern auch aufgrund ihrer US-amerikanisierten „Freiheitsvorstellungen" bei der Mehrheit der westdeutschen Bevölkerung bis in die Mitte der sechziger Jahre einer weitgehenden Zustimmung erfreuen.

Vorbereitungen für die Ausstellung „Rationalisierung" in Düsseldorf im Juli 1953. Die Ausstellung hatte sich zur Aufgabe gemacht, den Modernisierungsprozess der westdeutschen Industrie und die sich daraus ergebende Steigerung des Wohlstands zu demonstrieren.

Dass wegen der raschen Ankurbelung der wirtschaftlichen Produktionsrate die Neoliberalen den Sieg über die Neukonservativen davontragen würden, galt schon in den mittfünfziger Jahren als ausgemacht. Die Propagandisten des „Wirtschaftswunders" behaupteten daher bereits zu diesem Zeitpunkt, in einer Überflussgesellschaft zu leben, die so viele Waren produziere, dass man ohne Weiteres vom Leitbild der Bedarfsdeckungsgesellschaft zum Leitbild der Konsumgesellschaft übergehen könne. Durch den endlich erreichten „Wohlstand für alle", wie es in ihren Schriften immer wieder hieß, sei in Westdeutschland eine „nivellierte Mittelstandsgesellschaft" entstanden, in der es weder Proletarier noch Superreiche gebe. Der Begriff „Klasse" sei demzufolge obsolet geworden. Im gleichen Sinne, wie die neoliberalen Volkswirtschaftler die Bundesrepublik als eine „nichttotalitäre Industriegesellschaft" charakterisierten, in der die politische Macht nicht mehr wie bisher an Grundbesitz oder industrielle Produktionsmittel gebunden sei, sprachen deshalb die neoliberalen Soziologen gern von einer klassenlosen und damit ideologiefreien Gesellschaft. Und in einem solchen System, erklärten sie, könne man in Zukunft getrost auf alle weltverändernden Ideologien verzichten.

Im Zuge dieser Entwicklung nahm das Bild der bundesrepublikanischen Gesellschaft in den systemkonformen Schriften dieser Jahre immer stärker den Charakter einer verbrauchsorientierten Freizeitgesellschaft an. Die Hauptantriebsmotoren „unserer Epoche", hieß es in ihnen, seien allein jene durch die enorm gesteigerte industrielle Produktion entstandenen Konsumbedürfnisse, die sich weniger an irgendwelchen Ideologien als an den Attraktionswerten der jeweils als modisch herausgestellten Produkte der neuen Lebenskultur entzündeten. An die Stelle weltanschaulicher Probleme traten somit zusehends Fragen der Freizeit und der in ihr zugebrachten Beschäftigungen oder Vergnügungen. Das 6. Heft der reich bebilderten Kulturzeitschrift *Magnum* stand demzufolge 1957 unter dem „wirtschaftswunderlichen" Titel: *Die Welt wird wieder heiter*. Hier hieß es in unverblümter Direktheit: „Der Verfall der Ideologien macht gerunzelte Stirnen lächerlich. Die Technik nimmt mehr und mehr harte, schmutzige Fron von uns. Auch die Arbeitswelt wird aufgehellt, verschönt, humanisiert. Die Vermehrung der Freizeit bedeutet neue Lebensbereicherung, neue Glückserlebnisse für unzählige Zeitgenossen."

Eine besonders wichtige Rolle spielte dabei die neue Mode. Statt des grauen Uni-Looks der Nachkriegszeit tauchten im Zuge der Wohl-

standssteigerung gegen Mitte der fünfziger Jahre immer mehr Werbungen auf,
welche die „Damen" zum Kauf von ele-
ganten Dior-Kleidern, Chanel-Kostümen,
Perlon-Petticoats, Make-up-Cremes, Lip-
penstiften oder Parfüms animieren sollten, während sie die „Herren" auf Raglan-
mäntel, Zweireiher oder schmalkrempige
Hüte scharf zu machen versuchten. Ebenso betont „schicke" Modelle boten zur
gleichen Zeit die Innenausstatter an, die
für die finanziell besser Gestellten plötzlich nicht nur Paletten- oder Nierentische
sowie Schalensessel, sondern auch bunt
gemusterte Tapeten und an Touristiker-
lebnisse erinnernde Accessoires auf Lager
hatten. Dementsprechend wurden Slogans wie „Schöner leben", „Schöner wohnen" oder „Schöner speisen" zu zentralen
Maximen der nach oben drängenden Er-
folgsschichten innerhalb der bundesrepublikanischen Gesellschaft, zu deren Lieb-
lingszeitschriften das seit Oktober 1955

Werbeplakat für
Rolf Thieles Film *Sie*
(1954), München,
Stadtmuseum. Dieses
ins Flaneurhafte
tendierende Bild
sollte den Gegensatz
zwischen der altmo-
dischen Vorkriegswelt
und dem modischen
Chic der beginnenden
westdeutschen „Wirt-
schaftswunder"-Welt
herausstellen.

erscheinende Blatt *Das Schönste,* eine Monatsschrift für alle „zeitgemä-
ßen" freien und angewandten Künste, gehörte.

Wie nicht anders zu erwarten, wandelten sich im Zuge solcher Entwicklungen auch die Kulturvorstellungen der meisten Westdeutschen.
Während nach 1945 den auf eine Neuordnung der gesellschaftlichen
Verhältnisse bedachten Anhängern des Kulturbundes zur demokratischen Erneuerung Deutschlands noch das anspruchsvolle Konzept einer „Hohen Kultur für jedermann" vorgeschwebt hatte, das die Kulturpolitiker der ebenfalls im Spätherbst 1949 gegründeten DDR mit Slogans wie „Erstürmt die Höhen der sozialistischen Kultur" oder
„Vorwärts zu der einen großen, gebildeten Nation" noch bis weit in
die sechziger Jahre weiterpropagierten, traten in der Bundesrepublik
der fünfziger Jahre fast alle nationalen oder sozialverantwortlichen
Vorstellungen innerhalb der sich in mehrere Teilkulturen aufsplittern-
den Freizeitszene zusehends in den Hintergrund. Wie im Bereich des
Politischen wurden sie zu Anfang durch christlich-abendländische und

dann immer stärker durch neoliberale Kulturvorstellungen ersetzt. Die einen stützten sich dabei auf konservative Wiederherstellungsbemühungen, den anderen lag entweder das Konzept eines forcierten Modernismus oder lediglich das einer profitenträglichen Freizügigkeit zugrunde. Linksorientierte Kulturvorstellungen, die auch in den drei Westzonen während der unmittelbaren Nachkriegszeit noch eine gewisse Rolle gespielt hatten, verschwanden dagegen fast völlig.

Die konservativ oder gar reaktionär gesinnten Schichten innerhalb der westdeutschen Bourgeoisie wurden allerdings durch den wirtschaftlichen Aufschwung der fünfziger Jahre kulturell mit einem kaum aufhebbaren Dilemma konfrontiert. Als politisch und ökonomisch denkende Menschen begrüßten sie diesen Bereicherungszuwachs natürlich. Als Vertreter herkömmlicher Bildungsvorstellungen versuchten sie sich jedoch der allgemeinen Wirtschaftswundermentalität, die zu einer fortschreitenden Polarisierung in einen elitären Modernismus und eine trivialisierte Massenkultur führte, entschieden entgegenzustellen. Viele von ihnen hielten nach wie vor am ideologischen Stellvertretungsanspruch jenes Bürgertums fest, das seit dem späten 18. Jahrhundert als eine Klasse aufgetreten war, an der sich – in Fragen des Geschmacks – alle anderen Stände ein Vorbild nehmen sollten. Das Nebeneinander eines „kulturellen Konservativismus" und einer „technologisch-pragmatischen Fortschrittlichkeit", wie es Arnold Gehlen 1957 in seinem Buch *Die Seele im technischen Zeitalter* nannte, bewirkte demzufolge bei den Vertretern von „Besitz und Bildung" einerseits eine das rasante Tempo der wirtschaftlichen Expansion durchaus gutheißende Einstellung, während es andererseits dazu führte, dass die gleichen Schichten alle kulturellen Begleiterscheinungen dieser Entwicklung, ob nun den Modernismus oder die Massenkultur, weitgehend ablehnten. Und so blieben aufgrund dieser Veränderungen, die sich bereits in der Weimarer Republik anbahnten, aber erst im Zuge des Erhard'schen Neoliberalismus ihre volle Auswirkung erlebten, von den älteren kulturellen Repräsentationsgenres nur eine immer geringer werdende Anzahl elitärer oder musealer Schwundformen übrig.

Der bürgerliche Stellvertretungsanspruch in Sachen „Kultur" stand also in den fünfziger Jahren von vornherein unter einem ungünstigen Stern und wurde, angesichts der sich schnell verändernden Marktbedingungen, allmählich immer anachronistischer. Dennoch versuchten die westdeutschen Konservativen – teils geheuchelt, teil höchst verbissen – so lange wie möglich an den bisherigen Formen der bürgerlichen Hochkultur festzuhalten. Die meisten beriefen sich hierbei auf religiöse, abendländisch-humanistische, existenzialistische oder einfach gutbürgerliche Traditionen. Dafür sprechen unter anderem Zeitschriften wie *Sammlung*, *Besinnung*, *Universitas*, *Hochland*, *Eckart* sowie *Welt und Wort*, hinter denen bei aller ideologischen Verschiedenheit stets die gleiche tröstende Vorstellung einer angeblich „ewigen Wiederkehr des Immergleichen" stand. Alles Gesellschaftliche und Geschichtliche wurde in diesem Bereich ausdrücklich ins Anthropologische oder Universale enthistorisiert. Überhaupt ging es den Vertretern und Vertreterinnen solcher Konzepte weniger um die Kultur der Gegenwart als um die bereits kanonisch gewordenen Großwerke der Vergangenheit. Als wahrhaft bedeutungsvoll galt ihnen – im Anschluss an Hans Sedlmayrs *Verlust der Mitte* (1948) oder Ernst Robert Curtius' *Europäische Literatur und lateinisches Mittelalter* (1948) – lediglich die Kunst der Antike, des Mittelalters, des Barock sowie der klassisch-romantischen Tradition, also eine Kunst, welche die „unvergänglichen Werte" akzentuierte. Überhaupt war Kunst für diese Schichten letztlich nur das, was für Bewahrung eintrat, was Vorbilder lieferte, was Trost und Lebenshilfe bot, das heißt, was hinter dem „oberflächlichen Getriebe der Welt" seit Urzeiten bestehende Ordnungen aufleuchten ließ und somit den Menschen mit irgendwelchen „höheren Mächten" in Berührung brachte.

Die gesellschaftliche Trägerschicht dieser kulturkonservativen Gesinnung umfasste in den fünfziger und frühen sechziger Jahren etwa fünf bis sieben Prozent der westdeutschen Bevölkerung. Zu ihr gehörten hauptsächlich die Angehörigen der älteren Bourgeoisie sowie jene Mittelklässler, die sich mit dem Dekor des bereits Bewährten umgeben wollten. Die führende Gruppe innerhalb dieser Richtung war diejenige Schicht, welche die Erbepflege in Schule und Universität als Berufsstand vertrat. Ihre Mehrheit stammte aus jenem Bereich der Inneren Emigration, in dem kulturell entweder eine bürgerliche Klassik- und Romantikverkultung oder ein ethisch-metaphysischer „Dienst am Sein" à la Martin Heidegger dominiert hatte. Ihre kulturellen Heimstätten waren daher neben dem bürgerlichen Wohnzimmer vor allem das Museum, die Kunstausstellung, der Konzertsaal, das Opernhaus und das Theater, wo sie sich als gute Bürger vor anderen guten Bürgern „zeigen" konnten. Sie wollten bei allem dabei sein, was „man" gehört oder gesehen haben musste: ob nun der letzten *Faust*-Inszenierung von Gustaf Gründgens, einer von Wilhelm Furtwängler dirigierten Bruckner-Symphonie oder einer Aufsehen erregenden Albrecht-Dürer-Ausstellung. Fast alle diese Menschen hatten das Abitur oder einen Mittelschulabschluss. Den Meinungsbefragungen aus dieser Zeit zufolge fühlten sie sich noch als Angehörige jener Bevölkerungsschicht, welche die „einzig wahre Kultur" vertrete, nämlich die Kultur des Ideell-Bedeutsamen, Substanzerfüllten und damit Normsetzenden. Dieser Stellvertretungsanspruch geriet jedoch, wie gesagt, im Rahmen des sich immer stärker kommerzialisierenden Kulturbetriebs schon in den späten fünfziger Jahren merklich ins Gedränge. Indem die Konservativen sowohl die Massenmedien als auch den elitären Modernismus ablehnten, ja sich zugleich dagegen sperrten, irgendeine andere kulturelle Alternative ins Auge zu fassen und sich statt dessen lediglich auf die Bewahrung des von der Tradition Anerkannten versteiften, nahm ihr Umgang mit Kultur schließlich Züge an, die sich nur als „museal" bezeichnen lassen. Und damit verlor die von ihnen bevorzugte Kunst zusehends jene gesamtgesellschaftliche Verbindlichkeit, welche ihr das Bürgertum seit dem späten 18. Jahrhundert – wenigstens in der Idee – immer wieder zugestanden hatte.

Trotz dieser für sie ungünstigen Ausgangsposition versuchten die Vertreter und Vertreterinnen des kulturellen Konservativismus weiterhin alles aufzubieten, was ihrer Führungsrolle zugute gekommen wäre. Die meisten Hoffnungen setzten sie dabei auf die Erziehung. Doch selbst auf diesem Gebiet, ob nun an Oberschulen, Kunstakademien, Musikhochschulen oder Universitäten, mussten sie bald erkennen, dass sich ihr Stellvertretungsanspruch – angesichts des überwältigenden Einflusses der Massenmedien sowie der Suggestionskraft des elitären Modernismus – nur in der Abseitslage aufrechterhalten ließ. Schließlich gerieten selbst die eher traditionsbewussten, noch an älteren Formvorstellungen orientierten Kulturschaffenden im Laufe der fünfziger Jahre immer stärker in den Sog des Neoliberalismus. Infolgedessen erlebten die Konservativen bereits zu diesem Zeitpunkt, dass ihnen gerade die Besten unter den sogenannten Nachwuchskünstlern und -künstlerinnen zusehends die Gefolgschaft verweigerten oder zumindest Kompromisse mit eher modernen oder halbmodernen Kunstrichtungen schlossen.

Im Bereich der Malerei lehnten die älteren Konservativen anfangs fast die gesamte Gegenwartskunst ab, nahmen jedoch allmählich wenigstens einige „Klassiker der Moderne" wie Vincent van Gogh, Paul Gauguin, Franz Marc und Paula Modersohn-Becker in ihren Kanon des

Wohlgelittenen auf. Auch eine Reihe expressionistischer Bilder, vor allem die Strandszenen der Brücke-Maler sowie die Blumenaquarelle Emil Noldes, wurden in diesen kulturellen Besitzstand eingegliedert. Ebenso hoch schätzten sie Bildhauer wie Kurt Lehmann und Gerhard Marcks, die im Bereich der sakralen und säkularen Plastik nie den Rahmen des Traditionellen überschritten hatten. Doch das blieben Ausnahmen. Aufs Große und Ganze gesehen, bevorzugten die Konservativen fast ausschließlich die Kunst der Vergangenheit und auch dort nur das, was das Edle und Hoheitsvolle herausstrich. Sie wollten sich an Kunstwerken erbauen, die ihnen Stolz auf das von Menschen Geleistete einflößten, kurz: die sie geistig und gemütsmäßig bestärkten, statt sie in den Bereich des von ihnen als „fragwürdig" Empfundenen herabzuziehen.

Noch stärker äußerte sich diese Beharrungstendenz im Bereich der als „ernsthaft" bezeichneten Musik. In ihr sahen diese Schichten den eigentlichen Innenbereich, die Tempelzone der Kunst, wo sie ganz innerlich, ganz tiefstes seelisches Erleben wird. Nur eine Musik, die sich auf das Klassische, Humane oder Sakrale besinne, hieß es in diesen Kreisen, könne weiterhin den Ehrentitel „Kunst" tragen. Was sie daher unterstützten, war vor allem die Hausmusik, die Schul- und Chormusik sowie die Kirchenmusik, in der sie noch am ehesten Anknüpfungspunkte an die ältere Musikpflege sahen. Doch auch auf dem Gebiet der Bühnenwerke und der symphonischen Musik gab es Komponisten, die den Musikbedürfnissen dieser Schichten entgegenzukommen versuchten. Dafür sprechen Opern wie *Antigone* (1949) von Carl Orff, *Harmonie der Welt* (1952) von Paul Hindemith oder *Irische Legende* (1955) von Werner Egk, die jedoch trotz aller konservativen Inhalte wegen ihrer halbmodernen Klangwelt manchen Konservativen nicht würdevoll genug erschienen. Deshalb hielten sich diese Schichten lieber an die Meisterwerke der

Gerhard Marcks: *Auferstandener Christus* (1958) am Portal der Marktkirche in Hannover. Das Bronzeportal zeigt Szenen menschlichen Leids aus der Kriegszeit, über denen Christus seine Hände ausbreitet und seine Wundmale zeigt.

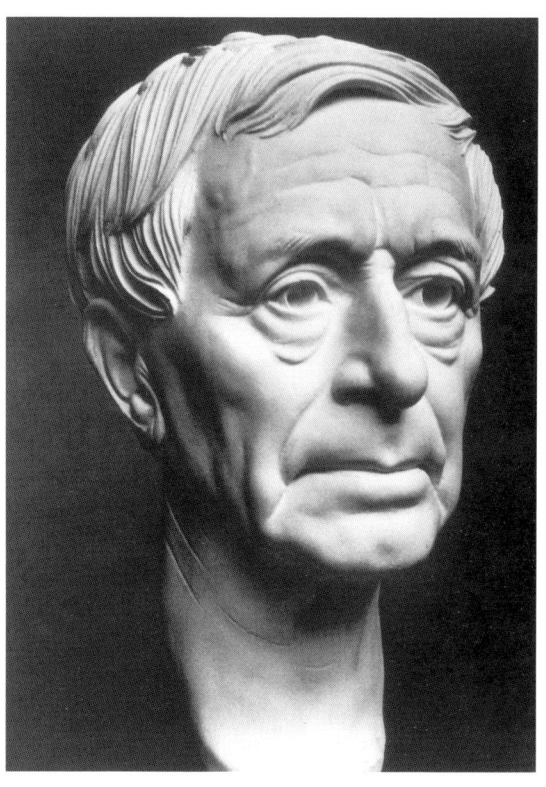

Arno Breker: *Ernst Jünger* (1982), Nörvenich, Arno-Breker-Museum. Die Büste ist ein Bekenntnis des berühmtesten NS-Bildhauers zu einem der führenden Vertreter der Konservativen Revolution vor 1933.

barocken und klassisch-romantischen Musik, die all das zur Genüge enthielten, was ihnen selbst die meisten traditionsbewussten Gegenwartskomponisten nur in verstümmelter und darum nicht recht schmackhafter Form boten: nämlich Tonalität, Melodie, Beseeltheit und klanglichen Schmelz.

Auf dem Feld der Literatur äußerte sich dieser Neokonservativismus in etwas anderer Form. Seine Hauptvertreter und -vertreterinnen, die meist aus dem Bereich der Inneren Emigration herkamen, waren Stefan Andres, Werner Bergengruen, Hans Carossa, Albrecht Goes, Ernst Jünger, Hermann Kasack, Gertrud von Le Fort, Wilhelm Lehmann, Ina Seidel und Ernst Wiechert, deren Werken weitgehend ein komplexes Gemisch aus abendländisch-humanistischen, existenzialistischen, naturmagischen oder christlichen Tendenzen zugrunde lag. Auf literaturkritischem Gebiet sind dafür Sammelbände wie *Dichtung und Dasein* (1950) von Hans Hennecke sowie *Der unbehauste Mensch* (1951) von Hans Egon Holthusen repräsentativ, die sich in bewusst „nachrevolutionärer" Absicht zu den Autoren der Inneren Emigration, aber auch zu Dichtern wie Stefan George, Hugo von Hofmannsthal, Rainer Maria Rilke oder Thomas Stearns Eliot bekannten. Sowohl die abendländisch-humanistische als auch die existenzialistische Spielart dieses Kulturkonservativismus ging dabei häufig ins Religiöse über. Doch das war bei einer Einstellung, die sich von Poesie in erster Linie Trost und Lebenshilfe erhoffte, kaum anders zu erwarten. Was sich die Leser und Leserinnen von einer solchen Literatur versprachen, waren Werke, die ihnen mystische Tiefe und Gemüthaftigkeit offerierten, in die man sich „versenken" konnte.

Genauer betrachtet, äußerten sich in dieser kulturkonservativen Richtung, ob nun in den bildenden Künsten, der Musik oder der Literatur, meist zwei Tendenzen: Einerseits war sie durch ihre Kritik an der kapitalistischen Wirtschaftsordnung gegen den ins Konsumistische

drängenden Sog dieses Systems relativ gefeit, andererseits war sie jedoch durch ihre zutiefst vergangenheitsorientierte Haltung zum Teil
der Gefahr ausgesetzt, aus dem Konservativen ins offen Reaktionäre
umzukippen. Es gab daher auch Schichten innerhalb dieser Richtung,
die für eine ideologische Verhetzung von rechts ein relativ offenes Ohr
hatten. Sie ließen sich deshalb unschwer gegen jenen angeblich „kul-
turlosen" Bolschewismus aufputschen, der all jene „abendländischen"
Werte, die diesen Schichten so teuer waren, nämlich Bildung, Kunst
und Religion, wie ein grässlicher Moloch zu verschlingen drohe. Selbstverständlich lasen sie keine *Landser*-Hefte oder Heinz-Günther-Kon-
salik-Romane, die damals zu erscheinen begannen. Das überließen sie
den gesellschaftlichen Unterschichten. Ihrem Konservativismus entsprachen eher die antikommunistischen Romane eines Curt Hohoff
oder Kurt Ziesel, deren Handlungen sich auf einem etwas höheren literarischen Niveau abspielen. Noch näher war ihnen selbstverständlich
jener Ernst Jünger, dessen Publikationen der fünfziger Jahre geradezu
alles enthielten, was diese Schichten für schätzenswert hielten: eine
konservative Grundgesinnung, ein enormes Bildungsbewusstsein, das
in seiner Orientiertheit auf das „Abendländische" nicht nur die Werke
der Antike, sondern auch die Kulturleistungen des Christentums hoch-
zuhalten versuchte, und zugleich ein ins Arrogante überhöhtes Standesbewusstsein, welches in seiner Massenverachtung eindeutig geist-
elitäre Züge aufwies.

Während sich diese Richtung zu Anfang der fünfziger Jahre noch einer gewissen Beachtung erfreut hatte, trat sie um 1960 weitgehend in
den Hintergrund. Dagegen gewannen die Massenmedien, was in der
unmittelbaren Nachkriegszeit noch fast niemand vorhergesehen hatte,
im gleichen Zeitraum eine immer größere „Nutzerschicht", wie es im
damaligen Branchenjargon hieß. Und das hatte sowohl ökonomische
als auch bildungsbedingte Gründe. Schließlich stiegen die Löhne und
Gehälter von Jahr zu Jahr, und das bei abnehmender Arbeitszeit, wodurch die meisten Westdeutschen mehr Stunden pro Woche für ihre
Unterhaltungsbedürfnisse aufwenden konnten. Zugleich trat zwischen
1950 und 1965 keine wesentliche Verbesserung der Bildungsvoraussetzungen ein, das heißt der Anteil der Abiturienten stieg lediglich von
vier auf fünf und der Anteil der Schulabgänger mit Mittlerer Reife von
14 auf 17 Prozent an, während sich der Prozentsatz der Menschen mit
Volksschulabschluss von 82 auf 78 Prozent verringerte. Daher wäre es
abwegig, in diesem Zeitraum unter bildungspolitischer oder demogra-

fischer Perspektive von einer „kulturellen Homogenisierung" der westdeutschen Bevölkerung zu sprechen. Besonders klein war der Anteil jener Menschen, die sich zur „Intelligenz" zählten. Unter Männern waren
es zehn Prozent, unter Frauen acht Prozent. Die Schicht der „Gebildeten" und damit der möglichen Träger einer „höheren Kultur" blieb also
zwischen 1950 und 1965 relativ marginal. Bildung konnten sich damals
fast nur die Besserverdienenden und zugleich „Ausgeruhten" leisten.
Und damit war der nach 1945 aufgestellte Anspruch einer „Hohen Kultur für jedermann" zwangsläufig zum Scheitern verurteilt.

Was sich dementsprechend im Laufe der fünfziger Jahre auch kulturell durchsetzte, war jener von Erhard propagierte wirtschaftsanheizen-
de Konsumismus, dem das Gesetz von Angebot und Nachfrage zugrunde lag. Das bedeutete in letzter Konsequenz, dass sich große Teile
der Kultur zusehends den Organisations-, Werbe- und Verkaufsformen
jener Meinungsindustrie anpassten, die weitgehend nach schichten-
spezifischen Prinzipien verfuhr. In der voll entwickelten neoliberalen
Kulturindustrie der späten fünfziger Jahre und dem von ihr eingerichteten ästhetischen Supermarkt griffen daher nur noch vier Prozent
nach den kulturellen Delikatessen und 14 Prozent nach den weniger
teuren, aber immer noch achtbaren Kulturprodukten, während sich die
restlichen 82 Prozent mit den landläufigen Erzeugnissen der Massen-
und Medienindustrie begnügten. Es gab zwar auch Gegner dieser fortschreitenden Kommerzialisierung des kulturellen Lebens, die – im Gegensatz zu den herrschenden Meinungsmachern – darin keine positive
US-Amerikanisierung und somit den Abbau der älteren Standesbarrie-
ren sahen. Doch diese Gruppen erwiesen sich als zu schwach und un-
organisiert. Schließlich waren die Arbeiterbildungsvereine der Weimarer Republik durch die Nationalsozialisten völlig zerschlagen worden.
Ebenso wenig ließ sich an die ältere Volkskultur anknüpfen, welche
die hierfür Verantwortlichen im Dritten Reich in den Dienst des „Tüm-
lichen" gestellt hatten. Daher fiel es den Führungskräften der Freizeitindustrie in den fünfziger Jahren relativ leicht, sich immer stärker auf
die Vorstellungswelt jener „nichttotalitären Industriegesellschaft" zu
berufen, in der niemand zu einer bestimmten Weltanschauung gezwungen werde, sondern sich angeblich alle Menschen den Freuden
der Unterhaltung, Spannung und Zerstreuung hingeben könnten.

Und dieser Schachzug erwies sich als äußerst effektiv. Selbst neue
Massenmedien wie das Fernsehen, die Heftchenliteratur oder die Re-
genbogenpresse wurden schon nach kurzer Zeit von vielen Westdeut-

schen als höchst ansprechend empfunden. All das brauchte den kulturell Unterprivilegierten keineswegs aufgezwungen werden, sondern wurde von diesen Schichten aufgrund ihrer mangelnden Bildungsvoraussetzungen sowie der weitgehend entfremdeten Arbeitsbedingungen, die ihnen zwar eine längere, aber als „leer" empfundene Freizeit ermöglichten, geradezu süchtig aufgenommen. Während die oberen 10 bis 15 Prozent der Bevölkerung, welche über eine genügende Bildung und Muße verfügten, weiterhin Kulturformen wie die Buch- und Zeitschriftenlektüre sowie den Konzert-, Opern- und Theaterbesuch bevorzugten und die Massenmedien noch teilweise mieden, gaben sich die unteren 85 bis 90 Prozent zusehends jener Unterhaltung hin, die ihnen witzige Fernseh-Conférenciers wie Peter Frankenfeld und Hans Joachim Kulenkampff, der vor sich hindudelnde Rundfunk, die Breitwandfilme der Kinos, die Adels- und Verbrecherstories der Illustrierten, die schmalzigen Schlager sowie die flott-beschwingte Tanzmusik offerierten. Schon gegen Ende der fünfziger Jahre nahm dadurch der Umgang mit den Massenmedien – nach der Arbeit und dem Schlafen – die quantitativ drittgrößte Zeitspanne im Leben dieser Menschen ein und belief sich auf etwa drei bis dreieinhalb Stunden am Tag.

Was sich diese Schichten von den Massenmedien erhofften, war zweierlei: Spannung und zugleich Entspannung. Da sie nach ihrer gleichförmigen, sich regelmäßig wiederholenden Arbeit zu müde und zugleich zu ungebildet waren, sich mit „hoher Kunst" zu beschäftigen, erwarteten sie in der Mittagspause, abends oder am Wochenende lediglich eine möglichst unterhaltsame Ablenkung von ihrer alltäglichen Beschäftigungsroutine. Besonders ablehnend verhielten sich diese Schichten deshalb allem gegenüber, was sie in geistig anstrengende „Probleme", also Fragen der Politik, der Wissenschaft oder gar der elitären Kunst, verstrickt hätte. Statt sich in ihrer Freizeit mit irgendwelchen „Bildungsgütern" auseinander zu setzen, begnügten sie sich lieber mit jenen Erregungen oder auch Belustigungen, welche ihnen die Massenmedien boten. Während die gebildeten und „wohlausgeruhten" Bürger zu ihrer Erbauung vor allem das tief Empfundene, Kultivierte, Gesellschaftlich-Repräsentative – also die Opus-Musik, die anspruchsvollen Romane, die Intimität eines Kammerkonzerts oder einen würdevollen Theaterbesuch – bevorzugten, ergötzte sich der Rest der westdeutschen Bevölkerung in den fünfziger Jahren eher an unterhaltsamen Fernsehsendungen, Preisausschreiben, Comic Strips, Sensationsmeldungen, Horoskopen, Rätseln, Operettenmelodien, Schlagern, Krimis, Quizprogrammen, Western, Sportberichten, Reklamen, Illustrierten, Heimatfilmen, Tanzmusik oder jenen für wenige Groschen erhältlichen Heftchenromanen, von denen 1957 bereits über eine Million pro Woche verkauft wurden. Im Gegensatz zu den Älteren innerhalb dieser Bevölkerungsschicht, deren Hauptinteresse damals noch traditionellen Heimatfilmen wie *Das Schwarzwaldmädel* (1950) von Hans Deppe oder *Heimatglocken* (1952) von Hermann Kugelstadt, Schlagersängern und -sängerinnen wie Peter Alexander, Johannes Heesters, Freddy Quinn, Vico Torriani und Catarina Valente oder irgendwelchen häuslichen Hobbies galt, zogen die Jüngeren in ihrer Freizeit bereits Action-Filme, die Rockmusik von Bill Haley und Elvis Presley sowie den eingedeutschten Jazz von Kurt Edelhagen und Helmut Zacharias als ihre Lieblingsunterhaltungen vor.

So gesehen, erwiesen sich die bundesrepublikanischen Massenmedien als höchst effektive Manipulationsorgane, die in ihrer Wirkung fast die Opiumfunktion älterer Religionen übertrafen. Infolgedessen gab es bald immer weniger Menschen, selbst unter den Gebildeten, die sich der Faszination, die von diesen Medien ausging, entziehen konnten. Während sich bis 1955 noch zum Teil von einem konkurrierenden Nebeneinander höherer und niederer Kulturkonzepte sprechen lässt, traten danach die technisch immer perfekter werdenden Massenmedien so stark in den Vordergrund, das es zu einer fortschreitenden Auszehrung des älteren bürgerlichen Stellvertretungsanspruchs in Sachen Kultur kam. Nicht nur die „breiten Massen" der männlichen und weiblichen Arbeiter und Angestellten, auch immer mehr Beamte, Manager und Vertreter selbständiger Berufe beiderlei Geschlechts ließen sich in ihrer Freizeit zusehends in den Sog dieser rapide um sich greifenden Medienkultur ziehen. Lediglich die „intellektuell" Gesinnten unter den Professoren und Professorinnen, Lehrern und Lehre-

Willy Engelhardt: Werbeplakat für den Film Heimatglocken (1952) von Hermann Kugelstadt, München, Stadtmuseum. Neben der Lüneburger Heide boten vor allem die Alpen den Hintergrund solcher Filme.

rinnen, Ärzten und Ärztinnen, Juristen und Juristinnen, geisteswissen-schaftlichen Studenten und Studentinnen oder gutbürgerlichen Haus-frauen versuchten weiterhin an gewissen Teilbereichen des älteren Kulturbetriebs festzuhalten. Doch auch sie konnten sich im Laufe der Jahre den stimulierenden Reizen der Massenmedien nicht völlig entzie-hen und begannen im Geheimen die ältere Hochkultur, die wegen ih-rer Randständigkeit immer funktionsloser wurde, als spannungslos oder gar langweilig zu empfinden. Aufgrund dieser Entwicklung be-schränkte sich der Aktionsraum der sogenannten ernsten oder E-Kultur schließlich auf jene sieben bis acht Prozent der westdeutschen Bevöl-kerung, die wegen ihres anerzogenen Hangs zur Verinnerlichung im Überhandnehmen der Massenmedien lediglich einen depravierenden Triumph der alles „Höhere" zerstörenden Unterhaltungs- oder U-Kultur sahen.

Im Gegenzug zu den Apologeten der Verinnerlichung wurde von den Managern der Unterhaltungsindustrie jedes Bedürfnis nach höhe-rer Kunst und Kultur zusehends als Triebverzicht, unangebrachte Sub-limierung und damit Konsummuffelei diffamiert. Statt Werte wie de-mokratischen Gemeinsinn, Lerneifer oder Geschmacksbildung in den Vordergrund zu rücken, beschworen die Massenmedien weitgehend das Bild eines wertentblößten Lebens, das wegen seiner angeblichen Ideologielosigkeit der Verfestigung des gesellschaftlichen Status quo dienen sollte. All jenen, die im Sinne linksliberaler Kulturkonzepte ei-ner Hohen Kunst für jedermann oder eines mittelständischen Stellver-tretungsanspruchs in Sachen Kultur gegen diese „Verflachung ins Kon-sumistische" opponierten, hielten die Verteidiger dieser neuen Medien-kultur geradezu unentwegt das Leitbild einer demokratischen Selbstregulierung entgegen, die sich aus dem freien Spiel der gesell-schaftlichen Kräfte ergebe und deren verschiedene Ausprägungen nicht dem hochgestochenen Anspruch einer bestimmten Elite unter-worfen werden dürften. Wie in anderen Konsumbereichen sprachen darum die Anhänger des Neoliberalismus auch im Bereich der Kultur nur noch von alles überformenden Modewechseln, als sei der Wandel der verschiedenen Kunstformen lediglich von bestimmten Social-engi-neering-Taktiken abhängig. Bei solchen Proklamationen gebrauchten sie gern den pseudodemokratischen „Wir"-Gestus der Massenmedien und stellten Phänomene wie Herkommen oder Bildung im Hinblick auf die allgemein apostrophierte „Chancengleichheit" innerhalb der herrschenden Mittelstandsgesellschaft bereits als obsolet hin.

Diese Trends und Tendenzen manifestierten sich nicht nur in der angeblich „überparteilichen" Presse sowie in weiten Bereichen der Sendeanstalten des öffentlichen Rechts, wie dem Rundfunk und dem Fernsehen, sondern auch und vor allem in den Lustspiel-, Kriminal-, Heimat-, Liebes-, Sensations- und Kriegsfilmen, den Comic-Strip-Serien, den Zeitungs-, Illustrierten- und Heftchenromanen sowie der Klangwelt der „Muntermacher"-Musik. Wohl den breitesten Raum in der Freizeit vieler Menschen nahm dabei die Musik ein, und zwar Musik der leichtesten Art, Musik zum Mitsingen, Mitsummen oder Mitpfeifen, Musik, die etwas Rhythmisch-Motorisches oder auch Emotional-Sentimentales hat. Klänge dieser Art, ob nun als Vorder-, Seiten- oder Hintergrundsgeräusche, dominierten daher bald alles. Viele Menschen empfanden sie als das geeignetste Mittel, die Angst vor einer möglichen Einsamkeit zu überwinden und den von ihr Angesprochenen das Gefühl des Beschwingtseins und damit der Teilhabe an einem größeren Ganzen zu geben. Dementsprechend ließen sie sich schon damals mindestens zwei bis drei Stunden täglich von Operettenmelodien, Schlagerparaden, Tanzmusik, Wunschkonzerten, sogenannter Verdauungsmusik oder anderen Formen einer eingängigen „Muzak" berieseln, wie diese Musik im Branchenjargon hieß.

Dass sich nicht nur die kulturkonservativen Schichten diesem Trend ins Trivialisierende zu widersetzen versuchten, sondern auch einige der gebildeten Neoliberalen solche Entwicklungstendenzen ablehnten, konnte bei der zunehmenden Trivialität innerhalb vieler Massenmedien kaum ausbleiben. Im Unterschied zu den Konservativen beschworen jedoch diese Schichten als Gegenkraft dazu keine angeblich bessere Vergangenheit, sondern setzten ihre Hoffnungen eher auf eine bessere Zukunft. Dabei lehnten sie allerdings alle ins Ideologische tendierenden Perspektiven als „totalitaristisch" ab und zogen sich weitgehend in den Bereich einer forcierten Subjektivität zurück. Und das musste notwendig zu einer elitären Absonderung führen. Auf dem Gebiet der Ästhetik stützten sich dementsprechend viele Neoliberale auf die Vorstellung einer reinen, autonomen Kunst, die bloß um ihrer selbst willen geschaffen werde. Diese Richtung war also nicht nur antitotalitär, sondern geradezu antigesellschaftlich eingestellt. Statt sich für eine „Hohe Kunst für jedermann" einzusetzen, vertrat sie weitgehend das Konzept einer „Modernistisch-elitären Kunst gegen jedermann", die sich nicht nur allen ideologischen, sondern auch allen kommerziellen Ansprüchen von vornherein zu entziehen suchte. So gesehen, trieb sie die alte bürgerliche Vorstellung, dass sich die Kunst im Zeichen eines „interesselosen Wohlgefallens" von jeder außerkünstlerischen Bevormundung oder Indienstnahme freimachen solle, bis zu ihren letzten Konsequenzen. Und sie kam sich dabei sogar noch widersetzlich vor, indem sie ihren Affront gegen sämtliche Formen eines möglichen Gemeinsinns als „antifaschistisch" oder „antikommunistisch" ausgab.

Im Gefolge solcher Anschauungen wandten sich fast alle Vertreter und Vertreterinnen dieses elitären Modernismus von vornherein gegen sämtliche künstlerischen Ausdrucksmöglichkeiten, die ins Nationale, Gesamtgesellschaftliche, Massenhafte, Kirchliche oder Kommerzielle tendierten, und bevorzugten stattdessen alles, dem ein Drall ins Exquisite, Hermetische, Esoterische, Absurde, Formalistische, Bizarre oder Groteske zugrunde lag. Ihre Wortführer und Wortführerinnen setzten sich aus diesem Grunde fast ausschließlich für elitäre Kunstformen

Schallplattenhülle der Firma Polydor: *Peter Alexander singt Melodien zum Verlieben* (um 1960). Der Österreicher Peter Alexander gehörte in den fünfziger und sechziger Jahren zu den beliebtesten Entertainern in Deutschland. Er spielte in über 40 Filmkomödien mit.

wie gegenstandslose Gemälde, Drahtplastiken, serielle Kompositionen, absolute Gedichte, absurde Theaterstücke oder lettristische Prosaexperimente ein, die sich von vornherein an einen begrenzten Liebhaberkreis wandten, um wenigstens auf diesem Gebiet völlig unter sich zu bleiben. Realistische Bilder, viersätzige Symphonien oder durchgehend erzählte Romane lehnten dagegen solche Gruppen wegen ihrer Bezogenheit auf ein breiteres Publikum von vornherein ab. Und zwar äußerten sie derartige Meinungen vor allem in jenen betont anspruchsvollen Zeitschriften, die seit der Mitte der fünfziger Jahre die kulturellen Kommunikationszentren dieser Schichten bildeten. Für den Bereich der bildenden Künste war das die Zeitschrift *Das Kunstwerk*, für die sogenannte „Neue Musik" die Zeitschrift *Melos* und für die E-Literatur die Zeitschrift *Akzente*.

Die aktiven Befürworter, Liebhaber oder Interessenten dieser Art von modernistisch-elitärer Kunst unter den westdeutschen Bürgern und Bürgerinnen dürften in den fünfziger Jahren die Zwei- bis Dreiprozentgrenze eher unter- als überschritten haben. Dabei handelte es sich um eine höchst gemischte Schicht freischwebender Intellektueller, um Aufsehen bemühter Journalisten, modischer Snobs, auf das Nouveauté-Wesen eingestellter Künstler, mit dem Schein des Neuen leicht zu verführender Studenten sowie all jener Manager, Freiberuflichen und höheren Angestellten beiderlei Geschlechts, die sich ihre Wohnungen damals im *Magnum*-Stil einrichten ließen. Diesen Gruppen erschien eine derartige Kunst als ausgesprochen „in" oder „with it". Während also bis 1950 in der kunstinteressierten Bildungsbourgeoisie noch ein enormer Sinnhunger geherrscht hatte, der sich vor allem an Tiefem, Philosophischem, Religiösem, Klassischem, Abendländischem abzusättigen suchte, umgaben sich seit Mitte der fünfziger Jahre diese Schichten eher mit der Aura, sowohl den Konservativen als auch der „breiten Masse" geistig und ästhetisch weit überlegen zu sein. Ihre Elitevorstellung beruhte meist auf dem Bewusstsein, für etwas Sinn zu haben, was als schwierig oder gar abwegig galt. Kurzum: Sie wollten „anders als die Anderen" sein. Wenn also von einer modernen oder modernistischen Kunst der fünfziger Jahre gesprochen wird, so sollte man stets bedenken, dass dies lediglich die Kunst von etwa zwei bis drei Prozent der westdeutschen Bevölkerung war. Aber dieser Prozentsatz genügte, um dieser Kunst in den führenden Organen und Organisationen des Neoliberalismus eine einflussreiche Rolle zu sichern. Demzufolge etablierte sich die modernistische Kunst nach 1955 in der Bundesrepublik als offiziöser In-Stil, der zum obersten Maßstab der zu dieser Richtung gehörenden In-Groups wurde.

Doch mit theoretischen Proklamationen allein ließ sich dieser neue Stil nicht durchsetzen. Ein solcher Prozess erforderte nicht nur ein elitäres Cliquenbewusstsein, sondern auch eine aufnahmebereite soziale Trägerschicht und vor allem ein gut arbeitendes Management, das sich die Bekanntmachung und Verbreitung dieser Art von Kunst zum Ziel setzte. Und an solchen organisatorischen Beihilfen mangelte es dieser Richtung keineswegs, wenn auch die Drahtzieher dieser Instrumentalisierung des elitären Modernismus selten diktatorisch, sprich: direkt verfuhren, sondern sich meist einer wesentlich subtileren, sprich: indirekten Methode bedienten. Diese Taktik erwies sich – aufs Ganze gesehen – als äußerst effektiv. Jedenfalls führte sie seit der Mitte der fünfziger Jahre in fast allen Hochkulturformen der Gegenwartskunst zur Vorherrschaft des Modernistisch-Elitären und lieferte den hierfür Verantwortlichen zugleich das perfekte Alibi, allen wahrhaft Kulturinteressierten zwischen dem älteren Konservativismus, der Trivialität der Massenmedien und der ideologisch nicht festgelegten Kunst des Elitismus eine freie Wahl zu lassen, statt ihnen – wie im Osten – einfach staatsmonopolistische Direktiven vor die Nase zu setzen.

Besonders deutlich lässt sich das im Bereich der Malerei konstatieren, wo die ins Gegenstandslose tendierende „Moderne" in diesem Zeitraum von Seiten der Industrie, der kommunalen Verwaltungsapparate, der Ausstellungsgremien, der Galerien, der führenden Kunstzeitschriften, der Starkritiker wie auch der CIA eine zwar indirekte, aber letztlich recht massive ideologische, finanzielle und organisatorische Unterstützung erfuhr. In diesem Bereich kann man daher in den fünfziger und frühen sechziger Jahren durchaus von einem „Management der Moderne" sprechen. Von besonderer Wichtigkeit war dabei anfänglich die mäzenatische Unterstützung von Seiten des Kulturkreises im Bundesverband der Deutschen Industrie, der bereits im August 1951 gegründet wurde. Zu den einflussreichsten Vorstandsmitgliedern dieses Kreises gehörten neben Alfried Krupp vor allem der Wella-Fabrikant Karl Ströher und der Schokoladenfabrikant Bernhard Sprengel. Dieser Kreis überflutete mit Leihgaben und Geschenken nichtgegenständlicher Bilder nicht nur die Museen, sondern gab ab 1954 auch das Periodikum *Jahresring* heraus, in dem sich namhafte Kritiker wie Werner Haftmann, Gustav René Hocke, Carl Linfert und Franz Roh für den Siegeszug der abstrakt-elitären Malerei einsetzten, wobei sie das Formal-

Karl-Otto Götz: Werbung für Sprengel-Schokolade (1953). Bernhard Sprengel war einer der eifrigsten Förderer verschiedener Gruppen nichtgegenständlicher Maler, zu denen auch die von Götz mitbegründete Vereinigung „Quadriga" zählte.

ästhetische über jede politische oder soziale Verantwortlichkeit stellten.

Eine ähnliche Tendenz hatte die Bevorzugung nichtgegenständlicher Maler bei Preisverleihungen oder der ersten Kasseler Documenta von 1955, wo Werner Haftmann etwa ein Drittel der Ausstellung den „Klassikern der Moderne" einräumte und darauf – in angeblich logischer Konsequenz – die jüngeren Vertreter der Abstraktion folgen ließ. Entgegen der „Bilderstürmerei" der Faschisten und den Sirenenklängen der „Massenbeglückung" von Seiten der Kommunisten, hieß es in seiner Katalogeinleitung, stelle diese Ausstellung eine Rückkehr zum „modernen europäischen Geist" dar, der vor allem auf der unbegrenzten Freiheit des Individuums beruhe. Doch von den 130000 Besuchern, die 0,23 Prozent der westdeutschen Bevölkerung ausmachten, waren sicher nur die Hälfte über das erbaut, was dort in Form unverständlicher „Balken, Kreise und Striche" an den Wänden hing. Noch stärker wurde dieser Trend ins betont Modernistische auf der zweiten Documenta von 1959, die von den Vertretern der elitär-abstrakten Richtung als Endsieg der totalen Gegenstandslosigkeit gefeiert wurde. Erst jetzt, hieß es in ihren Besprechungen, seien an die Stelle von etwa zwei Dutzend rund zwei- bis dreihundert „gegenstandsfreie" Maler getreten, deren Stilvarianten meist mit Adjektiven wie zeichenhaft-symbolistisch oder geometrisierend-konstruktivistisch umschrieben wurden. Die Bekanntesten dieser Maler waren anfangs Willi Baumeister, Hans Hartung, Georg Meistermann, Ernst Wilhelm Nay, Theodor Werner und Fritz Winter. Doch kurz darauf machten sich auch Hans Platschek, Bernard Schultze, Emil Schumacher und Hann Trier einen Namen, die mehr das Tachistisch-Informelle bevorzugten, das heißt sich beim Malen angeblich ihrer ureigensten psychischen Motorik hingaben, um so jede gesellschaftlich bedingte Außendeterminiertheit von sich abzuwehren.

Fast die gleiche finanzielle und organisatorische Unterstützung erfuhr die modernistisch-elitäre Musik in diesem Zeitraum. Hier waren es weniger die Vertreter des Kulturkreises im Bundesverband der Deutschen Industrie, die sich dieser Richtung annahmen, als einige reiche Mäzene sowie die Studios für moderne Musik der öffentlich-rechtlichen Rundfunkanstalten. Besonders wichtig waren dabei die Internationalen Ferienkurse, die jedes Jahr mit Unterstützung des Hessischen Rundfunks in Darmstadt abgehalten wurden, wo sich junge westdeutsche Komponisten – unter Anleitung von Luciano Berio, Pierre Boulez, John Cage, Bruno Maderna, Olivier Messiaen, Luigi Nono und Edgar Varèse – mit der „Neuesten Stimmung im Westen" vertraut machen konnten. Und diese Neueste Stimmung lief vor allem auf eine Rückkehr zu den Wiener Dodekaphonisten, zuerst zu Arnold Schönberg und dann zu Anton Webern, hinaus. Eine ebenso wichtige Rolle spielte dabei als Vortragender und Diskutant Theodor W. Adorno, der alle Formen tonal-klingender Musik schärfstens verurteilte und nur den dissonanten, rätselhaft-verhässlichten Ausdruck der totalen Vereinzelung gelten ließ. Aufgeführt wurden viele dieser neu entstehenden Werke, wie etwa solche von Wolfgang Fortner, Hans-Werner Henze und Karlheinz Stockhausen, entweder bei den Donaueschinger Musiktagen für zeitgenössische Musik, die jedes Jahr unter dem Patronat des Prinzen

Karlheinz Stockhausen: *Zyklus für einen Schlagzeuger* (1959). Ausschnitt aus der Partitur. Die Notation erfolgte im Stil der bei den Darmstädter Musiktagen aufgeführten seriellen und aleatorischen Kompositionen der späten fünfziger Jahre.

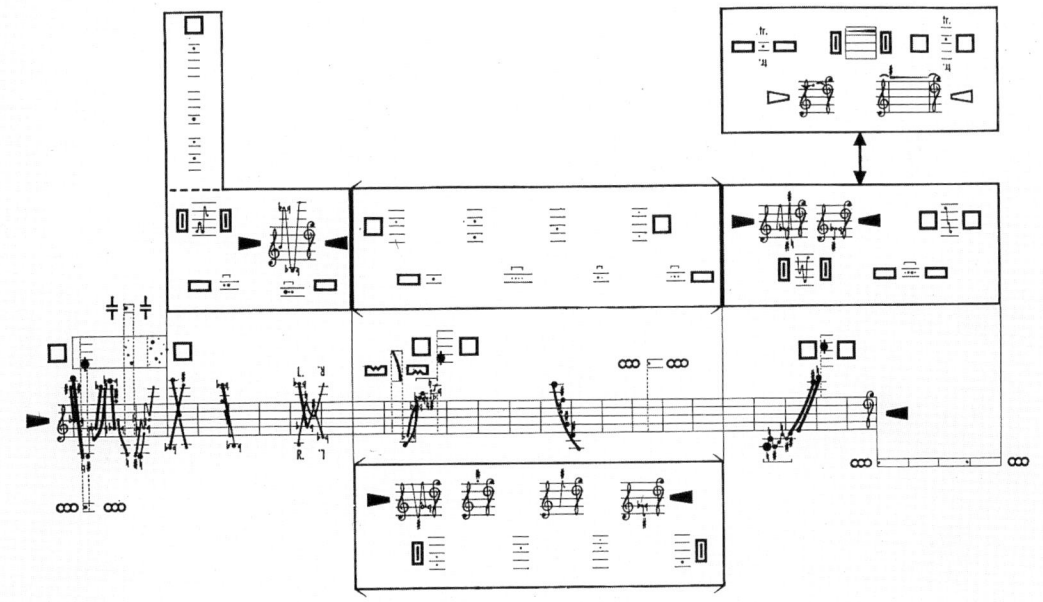

Max von Fürstenberg und des Südwestfunkorchesters stattfanden, oder bei den Musikfesten der Internationalen Gesellschaft für Neue Musik, deren Konzerte von Hans Heinz Stuckenschmidt in *Melos* als die entscheidenden Siege der Moderne über den „altmodisch-philister-haften" Geschmack totalitärer Regime gefeiert wurden. Doch auch der Bayerische und der Norddeutsche Rundfunk sowie der Sender Freies Berlin setzten sich damals für diese Art von Musik ein. Angehende Komponisten hatten deshalb kaum Schwierigkeiten, ihre Werke zu Gehör zu bringen. Wie die jungen Maler wurden auch sie – einerseits aus schlechtem Gewissen der nationalsozialistischen Vergangenheit gegenüber, andererseits zur Bekämpfung der tonal-melodischen Musik innerhalb des Ostblocks – geradezu von allen staatlichen und privaten Institutionen gefördert. Für derartige Komponisten und ihre connaisseurhaften Koterien war also diese Ära das goldene Zeitalter der „Neuen Musik". Doch für wen sonst? Schließlich war dieser forcierte Musikmodernismus ein höchst exklusiver, der weniger eine ästhetische als eine ideologische Funktion hatte. Dies war eine Musik, die sich weder an die konservativen Klassikanhänger noch an die sogenannten Massenhörer wandte, sondern auch auf diesem Gebiet lediglich die elitäre Randständigkeit der bundesrepublikanischen E-Kunst herausstreichen sollte.

Im Bereich der Literatur wäre es dagegen etwas übertrieben, im Hinblick auf die fünfziger Jahre von einem „Management der Moderne" zu sprechen. Die einzige Organisationsform, die es hier in den Gefilden des Modernismus gab, war die „Gruppe 47". Im Hinblick auf sie lässt sich noch am ehesten von einer offiziösen Systemkunst sprechen. Nachdem diese Gruppe in der unmittelbaren Nachkriegszeit für einen kritischen Realismus eingetreten war, hatte sie seit der Wendezeit der frühen fünfziger Jahre eher das „Wie" als das „Was", kurzum: eher das Formale als das Inhaltliche akzentuiert. Aufgrund dieser Entscheidung war sie – gewollt oder ungewollt – ins Rampenlicht des modernistischen Literaturbetriebs geraten. Bei ihren alljährlichen Treffen tauchten deshalb immer mehr Funkjournalisten, Zeitungsredakteure, Verlagslektoren, ja selbst bekannte Verleger wie Siegfried Unseld auf. Dementsprechend verwandelte sie sich – unter Leitung von Hans Werner Richter – aus einem literarischen Freundeskreis allmählich in eine Publikationsagentur, ohne deren Segen der Zugang zu den oberen Rängen der modernistischen Literatur kaum noch möglich war. Im Einverständnis mit dieser Entwicklung nannte daher Marcel Reich-Ranicki in einem Beitrag zu der Zeitschrift *Kultur* das Jahrestreffen der Gruppe 47 im November 1958 *Eine Diktatur, die wir befürworten*. Die größte Chance, vom Kritikergremium dieser Gruppe akzeptiert zu werden, hatten demzufolge jahrelang fast nur intellektuell-brillante, exhibitionistische oder artistische Texte, während das Realistisch-Kritische oder Lamentierend-Besinnliche innerhalb dieses Kreises allmählich außer Kurs geriet. Und so entstand in der zweiten Hälfte der fünfziger Jahre im Bereich der E-Literatur eine Situation, in der konservative Kritiker wie Friedrich Sieburg und Hans Egon Holthusen ihre bisherige Wichtigkeit verloren, während prominenten Mitgliedern der Gruppe 47, vor allem Jürgen Becker, Günter Eich, Helmut Heißenbüttel, Wolfgang Hildesheimer und Walter Höllerer, nicht nur von führenden Verlagen, sondern auch von großen Rundfunkanstalten die Möglichkeit geboten wurde, sich für eine steigende Publizität der westlich-modernistischen Literatur einzusetzen.

Hatte angesichts dieser breiten Front konservativer, massenmedialer und modernistisch-elitärer Strömungen, die sich fast alle einer antikommunistischen Tendenz befleißigten, eine systemkritisch auftretende Kunst überhaupt eine Chance, von einem breiteren Publikum wahrgenommen zu werden? Es gab zwar in den Jahren zwischen 1955 und 1958 auch einige politische Gegenaktivitäten von Seiten der Sozialdemokraten, Gewerkschafter sowie einer Reihe führender Wissenschaftler, die sich gegen die Aufstellung neuer Bundeswehrregimenter und vor allem die Adenauer'sche Forderung wandten, die sich vergrößernde Armee sogar mit Atomwaffen auszustatten, aber solche Proteste wurden in vielen systemverhafteten Organen sofort als „östlich-inspiriert" verteufelt. Die gleiche Abfuhr erlebten Kritiker, die sich gegen den elitären Charakter der Documenta-Ausstellungen wandten, das heißt denen der „Ausschließlichkeitsanspruch" der „Happy Few" unter den „Wohlstandsintellektuellen" als eine elitäre Anmaßung erschien.

A. Paul Webers Grafik *Die Exklusiven* (1957) sollte eine Satire auf die snobistische Verkultung der halbabstrakten oder nichtgegenständlichen Malerei durch die gesellschaftlichen Oberschichten und der mit ihr liierten Kunstkritiker sein.

Daher blieben Grafiker wie A. Paul Weber und HAP Grieshaber, die sich früh gegen solche Tendenzen wandten, im allgemeinen Kulturbetrieb der fünfziger Jahre ebenso am Rande wie die gesellschaftskritischen Darstellungen von Hanns Kralik, Otto Pankok und Günther Strupp. Ebenso ungehört verhallten jene Proteste, die sich im Bereich der E-Musik gegen das „trend- und marktbestimmende Diktat" des herrschenden „Schönbergisierens" wandten, das wie die modernistisch-elitäre Malerei auf eine Tendenz zum Enigmatischen, Abstraktionistischen, gar Publikumsfeindlichen hinauslaufe. Ja, ein widersetzlicher Komponist wie Hans Werner Henze zögerte nicht, diese auf breiter Front vollzogene Wendung ins Ungesellschaftliche mit Begriffen wie „Korpsgeist" und „Kadavergehorsam" zu umschreiben. Aber solche Stimmen, zu denen es kurze Zeit später auch auf literarischem Gebiet kam, verhallten in den späten fünfziger Jahren – vom Sensationserfolg der *Blechtrommel* (1959) von Günter Grass einmal abgesehen – weitgehend im Leeren. Eine größere Breitenwirkung erlangten sie erst, als sich Anfang der sechziger Jahre in westdeutschen Intellektuellenkreisen eine deutliche Adenauer-Müdigkeit verbreitete, die auch kulturell zu folgenreichen Neuorientierungen führte.

Kulturpolitische Auseinandersetzungen nach 1961

Der erste Wendepunkt in der kulturellen Entwicklung der Adenauerzeit war das Jahr 1961, als die Sozialdemokraten bei den anstehenden Bundestagswahlen Willy Brandt als ihren Kanzlerkandidaten aufstellten. Damit betrat erstmals ein aus dem Dritten Reich wegen seiner sozialistischen Anschauungen Vertriebener die politische Szene, der zwar 1959 in Bad Godesberg das Parteiprogramm der SPD von allen sogenannten marxistischen Restelementen gereinigt hatte, aber dennoch weiterhin an linksliberalen Vorstellungen festzuhalten versuchte. Seine wichtigste Wahlparole war der Slogan „Mehr Demokratie wagen!", mit dem er gegen jene Politik der „einsamen Entschlüsse" polemisierte, die in der Adenauer-Ära geherrscht habe. Und das verschaffte ihm eine Beliebtheit, welche nicht nur die älteren Sozialdemokraten, sondern auch die jüngeren Intellektuellen außerhalb dieser Partei mit der Hoffnung auf einen neuen Kurs in Politik und Kultur beflügelte. In ihrer ideologischen Ausrichtung waren diese Gruppen zu Anfang keineswegs systemkritisch oder gar umstürzlerisch eingestellt. Genau besehen, wollten sie die bestehende Gesellschaftsordnung – in weitgehender Übereinstimmung mit den herrschenden Eigentumsverhältnissen und den sich daraus ergebenden sozioökonomischen Strukturen – lediglich verbessern oder ausbauen. Kurzum: Was diese Schichten ins Auge fassten, war der Versuch, die von den westlichen Besatzungsmächten von oben verordnete Demokratie endlich mit einem bewusstseinserweiternden, aufklärerischen, reformfreudigen Geist zu erfüllen.

Die Hauptvertreter unter den Intellektuellen dieser Gruppen waren nach 1961 vor allem Publizisten wie Günther Anders, Karlheinz Deschner, Bernt Engelmann, Sebastian Haffner, Erich Kuby, Ludwig Marcuse, Klaus Rainer Röhl und Gerhard Szczesny, junge Wissenschaftler wie Peter Brückner, Jürgen Habermas, Wolfgang Fritz Haug, Oskar Negt, Franz Schonauer und Friedrich Tomberg sowie Schriftsteller wie Heinrich Böll, Hans Magnus Enzensberger, Günter Grass, Rolf Hochhuth, Walter Jens, Siegfried Lenz, Peter Rühmkorf, Martin Walser und Gerhard Zwerenz, deren politische Statements damals weitgehend in Blättern wie *Konkret* und *Argument*, aber auch im *Spiegel* und der *Frankfurter Rundschau* erschienen. In ihnen wandten sie sich sowohl gegen die Erhard'sche Wirtschaftswundermentalität als auch gegen den Adenauer'schen Autokratismus, die bei den westdeutschen Bürgern und Bürgerinnen zu jener auf lethargischen Konsensuswünschen beruhenden Tendenz geführt hätten, alle politischen Entscheidungen einfach „denen da oben in Bonn" zu überlassen. Und aufgrund dieser Einstellung sei es in der Bundesrepublik nie zu einer durchgreifenden Vergangenheitsbewältigung gekommen. Ja, das Gegenteil habe stattgefunden, nämlich eine schleichende Faschisierung, wofür als Belege meist das eigenmächtige Vorgehen von Franz Josef Strauß bei der *Spiegel*-Affäre (1962), die Weiterbeschäftigung alter Nationalsozialisten in Verwaltung, Justiz und Regierung oder die in Aussicht genommenen Notstandsgesetze herangezogen wurden. Wichtige Auslöser dieser neu aufflammenden antifaschistischen Gesinnung waren dabei der Jerusalemer Eichmann-Prozess (1961) und der Frankfurter Auschwitz-Prozess (1963/64). Als ebenso folgenreich für diese Umdenkprozesse erwiesen sich linksliberale Publikationen wie der von Martin Walser publizierte Sammelband *Die Alternative oder Brauchen wir eine neue Regierung?* (1961), das vom Club Voltaire seit 1963 herausgegebene *Jahrbuch für kritische Aufklärung* und Bücher wie *Strukturwandel der Öffentlichkeit* (1962) von Jürgen Habermas, *Die deutsche Bildungskatastrophe* (1964) von Georg Picht sowie *Die Unfähigkeit zu trauern* (1967) von Alexander und Margarete Mitscherlich, denen weitgehend die Zielvorstellung einer durch Kritik, Erziehung oder Analyse zu erreichenden „Mündigkeit" der einzelnen Staatsbürger und -bürgerinnen im Rahmen einer „befreiten, vaterlosen Gesellschaft" zugrunde lag.

Fast die gleichen Absichtserklärungen finden sich in den Kulturtheorien dieser Gruppen. Im Bereich der E-Kunst äußerte sich dieser linksliberale Trend im Laufe der sechziger Jahre vornehmlich in einer immer dringlicher werdenden Kritik an jenen elitären, sich bewusst hermetisch gebenden modernistischen Tendenzen, mit denen im Jahrzehnt zuvor das Schweigen über den Faschismus legitimiert worden sei. Dabei wurde Starkritikern wie Werner Haftmann, Joachim Kaiser, Karl Korn, Friedrich Sieburg und Hans Heinz Stuckenschmidt vorgeworfen, ein Kunstgeschwätz kultiviert zu haben, das in seiner Echauffiertheit für elitäre Kunstformen im Rahmen des absurden Theaters, der konkreten Lyrik, der seriellen Musik oder der tachistisch-informellen Malerei für breite Schichten der westdeutschen Bevölkerung überhaupt keine Relevanz besitze. Noch schärferes Geschütz fuhren einige Linksliberale auf, wenn sie die manipulativ-dirigistischen Tendenzen in den Massenmedien aufs Korn nahmen. Was sie auf diesem Gebiet besonders verurteilten, war die wachsende Machtkonzentration innerhalb weniger Hände, welche die für jede Demokratie erforderliche „kritische Öffentlichkeit" in Frage stelle. Im Bereich des Pressewesens zogen sie vor allem gegen die vom Springer-Konzern herausgegebene *Bild*-Zeitung zu Felde, die im Dienste eines auf Law & Order bedachten Establishments alle wahrhaften Demokraten als Unruhestifter, Wirrköpfe oder Extremisten anprangere. Ebenso kritisch verhielten sie sich den verschiedenen Genres der immer mächtiger anschwellenden Heftchenliteratur gegenüber, welche sich in Form billigster Lore-, Heimat-, Landser-, Adels- oder Arztromane aller Mittel der gängigen Freund-

Klaus Staeck: Postkarte (1972). Mit dieser Satire auf Franz Josef Strauß kritisierte Staeck den Hass des bayrischen CSU-Politikers auf die Studentenbewegung und die Jungsozialisten (Jusos), der ebenso vehement von der Springer-Presse geschürt wurde.

Feind-Vorstellungen, geschlechtsspezifischen Rollenklischees und eingerasteten ideologischen Vorurteile bediene, um so die in ihnen geschilderte Welt als eine letztlich konstante und damit schicksalhaft vorgegebene hinzustellen, an der sich auch mit dem besten Willen nichts verändern lasse. Der Rundfunk und das Fernsehen spielten dagegen in der Kritik der Linksliberalen noch keine zentrale Rolle. Am wenigsten polemisierte man in diesem Bereich gegen den Rundfunk, der durch sein relativ vielseitiges Programmangebot den auf eine verstärkte Demokratisierung pochenden Gruppen tendenziell noch am ehesten entgegenkam. Etwas kritischer standen dagegen diese Schichten dem Fernsehen gegenüber, weil im Laufe der Jahre die Unterhaltungs-, Sport- und Werbesendungen den informatorischen oder kulturstiftenden Charakter dieses Mediums zusehends in den Hintergrund drängten.

So viel zur Kritik der Linksliberalen an den einerseits ins Elitär-Modernistische, andererseits ins Manipulativ-Massenhafte zielenden Tendenzen innerhalb des in das kleine E und das große U gespaltenen bundesrepublikanischen Kulturangebots. Was sie dieser als pluralistisch ausgegebenen, aber zutiefst undemokratischen Aufspaltung als positiv entgegenstellten, war eine alle Bürger und Bürgerinnen dieses Staats betreffende und zugleich verständliche Form von öffentlicher Kulturszene, die sich am besten mit dem Begriff A- oder Allgemeinkultur umschreiben ließe. Ihre Leitbilder waren daher Kulturschaffende, welche der vorgegebenen Wirklichkeit betont kritisch gegenübertraten und den von ihnen ins Auge gefassten männlichen und weiblichen Lesern, Hörern oder Betrachtern ein aufgeklärtes Bewusstsein zu vermitteln suchten. Demzufolge setzten sie sich vor allem für gesellschaftskritische Künstler und Künstlerinnen ein, die sich als antiautoritär, freiheitlich, kurz: „mündig" im Sinne der beiden Mitscherlichs verstanden und auch in Fragen der Kultur das gleiche Mitspracherecht für sich beanspruchten wie in Fragen der Gesellschaft oder Politik. Die Kunst, welche diese Autoren und Autorinnen forderten, sollte deshalb allen poetischen Überhöhungen, allen formalistischen Spielereien sowie allen aus dem seelischen Unterbewusstsein gespeisten Sentimentalitäten aus dem Wege gehen und einen „Realismus" anstreben, der auf konkreten Erfahrungen basiere und sich als ein Stil des unmittelbaren „Eingreifens" verstehe. Kunst, so erklärten sie, müsse endlich wieder präzis, nachprüfbar, dokumentarisch, reflexionsanregend, mit einem Wort: aufklärerisch werden.

Im Hinblick auf das kulturelle Erbe liefen diese Bemühungen um ein neues Kunstkonzept in letzter Instanz auf einen durchgreifenden Paradigmenwechsel von den romantisch-irrationalistischen, religiös-existenzialistischen sowie modernistisch-formalistischen Traditionen zu den liberal-demokratischen Überlieferungen innerhalb der deutschen Kultur der letzten 200 Jahre hinaus. Aus diesem Grunde setzte um 1965 eine intensive Aufarbeitung der bisher von den Rechten weitgehend vernachlässigten oder bewusst unterdrückten Werke der Jakobiner, Jungdeutschen, Vormärzler, Achtundvierziger und Naturalisten wie auch der Linksliberalen der Weimarer Republik und der antifaschistischen Kulturschaffenden der Exilperiode zwischen 1933 und 1945 ein, die als Vorbilder einer neuen aufklärerischen Kunst hingestellt wurden. Alle Künstler und Künstlerinnen, welche sich nach 1960 dieser Denkrichtung anschlossen, bevorzugten daher in ihren Darstellungsweisen meist eine ins Tagespolitische zielende Wirklichkeitsnähe, von der sie sich eine möglichst breit gefächerte Wirkung versprachen.

In der Malerei führte das zu dem Bemühen, wieder an den veristischen Flügel der Neuen Sachlichkeit der zwanziger Jahre, aber auch an

Rainer Werner Fassbinder: *Katzelmacher* (1969). Szenenbild mit Hanna Schygulla und Rainer Werner Fassbinder. Dieser Film übte Kritik an der Ausländerfeindlichkeit der westdeutschen Bevölkerung, die sich vor allem gegen Italiener und später gegen Türken wandte.

Größen der gesellschaftskritischen Malerei wie Francisco Goya, William Hogarth, Honoré Daumier, Käthe Kollwitz, George Grosz oder Diego Rivera anzuknüpfen. Diesem Trend folgten neben den Mitgliedern der neu entstehenden Malergruppen Junge Realisten, Real und Zebra auch die Beiträger der linkskritischen Zeitschrift *Tendenzen*. Wohl die größte Wirkung innerhalb dieser Richtung erzielten die nach dem Vorbild von John Heartfield entworfenen Plakate und Postkarten von Klaus Staeck, die sich manchmal so weit ins Kritische vorwagten, dass sich sogar die systemkonforme Justiz mit ihnen zu befassen begann. Ähnliche Veränderungen lassen sich im gleichen Zeitraum im Bereich der Filmproduktion konstatieren, wo bis in die frühen sechziger Jahre das Heimatlich-Volkstümelnde, Lustspielhafte oder Adelsverklärende vorgeherrscht hatte. Den Auftakt dazu bildete ein 1962 während der Westdeutschen Kurzfilmtage in Oberhausen von 25 jungen Filmemachern und Schauspielern verfasstes Manifest, in dem sie sich unter dem Motto „Der alte Film ist tot" zu einem „Neuen deutschen Film" bekannten. Am bekanntesten aus diesem Umkreis wurden die Filme von Rainer Werner Fassbinder, Alexander Kluge, Ulrich Schamoni und Volker Schlöndorff, die mit kritischer Absicht fast ausschließlich tagespolitische Themen aufgriffen und sich dabei zum Teil sogar dokumentarischer Einschübe bedienten. Selbst in der seit alters her geheiligten Institution des Theaters versuchten kurze Zeit später junge Regisseure wie Wilfried Minks, Peter Stein und Peter Zadek mit dem herkömmlichen Kulissenschlendrian aufzuräumen und dafür gesellschaftlich aufrüttelnde Tendenzen durchzusetzen.

Die gleiche „realistisch" unterlegte Gesellschaftskritik findet sich in einer Reihe von Dramen, Erzählungen und Romanen dieser Richtung. Auch ihre Autoren glaubten, durch ein öffentliches Räsonnement über politische und sozioökonomische Tabus in ihrem Publikum eine aufgeklärt-kritische Haltung hervorzurufen. Dafür sprechen Dramen wie *Der Stellvertreter* (1963) von Rolf Hochhuth, *Die Ermittlung* (1965) von Peter Weiss und *Joel Brand. Die Geschichte eines Geschäfts* (1965) von Heinar Kipphardt, in denen es um besonders krasse „Verfehlungen" während der NS-Vergangenheit ging, aber auch mehrere Stücke von Franz Xaver Kroetz, Martin Sperr und Martin Walser, die sich mit sozialen Missständen innerhalb der bundesrepublikanischen Wirtschaftswunderwelt auseinander setzten. In Form des Romans oder der Erzählung griffen in diesem Zeitraum Günter Grass in *Katz und Maus* (1961) und Heinrich Böll in *Ansichten eines Clowns* (1963) solche Themen auf.

Auch die *13 unerwünschten Reportagen* (1969) von Günter Wallraff, der im Umkreis der 1961 gegründeten Gruppe Dortmunder Arbeiterschriftsteller zu schreiben begann, gehören noch zu dieser Richtung, die in ihrer entlarvenden Enthüllungstechnik ebenfalls eine kritische Diskussion über bisher in der Bundesrepublik übersehene oder totgeschwiegene Themenstellungen eröffnen sollten.

Derartige Bemühungen um eine „kritische Öffentlichkeit" spielten zwar in denjenigen Sparten der westdeutschen Kultur- und Medienindustrie, die sich an ein linksliberales Publikum wandten, in den mittsechziger Jahren vorübergehend eine wichtige Rolle, wurden aber von der Mehrheit der westdeutschen Bevölkerung kaum wahrgenommen. Daher blieb dieser Trend zwar ein lobenswerter Ansatz zu einer verstärkten Aufklärungsarbeit, aus dem sich jedoch keine gesamtgesellschaftliche Diskussion über öffentliche Angelegenheiten und damit auch keine allgemeine Aufklärungs- oder Streitkultur ergab. Eine solche Chance eröffnete sich erst, als 1966/67 die erste wirtschaftliche Depression in Westdeutschland einsetzte und es aufgrund der dadurch ausgelösten Krise zu einer „Großen Koalition" von CDU/CSU und SPD kam. Von diesem Zeitpunkt an schlossen sich viele Linksliberale, die bisher weitgehend mit der SPD sympathisiert hatten, der 1968 entstehenden Außerparlamentarischen Opposition (APO) an, was zu einer merklichen Verschärfung ihrer Ansichten führte. Auch die Gründung von neuen Parteien, wie der Deutschen Kommunistischen Partei (DKP) und der Nationaldemokratischen Partei Deutschlands (NPD), trug zu einer bisher kaum erahnten Brisanz der innenpolitischen Situation bei, die manche Intellektuelle an die ideologische Polarisierung der späten Weimarer Republik gemahnte. Zu den ersten Ergebnissen dieser Wende gehörten die vielen öffentlichen Demonstrationszüge, an denen sich all jene Studenten und Studentinnen beteiligten, die plötzlich die NS-Vergangenheit ihrer Hochschullehrer aufdeckten und sich zugleich – aus Enttäuschung über den koalitionsfreundlichen Kurs der SPD – nach wesentlich radikaleren Konzepten umsahen, um ihrem Unmut über die Verfahrenheit der politischen Situation Ausdruck zu verleihen. Dabei ließen sich von Anfang an zwei Richtungen unterscheiden, die sich zwar in manchem ähnelten, ja sogar überschnitten, aber auch gravierende Unterschiede aufwiesen: eine eher basisbezogene und eine eher pop-kulturelle.

Die basisbezogenen Klubs oder Roten Zellen unter den Studenten und Studentinnen stützten sich bei ihren Politik- und Kulturanschauungen zumeist auf altkommunistische, DDR-freundliche oder maoistische Konzepte, was zu vielen ideologischen Grabenkämpfen innerhalb dieser Gruppen führte. Was sie jedoch im Hinblick auf ihre kulturpolitischen Strategien weitgehend vereinigte, war ihr Bemühen, sich unmittelbar an das von den Massenmedien – ob nun der *Bild*-Zeitung, der Comic Strips, der Lustspielfilme, der Heftchenromane sowie der im Fernsehen ausgestrahlten Schlagerparaden – ideologisch eingelullte Publikum der Arbeiter und kleinen Angestellten zu wenden und zu versuchen, diese Schichten für eine auf älteren Unterklassengesinnungen basierende Kulturvorstellung zu gewinnen. Das ideelle Ziel dieser Aktivistenzellen war demzufolge eine proletarische „Gegenkultur", welche sich die Unterstützung der konkreten Interessen der finanziell benachteiligten Gesellschaftsschichten zur Aufgabe machen würde. Als Vorbilder einer solchen Haltung empfanden diese Gruppen vor allem die Lehrstücke Bertolt Brechts, die politischen Fotomontagen John Heartfields, die Bilder der ASSO-Maler, die linken Kompaktgemälde Heinrich Vogelers, die Roten Eine-Mark-Romane Willi Bredels, die aggressive Kampfmusik Hanns Eislers sowie einen klassenkämpferischen Aufklärungsfilm wie *Kuhle Wampe*, den Slatan Dudow 1932 mit Brecht und

Demonstration linksorientierter Münchener Studenten im Jahr 1968, die sich mit Bildern von Karl Marx, Ho Chi Minh und Ché Guevara zu den Befreiungskämpfen in der Dritten Welt bekannten.

Floh de Cologne
(Foto von 1970). Die
betont provozierende
Kabarett- und Rock-
gruppe gehörte zum
basisdemokratisch
orientierten Flügel
der Außerparlamen-
tarischen Opposition
(APO).

Eisler sowie der Unterstützung kommunistischer Arbeitersportler und
-schauspieler gedreht hatte. Um wie in der Arbeiterkorrespondenten-
Bewegung der späten zwanziger Jahre sogar die bundesrepublikanischen Arbeiter und Arbeiterinnen in diese Bemühungen einzubeziehen, wurde Anfang der siebziger Jahre von linken Intellektuellen ein
Werkkreis Literatur der Arbeitswelt ins Leben gerufen, der in mehreren
Städten Vertreter und Vertreterinnen der Unterklassen zum Abfassen
autobiografischer Berichte, Reportagen aus Fabriken oder Agitprop-Tex-
ten anregte. Ähnliche Ziele setzten sich das Berliner Grips-Theater, das
Reichskabarett, Liedermacher wie Franz Josef Degenhardt, Hans Dieter
Hüsch und Dietrich Kittner sowie das Ensemble Floh de Cologne, das
bei Auftritten vor Studenten oder Lehrlingen in aller Offenheit die
„Aasgeier des Kapitalismus" angriff.

Im Bereich des Presse- und Verlagswesens vertraten solche Tendenzen hauptsächlich Blätter wie die *Deutsche Volkszeitung*, *Unsere Zeitung*, *Kürbiskern*, *Tendenzen*, *Argument*, *Konkret*, *Kunst und Gesellschaft*
sowie linke Verlage wie Damnitz, Pahl-Rugenstein, Pläne, Röderberg
und Syndikat, die ihre Publikationen vor allem über neu gegründete
Kollektivbuchhandlungen vertrieben. Aber auch bereits etablierte Ver-

lage wie Hanser, Luchterhand, Rowohlt und Suhrkamp beteiligten sich vorübergehend an dieser „linken Welle". Ihren Höhepunkt erlebten derartige Bestrebungen in den Jahren zwischen 1969 und 1972/73. Danach flauten sie relativ schnell wieder ab, weil sich die von diesen Gruppen ins Auge gefassten Arbeiterschichten längst in einem Prozess der Verkleinbürgerlichung befanden, der sie gegen proletarische „Gegenkultur"-Vorstellungen mehr oder minder immun machte. Deshalb blieben die „Wirkungen in der Praxis", die sich linke Theoretiker wie Wolfgang Abendroth, Wolfgang Fritz Haug, Richard Hiepe oder Oskar Negt erhofft hatten, weitgehend aus.

Eine umso größere Wirkung hatte dagegen diese „Kulturrevolution" unter jenen studentischen Gruppen, die in dieser Bewegung eher einen antiautoritären Protest gegen ihre noch in einem hierarchischen Denken befangenen Eltern, Lehrer und Professoren sahen. Soziologisch betrachtet, waren dies meist Kinder jener wirtschaftswunderlichen Wohlstandsschichten, die nicht die eigene Not zu einem aufrührerischen Handeln bewegte, sondern die sich aufgrund der verbesserten ökonomischen Bedingungen endlich „freier" ausleben wollten. Sie griffen zwar auch linke oder linksliberale Slogans auf und beteiligten sich ebenfalls an den vielfältigen „Demos" dieser Jahre gegen den Schah-Besuch, die Notstandsgesetze und den Vietnamkrieg, rebellierten aber in erster Linie gegen jene als „stressig" bezeichneten Verhaltensformen innerhalb der bundesrepublikanischen Gesellschaft, für die sie die Kurzformel „autoritär" gebrauchten. Stattdessen setzten sie sich für alles ein, was sie als locker, freiheitlich, lustvoll und damit im weitesten Sinne als „antiautoritär" empfanden. Vor allem im Bereich des Erotischen hatten sie es satt, sich wie eh und je an das in vielen Familien perpetuierte System einer moralindurchsäuerten Heuchelei zu halten, das lediglich zu gewaltsamen Durchbrüchen angestauter Aggressionen führe. Um nicht mehr ständig im Zustand „repressiver Sublimationen" zu leben, wie es in Anlehnung an die Schriften Herbert Marcuses und Wilhelm Reichs, aber auch die Aufklärungsfilme Oswald Kolles und die Angebote der Beate-Uhse-Läden hieß, wollten sie endlich „nonrepressive, entsublimierte Verhältnisse" schaffen. Ihr Ziel war deshalb eine „sexuelle Revolution", nach der es keinen „Frust" mehr geben sollte.

Und dieses Bekenntnis zum Ungeordneten erweiterten sie auch auf andere Bereiche des eigenen Lebens sowie ihre Einstellung dem bisherigen Bildungssystem, ja sogar dem bestehenden Staat gegenüber, den die Sprecher und Sprecherinnen dieser Gruppen in anarchistischer Tradition als eine „riesige Zwangsanstalt" hinstellten. In alldem sahen sie den verknöcherten Apparat eines mit faschistoiden Traditionen durchsetzten Establishments, dem sie die von Herbert Marcuse ausgegebene Parole der „Großen Weigerung" entgegensetzten. Diese Schichten fühlten sich nicht einer bestimmten Klasse oder Partei verpflichtet, sondern empfanden sich als Repräsentanten und Repräsentantinnen einer breit gefächerten Generation, die dem von ihr gehassten System vor allem mit ihrer Jugend zu imponieren versuchte. Die US-amerikanische Studentenmaxime „Trau keinem über dreißig" machte deshalb auch unter ihnen schnell die Runde. Demzufolge lief ihre Form der Rebellion meist auf eine Beschwörung ihres eigenen Minderheitsstatus, ihres Jungseins, ihres Anarchismus hinaus. Im Zuge der von ihnen proklamierten Randgruppenstrategie wollten sie das herrschende System nicht im Sinne der basisbezogenen Gruppen „umstürzen", sondern mit ihren provokativ vorgetragenen Manifestationen eines als jugendlich hingestellten Aufmutzens lediglich „auf die Palme bringen".

Das Gleiche gilt für die anarcho-kulturellen Kunsttheorien dieser Gruppen. Zu Anfang erklärten sie in ihren Zeitschriften – in Wiederholung der älteren Kunstlump-Debatte von 1919 – erst einmal, Kunst sei bürgerlich, sei autoritär, sei ein „alter Hut" und „gehöre demnach abgeschafft", wie es 1968 mit rebellischem Paukenschlag im 15. *Kursbuch* hieß. Während die Linken, zum Teil in Anlehnung an die DDR, auch das „kulturelle Erbe" weiterhin hochhielten, galten in diesen Kreisen alle „höheren" Kunstformen von vornherein als „bürgerlich-affirmativ". Neben basisbezogenen Gruppen traten daher nach 1968 auch Rocker, Alternative, Kommunarden und andere „Provotarier" auf, die sich weitgehend an den hippy- oder yippyistischen Gruppen der anglo-amerikanischen Underground-Szene orientierten und für die Vorzüge einer Rock'n'Roll- & Dope-Kultur schwärmten. Darunter verstanden sie anfangs alles, was sich ihnen als „easy", „soft", „sensual" und „eroticizing" empfahl. Und das waren psychedelische Plakate, Beardsley-Posters, indische Raga-Musik, Lieder von Joan Baez, Jeans-Hosen, ein Beatles-Song wie „I want to hold your hand", das Tribal-Love-Rock-Musical *Hair* (1968) oder Filme wie *Alice's Restaurant* (1969). Doch auch „Härteres" wurde, falls es sich in aller Offenheit zu einer anarchischen Enthemmtheit bekannte, in diesem Umkreis schnell beliebt. Dazu gehörten vor allem die knalligen Plakate der Hell's Angels, die Dirty-Speech-Ausdrücke, Blätter wie *Charlie kaputt*, die Transvestitenfilme Andy Warhols, der Acid Rock sowie kurze Zeit später der Punk

Rock der Sex Pistols. Derartige Phänomene gaben diesen Gruppen das Gefühl, in jenem „Global Village" angekommen zu sein, von dem Marshall McLuhan damals sprach. In konzentrierter Form wurde das 1970 in der Anthologie *ACID. Neue amerikanische Szene* von Rolf Dieter Brinkmann und Ralf Rainer Rygulla vorgestellt. Über den „blutlosen Begriffsfetischismus" der theorieüberfrachteten Traktate der Linken wurde in solchen Publikationen nur noch gelacht. Hier bemühte man sich nicht um „Kunst", sondern lediglich um ein radikal anderes Lebensgefühl.

Die wichtigste Rolle in dieser Hinsicht spielte die anglo-amerikanische Rockmusik, welche in ihrer Wirkung weit über die studentischen Gruppen hinausgriff und immer mehr jener jungen Menschen in ihren Bannkreis zog, die sich bereits seit den späten fünfziger Jahren für Bill Haley und Elvis Presley erwärmt hatten. Wie in den USA fanden daher auch in Westdeutschland jene „Open Air Festivals" statt, zu denen Zehntausende von Jugendlichen mit Schlafsäcken, Joints und Parkas angereist kamen und sich stundenlang durch Mammut-Rock-Shows „in Fahrt" bringen ließen. Neben anglo-amerikanischen Sängern, Sängerinnen und singenden Vierergruppen traten dabei auch westdeutsche Rock Bands wie Nosferatu, Sixty-Nine, Ihre Kinder, Tangerine Dream und Amon Düül auf, deren elektronisch verstärkte Songs unter dem Motto „Musik ist Lust" vor allem der Befreiung bisher unterdrückter Triebe dienen sollten. Damit appellierten diese Gruppen vornehmlich an jene Teens und Twens aus allen Bevölkerungsschichten, die sich plötzlich als Angehörige einer breit gestreuten Jugendkultur empfanden. Was als Rebellion langhaariger Jugendstars wie der Beatles und der Rolling Stones angefangen hatte, wurde so seit den frühen siebziger Jahren zu einer regelrechten Modeströmung. Daher begann sich auch die traditionelle Unterhaltungsindustrie für diesen Bereich zu interessieren. Schließlich wurde den

Montage aus einer Westberliner Schülerzeitung (1968). Aubrey Beardsleys *Botschafter* (1896) aus den Illustrationen zur *Lysistrata* von Aristophanes treten hier als erotisch provozierende Demonstranten auf.

Managern auf diesem Sektor immer klarer, dass sich mit dieser Art von Musik ein ebenso großer, wenn nicht noch größerer Profit machen ließ wie mit den Genres der älteren Schlager- oder Tanzmusik.

Das Ergebnis dieser außerparlamentarischen Poprevolte war daher – kulturpolitisch gesehen – sowohl ein unübersehbares Abflauen fast aller linken Tendenzen als auch ein merklich abnehmendes Interesse an der bisherigen E-Kultur, die immer stärker zu einem kulturellen Reservat jener älteren, gebildeten Jahrgänge wurde, die nach wie vor an ihrem bisherigen Stellvertretungsanspruch in Sachen Kultur festzuhalten versuchten. Dementsprechend existierten zwar – aufgrund der staatlichen, kommunalen und öffentlich-rechtlichen Subventionen – die älteren Theater, Opernhäuser und Symphonieorchester durchaus weiter, verloren aber im Zuge der siebziger Jahre zusehends ihre bisherige Aura, die höchsten, wenn nicht gar alleingültigen Formen einer wahren „Kultur" zu sein. Was sich stattdessen ausbreitete, war jene ins Kommerzielle ausgeweitete Popkultur, welche viele der studentischen Rebellen um 1970 noch als Affront gegen „Daddy's Culture" empfunden hatten, die sich aber jetzt zusehends als die kulturelle Norm breitester Bevölkerungsschichten etablierte. Im Gefolge dieser Entwicklung wurde schon um 1972/73 mit den Beatles keine „Weltrevolution" mehr gemacht, sondern nach ihrer Musik nur noch in Diskos herumgezappelt.

Die Rückkehr des „subjektiven Faktors"

Der einzige Silberstreifen, der manchen Intellektuellen um die Mitte der siebziger Jahre über den fast erreichten Endsieg der allgemeinen Kommerzialisierung der Kultur hinauszuweisen schien, war die in den oberen Rängen der kulturpolitischen Debatten häufig proklamierte Rückkehr des „subjektiven Faktors". Als Ursachen für diese Tendenz ins Persönliche, ja Private hat man innerhalb dieser Schichten meist rein tagespolitische Fakten – ob nun das scharfe Vorgehen der sozialliberalen Koalition gegen die DKP in Form von Radikalenerlässen und Berufsverboten oder die durch die Aktionen der Roten Armee Fraktion (RAF) ausgelöste Pressekampagne gegen alle Sympathisanten solcher Gruppierungen – ins Feld geführt. Das mag in Einzelfällen durchaus zutreffen. Doch dieser Beschwörung des Subjektiv-Privaten lag zugleich die Einsicht vieler ehemaliger Linker und Linksliberaler zugrunde, wegen des anhaltenden Wohlstands und der verbreiteten Konsummentalität bei den unteren Bevölkerungsschichten ohnehin keinen Widerhall zu finden. Als ebenso verunsichernd empfanden diese Gruppen die 1972 durch die Deklarationen des Club of Rome ausgelösten ökologischen Katastrophenängste. All das bewirkte selbst bei vielen der bis dahin Linksengagierten ein Gefühl der Hilflosigkeit, ja der Ohnmacht, das sich in einer weit verbreiteten Stimmung der Melancholie äußerte.

Die Mehrheit der bisherigen Protestler wandte sich deshalb nach 1972/73 gegen alle Parteien, Organisationen und Bewegungen, die nach wie vor Postulate wie soziale Verantwortung oder Gruppendisziplin propagierten, welche sie als bürgerliche Liberale als zu „einengend" empfanden. Um solchen Vergewaltigungen ihrer Individualität in Zukunft aus dem Wege zu gehen, schlugen demnach die meisten dieser Trendwechsler und -wechslerinnen vor, sich von allen sozialbetonten Solidarisierungsparolen zu distanzieren und sich unter dem US-amerikanischen Motto „The Personal is the Political" den Problemen des nur sie betreffenden Alltags zuzuwenden. Und zwar wurde dieser Rückzug auf die eigenen Belange fast durchgehend als eine längst fällige Wiederentdeckung der eigenen Subjektivität gerechtfertigt oder auch nur bemäntelt. Zu den wichtigsten kulturellen Leitvorstellungen dieser Drop-out- oder Aussteigergesinnung gehörten dabei Arbeitsphobie, Selbstverwirklichung, Romantik, Phantasie, Genüsslichkeit sowie alles, was in den Bereich des Vitalistischen und Erotischen fällt. Dafür sprechen vor allem jene Bekenntnisse zu einer aufmüpfigen Ichhaftigkeit, die seit der zweiten Hälfte der siebziger Jahre in Blättern wie *Konkursbuch*, *Tumult*, *Titanic*, *Freibeuter*, *Literaturmagazin* sowie *Ästhetik und Kommunikation* erschienen und in ihren gegenrationalistischen, gegentheoretischen und gegenorganisatorischen Tendenzen auf die Verklärung einer einzelpersönlichen Identität hinausliefen, die immer stärker mit Phänomenen wie Wesen, Authentizität, Gefühl, Instinkt, Sinnlichkeit oder entschiedener Leibhaftigkeit gleichgesetzt wurde.

Um dieser forcierten Ichhaftigkeit, die letztlich ins Solipsistisch-Antibegriffliche tendierte, dennoch den Anstrich einer voll entwickelten Kulturphilosophie zu geben, stützten sich viele Vertreter und Vertreterinnen dieser „Neuen Subjektivität", so synkretistisch und unsystematisch sie dabei auch verfuhren, vornehmlich auf folgende Ideologiekomplexe: die Theorien der französischen Neuen Philosophen und Poststrukturalisten sowie der deutschen Romantiker und deren Nachfolger in der nietzscheanisch-lebensverkultenden Phase des späten 19. Jahrhunderts. Unter den Neuen Philosophen waren es hauptsächlich

Eine Wand für mich (um 1980). Dieses Graffito an einem Haus in Berlin-Moabit galt als ein Dokument jener neuen Ich-bezogenheit, die sich während dieser Jahre in den verschiedensten Ausdrucksformen Bahn brach.

André Glucksmann und Bernard-Henri Lévy, die sich wegen ihrer Attacken auf „totalisierende Meisterdenker" wie Hegel und Marx innerhalb dieser Richtung einer auffälligen Beliebtheit erfreuten. Ebenso interessiert zeigten sich die Exponenten und Exponentinnen der Neuen Subjektivität an Denkern wie Gilles Deleuze, Michel Foucault und Félix Guattari, die vor allem jenen institutionalisierten Unterdrückungsmechanismen in den Machtstrukturen aller bisherigen gesellschaftlichen Systeme nachgegangen waren, deren Hauptakzent auf der Disziplinierung der körperlichen Lustbedürfnisse gelegen habe. Ähnliche Folgerungen zogen sie aus der bewusst „dezentrierenden" psychoanalytischen Sicht von Jacques Lacan wie auch den auf dem Prinzip der „Dekonstruktion" beruhenden Ansichten Jacques Derridas, die in ihrer ichzerspaltenden Tendenz ebenfalls auf eine kritische Infragestellung aller bisherigen, an festen Charakterstrukturen oder programmatischen Leitzielen orientierten Weltanschauungen hinausliefen. Im Hinblick auf die deutsche Romantik wurde hingegen vor allem deren gegenaufklärerische Tendenz akzentuiert sowie auf ihre Neigung zum Gespenstischen, Halluzinatorischen, ja Schizophrenen hingewiesen, jedoch zugleich das Lustvoll-Luxurierende, Traumhafte und Wunscherfüllende dieser Bewegung herausgestellt. Daraus ergab sich eine verbreitete Novalis-, Ernst-Theodor-Amadeus-Hoffmann-, Schopenhauer- und Nietzsche-Renaissance, an deren Schriften sowohl die Tiefe ihrer Bildwelt als auch ihr Affekt gegen alles Theoretisch-Systematisierende gelobt wurde.

Im Bereich der allgemeinen Kunst- und Kulturtheorie wirkte sich diese Tendenz zur Vernunftkritik vor allem als eine auffällige Verstärkung jener sinnlichen Wahrnehmungsformen aus, die ihre Anhänger und Anhängerinnen gern mit Begriffen wie Neue Sensibilität, New Age, Neue Wildheit, Neue Mythologie, Neuer Manierismus oder Postmodernismus umschrieben. Dementsprechend „privilegierte" die Kunst dieser Richtung von Anfang an das Unbewusste, die Freude am Es, den provozierenden Schrecken, das heißt eine Ästhetik, welche den bisherigen Subtexten endlich die Qualität der eigentlichen Texte zu geben versuchte. Wie in der Ideologie dieser Richtung führte das auch in der mit ihr sympathisierenden Kunst zu einer entschiedenen Wendung gegen alles Moralisierende, Engagierte, Linke, das – nach Ansicht dieser Gruppen – lediglich zu neuen Macht- und Herrschaftsstrukturen führen würde. Auch Künstler und Künstlerinnen, las man in diesem Umkreis immer wieder, sollten endlich auf alle universalen Wahrheits- und Totalitätsansprüche verzichten. Im Gegensatz zu jenen, die sich immer noch als Allwissende aufspielten, seien sie besser beraten, sich in ihren Werken einfach ihrer unmittelbaren Subjektivität hinzugeben und lediglich das sie höchst persönlich Betreffende zum Ausdruck zu bringen, statt sich irgendwelchen auf eine bestimmte Klasse oder gar die Gesamtgesellschaft bezogenen Postulaten zu unterwerfen. Dass sich viele Subjektivitätsbefürworter und -befürworterinnen dadurch kulturell in die Gefilde des Randständigen begaben, wurde innerhalb dieser Richtung nicht als eine betrübliche Isolierung, sondern eher als ein tuistisches Privileg oder ein notwendiger Affront gegen die verbreitete Trivialisierung des Kulturellen ins eindeutig Kommerzbetonte hingestellt.

Im Rahmen der bildenden Kunst interessierten sich die Vertreter und Vertreterinnen der Neuen Subjektivität für geradezu alles, in dem sich Parapsychisches, Irrationales, Mythologisches, Erotomanes oder Religiös-Synkretistisches entdecken ließ. Dazu gehörten vor allem die „Individuellen Mythen", mit denen man jene „Türen ins Magische" aufstoßen wollte, hinter denen im „Dunkel der Existenz" von Zeit zu Zeit der „Schein des Ewigen" aufleuchte. Einen ebenso mystischen Charakter hatten manche Happenings, die Joseph Beuys in diesem Zeitraum veranstaltete, wo er neben anthroposophischen Vorstellungen, wie in seiner *Action Celtic* von 1976, auch schamanistische oder gralshaft-christliche Rituale in das Ganze einbezog, um damit alles „Intellektuelle und Verkopfte" in Frage zu stellen. Zu gleicher Zeit versuchten jene Maler und Malerinnen von sich reden zu machen, die, wie Elvira Bach, Georg Baselitz, Rainer Fetting, Jörg Immendorf und Salomé, wegen ihrer neoexpressionistischen Ausdrucksformen als die „Neuen Wilden" in die Kunstgeschichte eingegangen sind. Auch sie glaubten, durch ihre Neigung zum Außenseiterischen, Mythischen, Ekstatischen und Obszönen, der sie vor allem auf Ausstellungen wie „Heftige Malerei" (1980) und „Fleisches Lust" (1981) frönten, der „Neuen Eigentlichkeit" wesentlich näher zu kommen als alle „altmodischen Realisten". Modernistisch-elitär orientierte Blätter wie *Kunstforum*, *Kunstreport*, *Art. Das Kunstmagazin* und *Das Kunstwerk* stellten daher ihre Bilder wegen ihrer „absoluten Originalität" als den gelungensten Ausdruck einer auf alle avantgardistisch-kollektiven Ambitionen verzichtenden, subjektiv-revoltierenden Nach-Moderne hin.

In der Filmproduktion dieser Jahre entspricht dieser Richtung all das, was nach 1972/73 ebenfalls zum Tiefenpsychologischen, Triebhaften, Solipsistischen, kurz: Besessenen neigte. Bezeichnend dafür waren der Kaspar-Hauser-Film *Jeder für sich und Gott gegen alle* (1974) von Werner Herzog sowie der Kleist-Film *Heinrich* (1976) von Helma Sanders-Brahm, die sich bemühten, an ihren Protagonisten vor allem das Erotisch-Intime und die Nähe zum Wahnsinn herauszustellen, um ihnen

Elvira Bach: *Schwarz und bleich* (1985), Stuttgart, Galerie Kaess-Weiss. Elvira Bach zählte zu jenen Malern und Malerinnen, die Anfang der achtziger Jahre wegen ihrer expressionistisch-provokanten Malweise als die „Neuen Wilden" bezeichnet wurden. Ihre Bilder thematisierten den Geschlechterkonflikt und traten für feministisch-lesbische Positionen ein.

die nötige „subjektive Schärfe" zu geben. Doch als der überragende Vertreter dieser Neuen Sensibilität, Neuen Romantik oder Neuen Eigentlichkeit galt im damaligen Film Hans-Jürgen Syberberg, der in den gleichen Jahren eine filmische Mythologie entwickelte, die von den Nibelungen über Parsifal, Ludwig II. und Richard Wagner bis zu Adolf Hitler reichte, in der er alle Träume, Hoffnungen, Ängste und Wahnvorstellungen der „deutschen Seele" unterzubringen versuchte.

Von hier aus war es nicht weit zu jener Neuen Subjektivität, die sich in der modernistischen E-Musik dieses Zeitraums als der führende Trend ausgab. Auch diese Richtung gebrauchte dafür Leitbegriffe wie Neue Romantik oder Neue Expressivität, um dem seriellen, elektronischen und aleatorischen Modernismus der fünfziger und sechziger Jahre mit einer „Remusikalisierung" entgegenzutreten, die nach dem bisherigen Materialfetischismus vor allem die Gefühlsintensität und provozierende Ichhaftigkeit betonen wollte. Neben verspielten Tendenzen à la Mauricio Kagel favorisierten andere Komponisten dieser Richtung, wie Wilhelm Killmeyer und Wolfgang von Schweinitz, eher eine neuromantische Ausdeutung von Stimmungen des Nächtlichen oder des möglichen Wahnsinns. Manche versuchten dabei sogar den Eindruck des Psychedelischen oder Halluzinatorischen zu erwecken. Beispielhaft dafür wäre die mit einem Synthesizer hergestellte Doppel-LP *X* (1978) von Klaus Schulze, die sich in ihren hypnotisch ansaugenden Wiederholungen stilistisch zwischen Space Rock und Gustav Mahlers *Symphonie der Tausend* bewegt und deren Unterabschnitte ihr Komponist durch bedeutungsschwangere Suggestivtitel wie *Ludwig II.*, *Nietzsche* und *Kleist* mit einem zusätzlichen Drall ins Maßlos-Übersteigerte, Wahnwitzige, ja Selbstmörderische versah. Ähnlich eklektische Klangkombinationen griff Karlheinz Stockhausen in diesem Zeitraum auf, mit denen er eine theosophisch-intuitive Musik zu kreieren versuchte, die auf den Religionen aller Völker beruhen sollte. Ihren monumentalsten Ausdruck verlieh er dieser Tendenz in seiner siebenteiligen Oper *Licht*, deren erstes Teilstück 1981 uraufgeführt wurde. Ein weiterer Vertreter dieser ins Eklektisch-Expressive drängenden Komponisten war Wolfgang Rihm, der in seiner Musik in bewusster Ablehnung aller älteren „Rationalsysteme" vor allem einen an Wagner und Mahler gemahnenden Ich-Gestus zum Ausdruck bringen wollte. Im Sinne dieser Neuen Subjektivität erklärte er, dass er sich – entgegen allem „rationalen Besserwissen" – während des Komponierens seiner Kammeroper *Jakob Lenz* (1978), seiner *Nietzsche-Fragmente* (1981) und seiner *Wölffli-*

Lieder (1982) bei der musikalischen Evokation der Gefühle des Umher-getriebenseins und schließlich des ausbrechenden Wahnsinns stets seinem „innersten Selbst" hingegeben habe.

Fast noch programmatischer äußerte sich diese Wende zu einer eli-tär oder zumindest aufreizend herausgestellten Ichhaftigkeit nach 1972/73 in der E-Literatur. Auch hier begann dieser Trend mit einer Ver-dammung jedweder ins Kollektive, Engagierte, Gesellschaftliche oder gar Parteiergreifende zielenden Tendenzen. All dies wurde von den Sprechern und Sprecherinnen dieser Richtung plötzlich als unziemliche „Verengung" ins Sozialbetonte verworfen, wodurch das Individuelle an den Rand gedrängt oder völlig ausgelöscht worden sei. Literatur solle weder „Geschichtsunterricht" erteilen noch „politische Modellsituatio-nen" entwerfen, hieß es jetzt provokativ. Infolgedessen tauchten in diesem Umkreis immer wieder Formeln wie „Platz für Privates", „Wie-der Ich sagen", „Narziss heute" oder „Selbsterfahrung" auf, mit denen man sich erneut zum bürgerlich-subjektiven Konzept jenes Schriftstel-lers bekannte, der im Grunde „immer ein Einzelgänger" gewesen sei, wie Marcel Reich-Ranicki 1979 im *Merkur* schrieb. Endlich kämen wie-der Werke auf den Markt, erklärten er und andere unter dem Motto „Jetzt dichten sie wieder" mit aufatmender Befriedigung in den füh-renden Feuilletons, in denen vornehmlich von Liebesglück und Liebes-schmerz, von Trennung und Einsamkeit, von Selbstbeobachtung und Ichfindung die Rede sei.

Im Bereich des Gedichthaften gaben für diesen Prozess der Selbstfin-dung vor allem Jürgen Theobaldy und Gustav Zürcher in ihrem Band *Veränderung der Lyrik* (1976) wichtige Stichworte. Unter den Dramati-kern waren es unter anderem Peter Handke und Botho Strauß, die in den siebziger Jahren fast ausschließlich Stücke schrieben, deren Haupt-figuren aus ihren bisherigen gesellschaftlich vorgegebenen Rollenhal-tungen auszubrechen versuchen, um ganz sie selbst zu sein. Fast noch stärker als in Lyrik und Drama äußerte sich diese Betonung des Sub-jektiven in der Prosa dieser Richtung, die ihr – in Form von Briefen, Ta-gebüchern, Selbsterfahrungstexten, Jugenderinnerungen, Memoiren und autobiografischen Erzählungen – als das unmittelbarste Medium der Selbstaussage erschien. Unter Berufung auf Goethes *Werther*, die Schriften der Frühromantik, Büchners *Lenz* oder Rilkes *Malte Laurids Brigge* wurde hier weitgehend die Darstellung ureigenster Wünsche, Ängste, Hoffnungen, Verletzlichkeiten und Albträume privilegiert. In diesen Bereichen herrschte deshalb oft eine ins Maßlose gesteigerte

Übersensibilität, um so in höchst privater Form gegen jene Umwelt zu opponieren, deren berufliche und moralische Konventionen im Lager der Neuen Subjektivität als nivellierend, ja geradezu ichauslöschend galten. Zu den meistdiskutierten Romanen und Novellen dieser Richtung gehörten damals Jakov Linds *Selbstporträt* (1973), Peter Schneiders *Lenz* (1973), Peter Handkes *Die Stunde der wahren Empfindung* (1975), Bernward Vespers *Die Reise* (1977) und Martin Walsers *Ein fliehendes Pferd* (1978), in deren Mittelpunkt – unter dem immer wieder zitierten Motto „Das Private ist das Politische" – meist eine als radikal ausgegebene Ich-Suche stand. Ihre Helden oder besser Nicht-Helden waren häufig Künstler, aber auch Neurotiker, Drop-outs, Irrsinnige oder andere Außenseiter. Ja, in Romanen wie *März* (1976) von Heinar Kipphardt, *Der Hunger nach Wahnsinn* (1977) von Maria Erlenberger oder *Mars. Ich bin jung und reich und gebildet, und ich bin unglücklich, neurotisch und allein* (1979) von Fritz Zorn wurden sogar psychoanalytische Erfahrungen, Krankenhausbehandlungen, Krebsleiden oder Todesängste in den Gang der Handlung einbezogen, um das ichhafte Anderssein noch nachdrücklicher zu unterstreichen.

Aufs Große und Ganze gesehen, manifestierte sich also in dieser bewusst randständigen Richtung eine verquere Rebellion gegen die Spießermentalität jener „Ich-Leichen", wie die Expressionisten gesagt hätten, die zu keinen tieferen, leidenschaftserregten, selbstquälerischen, ja bis zu Halluzinationen oder zum Wahnsinn reichenden Empfindungen mehr fähig seien. Aus dieser Haltung versuchten die Vertreter und Vertreterinnen dieser Neuen Subjektivität, Neuen Sensibilität oder Neuen Wildheit ein ichbetontes Überlegenheitsgefühl abzuleiten, das an die geistigen Höhenlagen von Sils Maria gemahnen sollte. Zutiefst lag jedoch all diesen melancholischen Subjektivitätsentladungen ein unübersehbarer Widerspruch zugrunde. Was sich nämlich in dieser Neuen Subjektivität als Affekt gegen die kleinbürgerliche Konventionalität der bundesrepublikanischen Massengesellschaft äußerte, war – auf einen gesellschaftspolitischen Nenner gebracht – gar kein wirklicher Affront. Schließlich bekannten sich auch die in diesen Werken als „kleinkariert" hingestellten Spießbürger meist zu einem rückhaltlosen Egoismus, der ebenfalls keine solidarischen, das heißt sozialverpflichteten Züge aufwies. Beide dieser Schichten empfanden sich, auf ihr Demokratieverständnis befragt, letztlich als Vertreter und Vertreterinnen einer Gesellschaft, in welcher die individuelle Selbstverwirklichung als der höchste Wert angesehen wurde – nur dass bei den einen dabei auch künstlerische Interessen ins Spiel kamen, während bei den anderen jeder nur auf seinen materiellen Vorteil bedacht war.

Kulturpolitisch gesehen, führte das in der ehemaligen Bundesrepublik schon in den späten siebziger Jahren zu folgenden Konsequenzen. Zugegeben, eine Polarisierung in E- und U-Künste gab es bereits seit langem. Aber bis zu diesem Zeitpunkt hatten die Verfechter und Verfechterinnen der höheren Künste mit bürgerlich-liberalem oder sozialistischem Elan in Sachen „Kultur" – gegen die anbrandende Flut der bewusst trivialisierten Produkte der Unterhaltungsindustrien – noch einen deutlichen Führungsanspruch angemeldet. Ein derartiges Bemühen nahm dagegen nach diesen Wandlungen mehr und mehr ab. Was sich stattdessen durchsetzte, war ein ästhetischer Supermarkt, in dem sich die Gebildeten in der Delikatessenabteilung bedienten, während sie den Rest der immer stärker aus den USA importierten Warenangebote den Ungebildeten überließen. Doch auch viele der Gebildeten gingen in diesem Zeitraum – erst heimlich und dann immer offener – dazu über, trotz aller elitären Posen auch die kulturellen Billigwaren ins Auge zu fassen. Selbst in ihren eigenen künstlerischen Bemühungen verwandten sie zum Teil solche popkulturellen Elemente, um weiterhin als „up to date" zu gelten und nicht völlig ins kulturelle Abseits einer zusehends als „museal" empfundenen E-Kultur zu geraten. Von Wertvorstellungen, die auf appellartigen Strukturen wie sozialer Verantwortlichkeit, steigendem Bildungsbewusstsein oder gesellschaftlich eingreifendem Denken beruhten, war deshalb sogar in diesen Schichten immer weniger zu hören.

Wenn daher seit 1980 in den westdeutschen Medien überhaupt noch von „Kultur" die Rede war, dann von einer Kultur, in der weitgehend die Unterhaltungsgrößen des Sports, der Musikindustrie, des Fernsehens und des Films im Vordergrund standen. Die bundesrepublikanischen Fußballer, die US-amerikanischen

Rolf Schenker von der deutschen Hardrock-Gruppe *The Scorpions*. Abbildung aus der Zeitschrift „Metal Hammer" von 1984. Die Musik der *Scorpions* gehörte zu den wenigen deutschen „Kulturprodukten", die in den achtziger Jahren auch international beachtet wurden.

Rockstars oder die Filmhelden irgendwelcher Blockbuster-Serien wie *Rambo*, *Police Academy* oder *Indiana Jones*, die zwischen 1983 und 1987 herauskamen, wurden dementsprechend unentwegt „gefeatured" und damit einem immer größeren Publikum nahe gebracht. Irgendwelchen anspruchsvollen Lyrikern, Dramatikern, Komponisten, Malern oder Bildhauern räumte man zwar in Massenmedien wie dem Fernsehen – wenn auch meist nur in den späten Abendstunden – ebenfalls noch kurze „Spots" ein, um so weiterhin den Anspruch aufrechtzuerhalten, dass die Bundesrepublik ein „Kulturstaat" sei. Aber diese Spots befriedigten häufig nur das Eitelkeitsbedürfnis der jeweils Erwähnten sowie ihrer Fan Group, während sie den Rest der Bevölkerung kaum oder gar nicht interessierten. Es gab zwar noch Reste der älteren Bildungsschichten, welche diesen Prozess bedauerten, ihm aber in hilfloser Ohnmacht nichts mehr entgegenzusetzen vermochten. Die Mehrheit der systemkonformen Kulturtheoretiker und -theoretikerinnen zögerte deshalb nicht, diese Verschiebungen im Bereich der Kultur als den Endsieg einer demokratisch-konsumistischen Haltung über alle als „ideologieverdächtig" diffamierten Wertvorstellungen hinzustellen, den sie mit dem Triumph einer nicht näher definierten „Postmoderne" über eine ebenso undefiniert bleibende hochkulturelle „Moderne" gleichsetzten.

Die „Neuen sozialen Bewegungen"

Dass die Neue Subjektivität im Rahmen der Medienkultur der späten siebziger und frühen achtziger Jahre trotz ihrer elitären Pose überhaupt eine gewisse Aufmerksamkeit auf sich ziehen konnte, verdankte sie vor allem dem Phänomen, dass fast alle westdeutschen Bürger und Bürgerinnen – auf ihre Weise – immer stärker dem Prinzip des Egoismus huldigten. Dennoch erregten Schlagworte wie Reästhetisierung, Postmoderne, Neue Sensibilität oder Posthistoire weniger bei den „breiten Massen" als innerhalb der Geisteswissenschaften, in gewissen Künstlerkreisen oder den Feuilletons der überregionalen Zeitungen ein kurzlebiges Aufsehen. Daran änderte auch die Tatsache nichts, dass die Vertreter und Vertreterinnen dieses Trendwechsels solche Begriffe gern als den Ausdruck eines allgemeinen „Zeitgeistes" hinzustellen versuchten. Genauer betrachtet, blieben sie letztlich ebenso marginal wie die meisten Theorien des älteren elitären Modernismus.

Und damit schien diese Situation genau jener gesellschaftlichen „Eindimensionalität" zu entsprechen, die Herbert Marcuse bereits in den sechziger Jahren als das Hauptcharakteristikum westlicher Mediengesellschaften hingestellt hatte. Allerdings gab es während der späten siebziger und achtziger Jahre auch in dieser Gesellschaft weiterhin Bevölkerungsschichten, die von den Segnungen einer endlich zu sich selbst gekommenen kapitalistischen Marktwirtschaft keineswegs voll überzeugt waren. Infolgedessen hörten auch die Proteste dagegen nicht auf. Und zwar stützten sich diese entweder auf die noch unerfüllte Forderung einer totalen individuellen Gleichstellung aller Menschen oder auf Proteste gegen den imperialistischen wie auch naturzerstörenden Charakter des herrschenden Wirtschaftssystems. Zur ersten Gruppe gehörten die Schwulenbewegung und der Feminismus, zur zweiten die Friedensbewegung sowie die sich allmählich herausbildende Partei der Grünen. Und alle diese Gruppen entwickelten zeitweilig auch neue Kulturformen, die sie als „alternativ" zur herrschenden Mediengesellschaft empfanden.

Die zahlenmäßig kleinste Gruppe, die sich als alternativ verstand, war die seit Mitte der siebziger Jahre immer nachdrücklicher an die Öffentlichkeit tretende Homosexuellenbewegung, die im Zuge der Neuen Subjektivität darauf drang, endlich auch ihre sexuelle Orientierung als Ausdruck einer gleichberechtigten individuellen Selbstverwirklichung anzuerkennen. Dementsprechend entwickelte sie im Umkreis ihrer Schwulenbars, Schwulenklubs und Schwulenwohngemeinschaften einen Lebensstil, der ihr nicht nur eine ungehinderte Zärtlichkeit und Erotik ermöglichte, sondern auch Freiräume für Lederkult und Transvestitismus schuf. Statt wie bisher eine ideologische Rückendeckung bei den Linksliberalen oder Linken zu suchen, blieben die Homosexuellen fortan unter sich, gründeten ihre eigenen Organisationen, veranstalteten ihre eigenen Demos, ja versuchten sich immer stärker als eine eigene soziale Bewegung mit einer separaten Sub-, Teil- oder Gegenkultur zu etablieren. Zu diesen Bemühungen gehörten unter anderem die Gründung von Schwulenverlagen, Schwulenbuchhandlungen sowie Schwulenzeitungen und -zeitschriften wie *Homosexuelle Emanzipation*, *Gay Journal*, *Rosa Flieder* oder *Mannsbild*. Wesentlich schwerer fällt es dagegen, ihre ästhetischen Leistungen zu charakterisieren. Dazu gehörten weniger bestimmte Gemälde, Grafiken oder Kompositionen, obwohl es auch solche gab, als Ausstellungen, Fotobücher oder Filme wie *Berliner Bettwurst* (1973) von Rosa von Praunheim alias Hol-

ger Mischwitzky, *Taxi zum Klo* (1981) von Frank Ripploh und *Querelle*
(1982) von Rainer Werner Fassbinder, die nicht nur vor Anhängern der
Schwulenszene, sondern auch in „normalen" Kinos gezeigt wurden.
Mit solchen Filmen verglichen, hat diese Bewegung an eigener Literatur nicht viel vorzuweisen, sondern beschränkte sich weitgehend auf
Autobiografisches oder Selbsterfahrungstexte.

Ein wesentlich größeres Aufsehen erregte dagegen die Zweite Welle
des Feminismus. Sie ging aus der Abtreibungskampagne der frühen
siebziger Jahre hervor und griff danach, als die Fristenregelung eingeführt wurde, auch auf andere Bereiche weiblicher Lebenserfahrung
über. Im Hinblick auf die späten siebziger Jahre lässt sich deshalb
durchaus von einer feministischen Gegenöffentlichkeit sprechen. Dafür
sorgten unter anderem Autorinnen wie Marielouise Jenssen-Jurreit, Ursula Krechel, Jutta Menschik, Ulrike Prokop und Alice Schwarzer sowie
Zeitschriften wie *Courage* (ab 1976) und *Emma* (ab 1977), die zwar im
Gegensatz zu systemkonformen Frauenblättern wie *Brigitte*, *Bild der
Frau*, *Für Sie*, *Freundin* oder *Petra* nur ein Prozent der westdeutschen
Frauen erreichten, aber dennoch den nötigen Zündstoff für viele öffentliche Diskussionen über Fragen weiblicher Emanzipation abgaben.
Eine ähnliche Wirkung hatten die Bücher des Frauenverlags, des Ver-

Marianne Wex: Zwei
Bildnisfotos von 1959
und 1976. Die Fotos
wurden auf der Ausstellung „Künstlerinnen International"
der Neuen Gesellschaft für bildende
Kunst in Westberlin
(1977) gezeigt, die
das gewandelte
Selbstverständnis feministisch orientierter
Frauen akzentuieren
sollte.

lags Frauenoffensive, des Medusa-Verlags und des Amazonen Frauenverlags, die nicht nur den weit verbreiteten *Frauenkalender,* sondern –
neben den Schriften westdeutscher Feministinnen – auch viele Übersetzungen ausländischer Autorinnen wie Mary Daly, Betty Friedan,
Germaine Greer, Patricia Highsmith, Doris Lessing, Kate Millett und
Virginia Woolf herausbrachten. Bei aller Unterschiedlichkeit in ihren
ideologischen Orientierungen waren sich diese Autorinnen meist in einem Punkte einig, nämlich den Feminismus in erster Linie als einen
Kampf um Selbsterfahrung hinzustellen. Unter dem bereits gängig gewordenen Schlagwort „The Personal is the Political" ging es ihnen vornehmlich um eine Neubestimmung der bisherigen Geschlechterrollen
und somit um eine weibliche Ich-Findung. Aus diesem Grunde schlossen sich viele westdeutsche Feministinnen, wie ihre US-amerikanischen „Sisters", in den späten siebziger Jahren zu Consciousness Rai-
sing Groups zusammen, um sich genuin-weibliche Freiräume zu schaffen und geschlechtsspezifische Erfahrungen auszutauschen, das heißt
ihre seit Jahrtausenden unterdrückte Identität neu zu begründen.

Doch die neue Frauenbewegung brachte nicht nur eine Lebenskultur, sondern auch eine neue Ästhetik hervor. In ihrer Zurückweisung
aller männlich-fremdbestimmten Gesichtspunkte ließ sie sich hierbei
von zwei Strategien leiten: dem Rückgriff auf die angeblich vormänn-
liche Zeit des Matriarchats und dem Vorgriff auf eine von patriarcha-
lischer Dominanz befreite Kultur der Zukunft. Die erste führte zu einem schnell vorübergehenden Kult der tanzenden Mondgöttin, die
zweite zur These einer durchgreifenden „Feminisierung der Kunst", die
vor allem von Silvia Bovenschen vertreten wurde. Wie im Bereich der
Homosexuellenbewegung manifestierte sich dieses Bemühen um eine
weibliche Ästhetik zuerst in Fotobänden, dann aber auch in vielen Gemälden und Grafiken, auf denen Künstlerinnen wie Gisela A. Breitling,
Almut Heise, Maina-Miriam Munsky und Sarah Schumann Formen
weiblicher Erotik oder weiblicher Abwehrhaltungen Männern gegenüber darzustellen versuchten. Im Bereich des Films waren es vor allem
Doris Dörrie, Helke Sander, Helma Sanders-Brahm und Margarethe von
Trotta, die feministische Themenstellungen aufgriffen. Doch die brei-
tenwirksamsten Aktivitäten entfaltete der Feminismus auf dem Gebiet
der Literatur, weil er sich hier auf bereits bestehende Traditionen und
mannigfaltige Theorieansätze stützen konnte. Wohl die größten Erfolge erzielten dabei Romane wie *Klassenliebe* (1973) von Karin Struck,
Häutungen (1975) von Verena Stefan, *Entmannung* (1976) von Christa

Reinig, *Das Geschlecht der Gedanken* (1977) von Jutta Heinrich und *Der Tod eines Märchenprinzen* (1980) von Svende Merian, die weitgehend auf dem Motiv der weiblichen Selbstfindung beruhten und sich hierbei zum Teil auch in die Bereiche spezifisch weiblicher Liebeserfahrungen vorwagten.

Während in der Schwulenbewegung sowie der Zweiten Welle des Feminismus das allen Anhängern bzw. Anhängerinnen Gemeinsame – aufgrund der Neuen Sensibilität – häufig mit erotisch-privaten oder ästhetisierenden Komponenten durchsetzt wurde, beschränkte sich die Friedensbewegung, die sich aus Protest gegen die Hochrüstungsbemühungen der frühen achtziger Jahre entwickelte, weitgehend auf den Bereich des Politisch-Aktivistischen. Wie in den voraufgegangenen Ostermärschen stand hier fast ausschließlich ein kollektiver Protest gegen die Gefahr eines drohenden Atomkrieges im Vordergrund. Vor allem die Aufstellung neuer US-amerikanischer Raketensysteme auf westdeutschem Boden wurde plötzlich von breiten Bevölkerungsschichten als äußerst brisant empfunden. Diese Bewegung rief daher eine Fülle von Pamphleten, Resolutionen und Broschüren, aber keine mit der Zweiten Welle des Feminismus vergleichbare Alternativkultur hervor. Es gab zwar im Rahmen dieser Bewegung auch neue Lieder, provokante Plakate, Straßentheaterszenen und andere kulturelle Kleinaktionen, die zeitweilig auch von den Massenmedien beachtet wurden, ja es kam sogar zu einer Aufsehen erregenden deutsch-deutschen Friedensaktion, die von Bernt Engelmann und Hermann Kant, den damaligen Vorsitzenden der jeweiligen Schriftstellerverbände, ins Leben gerufen wurde. Dennoch lässt sich von einer wirklichen „Kultur" der Friedensbewegung kaum sprechen. Dazu war sie zu kurzlebig und blieb letztlich nur auf ein, wenn auch großes Thema, nämlich die Erhaltung des Friedens, konzentriert.

Dagegen waren die „Grünen" um 1980 an so vielen Themen interessiert, dass sie anfangs auch die „Bunten" genannt wurden. Die Entstehung dieser Bewegung ging auf jene Unruhen zurück, welche die Ölkrisen der frühen siebziger Jahre sowie das Buch *Die Grenzen des Wachstums* (1972) von Dennis L. Meadows und die sich daran anschließenden Medienberichte ausgelöst hatten. In solchen Publikationen ging es meist auf eine höchst schockierende Weise um die Abnahme vieler natürlicher Rohstoffe, die Gefahren der Atomkraftwerke, die Ausdünnung der Ozonschicht, die Abholzung der tropischen Regenwälder, die Ausbreitung der Wüstengebiete, die Abnahme landwirtschaftlicher

Nutzflächen durch menschliche Zersiedlung, die chemische Vergiftung von Luft, Wasser und Erde, die Gefahren der industriellen Mülldeponien, den sauren Regen und das damit verbundene Waldsterben, den durch die allmähliche Erwärmung von Wasser und Luft erzeugten Treibhauseffekt, die explosionsartige Zunahme der Weltbevölkerung, die Ausrottung vieler Wildtiere und Wildpflanzen, die Verödung der Natur durch Monokulturen, kurzum: die fortschreitende Zerstörung der für den Menschen notwendigen Biosphäre. Während sich die Mehrheit der westdeutschen Bevölkerung bisher im trügerischen Gefühl eines ständig zunehmenden Komforts gewiegt hatte, wurde sie hierdurch erstmals auf eine recht unbarmherzige Weise mit dem durch die umweltzerstörende Technisierung und Bevölkerungszunahme möglich gewordenen Endzustand der Welt konfrontiert. Nach diesem Zeitpunkt konnte man über jene Propheten, welche seit Olims Zeiten dystopische oder apokalyptische Warnbilder aufgestellt hatten, nicht mehr einfach lächeln. Denn solche Untergangsmeldungen waren plötzlich weder wahnwitzig-elitärer noch religiös-sektiererischer, sondern ganz konkreter sozioökonomischer Art. Und daraus ergab sich eine Bewusstseinslage, die in der Folgezeit ständig zwischen ängstlicher Besorgtheit und fortwährender Verdrängung hin- und herschwankte. Um sich nicht in der übertriebenen Sucht nach wirtschaftlichem Wachstum und Wohlstand beirren zu lassen, die zwar für die Mehrheit dieser furchteinflössenden Phänomene verantwortlich war, aber den meisten Menschen in ihrem materialistischen Egoismus als unverzichtbar erschien, wichen deshalb viele erst einmal in eine „Ja, aber"-Haltung aus.

Doch nicht alle Westdeutschen vertrauten weiterhin auf zweckoptimistische, aber zutiefst zerstörerische Wachstumsparolen. Vor allem unter vielen Jugendlichen lösten diese Ökologieschocks eine deutliche Bewusstseinsveränderung aus. Diese Schichten wollten im Hinblick auf die zunehmende Verstraßung, Verlärmung, Verschilderung, Vermüllung, Verkrebsung, Zersiedlung, Ausschlachtung, ja Zerstörung der gesamten Natur nicht einfach „realistisch", das heißt utopielos in den Tod treiben, sondern setzten diesem Kurs ein mitweltschonendes Verhalten entgegen. In Anlehnung an das Vorbild der US-amerikanischen Hippies entstanden demnach in den frühen siebziger Jahren auch in der Bundesrepublik eine Reihe von Landkommunen, die fast alle technischen Errungenschaften ablehnten und im Sinne einer chemielosen, kleinbäuerlichen Landbauweise ein als „organisch" bezeichnetes Selbstversorgungssystem aufzubauen versuchten. Doch das gelang bloß teilweise, da sich das „einfache Leben" nur allzu schnell als das harte Leben entpuppte, jedenfalls im Hinblick auf die winterliche Kälte und die von allen zu leistende körperliche Arbeit.

Doch mit diesen „Survival"-Kommunen war erst einmal ein Bewusstseinszustand erreicht, mit dem im Laufe der siebziger Jahre immer mehr Gruppen zu sympathisieren begannen. Ihre Publikationen trugen meist Titel wie *Neue Lebensformen*, *Auswege in die Zukunft*, *Alternativ leben*, *Ökotopia*, *Die Arche*, *Sanfter Weg* oder *Die Graswurzelrevolution*, welche anfangs lediglich in alternativen „Gegenwind"-Buchläden und Biogeschäften, aber dann auch in normalen Buchhandlungen zu erstehen waren. Durch diese Sympathisantengruppen, denen viele enttäuschte Achtundsechziger, Feministinnen, Spontis, Kriegsgegner und andere Alternative angehörten, wuchs die ursprünglich recht kleine Aussteiger- und Landkommunenbewegung in der zweiten Hälfte der siebziger

Petra Kelly im September 1983 bei der Prominentenblockade der US-Kaserne in Mutlangen, wo sie zusammen mit Heinrich Böll und Gert Bastian gegen die geplante Stationierung von Pershing II und Cruise Missiles protestierte.

Jahre zu einer beachtlichen Massenbewegung an. Ja, sie versuchte sogar, auf die Politik einzuwirken, indem sie sich unter der Bezeichnung „Die Grünen" zuerst an Kommunalwahlen und dann sogar an den Bundestagswahlen beteiligte. Viele ihrer parteipolitischen Programmpunkte gingen anfangs auf Forderungen der früheren Linksliberalen, der Außerparlamentarischen Opposition und der Zweiten Welle des Feminismus zurück. Im Gefolge dieser Gruppen setzten sie dem autoritären, auf einer ausbeuterischen Verschwendungswirtschaft beruhenden bundesrepublikanischen „System" meist das Leitbild einer gewaltlosen, mitweltschonenden, leicht erotisierten Gesellschaft entgegen, in der es sicher nicht nur im Hinblick auf die Natur, sondern auch auf die Menschen zum Verzicht auf jedes Besitzdenken und damit jede Gewalt über Andere kommen werde. Nur so, hieß es bei Carl Amery, Jochen Bölsche, Hoimar von Ditfurth, Erhard Eppler, Petra Kelly und anderen, lasse sich für den Einzelnen eine bisher ungeahnte Freiheit und zu-

gleich ein nichtausbeuterischer Umgang mit anderen Lebewesen erreichen.

Diese ideologische Bandbreite, die sowohl die großen Fragen der Öffentlichkeit als auch das ganz Private, ja Intime in sich einschloss, verschaffte den Grünen ein Wählerpotenzial, das eine Frauen- oder Frie-
denspartei nie erreicht hätte. Und so stieg der Prozentsatz der für die
Grünen stimmenden Jungwähler zwischen 1980 und 1983 von 4,8 auf
13 Prozent an. Doch auch ältere, eher konservativ gesinnte Menschen
schlossen sich dieser Bewegung an. Auf diese Weise gelang es dieser
Partei, bei fast allen Wahlen die Fünfprozentgrenze zu überwinden

Am 17. März 1982
pflanzte Joseph Beuys
auf der Documenta
VII vor dem Kasseler
Fridericianum eine
Eiche. Dies war der
Auftakt zu dem
ökologisch-sozialen
Kunstwerk „7000
Eichen", für das in
den Folgejahren eben
diese Anzahl an
Bäumen in der Stadt
gepflanzt wurde.

und als vierte Partei sogar in den Bundestag einzuziehen. Einer ihrer Schwachpunkte war allerdings ihr recht mageres Kulturprogramm. Im Gegensatz zur Zweiten Welle des Feminismus lässt sich daher im Hinblick auf diese Bewegung kaum von einer voll entwickelten Ästhetik sprechen. Wie die älteren Linksliberalen sprachen sich die Grünen auf diesem Gebiet – im Sinne ihrer basisdemokratischen Vorstellungen – vor allem gegen den wachsenden Einfluss der „wirtschaftlich starken Gruppen" im Rundfunk und Fernsehen aus. Was sie diesem Trend entgegensetzten, war die Forderung, durch die Unterstützung einer alternativen Heimat- und Lokalkultur die kulturelle Selbsttätigkeit der unteren Bevölkerungsschichten anzuregen. Dementsprechend traten sie für regelmäßig wiederkehrende Stadtteilfeste sowie die Gründung von Klubhäusern und ländlichen Kulturzentren ein. Dort sollte allen Menschen die Möglichkeit gegeben werden, ihre eigene Musik zu machen, ihre eigenen Bilder zu malen sowie ihre eigenen Gedichte und Erzählungen vorzulesen, um so eine Basis- oder Soziokultur zu schaffen, wie es in ihren Schriften hieß, die keine Trennung in Produzenten und Konsumenten mehr kennt und damit alle an ihr Teilhabenden von den bisherigen „Unterdrückungsmechanismen" des herrschenden Establishments befreit. Andererseits waren die Grünen nicht dagegen, auch „klassische Kulturinstitute" wie Theater, Opernhäuser, Bibliotheken und Museen zu subventionieren, forderten jedoch, dass diese stärker als bisher auf die Bedürfnisse und Probleme der Mehrheit der westdeutschen Bevölkerung eingehen müssten, anstatt sich nur an die „Happy Few" zu wenden. Außerdem setzten sie sich in den achtziger Jahren für eine denkmalpflegerische Erhaltung älterer Straßenzüge wie auch ganzer Stadtteile ein, und zwar nicht nur aus historistisch-ästhetischen Gründen, sondern auch um den „wohnlichen" Charakter solcher Gegenden nicht dem kalten Nützlichkeits- und Profitdenken der großen Baufirmen zum Opfer zu bringen.

Das Hauptinteresse der frühen Grünen zielte demnach unter dem Motto „Kultur ist, wie der ganze Mensch lebt" eher auf eine Lebenskultur als auf eine Öko-Kunst. Was die meisten Grünen als ästhetische Manifestationen ihrer Bewegung empfanden, waren daher weniger Naturgedichte, Landschaftsgemälde oder Romane mit ökologiebewussten Themen als volkstümliche Songs, witzige Graffiti, Klaus-Staeck-Postkarten, Friedensreich-Hundertwasser-Plakate oder jene Baumpflanzaktionen, die Joseph Beuys 1982 auf der Kasseler Documenta begann. Dass die Grünen sich dennoch als Partei erhielten, verdankten sie allerdings nicht solchen Kulturkonzepten oder ihren frühen Öko-Utopien, in denen sie sich gegen den Wohlstandsegoismus der westdeutschen Wirtschaftswunderwelt gewandt hatten, sondern vornehmlich den Parolen ihrer Realos, die weiterhin an die Unterstützung aller „liberal" gesinnter Schichten appellierten. Wenn sie für eine Umstrukturierung der gesamten Wirtschaft im Sinne ökologischer Nachhaltigkeitskonzepte und den sich daraus ergebenden Komforteinschränkungen eingetreten wären, hätten sie das nicht erreicht. Doch wegen dieses Verzichts blieb von ihren basisdemokratischen Kulturprogrammen schon in den späten achtziger Jahren nicht mehr viel übrig.

Die Deutsche Demokratische Republik (1949–1990)

Während der Aufbauphase

In den drei Westzonen und dann in der Frühzeit der ehemaligen Bundesrepublik Deutschland stammten die politischen und kulturellen Führungskräfte weitgehend aus dem Bereich der Inneren Emigration. In der Sowjetischen Besatzungszone (SBZ) und dann in der frühen Deutschen Demokratischen Republik (DDR) nahmen solche Positionen eher jene ein, die als Angehörige des Widerstands gegen das Dritte Reich aus den Gefängnissen und Konzentrationslagern befreit wurden oder die aus dem Exil zurückkamen. Um sich überhaupt Gehör zu verschaffen, stand jedoch in der unmittelbaren Nachkriegszeit selbst in Ostdeutschland sowohl bei den ehemaligen Widerstandskämpfern als auch bei den Exilheimkehrern weniger ein sozialrevolutionärer Impuls als das mühsame Bestreben im Vordergrund, erst einmal sämtliche nicht- oder antifaschistischen Bevölkerungsschichten zu einer gesamtdeutschen „Nationalen Front" zu vereinigen. Innerhalb einer solchen Rahmenorganisation setzten sich allerdings diese Gruppen – mit Hilfe der sowjetischen Besatzungsbehörden – im Laufe der Zeit vor allem dafür ein, den auf eine ideologische Neuorientierung drängenden Politikern und Künstlern einen möglichst breiten Wirkungskreis zu verschaffen. Politisch führte das im April 1946 – bei gleichzeitiger Duldung „bürgerlicher" Parteien wie der Christlich-Demokratischen Union (CDU) und der Liberaldemokratischen Partei Deutschlands (LDPD) – zur Vereinigung der Kommunisten mit den Sozialdemokraten zur Sozialistischen Einheitspartei Deutschlands (SED). Auf kulturellem Gebiet entsprach dem gleichen Bemühen die im Herbst 1947 erfolgte Einberufung des ersten gesamtdeutschen Schriftstellerkongresses in die Viermächtestadt Berlin durch den Kulturbund zur demokratischen Erneuerung Deutschlands, dem der linksorientierte Ostberliner Exilrückkehrer Johannes R. Becher sowie der Westberliner Vertreter der Inneren Emigration Karl Hofer als Präsident bzw. Vizepräsident vorstanden. Bei der Durchsetzung der damit verbundenen „hohen Ziele" wurde sowohl von der SED als auch vom Kulturbund in den Jahren von 1946 bis 1949 ein starker Akzent auf das „Demokratische" gelegt, um

so auch das mittlere und gehobene Bürgertum für derartige Leitvorstellungen zu gewinnen.

Dahinter stand – wie schon auf dem Pariser Volksfrontkongress von
1935 – der Anspruch, das „andere, bessere Deutschland" zu vertreten,
welches während der Zeit des Dritten Reichs nur in den Gefängnissen
und Konzentrationslagern, im Bereich der Inneren Emigration sowie
im Exil weiterexistiert habe. Mit diesem Programm gelang es dem Kulturbund, selbst viele jener Künstler und Künstlerinnen, die nach 1933
nicht nach Moskau, sondern ins westliche Ausland geflüchtet waren,
zur Übersiedlung in die Sowjetische Besatzungszone zu bewegen. Diese Gruppen sahen in dieser Zone, wie auch der frühen DDR, weiterhin
das andere, bessere, das heißt antifaschistische Deutschland, während
sie nach Beginn des Kalten Krieges in der antikommunistischen Haltung der Hauptrepräsentanten der drei Westzonen und dann der frühen Bundesrepublik eher eine Fortsetzung der im Dritten Reich propagierten antibolschewistischen Parteilinie erblickten. Kulturell vertraten viele dieser Künstler und Künstlerinnen, wie schon im Exil,
weitgehend Vorstellungen, die sich in Anlehnung an Johannes R. Be-

Gruppenfoto an-
lässlich des IV. Schrift-
stellerkongresses der
DDR im Januar 1956
in Ostberlin: Von
links nach rechts:
Hans Marchwitza,
Kulturminister
Johannes R. Becher,
Willi Bredel (vordere
Reihe); Kuba (eigent-
lich Kurt Barthel),
Alfred Kurella,
Stephan Hermlin,
Eduard Claudius
(zweite Reihe);
Michael Tschesno-
Hell, Ludwig Renn
und der stellvertreten-
de Kulturminister
Alexander Abusch
(hintere Reihe).

cher und Georg Lukács vor allem an den Großwerken des nationalen Kulturerbes, sprich: der deutschen Klassik sowie den Romanen kritischer Realisten wie Thomas und Heinrich Mann orientierten, während sie alle Tendenzen ins Ästhetizistische oder Triviale mehr oder minder scharf ablehnten.

Wogegen sich diese Gruppen daher schon vor der Gründung der DDR und dann verstärkt in den Jahren danach aussprachen, waren im Bereich der Kultur dreierlei als verderblich hingestellte Phänomene: erstens die westlichen Rehabilitierungsversuche faschistischer oder edelfaschistischer Autoren wie Gottfried Benn, Hans Grimm und Ernst Jünger, zweitens die massenverbreiteten Produkte der kapitalistischen Kulturindustrie sowie drittens den sich als „avantgardistisch" ausgebenden Modernismus innerhalb der „hohen Künste", der sich durch seine höchst elitäre Formgebung bewusst von der Mehrheit der Bevölkerung abzusondern versuche. Die Kulturverantwortlichen in der frühen DDR erlaubten daher nach der Verstaatlichung fast aller bisherigen Buch-, Kunst- und Musikverlage keinerlei Konzessionen an ehemalige NS-Künstler und -Künstlerinnen, worauf sich diese mehrheitlich in den Westen absetzten. Ebenso scharf gingen sie gegen alle „kapitalistischen Kitschprodukte", ob nun eskapistische Heftchenromane, nur auf Spannung ausgerichtete Krimis, bewusst alberne Comics oder betont schmalzige Schlager vor, die lediglich zur Volksverdummung beitrügen, wie es 1951 in einer Erklärung des Zentralkomitees der SED gegen die ältere Trivialkultur hieß. Und auch alle Ausflüchte ins Kryptische, Hermetische, Surreale, Kalligrafische, Gegenstandslose oder Atonale im Bereich der höheren Künste verfielen ähnlichen Verdikten.

Dafür einige Beispiele aus den drei Hauptbereichen der damaligen DDR-Kulturtheorien. So prangerte etwa Ernst Hermann Meyer, der führende Ostberliner Musikwissenschaftler und zeitweilige Vorsitzende des DDR-Komponistenverbandes, 1952 in seinem Buch *Musik im Zeitgeschehen* sowohl die US-amerikanische „Boogie-Woogie"-Musik als auch die elitäre E-Musik des Westens als Musikformen an, die keinerlei nationale „Wurzeln" hätten und in ihrer „kosmopolitischen" Ausrichtung die „kulturelle Unabhängigkeit" anderer Länder zu untergraben versuchten. Er und ähnlich denkende DDR-Theoretiker ließen daher in diesen Jahren vor allem an den betont elitären Anschauungen Theodor W. Adornos kaum ein gutes Haar. In vielen ihrer Äußerungen wandten sie sich dabei direkt oder indirekt gegen dessen *Philosophie der neuen Musik* von 1947, in der er Arnold Schönbergs atonale, ja bewusst ins

Negative verhässlichte Musik, die sich gegen jede Massenverwendbarkeit sperre, als die einzige Form einer wahrhaft „modernen" Kompositionsweise hingestellt hatte – eine These, die Adorno gegen Mitte der fünfziger Jahre zugleich mit vielen Ausfällen gegen die „gegängelte" Musik fast aller Ostblockländer verband.

Auf dem Sektor der Malerei richteten sich derartige Invektiven in erster Linie gegen die westliche „Sujetfeindlichkeit". Damit meinte man in der frühen DDR vornehmlich die Gegenstandslosigkeit des US-amerikanischen Abstract Expressionism, der französischen Art informel sowie der Gemälde westdeutscher Maler wie Willi Baumeister und Fritz Winter. Derartige Werke seien im Prinzip „volksfremd", hieß es in den kunsttheoretischen Proklamationen der DDR-Zeitschrift *Bildende Kunst* immer wieder, und spiegelten lediglich die hoffnungslose Isoliertheit jener Künstler wider, die im Westen – aufgrund der fortschreitenden gesellschaftlichen Entfunktionalisierung aller anspruchsvollen Künste – nur noch eine kaum beachtete Rolle spielten, während die Kitschproduktion im Rahmen der Werbungen, der Comic Strips sowie der Billiggemälde in den dortigen Rahmengeschäften immer größere Ausmaße annehme.

Im Bereich der Literatur konzentrierten sich solche Angriffe vor allem gegen die Zunahme gewalttätiger, asozialer, nihilistischer, absurder wie auch „moralisch verwerflicher" Motive, mit denen die neu entstehende westdeutsche Kulturindustrie sowohl auf der hohen als auch der niederen Ebene ihren Lesern und Leserinnen jede Hoffnung auf eine sinnvolle Veränderung der herrschenden Wirtschafts- und Gesellschaftsordnung auszutreiben versuche. Während auf musikalischem und bildkünstlerischem Gebiet in den „höheren" Formen der westlichen Kunst eher das Atonale oder Gegenstandslose den Ton angebe, um nur ja keinen „realistisch" fundierten Widerspruchsgeist aufkommen zu lassen, wie es in den diesbezüglichen DDR-Schriften hieß, herrsche in allen Sparten der westlichen Literatur, die aufgrund ihrer auch im Alltag verwendeten Sprache nie so „abstrakt" sein könne wie die Musik und Malerei, zwar ein gewisser Realismus, aber letztlich ein ins Gesellschaftlich-Unverbindliche depravierter Realismus, der keinerlei Konsequenzen nach sich ziehe. Und aufgrund dieser ideologischen Leere bleibe diese Literatur – politisch gesehen – zwangsläufig funktionslos und damit ineffektiv.

Angriffe dieser Art gingen in der frühen DDR meist Hand in Hand mit jener „Formalismus"-Debatte, deren Anfänge sich in der UdSSR bis auf den Beginn des Kalten Krieges im Jahr 1947 zurückführen lassen, als Andrej Shdanow alle mit „modernistischen" Stilmitteln operierenden Künstler als „westliche Formalisten" und damit Feinde des Sozialismus attackiert hatte. In der DDR wurden solche Thesen erstmals im März 1951 in den Beschlüssen des Zentralkomitees der SED „Gegen den Formalismus in Kunst und Literatur und für eine fortschrittliche deutsche Kultur" formuliert. Diese Verdikte richteten sich nicht nur gegen im Westen lebende Künstler, sondern betrafen auch jene Schriftsteller, Komponisten, Maler, Bildhauer und Filmemacher, die sich innerhalb des Ostblocks nicht an die Regeln des 1934 auf dem Moskauer Allunionskongress verkündeten Sozialistischen Realismus hielten und auch ehemals als „avantgardistisch" angesehene Stilmittel, wie etwa die der linken Materialästhetik der späten zwanziger Jahre, weiterhin als operativ und damit sinnvoll erachteten. In der DDR mussten sich vor allem ein Fotomonteur wie John Heartfield, ein teilweise schönbergisierender Komponist wie Hanns Eisler sowie ein führender Praktiker der Verfremdungsmethode des epischen Theaters wie Bertolt Brecht mit solchen Vorwürfen auseinander setzen. Da diese drei Künstler ihre Stilmittel weitgehend in der Konfrontation mit der Bourgeoisie der Weimarer Republik entwickelt hatten, fiel es ihnen jetzt schwer, plötzlich Kunstformen aufzugreifen, bei denen nicht mehr die Verurteilung, sondern die mögliche Integration dieser bisher von ihnen gehassten Bevölkerungsklasse in einen als sozialistisch anvisierten Staat im Vordergrund stehen sollte. Manche ihrer Werke, wie Brechts *Verhör des Lukullus*, mussten daher teilweise umgearbeitet werden oder wurden, wie Eislers *Doktor Faustus*, schon in ihrer Entstehungszeit so scharf als „negativistisch" kritisiert, dass sie unausgeführt blieben.

Was die Mehrheit der Kulturverantwortlichen innerhalb der SED während der frühen fünfziger Jahre als eine der DDR gemäße Kunst ins Auge fasste, war in erster Linie eine „volkstümliche Klassik". Damit schlossen sie sich eng an die von Franz Mehring und Georg Lukács aufgestellten Rezeptionstheorien an, die dem „bürgerlich-humanistischen Kulturerbe" der Zeit zwischen 1750 und 1848 schon seit langem eine als vorbildlich ausgegebene Leitfunktion eingeräumt hatten. Das führte 1953 nicht nur zu der vom Ministerrat der DDR veranlassten Bildung der Nationalen Forschungs- und Gedenkstätten der klassischen deutschen Literatur in Weimar sowie zur Gründung der Zeitschrift *Weimarer Beiträge*, sondern auch zu einer verstärkten Ausrichtung der frühen DDR-Kultur im Sinne eines national-klassischen Programms, in

„Seid umschlungen Millionen". Titelblatt einer Broschüre, die 1952 vom Büro des Nationalrats der Nationalen Front der Deutschen Demokratischen Republik mit der Absicht herausgegeben wurde, die Hauptwerke des aufsteigenden Bürgertums der breiten Allgemeinheit zugänglich zu machen.

dem sich *alle* Schichten der Bevölkerung repräsentiert sehen sollten. Obwohl sich die DDR in politischer Hinsicht vornehmlich als ein „Arbeiter-und-Bauern-Staat" verstand, wie es in den offiziellen Verlautbarungen immer wieder hieß, wurde deshalb auf kultureller Ebene der Hauptakzent weder auf das Proletarische noch auf das Bäuerliche gelegt. Im Gegenteil, auf diesem Sektor boten die SED-Funktionäre der frühen DDR alles nur Denkbare auf, was sich im Rahmen des bürgerlichen Kulturerbes als „humanistisch-progressiv" ausgeben ließ und somit als Vorbild für eine als ebenso fortschrittlich verstandene Eigenkultur dienen konnte. All das, was im bisherigen Bereich der deutschen klassischen Tradition als groß und bedeutsam galt, was man jedoch den Arbeitern und Bauern in den älteren Klassengesellschaften mit bewusst verdummender Absicht als höchstes Bildungsgut vorenthalten habe, sollte jetzt endlich Gemeinbesitz aller in der DDR lebenden Menschen werden. Dementsprechend hieß es in den parteiamtlichen Deklarationen sowie auf den großen Transparenten häufig mit idealistisch-anfeuerndem Elan: „Erstürmt die Höhen der Kultur und ergreift von ihnen Besitz" oder „Vorwärts zu der einen großen, gebildeten Nation".

Der Hauptnachdruck wurde im Rahmen dieser Bemühungen auf die Literatur gelegt. In ihr sahen die Kulturverantwortlichen der SED das wichtigste Vehikel auf dem Wege zu jener von Johannes R. Becher anvisierten Kulturgesellschaft, in der allen DDR-Bürgern und -Bürgerinnen die Chance gegeben würde, ihr Bildungsverlangen an den großen Meisterwerken der deutschen Klassik abzusättigen. Er gab daher in den späten vierziger und frühen fünfziger Jahren immer wieder die Parole „Vorwärts zu Goethe" aus, um damit à la Georg Lukács allen „modernistisch-formalistischen Mätzchen" von vornherein einen Riegel vorzuschieben. Neben dem klassischen Erbe waren es in Bechers Sicht vor allem die Werke der großen „kritischen Realisten", darunter besonders die der zwei Mann-Brüder, die ihm als kultur-

LUDWIG VAN BEETHOVEN

stiftend erschienen. Aus diesem Grunde
lud er Thomas Mann bereits 1949, wenige
Wochen vor der Gründung der DDR, als
Hauptredner zu den Goethe-Feiern und
dann noch einmal 1955 zu den Schiller-
Feiern nach Weimar ein, was dieser – am
Konzept der kulturellen Einheit Deutschlands festhaltend – auch dankbar annahm. Um keinen Zweifel an seinen kulturpolitischen Absichten zu lassen, sagte
Becher Mitte der fünfziger Jahre einmal
in witzig-pointierter Form zu Hans Mayer: „Wenn das Volk auf den Straßen von
Leipzig den *Zauberberg* von Thomas
Mann als Volkslied pfeift, dann sehe ich
meine Kulturpolitik als erfüllt an." Solchen Vorstellungen stimmten nicht nur
die meisten aus dem Moskauer Exil mit
Lukács'schen Klassik-Vorstellungen zu-
rückkehrenden Exilanten zu. Auch unter
vielen aus dem westlichen Ausland kommenden Exilrückkehrern sowie den in der
DDR lebenden Resten der älteren Bil-

Fritz Cremer: *Aufbau-
arbeiter* (um 1955) in
der Ostberliner Rat-
hausstraße. Neben
seinem antifaschisti-
schen Mahnmal in
Buchenwald qualifi-
zierte ihn besonders
diese Skulptur zum
führenden Bildhauer
der DDR.

dungsbourgeoisie fand dieser Klassik- und Thomas-Mann-Kult einen
lebhaften Zuspruch. Ja, sogar einige jüngere Schriftsteller, wie Peter
Hacks, der 1955 von München nach Ostberlin übersiedelte, fanden ihn
ästhetisch und ideologisch gerechtfertigt.

Deshalb hatten es in den fünfziger Jahren mit proletarischer Emphase auftretende DDR-Autoren, wie etwa Heiner Müller, nicht leicht, sich
gegen die von Becher – mit voller Unterstützung des SED-Vorsitzenden
Walter Ulbricht – ausgegebenen Kulturkonzepte durchzusetzen. Während ein Kult der „traditionsbewussten" UdSSR und der Weimarer Klassik überall eifrig gefördert wurde, stießen all jene, die mit revolutionä-
rem Elan proletarische Themen aus der DDR-Gegenwart aufgriffen
und dabei notwendigerweise auch auf die „objektiven Schwierigkeiten" zu sprechen kamen, denen sich die frühe DDR aufgrund der sowjetischen Demontagepolitik und der eigenen Rohstoffarmut gegenübersah, immer wieder auf parteiamtliche Kritik. Schließlich wünschte
sich die SED-Parteiführung – getreu ihrer Parole, dass sich ihr Staat in

ständiger Aufwärtsentwicklung befinde – auf künstlerischem Sektor nur „positive Helden", mit denen sich, im Sinne eines Aktivisten der Arbeit wie Adolf Hennecke, den Protagonisten des Romans *Menschen an unserer Seite* (1951) von Eduard Claudius, den Statuen Fritz Cremers sowie den selbstbewussten Arbeitergestalten auf den Bildern von Rudolf Bergander, Arno Mohr, Willi Sitte, Werner Tübke und Walter Womacka, ein durch nichts aufzuhaltender sozialistischer Aufbauwille demonstrieren ließ. Deshalb hatte selbst Brecht, der mit provozierender, zum Widerspruch herausfordernder Absicht weitgehend negative Gestalten, ob nun den Herrn Puntila oder die Mutter Courage, auf die Bühne stellte, trotz seines hohen Prestiges sowohl mit den offiziellen „Schönfärbern" innerhalb der SED als auch mit Teilen des Theaterpublikums anfangs beträchtliche Schwierigkeiten.

Ähnlich idealistisch-schönfärberische Tendenzen finden sich in denjenigen Schriften, welche sich gegen Mitte der fünfziger Jahre in der DDR mit Fragen einer neuen Musik oder neuen bildenden Kunst auseinander setzten. Auch hier standen meist humanistisch-progressive Zielvorstellungen im Vordergrund, die sich vornehmlich an „klassischen" Vorbildern anlehnten. Während Becher im Hinblick auf die Literatur die Losung „Vorwärts zu Goethe" ausgegeben hatte, hieß es auf musikalischem Sektor häufig mit der gleichen politästhetischen Akzentsetzung „Vorwärts zu Beethoven". Selbst auf diesem Gebiet war es letztlich das Konzept einer Nationalen Klassik, wie es vor allem Ernst Hermann Meyer propagierte, von dem sich die Kulturverantwortlichen innerhalb der SED die größte Wirksamkeit versprachen. Die Bemühungen Hanns Eislers und Paul Dessaus, in ihren Kompositionen auch „modernistische" Stilmittel aufzugreifen, fanden deshalb bei der Parteiführung wie auch beim Publikum einen wesentlich geringeren Widerhall. Und auch in der bildenden Kunst waren es vor allem die ins „Klassische" erhobenen Themen des Sozialistischen Realis-

Helene Weigel als Marketenderin in Bertolt Brechts Inszenierung seines Stücks *Mutter Courage und ihre Kinder.* Die Premiere fand im Januar 1949 im Ostberliner Deutschen Theater statt und führte zur Gründung des Berliner Ensembles.

mus, welche die SED als besonders vorbildlich hinstellte. Das gilt vor allem für die Gemälde und Wandbilder von Willi Sitte und Werner Tübke, auf denen es thematisch häufig um eine konstruktive Zusammenarbeit von Intellektuellen und Arbeitern ging. „Unklassisches", das keine positive Figurendarstellung aufwies oder sich gar in die Gefilde des „Abstraktionistischen" begab, wurde dagegen nur widerwillig geduldet oder von vornherein nicht zu Ausstellungen zugelassen.

Zusammenfassend lässt sich darum über die erste Phase in der Kulturentwicklung der DDR Folgendes sagen: Obwohl in diesem Zeitraum eine gewisse dogmatische Enge herrschte, die sich vor allem in der oft zitierten „Formalismus"-Debatte äußerte, spürt man in vielen theoretischen Schriften wie auch literarischen, musikalischen und bildkünstlerischen Werken dieser Ära zugleich ein forciert-hoffnungsvolles Bemühen, über die faschistische Vergangenheit hinauszukommen und sich in den Dienst einer antifaschistischen Volksfront zu stellen, welche den Aufbau einer humanistisch-progressiven Gesellschaft ins Auge fasst. Diese Kunst hatte daher wenig Subjektiv-Privates, sondern bekannte sich stattdessen unter dem Motto „Vom Ich zum Wir" weitgehend zu kollektiven Wandlungsvorstellungen. Sie wollte nach den katastrophalen Ereignissen der Zeit zwischen 1933 und 1945, in denen sich Deutschland zum Feind der gesamten zivilisierten Welt gemacht hatte, alle veränderungsbereiten Menschen aufrufen, trotz objektiver Schwierigkeiten sowie der Situation des Kalten Krieges nicht den nötigen Mut zu verlieren, die durch die Sowjets erzwungenen sozialistischen Umwälzungen, denen keine eigene gesellschaftspolitische Revolution vorangegangen war, dennoch als ihre eigenen zu empfinden.

Und das führte notwendigerweise zu einigen Gewaltsamkeiten. Schließlich waren dies die Jahre, als sich nach wie vor größere Bevölkerungsgruppen – geblendet von dem sich in der Bundesrepublik mit US-amerikanischer Unterstützung sich entfaltenden „Wirtschaftswunder" – über die offene Grenze in den Westen absetzten. Zugleich waren es jene Jahre, als die UdSSR im Zuge des Rapacki-Plans noch immer bereit war, „ihre" Deutschen in der DDR zu Gunsten einer neutralisierten Pufferzone in Mitteleuropa im Stich zu lassen, um so einen möglichen Dritten Weltkrieg zu verhindern. Die SED-Führungsspitze sowie die mit ihr verbündeten Künstler und Künstlerinnen befanden sich demnach zu diesem Zeitpunkt politisch in einer höchst prekären Situation, die jeden Moment zu Unruhen führen oder in eine Konterrevolution umschlagen konnte. Zu ersten Ansätzen dazu kam es im Juni 1953, als einige Arbeiterbrigaden in der damaligen Ostberliner Stalin-Allee gegen weitere, dem schnelleren Aufbau des Sozialismus dienliche Normerhöhungen rebellierten. Dieser Aufstand, der sich rasch ausbreitete, wurde zwar niedergeschlagen, aber die gespannte Situation hielt weiterhin an. Von entscheidender Bedeutung war dabei das Jahr 1956, als es aufgrund der Anti-Stalin-Rede Nikita Chruschtschows auf dem XX. Parteitag der Kommunistischen Partei der UdSSR auch im DDR-Kulturleben zu einigen als antidogmatisch verstandenen „Tauwetter"-Erscheinungen kam, die jedoch nur von kurzer Dauer waren, da sich nach dem Ungarn-Aufstand vom Oktober des gleichen Jahres der Zugriff der Partei auf vielen Gebieten wieder zwangsläufig verschärfte.

Alle diese Vorgänge spielten sich während einer staatlich geförderten Hochblüte der herkömmlichen klassischen Kultur in der DDR ab, mit der die SED der Mehrheit der Bevölkerung weiterhin den Weg zu der „einen großen, gebildeten Nation" vorzuzeichnen versuchte. Die Kulturverantwortlichen dieses Staates sparten daher in diesem Zeitraum an nichts, den „breiten Massen" mit relativ niedrigen Preisen ein vielfältiges kulturelles Angebot als „klassisch" geltender Kunstwerke anzubieten. Dafür sprechen die in hohen Auflagen erscheinenden Bände der Bibliothek deutscher Klassiker beim Volksverlag in Weimar, die preiswerten Langspielplatten mit klassischer Musik im Rahmen der Eterna-Produktion sowie die für alle Menschen finanziell erschwinglichen Theater- und Opernkarten. Dies waren die Jahre, in denen das Deutsche Theater in Ostberlin unter Wolfgang Langhoff wegen seiner Klassikeraufführungen als eines der besten deutschsprachigen Theater galt und Walter Felsensteins Komische Oper im gleichen Stadtteil Berlins – aufgrund überragender Inszenierungen von *Figaros Hochzeit*, der *Zauberflöte*, des *Freischütz* und des *Schlauen Füchslein* – selbst von vielen aus dem Westen kommenden Kritikern als das bedeutendste Operntheater der Welt hingestellt wurde. Einen ähnlichen Bekanntheitsgrad erreichte damals die Deutsche Staatsoper Unter den Linden, die 1955 unter dem Motto „Verachtet mir die deutschen Meister nicht" mit Richard Wagners *Die Meistersinger von Nürnberg* erneut ihre Tore öffnete. Lediglich Brechts Berliner Ensemble, wo weniger das Klassisch-Bewährte als das Sozialistische oder die ins Materialistische umfunktionierten Fabeln älterer Stücke im Vordergrund standen, fiel etwas aus dem Rahmen dieses auf den Ton des Klassischen abgestimmten Kulturprogramms.

Eine weitere Möglichkeit, den bisher aufgrund ihrer mangelhaften Bildungschancen vom „höheren Kulturerbe" ausgeschlossenen Bevölkerungsschichten den Weg zu der „einen großen, gebildeten Nation" zu weisen, sah die SED in diesen Jahren in einer Verstärkung aller Bestrebungen, die Arbeiter und Bauern nicht nur durch niedrige Buch-, Schallplatten-, Theater- und Konzertpreise an die als „klassisch" ausgegebene bürgerliche Kunst zwischen 1750 und 1848 heranzuführen, sondern diesen Schichten – in Anlehnung an ältere sozialdemokratische Bemühungen – auch durch die Einrichtung sogenannter Klubs oder Kulturhäuser einen Freizeitbereich zu eröffnen, in dem sie jenseits der früheren Familien- bzw. Trivialkultur ins „Höhere" zielende Ansprüche entwickeln sollten. Solche Aktivitäten wurden sowohl vom Kulturbund zur demokratischen Erneuerung Deutschlands als auch vom Freien Deutschen Gewerkschaftsbund (FDGB), der Freien Deutschen Jugend (FDJ), der Gesellschaft für Deutsch-Sowjetische Freundschaft sowie den verschiedenen Ausschüssen der Nationalen Front unterstützt. Neben 800 Klubs der Werktätigen, 4200 Jugendklubs und 4500 Dorfklubs gab es demzufolge in der DDR auch rund 1000 mit höheren Ansprüchen auftretende Kulturhäuser, die nicht nur mit Restaurants und Tanzflächen, sondern auch mit Bibliotheken, Räumen für

Das Kulturhaus „Johannes R. Becher" (1956) in Rathenow im Brandenburgischen zeigt die für diese Zeit typischen klassizistischen Bauelemente. Nicht nur mit der Anpreisung der *Zauberflöte*, sondern auch mit dem Baustil des Kulturhauses wollte die SED den Geschmack der Bevölkerung für „Klassisches" wecken.

künstlerische Zirkelarbeit sowie Kino-, Vortrags- oder Theatersälen ausgestattet waren. Außer der Förderung volkskünstlerischer Bestrebungen, Marionettentheatervorführungen, chormusikalischer Konzerte, Laienspiele und tänzerischer Darbietungen wurden hier auch verschiedene Formen des „Klassischen Erbes", wie Kammermusik, Theaterspiel, ja sogar Symphonik, gepflegt, um so den „kleinen Kreis der Kenner" zu dem „großen Kreis der Kenner" zu erweitern und zugleich ein sich verstärkendes „kulturstaatliches Denken" zu unterstützen. Als „Zentren des geistig-kulturellen Lebens" sollten also derartige Häuser nicht nur die kirchlichen Aktivitäten ersetzen, sondern zugleich neue kulturbetonte Gesellschaftsformen außerhalb des „privategoistisch orientierten Familienlebens" schaffen.

Neben ihrer Förderung alles „Klassischen" war die SED-Führung ebenso bemüht, die DDR-Bevölkerung im Rahmen organisierter Kulturprogramme für jene sozialistische, ja selbst die ältere sozialdemokratische Literatur zu interessieren, welche die Nationalsozialisten als „kulturbolschewistisch" diffamiert hatten. Das lässt sich unter anderem an zahlreichen um 1956 in der Zeitschrift *Neue deutsche Literatur* erscheinenden Essays ablesen, die sich nicht mit jener weitgehenden Beschränkung auf die sogenannte Goethezeit begnügten, wie sie zur gleichen Zeit in den *Weimarer Beiträgen* herrschte. Durch die Bemühungen der *ndl*, wie dieses Blatt allgemein hieß, traten so neben den bisher an klassischen Modellen ausgerichteten Themen in Literatur und Malerei plötzlich auch gewisse Gegenwartsprobleme immer stärker in den Vordergrund. Dies führte notwendig zu Spannungen zwischen jenen Künstlern und Künstlerinnen, die sich hierbei auch mit den sogenannten „objektiven Schwierigkeiten" innerhalb der DDR auseinander setzten, sowie jenen parteiamtlichen Schönfärbern, die weiterhin – ob nun aus idealistischem Elan oder aus taktischen Gründen – auf eine betont optimistische Darstellung der von der SED eingeleiteten Sozialisierungsmaßnahmen und der sich daraus ergebenden Veränderungen innerhalb der Gesellschaft drangen.

1958, im selben Jahr, in dem der Kulturbundpräsident und DDR-Kulturminister Johannes R. Becher starb, lud deshalb Walter Ulbricht mit Unterstützung einiger Schriftsteller seines Staates zu einer Konferenz in das Chemiekombinat der Arbeiterstadt Bitterfeld ein, die unter dem Motto „Greift zur Feder, Kumpel!" stand und zwischen den klassischen und proletarischen Tendenzen vermitteln sollte. Auf ihr wurde die Gründung von Zirkeln schreibender Arbeiter und Arbeiterinnen angeregt, um so die Becher'sche Vorstellung von der DDR als einer rezeptiven Lesegesellschaft in eine Gesellschaft sowohl lesender als auch schreibend-aktiver Menschen zu erweitern. Wie schon in der älteren marxistischen Ästhetik stand auch hier wiederum die Literaturzentriertheit im Vordergrund, während von visuellen oder musikalischen Kunstformen, mit denen sich eine viel effektivere Propaganda erzielen ließe, kaum die Rede war. Allerdings wurde die bisherige Klassikorientierung in Bitterfeld keineswegs aufgegeben. So forderten auf dieser Konferenz einige Parteisprecher die Arbeiter und Arbeiterinnen nicht nur auf, autobiografische Texte oder Brigadetagebücher zu schreiben, sondern sich auch an die Abfassung eines proletarischen *Wilhelm Meister* oder gar eines proletarischen *Faust* heranzuwagen. Erst wenn es gelänge, das sozialistische Bewusstsein mit einem immer breitere Schichten der menschlichen Erfahrung umfassenden humanistisch-progressiven Geist zu erfüllen, würde man in der DDR, wie Ulbricht erklärte, endlich – im Sinne der antizipierenden Vision des alten Faust – als „freies Volk auf freiem Grund" stehen können.

Obwohl also Becher nicht mehr am Leben war, Lukács wegen seiner Beteiligung am Ungarn-Aufstand von 1956 in der DDR zur Persona non grata wurde und auch so unterschiedliche Klassik-Verehrer wie Hans Mayer, Ernst Bloch und Wolfgang Harich in diesen Jahren in ideologische Schwierigkeiten gerieten, blieb damit die Klassik-Orientierung – trotz ihrer Einkleidung ins Proletarische – im Kulturleben der DDR weiterhin maßstabsetzend. Immer wieder verkündeten die SED-Führungskreise, dass der zu verwirklichende Sozialismus in der DDR letztlich in der Erfüllung jenes goethezeitlichen Humanismus bestehe, der unter feudalabsolutistischen Verhältnissen zwangsläufig im Utopischen stecken geblieben sei, aber jetzt endlich politisch, ökonomisch, sozial und kulturell konkretisiert werden könne. Daher nahm auch die Frontstellung gegen den westlichen Modernismus nicht ab, wenn auch die bisher für diese Un-Art verwendete Diffamierungsvokabel „Formalismus" in diesem Zeitraum nicht mehr so häufig gebraucht wurde wie in den frühen fünfziger Jahren.

Doch mit Kulturprogrammen allein – mochten sie nun eine humanistisch-progressive oder eine proletarisch-aktivierende Note haben – war die Mehrheit der ostdeutschen Bevölkerung, trotz mancher geradezu heroischen Bemühungen führender Politiker sowie junger Autoren und Autorinnen, für einen verstärkten Einsatz beim Aufbau des Sozialismus nicht zu gewinnen. Schließlich entwickelte sich die DDR-

Gesellschaft nicht in einem vom Rest der Welt abgeschlossenen Vakuum, sondern in ständiger Konkurrenz mit jenem anderen Deutschland, in dem es im Laufe der fünfziger Jahre mit Hilfe der USA zu einem wirtschaftlichen Aufschwung kam, der diesen Staat mit der verlockenden Aura eines von Konsumgütern nur so strotzenden Einkaufsparadieses umgab. Und das musste viele DDR-Bewohner und -Bewohnerinnen, deren Warenhäuser und HO-Läden noch immer nur mit dem Nötigsten, wenn nicht gar Dürftigsten ausgestattet waren, notwendig blenden. Wichtige Verführungsfaktoren waren dabei die immer stärker für die „Sowjetzone" oder die „sogenannte DDR", wie es in westdeutschen Publikationen damals hieß, hergestellten bundesrepublikanischen Rundfunk- und Fernsehprogramme, die im Zuge der psychologischen Kriegsführung den DDR-Bewohnern und -Bewohnerinnen ein höchst anziehendes Bild der sozioökonomischen Verhältnisse im Westen vorspiegeln sollten. Statt auf diese Bevölkerungsschichten mit kulturpolitischen Parolen einzuwirken oder sich lediglich auf abstrakt wirkende Freiheitsversprechungen zu beschränken, hatten sich die dortigen Führungsschichten – im Gefolge der marktwirtschaftlichen Ansichten Ludwig Erhards – inzwischen entschieden, den Osten lieber mit dem Bild der „vollen Schaufenster" ökonomisch in die Knie zu zwingen. Und das erwies sich, wie die späteren Entwicklungen bewiesen, als wesentlich effektiver.

Infolgedessen hörte trotz eines auch in der DDR allmählich steigenden Wohlstands die „Republikflucht" in den Westen nicht auf, ja nahm in den späten fünfziger Jahren sogar noch zu. Eine entscheidende Voraussetzung dafür war die weiterhin „offene Grenze" in der Viermächtestadt Berlin, die es vielen DDR-Bewohnern und -Bewohnerinnen ermöglichte, ohne besondere Kontrolle von Ostberlin nach Westberlin überzuwechseln und von dort aus entweder zu Verwandten in der ehemaligen Bundesrepublik zu ziehen oder in vorläufigen Versorgungslagern Zuflucht zu suchen. Als diese Fluchtwelle, nachdem bereits über eine Million Menschen die DDR verlassen hatte, im Frühjahr und Sommer 1961 noch einmal drastische Ausmaße annahm, entschied sich Walter Ulbricht, Ostberlin gegenüber dem Westteil dieser Stadt durch einen Mauerbau abzuriegeln, der am 13. August des gleichen Jahres begonnen wurde. Bei den weiterhin gegen den Aufbau des Sozialismus eingestellten Schichten in der DDR, die lieber die Einführung einer kapitalistischen Marktwirtschaft gesehen hätten, führte das zwangsläufig zu verstärkten Affekten gegen die SED-Führungsspit-

ze, bewirkte aber – staatspolitisch gesehen – eine allmähliche Konsoli-
dierung der DDR als eines in sich gefestigten sozioökonomischen Ge-
bildes.

Die Übergangsgesellschaft

Mit dem Bau der Berliner Mauer war ein entscheidender Wendepunkt
in der Geschichte der DDR erreicht. Die Regierung schränkte damit
zwar die Auswanderungs- und Reisemöglichkeiten ihrer Staatsbürger
und -bürgerinnen erheblich ein, schuf aber mit diesem Akt zugleich
Verhältnisse, innerhalb deren sich der „Aufbau des Sozialismus", wie

Mauerbau in Berlin,
Foto vom 24. Novem-
ber 1961. Nach
Abschluss der Bau-
arbeiten vor dem
Brandenburger Tor
wurden die zeitweilig
aufgestellten Sicht-
blenden wieder ab-
transportiert.

es anfangs schien, offenbar leichter verwirklichen ließ, als dies in den Jahren der unaufhaltsamen Republikflucht möglich war. Es gab deshalb nach dem von der Mehrheit der ostdeutschen Bevölkerung scharf abgelehnten Mauerbau auch Stimmen in der DDR, die darin etwas Positives sahen, nämlich eine Chance, diesen Staat endlich in eine hoffnungsträchtige Übergangsgesellschaft vom Kapitalismus zum Sozialismus verwandeln zu können und damit einen, wenn auch nicht wirtschaftlichen, so doch sozialen und kulturellen Sieg über den rein „kommerziell orientierten" Westen zu erringen.

Wegen der nicht nachlassenden Priorität, welche die SED-Führungsspitze weiterhin den „ernsthaften" Künsten zugestand, meldete sich in der Folgezeit eine beachtliche Reihe jener Künstler und Künstlerinnen zu Wort, die sich aufgrund ihrer hohen Wertschätzung von Seiten des Staates so privilegiert fühlten, dass sich manche unter ihnen fast als Repräsentanten und Repräsentantinnen einer „zweiten Partei" in der DDR empfanden. Und zwar bemühten sich diese Gruppen, in ihren Werken wesentlich mehr konkrete DDR-Probleme zur Sprache zu bringen als die Verfasser der meisten parteiamtlichen Verlautbarungen, in denen oft relativ dogmatische Vorstellungen im Hinblick auf den angeblich unaufhaltsam fortschreitenden Aufbau des Sozialismus in der DDR herrschten. Demzufolge gab es vor allem unter den jüngeren Autoren und Autorinnen, aber auch unter einigen Malern, in den frühen sechziger Jahren immer mehr Versuche, den DDR-Staat als ein gesellschaftliches Gebilde hinzustellen, bei dem man trotz aller von der SED herausgestellten „Fortschritte" auch die enormen Schwierigkeiten bei der Durchsetzung des Sozialismus nicht übersehen dürfe. Ohne in ihren Werken ins Zynisch-Pessimistische abzuleiten oder sich lediglich mit einer vertuschenden Schönfärberei zu begnügen, versuchten diese Künstler und Künstlerinnen – im Sinne einer konstruktiv gemeinten Kritik – der gesellschaftlichen „Wahrheit" so unbeirrt wie nur möglich ins Gesicht sehen.

Auf literarischem Sektor formulierten solche Anschauungen vor allem Wolf Biermann, Peter Hacks, Heiner Müller, Brigitte Reimann, Erwin Strittmatter und Christa Wolf. Die wichtigste Grundlage solcher Debatten bot anfangs Christa Wolf mit ihrem Roman *Der geteilte Himmel* (1963), in dem sie anhand einer Liebesgeschichte das lange verdrängte Problem der Republikflucht thematisierte und den Weg in den Westen als eine für viele DDR-Bewohner höchst verführerische Verlockung hinstellte, sich jedoch am Schluss – nach einem harten ideologischen Ringen – zum DDR-Regime bekannte. Eine solche Offenheit wurde nach dem 1961 erfolgten Mauerbau von manchen Regime-Vertretern durchaus geduldet, ja begrüßt. Um dies auch öffentlich zu demonstrieren, entschied sich die Führungsspitze der SED sogar, Christa Wolf unter die Kandidaten und Kandidatinnen ihres Zentralkomitees aufzunehmen. Mit dem gleichen Wohlwollen wurde 1965 sogar Heiner Müllers bewusst provozierendes Stück *Der Bau* von Wilhelm Girnus, der sich kurz zuvor von einem strengen Dogmatiker in einen relativ „aufgeschlossenen" Literaturkritiker gewandelt hatte, in *Sinn und Form*, der angesehensten Literaturzeitschrift der DDR, abgedruckt. Obwohl sich dieses Drama in seiner Handlungsführung auf den Roman *Spur der Steine* (1963) des von der SED hoch geschätzten Autors Erik Neutsch stützte, herrschte in ihm im Hinblick auf den Aufbau des Sozialismus ein ins Utopische ausgreifender Erwartungselan, der sich nicht mit dem bereits Erreichten zufrieden gab, sondern unter dem Motto „Ich bin die Fähre zwischen Eiszeit und Kommune" immer wieder die Grenzen des vorerst Möglichen zu überschreiten versuchte.

Doch solche Forciertheiten, die vor dem ersten Schritt bereits den fünften Schritt ins Auge fassten, mussten den eher pragmatisch denkenden Kulturfunktionären innerhalb der SED notwendigerweise als anarchistischer Überschwang erscheinen, der weit über die von ihnen anvisierten Ziele hinausschoss. Und darin sahen sie eine Gefahr für einen vernünftigen, das heißt staatlich geregelten Fortgang innerhalb der angestrebten Wandlungsprozesse der Gesamtgesellschaft ins Sozialistische. Im Rückgriff auf die bereits von Friedrich Engels ausgesprochenen Vorbehalte gegen alles Utopische und damit Unwissenschaftliche, wogegen in den fünfziger Jahren schon Ernst Bloch mit seinem *Prinzip Hoffnung* (1953–56) anzukämpfen versuchte, blieb die SED lieber weiterhin bei einer taktisch-lavierenden Politik der kleinen Schritte und verschob den Traum einer total befreiten Gesellschaft, in der es keinerlei Beschränkungen der menschlichen Bedürfnisse mehr geben würde, in den Bereich der im Hier und Jetzt noch nicht realisierbaren Vorstellungen.

Doch mit einem solchen Pragmatismus, der den bereits halbwegs verwirklichten DDR-Sozialismus nicht durch überspannte Hoffnungen gefährden wollte, gaben sich gerade die besten Marxisten unter den DDR-Künstlern und -Künstlerinnen in diesen Jahren nicht mehr zufrieden. Infolgedessen traten sie immer offener für ein sozialistisches Kulturkonzept ein, das sich nicht auf die allmähliche Verwirklichung bürgerlicher Humanismusvorstellungen sowie die Hochschätzung klassischer Kunstwerke beschränkte, sondern unter „Kultur" auch und vor allem das verstand, „wie der ganze Mensch lebt". Und damit meinten sie eine Kultur, die auch den lebenskulturellen, das heißt zwischenmenschlichen und vor allem erotischen Bereich revolutionieren würde. Schließlich hatten bis dahin in der DDR noch nie oder nur höchst selten Debatten über eine sozialistische Auflockerung der älteren Ehe- und Sexualnormen stattgefunden. Gerade auf diesem Gebiet waren viele ins Bürgerliche säkularisierte christliche Konventionen einfach unbefragt übernommen worden. Der plötzlich aufflackernde Drang zu einer auch den Bereich der Sinnlichkeit in sich einschließenden Totalität aller erfüllbaren Lebensvorstellungen, von dem bereits in den lange Zeit unpublizierten *Pariser Manuskripten* des frühen Karl Marx die Rede war, musste den älteren Vertretern innerhalb der SED-Führung, die noch unter höchst entsagungsvollen Lebensbedingungen groß geworden waren und diese Bedingungen inzwischen als einen schlechterdings unabänderlichen Normalzustand verinnerlicht hatten, zwangsläufig als etwa Aufrührerisches erscheinen, dem sie mit allen ihnen zur Verfügung stehenden Mitteln entgegenzutreten versuchten.

Zur entscheidenden Konfrontation dieser zwei Weltanschauungen, die sich beide mit der gleichen Emphase als „sozialistisch" verstanden, kam es auf dem 11. Plenum des Zentralkomitees der SED im Dezember 1965. Hier stellte Erich Honecker „unsere DDR" gleich zu Anfang als einen „sauberen Staat" hin, in dem es „unverrückbare Maßstäbe der Ethik und Moral, von Anstand und guter Sitte" gebe. Er wandte sich daher scharf gegen die neuerdings in der DDR um sich greifende „Unmoral in Filmen, Fernsehsendungen, Theaterstücken, literarischen Arbeiten und Zeitschriften", die es im Sinne strengerer staatspolitischer Normen mit allen zur Verfügung stehenden Mitteln zu unterbinden gelte. Andere Sprecher gebrauchten in dieser Hinsicht sogar Diffamierungsvokabeln wie „Pornografie" oder „Obszönität". Gegen alle, die sich für die Einführung „halbanarchistischer Lebensgewohnheiten" einzusetzen versuchten oder gar von „absoluter Freiheit" redeten, wurde deshalb im Gefolge der von Ulbricht ausgegebenen „Vollstrecker"-Parole, nämlich in der DDR die Schlussvision des Goethe'schen *Faust* endlich Realität werden zu lassen, noch einmal der „humanistische Geist von Weimar" aufgeboten. Besonders scharfe Kritik übten dabei einzelne Mitglieder des Zentralkomitees an DDR-Filmen wie *Das Kaninchen bin ich* und *Denk bloß nicht, dass ich heule*, den „anarchisch" auftrumpfenden Gedichten des Liedermachers Wolf Biermann sowie jener aus dem Westen eingeschleppten „Beatmusik", welche mit ihren wilden Rhythmen die Jugendlichen zu ungebührlichen „Exzessen aufzupeitschen" versuche. Doch auch Dramen wie *Die Sorgen und die Macht* von Peter Hacks und *Der Bau* von Heiner Müller sowie der Roman *Der Tag X* von Stefan Heym verfielen wegen ihrer angeblich übertrieben herausgestellten „Widersprüchlichkeiten" oder ihrer kritischen Einstellung zu Einzelaspekten des DDR-Gesellschaftslebens dem auf dieser Tagung in aller Öffentlichkeit stattfindenden Scherbengericht.

Nach diesem Plenum trat im Kulturleben der DDR erst einmal eine kurze, von oben erzwungene Ruhe ein. Die kritisierten Filme wurden eingezogen, die gemaßregelten Autoren leckten ihre Wunden und einige der antiautoritären Liedermacher durften nicht mehr auftreten. Statt den Versuch zu machen, mit all diesen „Kulturschaffenden", wie sie damals in der DDR hießen, in einen konstruktiven Dialog einzutreten und sich um eine sinnvolle Integration ihrer künstlerischen Vorstellungen zu bemühen, entschied sich die SED-Spitze weitgehend für eine Politik der „harten Hand". Ja, selbst die bis dahin von ihr gefeierte Christa Wolf, die auf dem 11. Plenum eine kurze Verteidigungsrede für ihre gemaßregelten Kollegen gehalten hatte, wurde wieder aus der Liste der Kandidaten und Kandidatinnen für das Zentralkomitee der SED gestrichen. Darauf zog sie sich ins Abseits zurück und publizierte 1968 ihren zwar immer noch DDR-konformen Roman *Nachdenken über Christa T.*, in dem jedoch gegenüber ihrer bisherigen Wir-Gesinnung eine deutliche Verstärkung des subjektiven Faktors zu beobachten ist.

Was daher in den sechs Jahren bis 1971, als Walter Ulbricht als Erster Staatssekretär zurücktreten musste, in der DDR den Ton angab, war eine Stimmung der Beruhigung, aber auch der Erstarrung. Da das von Ulbricht angeregte Neue ökonomische System (NÖS) auch der Konsumgüterproduktion zugute kam, fand sich ein relativ großer Bevölkerungsanteil, nachdem der Schock des Mauerbaus erst einmal überwunden war, mit den bestehenden Verhältnissen mehr oder minder widerspruchslos ab. Schließlich entwickelte sich die DDR in den sechziger Jahren zum siebtstärksten Industriestaat der Welt, wodurch sie den höchsten Lebensstandard innerhalb des gesamten Ostblocks erreichte. Dadurch traten die kulturpolitischen Fragestellungen, die bis dahin in diesem Staat eine zentrale Rolle gespielt hatten, etwas in den Hintergrund. Zwar hatte die DDR noch längst nicht jenen Konsumreichtum erreicht, wie er inzwischen in Westdeutschland herrschte, aber die nötigsten Bedürfnisse waren erst einmal gestillt. Demzufolge verlor jene Vorstellung, dass es sich bei der Einführung des Sozialismus auch und vor allem um eine Kulturrevolution handeln müsse, die auch den ungebildeten, weil ärmeren Schichten der Gesellschaft einen Zugang zu den höchsten Kulturgütern erlauben würde, allmählich an Geltung. Stattdessen verbreitete sich ein sozioökonomischer Pragmatismus, durch den die Mehrheit der in der DDR lebenden Menschen die Einsicht, dass es sich bei ihrem Staat in seiner jetzigen Form um ein sich allmählich „sozialisierendes" politisches Gebilde handele, nicht mehr als gravierende Irritation empfand, sondern eher als ein gleichmütig hingenommenes Faktum akzeptierte.

Im Zuge dieser Veränderungen wandelte sich auch das Image Walter Ulbrichts in den Augen vieler DDR-Bewohner. Während er unter den Künstlern und Intellektuellen – je nach ideologischer Erwartungshaltung – entweder als unverbesserlicher Starrkopf oder geradezu „tragischer König" aus einem Shakespeare-Drama galt, der über „ein Volk von Feinden regieren" musste, wie sich Heiner Müller später im Rückblick auf diese Ära ausdrückte, akzeptierten ihn große Teile der Bevölkerung allmählich als ein nicht mehr wegzudenkendes Staatsoberhaupt. Diese ideologischen Verschiebungen gaben Ulbricht das Gefühl, dass sowohl seine kritischen Äußerungen auf dem 11. Plenum gegenüber den „aufrührerischen" Künstlern und Künstlerinnen als auch seine produktionssteigernden Maßnahmen im Gefolge des Neuen ökonomischen Systems durchaus zum Erfolg geführt hätten. Ja, in besonders euphorischen Momenten, wie auf dem VII. Parteitag der SED im Jahr 1967, glaubte er sogar, dass die DDR keine an den üblichen „Kinderkrankheiten" des Sozialismus leidende „Übergangsgesellschaft" mehr sei, sondern sich in diesem Staate schon eine voll entwickelte „sozialistische Menschengemeinschaft" herausgebildet habe,

Willi Sitte: *Am Schaltpult* (1968), Halle, Staatliche Galerie Moritzburg. Die technologische Revolution in der DDR ersetzte Ende der sechziger Jahre den muskelstarken „Arbeiter der Faust" durch das Leitbild des „Neuen Werktätigen", der wie ein Ingenieur mit produktionssteigernden Maschinen umzugehen versteht.

in der alle entscheidenden Probleme bereits der Vergangenheit angehörten. Sogar der Prager Aufstand im August 1968 konnte ihn in dieser
halb dogmatisch-überzeugten, halb zweckoptimistischen Haltung nicht
beirren.

Auf kultureller Ebene wirkten sich diese Veränderungen folgendermaßen aus. Auf Seiten der Partei wurde mit großen finanziellen Auf-
wendungen der Hauptnachdruck weiterhin auf die Pflege des „Klassischen Kulturerbes" gelegt, worunter die Führungsspitze der SED nach
wie vor alle humanistisch-progressiven Werke der bürgerlichen Eman-
zipationsphase zwischen 1750 und 1848 verstand. Aus den darauffol-
genden Epochen galten dagegen – neben den Werken sozialistisch orientierter Künstler – vornehmlich die Romane der „kritischen Realisten"
von Theodor Fontane bis Thomas und Heinrich Mann, Arnold Zweig,
Lion Feuchtwanger und ähnlicher Autoren als beerbenswert. Expressio-
nistisches, Futuristisches, Dadaistisches, Bauhäuslerisches, Abstraktio-
nistisches, Surrealistisches oder Konstruktivistisches in Literatur, Malerei, Architektur und Musik hatte deshalb weiterhin kaum eine Chance,
wie im Westen in den Kanon der sogenannten „klassischen Moderne"
aufgenommen zu werden. Ebenso nachdrücklich versuchten die SED-
Kulturfunktionäre die kunstinteressierten Schichten ihres Staates von
den neuesten Tendenzen innerhalb der Kunst Westdeutschlands fern
zu halten, deren als „progressiv" eingeschätzter Teil vor dem 11. Plenum
auch in der DDR noch als durchaus beachtenswert galt, jetzt jedoch
aus den öffentlichen Debatten weitgehend ausgeschaltet wurde.

Lediglich im Hinblick auf die musikalischen Präferenzen der Jugendlichen, die weitgehend unter dem Manipulationsdruck westdeutscher
Rundfunk- und Fernsehsendungen standen, sah sich die Parteileitung
– wenn auch höchst unwillig – zu ersten Zugeständnissen gezwungen.
Große Teile der Zwölf- bis Fünfundzwanzigjährigen waren für ein Mu-
sikangebot, das sich auf die herkömmlichen Formen der klassischen
Konzert- und Opernkultur sowie die Werke der sozialistischen Avantgarde à la Hanns Eisler, Paul Dessau oder Dimitri Schostakowitsch beschränkte, kaum noch zu interessieren. Selbst die Formen der älteren
Tanz-, Schlager- und Operettenmusik lehnten 80 Prozent dieser Alters-
schicht als nicht mehr zeitgemäß, das heißt als zu läppisch oder albern
ab. Nach der Erledigung ihres ermüdenden Arbeitssolls wollten die
meisten Jugendlichen nach Feierabend, am Wochenende oder im Urlaub etwas Beschwingtes, Aufputschendes im Sinne der Beatles hören,
das sie wie die popkulturell orientierten Schichten innerhalb der west-

deutschen APO-Bewegung der gleichen Jahre in eine Welt der entsublimierten Triebe versetzen würde. Im Gegensatz zur herkömmlichen Lebenseinstellung der „alten Genossen", wie es bei Wolf Biermann damals hieß, empfanden sie die Klänge der westlichen Beat- oder Rock'n'Roll-Musik als Aufbruch in eine Jugendkultur, in der nicht mehr die als „fremdbestimmt" hingestellten parteiamtlichen Forderungen, sondern ihre „aus dem Bauch" kommenden und demzufolge als authentisch empfundenen Gefühle im Vordergrund stehen sollten.

Die kulturelle Situation in der DDR lässt sich daher um 1970 zwar noch nicht als „pluralistisch" bezeichnen, barg aber in ihrem Schoße bereits Tendenzen, die in diese Richtung wiesen. Jedenfalls lehnten viele Jugendliche unter den DDR-Bewohnern die von der SED empfohlenen Hochkulturformen zusehends als „erstarrt" ab. Sie waren es leid, immer wieder von den humanistisch-progressiven Idealen des sich emanzipierenden Bürgertums zwischen 1750 und 1848 oder dem heroischen Geist der unter Leitung der Kommunisten kämpfenden Arbeiterklasse der Weimarer Republik und des Widerstands gegen den Faschismus zu hören. All das erschien ihnen – im Gefolge westlicher Trend- oder Paradigmenwechsel – in steigendem Maße als „altmodisch". Sie drangen deshalb auf eine Kultur der subjektiven Selbstrealisierung, um damit den bereits in der DDR groß gewordenen und demzufolge nicht mehr nach rückwärts, sondern nach vorwärts oder nach Westen blickenden Bevölkerungsschichten neue Gratifikationserlebnisse anzubieten.

Der real existierende Sozialismus

Eine wesentliche Verstärkung erfuhren diese Hoffnungen, als am 3. Mai 1971 Walter Ulbricht als Erster Sekretär des Zentralkomitees der SED zurücktreten musste und dieses Amt von Erich Honecker übernommen wurde. Und für einige Jahre hatten solche Hoffnungen auch eine durchaus realistische Chance. Das hing zum Teil damit zusammen, dass in der ehemaligen Bundesrepublik seit dem 1969 erfolgten Regierungsantritt der sozialliberalen Koalition unter Willy Brandt ein grundlegender Wandel in der außenpolitischen Einstellung der DDR gegenüber eingetreten war. Brandt hob nicht nur die bisher scharf gehandhabte Hallstein-Doktrin auf, die es keinem westlichen Staat erlaubte, diplomatische Beziehungen zur DDR aufzunehmen, sondern bemühte sich zugleich in den Jahren zwischen 1971 und 1974, nicht nur die westdeutschen Beziehungen zur DDR, sondern auch zu anderen Ostblockländern zu normalisieren. Dieser Politik schlossen sich auch die Vereinigten Staaten, Frankreich und England an, indem sie offizielle diplomatische Beziehungen zur DDR aufnahmen, ja sogar durchsetzten, dass die DDR neben der Bundesrepublik Deutschland als vollgültiges Mitglied in die Vereinten Nationen aufgenommen wurde. Und damit schien das bisher im Zeichen des Kalten Krieges stehende gespannte Verhältnis der beiden deutschen Staaten zueinander erst einmal vorbei zu sein. Angesichts dieser Neuregelung der politischen Verhältnisse, die weitgehend auf Brandts „konstruktive Ostpolitik" zurückgingen, wurde die Frage einer möglichen Wiedervereinigung Deutschlands sowie der sich daraus ergebenden Gefahr eines neuen deutschen Nationalismus plötzlich relativ belanglos.

Die mit diesen Veränderungen zusammenhängenden Vorgänge machten es für Erich Honecker relativ leicht, von vornherein wesentlich „liberaler" aufzutreten als sein Vorgänger Ulbricht, der noch über ein Land regiert hatte, das im Westen als ein zu bekämpfender „Un-Staat" galt. An Honecker knüpften sich daher in der DDR zu Anfang große Hoffnungen, und zwar nicht nur in politischer, sondern auch in kultureller Hinsicht. Von ihm erwarteten die Künstler und Künstlerinnen dieses Staats sowie das an ihren Werken interessierte Publikum, dass er im Kulturleben der DDR – nach der „Erstarrungs"-Phase der späten sechziger Jahre – endlich auch die steigenden Ansprüche auf

Anna Seghers als 1. Vorsitzende des Schriftstellerverbandes auf dem VII. Schriftstellerkongress der DDR 1973 in Ostberlin. Rechts der 1. Sekretär der SED Erich Honecker, links der stellvertretende Ministerpräsident der DDR Horst Sindermann.

subjektive Selbstrealisierung berücksichtigen würde. Und Honecker tat dies in den frühen siebziger Jahren auch, obwohl er 1965 auf dem 11. Plenum des Zentralkomitees der SED noch als scharfer Befürworter staatlicher Unterdrückungsmaßnahmen gegen alle „aufrührerischen" Elemente in der DDR-Kunst aufgetreten war. Um sich bei den Kulturschaffenden und Intellektuellen beliebt zu machen, erklärte Honecker deshalb kurz nach seinem Amtsantritt in aller Offenheit, dass es von jetzt an in jener DDR-Kunst, die von sozialistischen Positionen ausgehe, „keine Tabus mehr geben" dürfe.

Worin diese „Tabus" bestanden hatten, zeigte sich in den folgenden Jahren in einer Reihe von Liedern, Gemälden, Dramen und Romanen nur allzu deutlich. Überall wurden plötzlich in mehr oder minder versteckter Form bisher weitgehend tabuierte Themen wie Republikflucht, außereheliche Sexualbeziehungen, zerrüttete Ehen, Westfernsehen oder jugendliche Rockmusik aufgegriffen. Statt vornehmlich vom „Ich zum Wir" zu streben, das heißt im Rahmen der Industriebrigaden, der Landwirtschaftlichen Produktionsgenossenschaften, der Volksarmee, der Jungen Pioniere oder anderer parteilicher Organisationen einen sozialistischen Gemeinschafts- oder Freundschaftsgeist zu entwickeln, war jetzt, wie schon kurz vor dem 11. Plenum, abermals viel von der Wiederentdeckung des „Ich im Über-Ich der Gesellschaft" die Rede. Das belegen Begriffe wie „Differenzierung", „Selbstverwirklichung", „individuelle Handschrift" oder „künstlerische Eigenart", die in den kunst- und kulturtheoretischen Schriften der frühen siebziger Jahre immer häufiger auftauchten, um somit auch das Phänomen der höchstpersönlichen Eigenart in den geschichtlichen Allgemeinprozess einzubringen. Statt wie bisher auf kulturellem Sektor im Sinne der Parole „Alle für alle" vornehmlich die soziale Verantwortlichkeit des Einzelnen für das „Ganze" in den Vordergrund zu rücken, führte das sowohl in der Kunst als auch in den Kulturwissenschaften der DDR – in deutlicher Parallele zu der sich in den gleichen Jahren auch in Westdeutschland abzeichnenden Verstärkung des „subjektiven Faktors" – zu einem steigenden Interesse am Lebensgeschichtlich-Persönlichen, ja höchst Privaten, was in diesen Bereichen zwangsläufig eine merkliche Abschwächung aller größeren, jetzt als „schematisch" bezeichneten sozioökonomischen Zusammenhänge und ästhetischen Normvorstellungen bewirkte.

In besonders eklatanter Form kam das in dem sich wandelnden Verhältnis zum bisher häufig verkulteten „Klassischen Erbe" zum Ausdruck. Während in der Ulbricht-Ära in dieser Hinsicht weitgehend die Vollstrecker-These geherrscht hatte, das heißt die Forderung, den DDR-Sozialismus so eng wie möglich an den humanistisch-progressiven Geist der Goethezeit anzuschließen, ja ihm sogar in der künstlerischen Formgebung nachzueifern, wurde jetzt – ob nun in DEFA-Filmen wie *Die Leiden des jungen Werthers* (1976) von Egon Günther oder *Beethoven. Tage aus einem Leben* (1976) von Horst Seemann und Günter Kunert – selbst an den Größen der Zeit um 1800 eher das Menschlich-Allzumenschliche herausgestellt. Doch während solche Werke weitgehend im Bereich des Historistischen und damit halbwegs Elitären blieben, gelang Ulrich Plenzdorf 1973 mit seinem Kurzroman *Die neuen Leiden des jungen W.*, der ein Jahr später auch als Bühnenstück herauskam, geradezu ein „Hit" in der Kulturszene der frühen Honecker-Ära. Mit diesem Werk erreichte Plenzdorf eine erstaunliche Beliebtheit, die weit über die im engeren Sinne kunstinteressierten Schichten hinausging. Und zwar gelang ihm das auf dreierlei Weise: erstens durch seine geschickte Umfunktionierung von Goethes *Werther* ins DDR-Milieu, die noch auf der Linie der Erbe-Aneignung des Bitterfelder Weges lag und sich um die Darstellung eines proletarischen Werther bemühte, zweitens durch seine Betonung der „aufrührerischen" Elemente im Hinblick auf seinen Protagonisten, den aus der Provinz nach Ostberlin übergesiedelten Edgar Wibeau, der durch seinen west-östlichen Szenejargon, seine Blue Jeans, seine Freundin Charlie und seine mit einem Transistorgerät gespielte Rockmusik zu einer Leitfigur der neuen DDR-Jugendkultur wurde, sowie drittens durch die Charakterisierung seines „Helden" als eines technologischen „Neuerer"-Typs, welcher bei Experimenten mit einer von ihm erfundenen Spritzmaschine, die er im Rahmen einer Malerbrigade einsetzen will, den Tod findet, der sich entweder als Selbstmord oder als tragisches Mißgeschick interpretieren ließ.

Während Plenzdorfs *Neue Leiden des jungen W.* in der Lese- und Theatergesellschaft der DDR eine große, wenn auch kontroverse Breitenwirkung entfalten konnte, die von Seiten der Partei als Dampf ablassendes Ventil geduldet wurde, versuchte die SED-Führung Werke wie *Germania Tod in Berlin* (1971) von Heiner Müller, *Für meine Genossen* (1972) von Wolf Biermann oder *Unvollendete Geschichte* (1975) von Volker Braun, welche in ihrer Darstellung der Ereignisse des 17. Juni 1953, der Überalterung innerhalb der Führungsspitze der Partei sowie der Gefahr der Republikflucht wesentlich brisantere Themen aufgriffen, möglichst unter Verschluss zu halten. Allerdings konnte sie nicht

Foyer des 1818–1821 von Karl Friedrich Schinkel im klassizistischen Stil erbauten Schauspielhauses auf dem Berliner Gendarmenmarkt. In den frühen achtziger Jahren wurde dieser Bau stilgetreu restauriert und dient seitdem vor allem als Konzerthaus.

verhindern, dass solche Autoren daraufhin manche ihrer Werke in der ehemaligen Bundesrepublik bei Verlagen wie Luchterhand, Suhrkamp, Rotbuch oder Wagenbach herausbrachten, selbst wenn sie dort nicht als Ausdruck einer konstruktiven Kritik, sondern fast ausschließlich als Zeichen des Widerstands gegen das DDR-Regime interpretiert wurden. Ja, die verantwortlichen Stellen in Ostberlin erlaubten einigen Kulturschaffenden sogar, in den Westen zu reisen, um nicht als allzu unduldsam zu gelten. In einem dieser Fälle blieb jedoch die SED hart. Als sich Biermann 1976 bei einem Auftritt in Köln, der vom westdeutschen Fernsehen ausgestrahlt wurde, in seinen Balladen und politischen Zwischenbemerkungen allzu „lästerlich" über das DDR-Establishment mokiert hatte, wurde ihm die Rückreise nach Ostberlin verweigert. Selbst als sich eine Reihe führender Künstler und Künstlerinnen in der DDR mit Biermann solidarisierte, nahm die Partei ihr Urteil nicht zurück. Dieses sich zu einer regelrechten „Affäre" ausweitende Ereignis führte schließlich dazu, dass in den folgenden Jahren mehrere DDR-Autoren und -Autorinnen – aus Unmut über die nicht eingehaltenen Versprechungen des „Tabu"-Brechers Honecker – ihrem Staat den Rücken kehrten und sich in den Westen absetzten.

Um 1980, als die Erinnerung an den Biermann-Skandal allmählich verblasste, sah demnach die Kulturszene in der DDR folgendermaßen aus: Der ältere Hochkulturbetrieb, der vor allem die klassischen Werke der Vergangenheit in Form von Theaterstücken, Gedichten, anspruchsvollen Romanen, Gemälden, Opern sowie symphonischen und kammermusikalischen Kompositionen favorisierte, wurde weiterhin mit großzügigen staatlichen Subventionen gefördert. Wichtige Ereignisse in diesem Umkreis waren die Wiedereröffnung der Semperoper in Dresden sowie des Konzertsaals im alten Schinkel'schen Schauspielhaus auf dem Gendarmenmarkt in Ostberlin. Aber für die dort aufgeführten Kompositionen oder die in anderen DDR-Theatern, Opernhäusern oder Konzertsälen gespielten oder vorgeführten Werke interessierten sich weiterhin vornehmlich die gebildeten Schichten, das heißt die männlichen und weiblichen Hochschulabsolventen, höheren Angestellten, Studenten und Schüler, während der Anteil der Arbeiter und Lehrlinge bei solchen Veranstaltungen selten die Drei- bis Zehn-Prozent-Grenze überschritt. Im Gefolge solcher Entwicklungen ging der Theaterbesuch in der DDR von 13 Millionen im Jahr 1951 auf 9,9 Millionen im Jahr 1980 bzw. der Opernbesuch zwischen 1960 und 1982 von 3,88 Millionen auf 1,85 Millionen zurück.

Und die DDR-Regierung passte sich seit der Mitte der siebziger Jahre diesem Trend durchaus an und förderte plötzlich mit gleicher, wenn nicht noch stärkerer Intensität die verschiedenen Branchen der Popmusik sowie die Film-, Funk- und Fernsehproduktion, also die Kultur der „Drei großen F", wie es damals in der DDR hieß. Das führte zur ständigen Ausweitung einer Unterhaltungskultur, die eher auf Ablenkung und Zerstreuung als auf bildungsmäßige Höherführung eingestellt war. Selbst bisher weitgehend unterdrückte Kunstformen wie der Krimi, der Free Jazz oder der Hard Rock konnten demnach in der Folgezeit Einzug in die DDR halten, um den „breiten Massen" auch das zu bieten, womit sie sich sonst im Rahmen der Westmedien bedient hätten. Und damit wurden die alten Becher'schen Träume von der „Erstürmung und Inbesitznahme der Höhen der Kultur" oder dem „Weg zu der einen großen, gebildeten Nation" schrittweise aufgegeben. So wie die anspruchsvolle These, das „andere, bessere Deutschland" zu sein, das heißt durch seine antifaschistisch-sozialistische Ideologie und Praxis der westlichen Bundesrepublik politisch weit überlegen zu sein, um 1980 in der DDR kaum noch verwendet wurde, setzte zu diesem Zeitpunkt auch im Kulturbetrieb dieses Staates eine zunehmende Beschränkung auf wesentlich geringere Erwartungen ein. Was jetzt zählte, war – wie sich unter anderem in der DDR-Zeitschrift *Unterhaltungs-kunst* (ab 1969) nachlesen lässt – das unter den vorgegebenen Bedingungen Machbare, wofür die SED-Parteiführung auch auf diesem Sektor den Begriff des „real existierenden Sozialismus" einführte.

Im Bereich der Kinoproduktion traten daher in den siebziger und dann verstärkt in den frühen achtziger Jahren neben Werken mit literarisch anspruchsvollen Themen immer stärker Filme wie *Reife Kirschen* (1972) von Horst Seemann oder *Die Legende von Paul und Paula* (1980) von Heiner Carow hervor, in denen nicht mehr das Historisch-Bedeutsame oder Politisch-Heroische der Filme von Konrad Wolf im Vordergrund stand, sondern die im Rahmen einer bewusst verharmlosten Gegenwartsthematik eher das Unterhaltsame bevorzugten. Und wenn es an den beim breiten Publikum beliebten Kriminal-, Abenteuer-, Liebes- oder Musikfilmen mangelte, wurden solche – wenn auch im Rahmen einer bestimmten Quotenregelung – aus den USA oder anderen westlichen Ländern eingeführt. Dennoch ging der Kinobesuch von 238 Millionen verkauften Karten im Jahr 1960 auf 76 Millionen im Jahr 1975 zurück, da sich auch in der DDR, wie in allen industriell hoch entwickelten Ländern, das Fernsehen als das entscheidende Primärmedium durchsetzte. Schließlich hatte in den frühen siebziger Jahren schon fast jeder DDR-Haushalt ein Fernsehgerät. Allerdings sahen die meisten DDR-Bewohner und -Bewohnerinnen immer häufiger die Pro-

Szenenbild aus dem Film *Die Legende von Paul und Paula* (1980) von Heiner Carow nach dem gleichnamigen Roman von Ulrich Plenzdorf. Angelika Domröse und Winfried Glatzeder spielten in diesem Film, der sich in der DDR einer großen Popularität erfreute, die Hauptrollen.

gramme des Westfernsehens. Und auch die DDR-Radiostationen hatten – trotz der 1983 von der SED verordneten Erweiterung ihrer Unterhaltungssendungen – zusehends mit der scharfen Konkurrenz des Westrundfunks zu kämpfen. Vor allem Jugendliche hörten in den achtziger Jahren in der DDR fast nur noch „west". So hatte etwa die Westberliner Jugendsendung „RIAS-Treffpunkt" unter ihnen oft eine Einschaltquote von fast 90 Prozent.

Die gleiche Breitenwirkung erreichte in der DDR der siebziger und achtziger Jahre die aus dem Westen kommende Rockmusik, die in diesem Zeitraum für 85 Prozent aller jugendlichen Hörer und Hörerinnen zum Hauptunterhaltungsmedium wurde. Schon Mitte der siebziger Jahre gab es in der DDR 600000 Tanzveranstaltungen mit rund 120 Millionen Besuchern pro Jahr, wo eine diskoähnliche „Westmusik" erklang. Um den steigenden Bedarf an solcher Musik zu decken, formierten sich etwa 4500 Amateurkapellen, von denen in diesem Zeitraum die Rock-Bands Pankow, Juckreiz + Keks, Provinz, Babylon, Kleeblatt, Gong, Ich-Funktion, Bolschewistische Kurkapelle und Das freie Orchester sowie rockbeeinflusste Schlagergruppen wie Silly, Karat, Kreis und Die Puhdys das meiste Aufsehen erregten und zum Teil auch schon in die offizielle Kulturindustrie einstiegen.

Wie zu erwarten, gaben sich die älteren, noch immer sozialistisch eingestellten „Utopiker" unter den Intellektuellen und Künstlern mit dieser Entwicklung keineswegs zufrieden. Sie wandten sich energisch gegen eine dem kapitalistischen Kulturbetrieb immer ähnlicher werdende Polarisierung in eine E- und eine U-Kultur, innerhalb deren die Diskrepanz zwischen den Werktätigen und den Intellektuellen ständig größer wurde. Ihnen genügte es nicht, dass die SED-Kulturverantwortlichen im Bereich der „höheren Künste" jetzt auch die Ausstellung abstrakter Malerei sowie die Aufführung modernistisch-durchmathematisierter Werke Arnold Schönbergs tolerierte, um sich ein Alibi der Liberalität zu verschaffen. Auch die halbabstrakten Kritzeleien von Malern wie Georg Baselitz und A. R. Penck oder die Werke der von der Dresdner Galerie Eigen + Art geförderten Künstler imponierten ihnen ebenso wenig wie die Gedichte der Prenzlauer-Berg-Lyriker um Sascha Anderson, die sich um eine hermetisch-autonome Dichtung ohne Gegenwartsbezüge bemühten und sich dabei als „Dissidenten" empfanden. Das Ideal der Kritiker solcher Tendenzen blieb weiterhin eine Kunst, die sich in den Dienst einer sozialistischen Kulturrevolution stellen würde. Daher gaben Autoren wie Heiner Müller mit seinem

Tamara Danz, Sängerin der in der DDR sehr erfolgreichen Rockband „Silly", und ihr Gitarrist Uwe Hassbecker in dem DEFA-Dokumentarfilm *Flüstern und Schreien* (1988).

Drama *Der Auftrag. Erinnerung an eine Revolution* (1980) oder Volker Braun mit seinem *Hinze-Kunze-Roman* (1985), aber auch Maler wie Wolfgang Mattheuer mit seinen *Sisyphus*-Bildern oder Wissenschaftler wie Jürgen Kuczynski mit seinem *Dialog mit meinem Urenkel* (1983) nicht auf, sich in ihren Werken mit bewusst verstörenden Thesen oder Stilmitteln für einen weiteren Auf- und Ausbau des Sozialismus einzusetzen, statt sich mit dem einmal Erreichten zufrieden zu geben. Ja, manche beriefen sich dabei erneut auf die revolutionäre „Linke Materialästhetik" der späten zwanziger Jahre oder die auch im Exil beibehaltenen avantgardistischen Tendenzen jener antifaschistischen Künstler und Künstlerinnen, die 1979 in der Ostberliner Akademie der Wissenschaften auf einer von Werner Mittenzwei und Silvia Schlenstedt arrangierten Konferenz als weiterhin vorbildlich hingestellt wurden.

Aber so hoch gespannte Erwartungen fanden selbst viele der Kulturverantwortlichen innerhalb der SED in diesen Jahren nicht mehr zeitgemäß. Sie unterstützten lieber alles, womit sich sowohl ein relativ hoher Konsumstandard aufrechterhalten ließ, als auch das, was die Mehrheit der Bevölkerung in ihrer Freizeit auf eine eher konventionelle Weise „unterhalten" würde. Den so genannten hohen Künsten schenkten sie deshalb in ihren kulturtheoretischen Verlautbarungen zusehends weniger Beachtung oder klammerten sie als Form einer zwar verehrenswerten, aber ideologisch nicht mehr zentralen Teilkultur aus. „Wir werden kaum noch kritisiert, weil wir immer unwichtiger werden", war darum eine der häufig zu hörenden Klagen der weiterhin gegen den parteiamtlichen Stachel löckenden altsozialistischen Kulturtheoretiker und -theoretikerinnen. Durch diese Neuorientierung erreichten die konsumorientierten Befürworter des real existierenden Sozialismus mit all ihren Rock-Bands, Diskos, Intershops und Exquisitläden schließlich genau das, wogegen ihre Vorgänger im Zentralkomitee der SED lange erbittert angekämpft hatten, nämlich eine fortschreitende Angleichung an den Westen. Und sie taten das, weil sie hofften, dass die Westmächte durch die Zweistaatenregelung der frühen siebziger Jahre nicht mehr an einer Wiedervereinigung der Bundesrepublik und der DDR interessiert seien.

Doch darin sollten sie sich täuschen. Schließlich bemühten sich in den achtziger Jahren die Vereinigten Staaten unter Ronald Reagan und des hinter ihm stehenden „Military-Industrial Complex" immer stärker, die Sowjetunion durch eine gewaltig angekurbelte Hochrüstung ökonomisch in die Knie zu zwingen. Als sich darauf die ersten ökonomi-

Die Schriftstellerin Christa Wolf am 4. November 1989 als Rednerin bei einer Kundgebung auf dem Ostberliner Alexanderplatz, zu der verschiedene Organisationen und Künstler aufgerufen hatten. Christa Wolf bemühte sich bei dieser Veranstaltung, den Demonstranten eine überstürzte Republikflucht auszureden.

schen Krisensymptome innerhalb des Ostblocks abzeichneten und sich demzufolge auch die wirtschaftliche Lage in der DDR zu verschlechtern begann, drängte die Mehrheit der ostdeutschen Bevölkerung unter dem Motto „Wir sind das Volk!" im Herbst 1989 in wochenlangen Demonstrationen immer stärker auf einen Anschluss an die damalige Bundesrepublik. Es gab zwar auch zu diesem Zeitpunkt noch Künstler und Künstlerinnen, wie Heiner Müller und Christa Wolf, die sich den anschwellenden Protesten und der einsetzenden Fluchtbewegung in den Westen mit Parolen wie „Dableiben!" entgegenzustemmen versuchten, da sie immer noch hofften, dem real existierenden Sozialismus Honecker'scher Prägung einen Drall ins Kulturrevolutionäre geben zu können. Aber dafür war es im November 1989, als Tausende von Ostberlinern und -berlinerinnen die quer durch Berlin verlaufende Mauer durchbrachen, um endlich die westliche KaDeWe-Welt in Augenschein zu nehmen, bereits zu spät.

Die neue Bundesrepublik (1990–2000)

Auswirkungen der „Wende"

Als in den Monaten nach dem 9. November 1989 alle Bemühungen scheiterten, die Wiedervereinigung Deutschlands im Sinne einer föderalistischen Lösung zu vollziehen, um somit in den „neuen Bundesländern" wenigstens die besseren Reste des DDR-Sozialismus zu erhalten, fühlten sich viele ostdeutsche Intellektuelle und Kulturschaffende erst einmal vor den Kopf gestoßen. Schließlich hatten außer jenen, welche weiterhin unbeirrt an ihren bisherigen Überzeugungen festzuhalten versuchten, die meisten von ihnen gehofft, dass mit der Wiedervereinigung ein Reich größerer Freiheit, kultureller Vielseitigkeit sowie unbegrenzter Reisemöglichkeiten anbrechen würde. Doch das trat nur in Ausnahmefällen ein. Mehrheitlich sahen sich diese Schichten schon ein Jahr später fast aller bisherigen Wirkungsmöglichkeiten beraubt, die ihnen die DDR im Rahmen der dortigen Akademien, Universitäten, Museen, Theater, Opernhäuser, Fernsehanstalten, Radiosender, Filmstudios, Verlage, Bibliotheken, Kulturhäuser, Nationalen Gedenkstätten usw. geboten hatte. Viele dieser Institutionen wurde entweder geschlossen, in ihrem Personalstand reduziert oder langwierigen Evaluierungen durch jene „Besserwessis" unterworfen, die in der Wiedervereinigung eine wohlfeile Chance sahen, in höher dotierte Stellen aufzurücken, indem sie im akademischen und zum Teil auch kulturellen Sektor eine breite Schicht jener älteren „Ossis", denen eine allzu enge „Staatsverbundenheit" vorgeworfen wurde, einfach vor die Tür setzten.

Weite Kreise der DDR-Intellektuellen und -Kulturschaffenden mussten demzufolge plötzlich mit ansehen, wie viele ihrer früheren Kulturfunktionäre und -funktionärinnen in Frühpension geschickt oder entlassen wurden, wie die älteren VEB-Verlage eingingen oder von bundesrepublikanischen Medien-Holding-Gesellschaften übernommen wurden, wie überall Werbeplakate für unter kapitalistischen Verhältnissen hergestellte Konsumprodukte auftauchten, wie sämtliche DDR-Bücher aus den noch existierenden Buchhandlungen verschwanden und gegen westliche Bücher eingetauscht wurden, wie fast alle DDR-Publikationen zu Zehntausenden auf irgendwelchen Müllhalden landeten, wie die Preise für Bücher, Schallplatten und Theaterkarten sprunghaft in die Höhe stiegen, wie an die Stelle der bisherigen Theater- und Opernleiter westliche Intendanten traten, wie die Professoren und Professorinnen in den Geistes- und Kulturwissenschaften weitgehend „abgewickelt" und ebenfalls durch „Wessis" ersetzt wurden, wie *Der Morgen,* die *BZ am Abend,* die *Neue Zeit,* die *Tribüne,* das *Bauern-Echo,* die *Nationalzeitung* und die *Wochenpost* zwischen 1990 und 1996 Konkurs anmelden mussten, wie viele der ehemaligen Kulturhäuser, Klubs, Kinos und Kleinbibliotheken geschlossen wurden und sich in ihnen zum Teil westliche Warenhandlungen ausbreiteten oder wie die älteren Rundfunk- oder Fernsehprogramme – mit Ausnahme des „Sandmännchens" – auf Nimmerwiedersehen im Dunkel der Vergangenheit verschwanden.

Auf diesen „Kahlschlag" reagierten all jene ehemaligen DDR-Intellektuellen und -Kulturschaffenden, die in der DDR – trotz aller Rückschläge – ihre Hoffnung bis zum November 1989 nicht aufgegeben hatten, dass sich der real existierende Sozialismus doch noch ins Kulturrevolutionäre verändern ließe, und die plötzlich – berechtigter- oder unberechtigterweise – als Stasi-Informanten angegriffen wurden, entweder mit einem erbitterten Rückzug in die Provinz oder mit endlosen La-

Das Kulturhaus des VEB-Elektrokohle-Werks in Berlin-Lichtenberg (1949) wurde nach der Wende in ein Geschäft für Teppichböden umgewandelt. Wie hier verdrängten Konsumprodukte aus dem Westen größtenteils die Kulturangebote der DDR.

mentationen über die Ungerechtigkeit der von den bundesrepublikanischen Evaluierungskommissionen durchgeführten „Aussäuberun-
gen". Obwohl die meisten dieser Abgewickelten aufgrund ihrer marxistischen Vorbildung an sich gelernt hatten, wie wichtig gravierende
Veränderungen der ökonomischen Basis auch für den intellektuellen
und kulturellen Überbau sind, war ihnen trotzdem nicht voll bewusst
gewesen, dass mit der Zerschlagung vieler Industrieanlagen in der
DDR die sozioökonomischen und kulturellen Folgen derart schwerwie-
gend sein würden. Manche hatten auf sozialistische Vollbeschäftigung
und KaDeWe gehofft und sahen sich plötzlich mit kapitalistischer
Arbeitslosigkeit und Aldi konfrontiert. Ähnliche Enttäuschungen erlebten sie im Bereich der ideologischen und mentalitätsgeschichtlichen
Wandlungen. Während bei dieser „Wende" in anderen Ostblockländern, wie in Polen und der Tschechischen Republik, nach der Beseitigung des kommunistischen Systems wenigstens die nationale Identität erhalten blieb, verlor die DDR, nachdem sie den Anspruch aufgegeben hatte, das „andere, bessere Deutschland" zu sein, selbst diesen für
eine Weiterexistenz bitter erforderlichen Rettungsanker. Deshalb wurde sie schließlich relativ sang- und klanglos in Form von fünf „neuen
Bundesländern" in die ehemalige Bundesrepublik eingegliedert.

Diese Entwicklung stellte fast alle Künstler und Künstlerinnen in
den neuen Bundesländern vor die Entscheidung, ihre ehemals poli-
tisch-engagierte Haltung entweder zu Ungunsten eines Untertauchens
im Massenmedial-Unterhaltsamen der alt-neuen bundesrepublikanischen Kulturindustrie oder zu Ungunsten eines Rückzugs ins Kultu-
rell-Randständige westlicher Provenienz aufzugeben. Während manche
hierin lediglich eine Fortsetzung der bereits in den späten siebziger
und frühen achtziger Jahren in der DDR eingetretenen „Liberalisie-
rung" sahen, gerieten andere dadurch in eine tiefe Gewissenskrise.
Aufgewachsen in einem System, in dem die Ernsten oder E-Künste als
Vehikel der Volksbildung auf dem von Johannes R. Becher verkündeten
Weg zu der „einen großen, gebildeten Nation" eine hohe staatliche
Priorität besaßen, waren diese „anderen" lange Zeit von dem Glauben
ausgegangen, mit ihren Werken einen mitbestimmenden Einfluss auf
die politische oder zumindest kulturelle Bewusstseinserhellung der
restlichen Bevölkerung ausüben zu können. Und diese Überzeugung,
nämlich im Dienst einer höheren, in den Bereich der politischen Ideo-
logiebildung ausgreifenden Idee zu stehen, hatte ihnen ein beachtliches Selbstwertgefühl gegeben, das sich im Jahr 1989, als Anfang No-

vember der große Erdrutsch erfolgte, mit einem Mal in ein Nichts auflöste.

Selbst jene Künstler und Künstlerinnen, die sich bis dahin als Send-
boten eines kulturrevolutionären Sozialismus vorgekommen waren,
galten plötzlich mehrheitlich als hoffnungslos veraltete Stalinisten
oder Betonköpfe. Und viele Journalisten im Osten weinten dieser Gruppe keine Träne nach. Voller Trotz erklärten daher die Besten unter diesen zutiefst Enttäuschten im Laufe der neunziger Jahre immer wieder:
„Wir sind zwar ohne Illusionen, aber nicht ohne Erinnerungen an unsere Träume." Solche Äußerungen wurden ihnen zwar in den Medien
der neuen Bundesrepublik mit einem hämischen Unterton als „unein-
sichtige Ostalgie" verübelt, hielt sie aber nicht davon ab, dem Westen
weiterhin mit einer gewissen Skepsis gegenüberzustehen. Doch neben

Wolfgang Mattheuer:
Angekommen (1990).
Auf diesem Linol-
schnitt wird die Reka-
pitalisierung der DDR
vornehmlich durch
die vielen Reklame-
schilder symbolisiert,
die plötzlich überall
auftauchten.

dieser Schicht, zu der im Literaturbetrieb unter anderem Volker Braun, Christoph Hein, Werner Mittenzwei, Ernst Schumacher und Christa Wolf gehörten, gab es auch die Anpassungsbereiten, mit anderen Worten: die sich ideologisch umorientierenden Mitläufer oder Wendehälse, welche nach der Wiedervereinigung in ihren Werken entweder sofort auf den Kurs der westlichen Moderne, Postmoderne oder gar Post-Postmoderne einschwenkten bzw. sich um einen Anschluss an die weit verzweigte Medienindustrie in den alten oder auch neuen Bundesländern bemühten. Und in beiden dieser Bereiche wurden sie, falls sie es nicht an den erforderlichen Unbedenklichkeitsbescheinigungen oder Reuebekenntnissen fehlen ließen, mehr oder minder wohlwollend begrüßt.

Zugegeben, solche Manöver gingen manchmal nicht ohne den auf diesem Parkett üblichen Futterneid ab. Aber aufs Große und Ganze gesehen klappte der ästhetische Schulterschluss zwischen den anpassungsbereiten Ossis und den systemintegrierten Wessis innerhalb der verschiedenen Kunst- und Kulturbranchen erstaunlich schnell. Die Anspruchslosen oder Resignierten unter den Neuankömmlingen tauchten in der Anonymität der großen Medienkonzerne, Werbeagenturen, Verlagshäuser, Zeitungsredaktionen, Fachhochschulen, Museen, Kulturverwaltungen, Sendeanstalten oder ähnlicher Institutionen unter, die anderen reihten sich in die wesentlich kleinere Gruppe jener ein, welche sich unter den Bedingungen des marktwirtschaftlichen Prinzips von Angebot und Nachfrage als sogenannte Freischaffende durchzuschlagen versuchten. Das Brot der letzteren Gruppe war zwar hart, gab ihnen aber – wie ihren westlichen Kollegen und Kolleginnen – ein neues künstlerisches Selbstwertgefühl, und zwar selbst dann, wenn dieses lediglich auf einer gesellschaftlichen Vogelfreiheit beruhte, die kaum irgendwelche direkten Eingriffsmöglichkeiten in das politische oder soziokulturelle Leben bot.

Schließlich war diesseits des „Eisernen Vorhangs" – nach dem Abflauen der linksliberalen Achtundsechzigerbewegung und der damit verbundenen ideologischen Abwertung aller gesellschaftsverändernden Konzepte – seit den späten siebziger Jahren in den höheren Regionen des Kulturbetriebs wieder der altbewährte Fetisch der ästhetischen Autonomie aufgerichtet worden. Wie in fast allen nachrebellischen Zeiten hatte darum nach diesem Zeitpunkt in der alten Bundesrepublik in vielen Künsten eine Hoch-Zeit formalästhetischer Theoriebildungen eingesetzt. Begriffe wie „politisch", „gesellschaftskritisch" oder „ideologisch" wurden demzufolge in Westdeutschland schon zwischen 1975 und 1989 in den Feuilletons affirmativ eingestellter Zeitungen zusehends zu Negativvokabeln, deren sich die sogenannten Neoliberalen stets dann bedienten, wenn es galt, die weithin als „autonom" angepriesenen höheren Künste gegen alle „Entwürdigungen" ins Empirisch-Realistische und damit Gesellschaftlich-Konkrete in Schutz zu nehmen. Im Zuge dieser Entwicklung verbreitete sich überall die These, dass man „die Kunst endlich aus dem Zeugenstand entlassen" solle. Ihre Aufgabe sei nicht, wie es hieß, mit kritischer oder gar polemischer Absicht ins politische Leben eingreifen zu wollen, sondern sich auf ihr ureigenstes Anliegen, nämlich eine nichtbegriffliche, ästhetische Erfassung der Welt zu konzentrieren.

Als die Berliner Mauer fiel, brauchten daher viele der westdeutschen Kulturtheoretiker und -theoretikerinnen ihren ideologischen Kurs gar nicht zu ändern, sondern ihm lediglich eine aktuellere Note zu geben. Wer also nach diesem Zeitpunkt, ob nun unter den Künstlern oder Künstlerinnen der alten Bundesrepublik oder ihren Kollegen und Kolleginnen in den neuen Bundesländern, weiterhin mit dem Anspruch auftrat, sich an der politischen Meinungsbildung beteiligen zu wollen, wurde in führenden Blättern wie der *Frankfurter Allgemeinen Zeitung*, dem *Spiegel* oder der *Welt* wegen seiner „Gesinnungsästhetik" fast durchgehend als vom postideologischen Zeitgeist längst „überholt" hingestellt. Besonders scharf wandten sich solche Kritiker gegen das schon durch seinen Titel provozierende Buch *Was bleibt?* (1990) von Christa Wolf. Selbst der bis dahin viel gelobte Hans Mayer musste sich wegen der in seinem Traktat *Der Turm von Babel. Erinnerung an eine Deutsche Demokratische Republik* (1993) relativ positiv dargestellten Kulturkonzepte Johannes R. Bechers viel Kritik gefallen lassen, da solche Vorstellungen lediglich eine minderwertige „Auftragskunst" gezeitigt hätten. Ebenso unbarmherzig wurde der Roman *Ein weites Feld* (1995) von Günter Grass verrissen, der sich gegen die Auswirkungen der im Sinne des Westens erfolgten Wiedervereinigung wandte. Umso mehr sagten den westlichen Literaturkritikern und -kritikerinnen Werke von ehemaligen Ossis wie *Helden wie wir* (1995) von Thomas Brussig oder *Simple Stories* (1998) von Ingo Schulze zu, die sich mit dem nicht mehr rückgängig zu machenden „Anschluss" der DDR an die ehemalige Bundesrepublik auf eine groteske oder zynisch-witzige Weise abzufinden suchten. Noch besser gefiel solchen Feuilletonisten und Feuilletonistinnen selbstverständlich alles, was sich in den „hohen"

Künsten von vornherein aus sämtlichen politischen oder sozioökonomischen Fragestellungen heraushielt und sich entweder in die weiterhin offen gehaltenen Intelligenzghettos zurückzog oder sich auf eine unkritische Darstellung der durch die „Neue Weltordnung" vorgegebenen neoliberalen Verhältnisse beschränkte. Bewusst oder unbewusst, unterstützten sie damit die von US-amerikanischen Theoretikern wie Francis Fukuyama 1990 ausgegebene Parole vom „Ende der Geschichte" sowie jene französischen Posthistoire-Vorstellungen, die nach dem Ende des Kalten Krieges den endgültigen Triumph des marktwirtschaftlichen Systems über den Sozialismus unterstreichen sollten.

Was für Folgen das für die höheren Künste hatte, zeichnete sich nur allzu schnell ab. Durch den Verlust irgendwelcher Alternativkonzepte politischer oder

Titelblatt des *Spiegel* vom 21. August 1995. Der Literaturkritiker Marcel Reich-Ranicki „verreißt" den eben erschienenen Roman *Ein weites Feld* von Günter Grass, der an der allzu schnell vollzogenen Wiedervereinigung Kritik übte.

gesellschaftskritischer Art wurden die verschiedenen Genres derartiger Kunstformen im Laufe der neunziger Jahre noch stärker als zuvor ins Randständige abgedrängt und versuchten, die an ihnen interessierten Bevölkerungsschichten fast nur noch durch sensationell gemeinte Überraschungs- oder Stolpereffekte auf sich aufmerksam zu machen. Ob nun in postmodernen E-Musik-Werken, dekonstruktivistischen Architekturen, konzeptartigen Konstellationen, bildkünstlerischen Pastiche-Produkten, musikalischen Palimpsesten, hyperreflexiven Lyrik-Erzeugnissen, intertextuellen Prosatexten oder auch das Pornografische nicht scheuenden Regieexperimenten auf den Opern- und Theaterbühnen: In allem bemühte sich diese Kunst um ein zur Mode erklärtes „Anderssein", das kaum noch irgendwelche gesellschaftsbezogenen oder gar systemkritischen Elemente mehr enthielt. Und damit unterstellten sich diese neu-alten, sich als „postmodernistisch" ausgebenden Kunstformen – wissend oder unwissend – weitgehend dem von den systemimmanenten Feuilletonkritikern und -kritikerinnen dieser Richtung geforderten Erwartungen: Sie waren auf eine elitäre Weise preziös-verspielt, sexuell-provokant, melancholisch-outriert oder bewusst unverständlich, das heißt bewiesen durch ihre bloße Existenz, dass es zwar noch Reste einer anspruchsvollen E-Kunst gab, die sich aber vom allgemeinen Kulturbetrieb als Spielarten einer kaum beachteten Teilkultur abgespalten hatten. Genau besehen, interessierten viele Werke dieser Richtung bloß noch jene sich als „avantgardistisch" dünkenden Schichten, die sich im ästhetischen Supermarkt der neunziger Jahre in irgendeiner Feinschmeckernische mit der nur für sie bestimmten Gourmetkost bedienten, während sie den von ihnen als „Dummies" Bezeichneten das weiträumige Bargain Basement bzw. die Rotstift- oder Billigwaren-Abteilungen überließen. Eine gesellschaftlich „eingreifende" Funktion hatte fast keines dieser E-Kunst-Werke mehr. Aber gerade darum waren sie für die bundesrepublikanischen Meinungsträgerschichten weiterhin wichtig, weil sie selbst Teile jener gebildeten Bürger und Bürgerinnen, die an sich über ein aufklärerisches Potenzial verfügten und sich lange Zeit für das Habermas'sche „Projekt der Moderne" eingesetzt hatten, in ein sozialabgewandtes Abseits lockten, wo ihre Theoriebildungen wie auch die von ihnen geschätzten ästhetischen Erzeugnisse von den sogenannten breiten Massen überhaupt nicht mehr wahrgenommen wurden. So gesehen, erfüllte die Kunst dieser „Konformisten des Andersseins", wie sie Norbert Bolz zutreffenderweise nannte, letztlich doch eine nicht zu unterschätzende kulturpolitische Funktion.

Die notwendige Folge dieses angeblichen Nonkonformismus im ideologischen Hohlraum postmoderner, poststrukturalistischer, posthumanistischer sowie anderer „postischer" bzw. „postistischer" Überlegungen war ein weitgehender Verzicht auf das, was in einer Reihe früherer E-Kunst-Bewegungen, ob nun in der ehemaligen Bundesrepublik oder der DDR, einmal mit dem Anspruch des Reformfreudigen oder gar Systemkritischen aufgetreten war. Damit verglichen, hat sich selbst der in diesem Umkreis so häufig apostrophierte „Pluralismus" nicht als ein positiver Ansatzpunkt zu einer neuen Gesellschafts- oder Kunsttheorie erwiesen. Im Gegenteil, durch die ständige Berufung auf die scheinbar differenzierende Wirkung der für alle Menschen maßgeblichen Political-Correctness-Vorstellungen, die vornehmlich ichbezogene, gruppenspezifische oder minderheitenorientierte Konzepte herausstellten, musste es nicht allein in den politischen Ideologiebildungen, sondern auch innerhalb der sich als modisch-exquisit dünkenden E-Künste notwendig zu einem Abbau fast aller ins Gesamtkulturelle tendierenden Kriterien kommen. Daher verpufften im Bereich des Ästhetischen seit 1980 in der alten Bundesrepublik und dann noch verstärkt seit 1990 in der neuen Bundesrepublik viele jener ironisch-verspielten, hochmütig-distanzierten oder blasiert-melancholischen Kunstformen postmodernistischer oder gar post-postmodernistischer Art à la Peter Handke, Mauricio Kagel, Matthias Pintscher, Christoph Ransmayr, Wolfgang Rihm, Dieter Schnebel, Patrick Süskind, Wim Wenders und ähnlich eingestellter Künstler, die sich gerade aufgrund ihrer individuellen Selbstreflexivität mit dem Anschein einer demokratisch-pluralistischen Einstellung umgaben, nur allzu leicht im Gesellschaftlich-Unverbindlichen oder gar Asozialen.

So viel im Hinblick auf die zunehmende Randständigkeit der ehemals als Nachfolgeerscheinungen der älteren Klassik oder auch der Klassischen Moderne angesehenen E-Künste. Vor allem auf dem Gebiet der als anspruchsvoll hingestellten Musikformen gab es nach 1989 kaum noch Werke, die ein breiteres Interesse auf sich ziehen konnten. Dies war die Musik, die schon in den siebziger und achtziger Jahren fast niemand mehr hören wollte, nachdem sie in den fünfziger Jahren wegen ihrer „massenabgewandten Atonalität" in der ehemaligen Bundesrepublik als Ausdruck „westlicher Freiheit" eine kurze Nachblüte erlebt hatte. Und auch die bildenden Künste führten in ihren gegenstandslosen oder zur Abstraktion neigenden Formen in den letzten 20 Jahren nur noch eine nebenkulturelle Existenz. Ähnliches gilt für den „Neuen deutschen Film", dem trotz beachtlicher Werke von Rainer Werner Fassbinder, Alexander Kluge und Volker Schlöndorff in den sechziger und siebziger Jahren nicht der erhoffte große Durchbruch gelang und der nach 1980 wieder weitgehend in Vergessenheit geriet. Lediglich einige anspruchsvollere Romane, wie *Der Vorleser* (1995) von Bernhard Schlink oder *Austerlitz* (2001) von Winfried Georg Sebald, wurden noch von Zeit zu Zeit auch in den für ein breiteres Publikum gedachten Medien diskutiert, wobei vor allem die Bestsellerlisten des *Spiegel*, die Feuilletons der großen Tageszeitungen oder die Sendung *Das literarische Quartett* mit Marcel Reich-Ranicki eine wichtige Rolle spielten. Doch selbst in diesem Bereich, wo sich früher noch die meisten gesellschaftskritischen Aktivitäten geäußert hatten, wurde es in der alten Bundesrepublik der achtziger und dann verstärkt in der neuen Bundesrepublik der neunziger Jahre wesentlich stiller. Jedenfalls kam es nirgends zu irgendwelchen „avantgardistischen" Tendenzen oder gar neuen rebellischen Gruppenbildungen, die, wie die ältere

Gruppe 47, eine größere Aufmerksamkeit auf sich gezogen hätten. Von jetzt an war fast jeder Kulturschaffende nur noch seine eigene „Ich-AG", dessen Wertschätzung weitgehend von dem jeweiligen Börsenstand seiner Werke abhing.

Die Berliner Republik

Nicht einmal die im Jahr 1991 vom Bundestag beschlossene und von vielen Deutschen begrüßte Verlagerung des Regierungssitzes aus dem provinziellen Bonn in die Großstadt Berlin brachte in dieser Hinsicht bemerkenswerte Änderungen mit sich. Berlin ist zwar seitdem ein wichtiger Anziehungspunkt für einen gesteigerten Massentourismus geworden, aber kulturell hat sich das kaum ausgewirkt. Jedenfalls sind aufgrund dieser Wandlungen im bundesrepublikanischen Kulturleben keine neuen „demokratisierenden" Impulse entstanden. Wer erwartet hatte, dass durch diesen Umzug eine Reihe gesamtgesellschaftlicher Wertvorstellungen, ob nun im Bereich der sozialen Gerechtigkeit oder des allgemeinen Bildungsbewusstseins, einen neuen Auftrieb erhalten würden, sah sich schnell getäuscht. Der hektisch angekurbelte Massentourismus galt zwar auch den Berliner Museen, vor allem dem imposanten Pergamonaltar und dem Jüdischen Museum von Daniel Libeskind, aber letztlich waren es vornehmlich die in allen Massenmedien herausgestellten neuen „Superbauten" auf dem Potsdamer Platz oder die überdimensionale Glaskuppel des restaurierten Reichstagsgebäudes, welche die Touristen und Touristinnen sowie viele Schulklassen als die wichtigsten Highlights anzogen. Was die meisten dieser Menschen mit „Berlin" verbanden, waren also nicht irgendwelche neuen Demokratiekonzepte in politischer oder kultureller Hinsicht, sondern eher das Schaulusterregende, Profitträchtige oder Spektakuläre der neuen Entertainment- oder Eventkultur: die Fülle der Glaspaläste, die Einkaufspassagen in der Friedrichstraße, die Life-Style-Plakate, die Souvenirläden, die Dampferfahrten auf der Spree, das Delikatessenstockwerk im KaDeWe, die spektakulären Erotikmessen und die in den neunziger Jahren jeden Sommer von Hunderttausenden besuchte Love Parade im Tiergarten.

Infolgedessen änderte sich auch in der sogenannten Berliner Republik an den bisher im Westen bestehenden und nach 1989 auch auf den Osten übergreifenden Kulturvorstellungen nicht viel. Die „höheren

Künste", die lange Zeit als die wichtigsten Ausdrucksformen der deutschen Kultur gegolten hatten, traten in der Folgezeit immer stärker in den Hintergrund. Gewiss, sie waren auch früher nur die Kultur einer verschwindend kleinen Minderheit gewesen, aber diese Minderheit hatte sich bis ins frühe 20. Jahrhundert – zumindest in ihren anspruchsvolleren Vertretern und Vertreterinnen – als die für die deutsche Kultur verantwortliche Gesellschaftsschicht gefühlt und sich bemüht, den anderen Klassen – erst unter bürgerlichem und dann unter sozialistischem Vorzeichen – ein Vorbild auf dem Wege zu der „einen großen, gebildeten Nation" zu sein. Diese Schicht hatte daher in der hohen Kultur – neben ihrem Prestige verheißenden Glanz – vor allem eine humanisierende Bildungsinstitution im Sinne der von Schiller proklamierten „ästhetischen Erziehung" gesehen. Dementsprechend waren selbst die Kulturverantwortlichen innerhalb der DDR-Führungs-

spitze im Gefolge solcher Traditionen lange Zeit vornehmlich als Verfechter des „Klassischen Erbes" aufgetreten. Auch die ehemalige Bundesrepublik hatte sich trotz ihrer auf dem Prinzip von Angebot und Nachfrage beruhenden marktwirtschaftlichen Ordnung bis in die siebziger Jahre als „Kulturstaat" ausgegeben und aufgrund dieser Einstellung die einzelnen Länder und Kommunen angehalten, sowohl die Pflege der älteren Kunst als auch der Klassischen Moderne zu unterstützen, die sonst – schon damals – relativ schnell dem übermächtigen Andrang der massenmedialen Produkte der Freizeitindustrie zum Opfer gefallen wären.

Innenansicht der neuen Kuppel des Reichstagsgebäudes von Sir Norman Forster. Die Glaskonstruktion soll die Transparenz der politischen Vorgänge symbolisieren und ist inzwischen zu einer touristischen Hauptattraktion für Berlin-Besucher geworden.

Solche Vorstellungen traten jedoch in den achtziger Jahren und dann verstärkt während der sogenannten Wendeära zusehends in den Hintergrund. Sogar die kulturpolitisch orientierten Wertekommissionen der verschiedenen Parteien verloren nach diesem Zeitpunkt an Bedeutung. Ja, als die CDU/CSU um die Jahrhundertwende noch einmal einen verqueren Vorstoß in dieser Richtung unternahm, indem sie im Hinblick auf die angeblich immer „bedrohlicher" werdende Zunahme der Ausländer in Deutschland, vor allem der moslemisch gesinnten Türken unter ihnen, das Konzept einer christlich-deutschen „Leitkultur" beschwor, wurde das selbst in den meisten konservativ eingestellten Medien lediglich belächelt. Dazu war inzwischen die Macht der konzerngesteuerten Unterhaltungsindustrie, deren Interesse nur noch den leicht absetzbaren Massenmedienprodukten galt und die deshalb allem „Höheren" zusehends aus dem Wege ging, bereits zu groß geworden. Sie propagierte seitdem lieber das, was aus den Vereinigten Staaten importiert wurde oder die Profit versprechenden US-amerikanischen Vorbilder – wie die Fernsehshow „Wer wird Millionär?" – so getreu wie nur möglich imitierte.

Obwohl sich also die Bundesrepublik Deutschland in diesem Zeitraum – jedenfalls im Vergleich zu anderen westlichen Demokratien – im Hinblick auf die beeindruckende Zahl ihrer Theater, Opernhäuser, Museen, Archive, Weltkulturstätten, Klassikprogramme der öffentlich-rechtlichen Rundfunkanstalten sowie der Film- und Theateraufführungen in Fernsehkanälen wie arte und 3sat weiterhin als „Kulturstaat" präsentierte, ging dessen ungeachtet selbst das Interesse der gebildeten oder finanziell besser gestellten Bevölkerungsschichten an den „höheren Künsten" noch um weitere Prozentsätze zurück. Trotz der steigenden Zahl von Hochschulabsolventen und -absolventinnen verlagerte sich auch in diesem Land, wie in allen anderen hoch industrialisierten Staaten, das Verständnis von dem, worin sich „Kultur" manifestiere, von den E-Künsten mehr und mehr auf die pop- oder lebenskulturellen Bereiche. Meinungsbefragungen zufolge nahmen infolgedessen die Bildungs- und Kulturaktivitäten im früheren Sinne zusehends ab, während das Interesse an Sport, Reisen, Auswärtsessen, Kochrezepten, Weinsorten, Diätkuren, Körperpflege, Single-Bars, Kneipenbesuchen, Rockmusik, Diskos und Fernsehen merklich anstieg.

Dementsprechend tauchten im Zuge der großen Werbekampagnen der Konsumgüterindustrie immer häufiger Vokabeln wie Reisekultur, Wohnkultur, Esskultur, ja selbst Badezimmerkultur oder Fitnesscenterkultur auf, die mit den älteren Kulturvorstellungen nur wenig gemeinsam hatten. Selbst im Umgang mit seit langem etablierten Kulturinstitutionen traten ähnlich geartete Veränderungen ein. So war zwar der Besuch von Stätten dieser Art aufgrund der steigenden Mobilitäts- und Unterhaltungsbedürfnisse breiter Bevölkerungsschichten noch immer erstaunlich groß, verlagerte sich jedoch auch hier zusehends aus dem Hochkulturellen ins Lebenskulturelle. So zogen etwa in diesem Zeitraum die Heimat-, Naturkunde- oder Technikmuseen wesentlich mehr Menschen an als die Kunstmuseen. Und selbst in den Gemäldegalerien erfreuten sich die dortigen Restaurants oder Museumsshops oft eines größeren Andrangs als die Kunstwerke. In den Buchhandlungen ließen sich im Zuge dieser Entwicklung eher Reiseführer, Krimis, Gesundheitsanleitungen, Jahreshoroskope, Kalender, Bücher mit Aktfotografien oder Naturdarstellungen als anspruchsvolle Romane, geschweige denn Dramen- oder Lyrikbände absetzen. Im Musikkonsum schoben sich immer eindeutiger die Oldies, die Schlager, die verschiedenen Ausprägungen der Rock- und Popmusik sowie die Musik der volkstümlichen Blaskapellen in den Vordergrund. Im Fernsehen überwog – durch die Zunahme der Privatkanäle – der mit vielen Werbespots durchsetzte, weitgehend aus den USA importierte Unterhaltungsteil noch stärker als zuvor die in Deutschland produzierten Bildungs- und Kultursendungen. In vielen Theatern und Opernhäusern machte sich ein Regiestil breit, bei dem vornehmlich das Sensationell-Schockierende, Körperbetonte, ja zum Teil Pornografische und damit weitgehend Entpolitisierte im Vordergrund stand, um so dem Schwund der Besucherzahlen entgegenzuwirken, der in manchen Städten eine von den älteren Kulturträgern beklagte Schließung einzelner Theater nach sich zog. Deshalb wollten gegen Ende der neunziger Jahre, als die allgemeine ökonomische Krise begann, die Haushaltsgremien der einzelnen Länder und Kommunen für Kulturausgaben nicht mehr als ein Prozent des Gesamtbudgets ausgeben.

Weitaus den größten Teil aller kulturellen Angebote offerierten demzufolge in der Nachwendezeit die weit verzweigten Branchen der vornehmlich unter kommerziellen Gesichtspunkten operierenden Unterhaltungsindustrie. Und zwar ließen sich von diesen Angeboten fast alle Bevölkerungsschichten ansprechen, wenn nicht gar betören. Während in den fünfziger bis siebziger Jahren in der DDR wie auch der ehemaligen Bundesrepublik das offizielle oder offiziöse Kulturkonzept – unter leitender Anteilnahme der Intellektuellen – noch weitgehend an den höheren Künsten orientiert war, verzichteten in den achtziger und neunziger Jahren selbst viele Akademiker und Akademikerinnen auf ihren älteren Bildungsanspruch und gaben sich in ihrer Freizeit den gleichen „Wonnen der Gewöhnlichkeit" hin, wie sie von der profitorientierten Unterhaltungsindustrie für die sogenannten breiten Massen inszeniert wurden. Sowohl die sozialistischen Hochkulturkonzepte eines Kommunisten wie Johannes R. Becher als auch die subjektbezogenen Hochkulturkonzepte eines elitären Frankfurtisten wie Theodor W. Adorno wurden daher nach 1989 nur noch von Einzelgängern vertreten. Selbst die Postmoderne, die in den achtziger Jahren von manchen westdeutschen Kulturtheoretikern und -theoretikerinnen vorübergehend als neue „Kulturformation" angepriesen wurde, galt deshalb bei Anbruch des neuen Millenniums in denselben Kreisen schon wieder als hoffnungslos veraltet.

Was sich statt dessen in den neunziger Jahren durchsetzte, war eine allerorten propagierte Lebenskultur, in der die höher gearteten Kunstformen der Vergangenheit, und zwar gleichviel welcher Art, nur noch eine sekundäre Rolle spielten. Der alte Wunschtraum, der sich auf die Formel „Kultur ist, wie der ganze Mensch lebt" stützte, schien sich zu diesem Zeitpunkt, wenn auch auf eine bedauerlich depravierte Weise, endlich zu erfüllen. Was jetzt als „erweiterte Kultur" angesehen wurde, war jene flächendeckende Unterhaltungs- und Eventkultur, innerhalb deren das Hören von Popmusik, der Besuch eines Wellness Center, ir-

Bunt gekleidete Raver tanzen auf einem Wagen im Berliner Tiergartenviertel. Zur Love Parade kamen in den späten neunziger Jahren manchmal bis zu eineinhalb Millionen Menschen nach Berlin.

gendwelche Computer-Spiele, die Centerfolds im *Playboy*, das Zuschauervergnügen bei Sportsendungen im Fernsehen, ein Einkaufsbummel am Wochenende, der Spaß an verrückten Werbeplakaten, ein Blockbuster-Film im CinemaxX, ein Porno-Thriller oder eine viel gepriesene Theaterinszenierung mit besonders schockierenden Regieeinfällen à la Frank Castorf weitgehend auf der gleichen Ebene lag. Bei fast all diesen Phänomenen überwog das Akustische oder Visuelle meist alle literarisch-begrifflichen, analytischen oder gar gesellschaftskritischen Elemente, was eine wesentlich schnellere, weil durch keine textlichen Barrieren oder gedanklichen Reflexionsbemühungen unterbrochene Rezeption erlaubte. Hochkulturell orientierte Kritiker, wie die US-Amerikaner Neil Postman oder Morris Berman, versuchten daher in ihren Schriften diese popkulturelle Eindimensionalität mit dem Slogan „Wir amüsieren uns zu Tode" der Lächerlichkeit preiszugeben, weil sie in einer solchen Spaßkultur, die völlig im Zeichen des Fit-for-Fun-Prinzips zu stehen schien, den seit langem vorhergesagten „Untergang der westlichen Kultur" sahen.

Allerdings verhallten ihre Proteste zum größten Teil ungehört. Meist riefen derartige Einsprüche lediglich jene defensiv eingestellten Journalisten und Journalistinnen auf den Plan, die – im Gegenzug zu allen kulturpessimistischen Stimmen – in der freizeitlichen Betriebsamkeit der neunziger Jahre eine wahrhaft „demokratisch-pluralistische" Kultur erblickten, die allen Menschen das ihnen Gemäße erlaube. Aber wurde nicht damit das Prinzip des Demokratischen lediglich mit dem Prinzip des Konsumistischen gleichgesetzt? Eher systemkritisch orientierte Intellektuelle, wie Hermann Glaser, Jürgen Habermas, Wolfgang Fritz Haug oder Hans Heinz Holz, erklärten deshalb in aller Entschiedenheit, dass diese Ichzentriertheit lediglich eine marktgängige Form des allgemein dominierenden Einkaufs- und Verbrauchsegoismus sei, der in jeder auf dem Konkurrenzprinzip beruhenden Warengesellschaft herrsche. Und selbst wenn es einen solchen „Pluralismus" gebe, fragten sie, was sei denn daran so positiv? Würde eine solche Einstellung nicht notwendigerweise in einen ideologischen Relativismus münden, mit dem die Herren des Marktes jede Form einer dringend erforderlichen Solidarität unter den von ihnen Beherrschten zu verhindern suchten?

Was solche Kritiker daher forderten, war eine „Neue Aufklärung", um sich so der Gefahr eines konzerngesteuerten Neofeudalismus oder oligarchischen Faschismus entgegenzustemmen. Und sie kamen sich dabei in ihren Hoffnungen gar nicht so unrealistisch vor. Schließlich waren 1996 in Deutschland 76 Prozent der Bevölkerung, laut Meinungsumfragen, keineswegs davon überzeugt, in einer sozial gerechten und damit wahrhaft demokratischen Staatsordnung, sondern in einer skrupellosen „Ellenbogengesellschaft" zu leben. Ja, 82 Prozent behaupteten, dass die meisten Menschen immer egoistischer würden, weil ihnen weder die Parteien noch einzelne Kulturschaffende oder Manager der Kulturindustrie irgendwelche Vorstellungen einer anderen, besseren Zukunft anböten. Solche Negativzahlen wirken deprimierend, weisen aber zugleich auf ein ideologisches Potenzial hin, in dem möglicherweise eine der größten Zukunftshoffnungen steckt.

Literatur

Da die Sekundärliteratur zur Geschichte der deutschen Kultur im 20. Jahrhundert kaum noch zu übersehen ist, werden im Folgenden nur einige der wichtigsten Monografien zu den in diesem Buch behandelten Themenumkreisen angeführt. Um den Charakter einer knapp gefassten „Einführung" zu wahren, wurde obendrein auf Fußnoten und einen damit verbundenen Anmerkungsteil verzichtet.

Erste Anregungen zu einzelnen Abschnitten einer Kulturgeschichte des wilhelminischen Zeitalters empfing ich in den späten fünfziger Jahren durch den Kunsthistoriker Richard Hamann, der jedoch 1961 starb, so dass ich die Bände *Stilkunst um 1900* (1967) und *Expressionismus* (1975), die ursprünglich als Gemeinschaftswerke geplant waren, allein schreiben musste. Aus dem Buch *Die Kultur der Weimarer Republik* (1978), das ich in freundschaftlicher Kooperation mit Frank Trommler verfasste, habe ich lediglich einige Ideen aus den von mir konzipierten Abschnitten in den vorliegenden Band aufgenommen.

Für die Hilfe bei der Computerisierung meines Manuskripts bin ich Matthew Lange und Jürgen Schaupp, für die Unterstützung bei der Bildbeschaffung Caroline Reusch zu großem Dank verpflichtet.

Allgemeine Darstellungen

Hans Adler und Jost Hermand (Hrsg.): Concepts of Culture. New York, 1999.

Jan Berg, Hartmut Böhme und Walter Fähnders (Hrsg.): Sozialgeschichte der deutschen Literatur von 1918 bis zur Gegenwart. Frankfurt a. M., 1981.

Georg Bollenbeck: Bildung und Kultur. Glanz und Elend eines deutschen Deutungsmusters. Frankfurt a. M., 1994.

Ders.: Tradition, Avantgarde, Reaktion. Deutsche Kontroversen um die kulturelle Moderne. 1880–1945. Frankfurt a. M., 1999.

Helmut Brackert und Fritz Wefelmeyer (Hrsg.): Kultur. Bestimmungen im 20. Jahrhundert. Frankfurt a. M., 1990.

Geoff Eley (Hrsg.): Society, Culture, and the State in Germany. 1870–1930. Ann Arbor, 1996.

Walter Fähnders: Avantgarde und Moderne. 1890–1933. Stuttgart, 1998.

Hermann Glaser: Industriekultur und Alltagsleben. Vom Biedermeier zur Postmoderne. Frankfurt a. M., 1994.

Ders.: Kleine Kulturgeschichte Deutschlands im 20. Jahrhundert. München, 2002.

Reinhold Grimm und Jost Hermand (Hrsg.): High and Low Cultures: German Attempts at Mediation. Madison, 1984.

Hans Haferkamp (Hrsg.): Sozialstruktur und Kultur. Frankfurt a. M., 1990.

Werner Haftmann: Malerei im 20. Jahrhundert. München, 1954.

Arnold Hauser: Sozialgeschichte der Kunst und Literatur. Bd. 2. München, 1953.

Jutta Held und Norbert Schneider: Sozialgeschichte der Malerei. Köln, 1993.

Jost Hermand: Stile, Ismen, Etiketten. Zur Periodisierung der modernen Kunst. Wiesbaden, 1978.

Ders.: Avantgarde und Regression. 200 Jahre deutsche Kunst. Leipzig, 1995.

Ders.: Die deutschen Dichterbünde. Von den Meistersingern bis zum PEN-Club. Köln, 1998.

Max Hollein und Christoph Grunenberg: Shopping. Hundert Jahre Kunst und Konsum. Frankfurt a. M., 2002.

Hans Jürgen Koch und Hermann Glaser: Ganz Ohr. Eine Kulturgeschichte des Radios in Deutschland. Köln, 2004.

Jürgen Kuczynski: Geschichte des Alltags des deutschen Volkes, Bd. 4 u. 5. Berlin, 1982/83.

Kaspar Maase: Grenzenloses Vergnügen. Der Aufstieg der Massenkultur. 1850–1970. Frankfurt a. M., 1979.

Frank Trommler: Sozialistische Literatur in Deutschland. Ein historischer Überblick. Stuttgart 1976.

Paul Vogt: Geschichte der deutschen Malerei im 20. Jahrhundert. Köln, 1972.

Hans-Ulrich Wehler: Deutsche Gesellschaftsgeschichte, Bd. 4. Vom Beginn des Ersten Weltkriegs bis zur Gründung der beiden deutschen Staaten. 1914–1949. München, 2003.

Die letzte Phase des Zweiten Kaiserreichs

Kai Buchholz, Rita Latocha, Hilke Peckmann und Klaus Wolbert (Hrsg.): Die Lebensreform. Entwürfe zur Neugestaltung von Leben und Kunst um 1900. 2 Bde. Darmstadt, 2001.

Hermann Glaser: Die Kultur der Wilhelminischen Zeit. Topographie einer Epoche. Frankfurt a. M., 1984.

Richard Hamann und Jost Hermand: Deutsche Kunst und Kultur von der Gründerzeit bis zum Expressionismus, 5 Bde. Berlin, 1959–1975.

Hans Jürgen Hansen (Hrsg.): Das pompöse Zeitalter. Zwischen Biedermeier und Jugendstil. Kunst, Architektur und Kunsthandwerk in der zweiten Hälfte des 19. Jahrhunderts. Oldenburg, 1970.

Jost Hermand: Der Schein des schönen Lebens. Studien zur Jahrhundertwende. Frankfurt a. M., 1972.

Ders.: Jugendstil. Darmstadt, 1971.

Hans Kaufmann (Hrsg.): Geschichte der deutschen Literatur vom Ausgang des 19. Jahrhunderts bis 1917. Berlin, 1974.

Robin Lenman: Die Kunst, die Macht und das Geld. Zur Kulturgeschichte des kaiserlichen Deutschlands. 1871–1918. Frankfurt a. M., 1996.

Kaspar Maase und Wolfgang Kaschuba (Hrsg.): Schund und Schönheit. Populäre Kultur um 1900. Köln, 2001.

George L. Mosse: The Crisis of German Ideology: Intellectual Origins of the Third Reich. New York, 1964.

Harald Olbrich (Hrsg.): Geschichte der deutschen Kunst. 1890–1918. Leipzig, 1988.

Uwe Puschner, Walter Schmitz und Justus H. Ulbricht (Hrsg.): Handbuch zur „Völkischen Bewegung". 1871–1918. München, 1996.

Erich Ruprecht und Dieter Bänsch (Hrsg.): Literarische Manifeste der Jahrhundertwende. Stuttgart, 1970.

Günter Schade und Manfred Ohlsen (Hrsg.): Expressionisten. Die Avantgarde in Deutschland. 1905–1920. Berlin, 1986.

Jürgen Schutte und Peter Sprengel (Hrsg.): Die Berliner Moderne. 1885–1914. Stuttgart, 1987.

Robert Schmutzler: Art Nouveau – Jugendstil. Stuttgart, 1962.

Helmut Seling (Hrsg.): Jugendstil. Der Weg ins 20. Jahrhundert. Heidelberg, 1959.

Hans-Ulrich Simon: Sezessionismus. Kunstgewerbe in literarischer und bildender Kunst. Stuttgart, 1976.

Klaus Vondung: Das wilhelminische Bildungsbürgertum. Göttingen, 1976.

Hans-Ulrich Wehler: Das deutsche Kaiserreich, 1871–1918. Göttingen, 1973.

Peter Welker (Hrsg.): Die Berliner Moderne. Politik, Kultur und Kunst zwischen Konservativismus und Avantgarde. Berlin, 2002.

Die Weimarer Republik

Peter Gay: Die Republik der Außenseiter. Geist und Kultur in der Weimarer Zeit. 1918–1933. Frankfurt a. M., 1970.

Reinhold Grimm und Jost Hermand (Hrsg.): Die sogenannten zwanziger Jahre. Bad Homburg, 1970.

Jost Hermand und Frank Trommler: Die Kultur der Weimarer Republik. München, 1978.

Karin Hirdina: Pathos der Sachlichkeit. Tendenzen materialistischer Ästhetik in den zwanziger Jahren. Berlin, 1981.

Anton Kaes (Hrsg.): Weimarer Republik. Manifeste und Dokumente zur deutschen Literatur. 1918–1933. Stuttgart, 1983.

Hans Kaufmann (Hrsg.): Geschichte der deutschen Literatur von 1917–1945. Berlin, 1975.

Thomas W. Kniesche und Stephen Brockmann: Dancing on the Volcano: Essays on the Culture of the Weimar Republic. Columbia, S. C., 1994.

Thomas Koebner (Hrsg.): Weimars Ende. Prognosen und Diagnosen in der deutschen Literatur und Publizistik. Frankfurt a. M., 1982.

Reinhard Kühnl: Formen bürgerlicher Herrschaft. Liberalismus – Faschismus. Reinbek, 1971.

Walter Laqueur: Weimar. Die Kultur der Republik. Frankfurt a. M., 1976.

Helmut Lethen: Neue Sachlichkeit. 1924–1932. Studien zur Literatur des „Weißen Sozialismus". Stuttgart, 1970.

Sergiusz Michalski: Neue Sachlichkeit. Köln, 2003.

Armin Mohler: Die Konservative Revolution in Deuschland. 1918–1932. Stuttgart, 1950.

Joachim Müller: Deutsche Kulturstatistik. Jena, 1928.

Harald Olbrich (Hrsg.): Entwicklungsprobleme der proletarisch-revolutionären Kunst von 1917 bis zu den 30er Jahren. Berlin, 1977.

Ders. (Hrsg.): Geschichte der deutschen Kunst. 1918–1945. Leipzig, 1990.

Cornelius Partsch: Schräge Töne. Jazz und Unterhaltungsmusik in der Kultur der Weimarer Republik. Stuttgart, 2000.

Wolfgang Rothe (Hrsg.): Die deutsche Literatur der Weimarer Republik. Stuttgart, 1974.

Wieland Schmied: Neue Sachlichkeit und Magischer Realismus in Deutschland. 1918–1933. Hannover, 1969.

Uwe M. Schneede (Hrsg.): Die zwanziger Jahre. Manifeste und Dokumente deutscher Künstler. Köln, 1979.

Heribert Schröder: Tanz- und Unterhaltungsmusik in Deutschland. 1918–1933. Bonn, 1990.

Erich Steingräber (Hrsg.): Deutsche Kunst der 20er und 30er Jahre. München, 1979.

Dietrich Stern (Hrsg.): Angewandte Musik der 20er Jahre. Exemplarische Versuche gesellschaftsbezogener musikalischer Arbeit für Theater, Film, Massenveranstaltungen. Berlin, 1977.

John Willett: Explosionen der Mitte. Kunst und Politik 1917–1933. München, 1981.

Die Zeit des Nationalsozialismus und des Exils

Gerd Albrecht: Nationalsozialistische Filmpolitik. Stuttgart, 1969.

Helmut G. Asper: „Etwas Besseres als den Tod ...". Filmexil in Hollywood. Porträts, Filme, Dokumente. Marburg, 2002.

Klaus Backes: Hitler und die bildenden Künste. Kulturverständnis und Kunstpolitik im Dritten Reich. Köln, 1988.

Wolfgang Benz, Hermann Graml und Hermann Weiß: Enzyklopädie des Nationalsozialismus. Stuttgart, 1997.

Hildegard Brenner: Die Kunstpolitik des Nationalsozialismus. Reinbek, 1965.

Horst Denkler und Karl Prümm (Hrsg.): Die deutsche Literatur im Dritten Reich. Stuttgart, 1976.

Janos Frecot und Elisabeth Moortgat (Hrsg.): Zwischen Widerstand und Anpassung. Kunst in Deutschland. 1933–1945. Berlin, 1978.

Reinhold Grimm und Jost Hermand (Hrsg.): Exil und innere Emigration. Frankfurt a. M., 1972.

Dies. (Hrsg.): Faschismus und Avantgarde. Königstein, 1980.

Hanns-Werner Heister und Hans-Günter Klein (Hrsg.): Musik und Musikpolitik im faschistischen Deutschland. Frankfurt a. M., 1984.

Hanns-Werner Heister, Claudia Maurer Zenk und Peter Petersen: Musik im Exil. Frankfurt a. M., 1993.

Jost Hermand: Der alte Traum vom neuen Reich. Völkische Utopien und Nationalsozialismus. Frankfurt a. M., 1988.

Berthold Hinz: Die Malerei im deutschen Faschismus. Kunst und Konterrevolution. München, 1974.

Hilmar Hoffmann: „Und die Fahne führt uns in die Ewigkeit". Propaganda im NS-Film. Frankfurt a. M., 1988.

Wulf Koepke und Michael Winkler (Hrsg.): Exilliteratur. 1933–1945. Darmstadt, 1989.

Reinhard Merker: Die bildenden Künste im Nationalsozialismus. Kulturideologie, Kulturpolitik, Kulturproduktion. Köln, 1983.

Werner Mittenzwei (Hrsg.): Kunst und Literatur im antifaschistischen Exil. 7 Bde. Leipzig, 1979.

George L. Mosse (Hrsg.): Nazi Culture: A Documentary History. New York, 1981.

Mary-Elizabeth O'Brian: Nazi Cinema as Enchantment: The Politics of Entertainment in the Third Reich. Rochester, 2004.

Fred K. Prieberg: Musik im NS-Staat. Frankfurt a. M., 1982.

Alfred Roth: Das nationalsozialistische Massenlied. Untersuchungen zur Genese, Ideologie und Funktion. Würzburg, 1993.

Hans Dieter Schäfer: Das gespaltene Bewußtsein. Über deutsche Kultur und Lebenswirklichkeit. 1933–1945. München, 1982.

Ralf Schnell: Literarische innere Emigration. 1933–1945, Stuttgart, 1976.

Ders. (Hrsg.): Kunst und Kultur im deutschen Faschismus. Stuttgart, 1978.

Karl-Heinz Schoeps: Literatur im Dritten Reich. Berlin, 1992.

Brunhilde Sonntag, Hans-Werner Boresch und Detlef Gojowy (Hrsg.): Die dunkle Last. Musik und Nationalsozialismus. Köln, 1999.

Alexander Stephan: Die deutsche Exilliteratur. 1933–1945. München, 1979.

Ders. (Hrsg.): Exil. Literatur und die Künste nach 1933. Köln, 1990.

Hans-Albert Walter: Deutsche Exilliteratur. 1933–1950. 4 Bde. Stuttgart, 1978.

Josef Wulf: Kunst und Kultur im Dritten Reich. 5 Bde. Gütersloh, 1963–1964.

Die Besatzungszeit

Stephen Brockmann und Frank Trommler (Hrsg.): Revisiting Zero Hour 1945: The Emergence of Postwar German Culture. Washington, D. C., 1996.

Stephen Brockmann: German Literary Culture at the Zero Hour. Rochester, 2004.

Hansjörg Gehring: Amerikanische Literaturpolitik in Deutschland. 1945–1953. Stuttgart, 1976.

Hermann Glaser: Kulturgeschichte der Bundesrepublik Deutschland. Bd. 1. Zwischen Kapitulation und Währungsreform. 1945–1948. München, 1985.

Maritta Hein-Kremer: Die amerikanische Kulturoffensive. Gründung und Entwicklung der amerikanischen Information Centers in Westdeutschland und Westberlin. 1945–1955. Köln, 1996.

Jutta Held: Kunst und Kunstpolitik in Deutschland. 1945–1949. Berlin, 1981.

Jost Hermand, Helmut Peitsch und Klaus R. Scherpe (Hrsg.): Nachkriegsliteratur in Westdeutschland. 1945–1949. Berlin, 1982–1983.

Jost Hermand und Wigand Lange: „Wollt ihr Thomas Mann wiederhaben?" Deutschland und die Emigranten. Hamburg, 1999.

Michael Hoenisch, Klaus Kämpfe und Karl-Heinz Pütz: USA und Deutschland. Amerikanische Kulturpolitik. 1942–1949. Berlin, 1980.

Harold J. Hurwitz: Die Stunde Null der deutschen Presse. Die amerikanische Pressepolitik in Deutschland. 1945–1949. Köln, 1972.

Wigand Lange: Theater in Deutschland nach 1945. Zur Theaterpolitik der amerikanischen Besatzungsbehörden. Bern, 1980.

Henning Müller: Theater im Zeichen des Kalten Krieges. Untersuchungen zur Theater- und Kulturpolitik in den Westsektoren Berlins. 1945–1953. Berlin, 1976.

Peter Pleyer: Deutscher Nachkriegsfilm. 1946–1948. München, 1965.

Frances Saunders: Who Paid the Piper? The CIA and the Cultural Cold War. London, 1999.

Wolfgang Schivelbusch: Vor dem Vorhang. Das geistige Berlin. 1945–1948. Frankfurt a. M., 1995.

Alexander Stephan (Hrsg.): Americanization and Anti-Americanism. The German Encounter with American Culture after 1945. New York, 2005.

Vergleichendes zur Bundesrepublik und DDR

Wolfgang R. Langenbucher, Ralf Rytlewski und Bernd Weyergraf (Hrsg.): Kulturpolitisches Wörterbuch Bundesrepublik Deutschland / Deutsche Demokratische Republik im Vergleich. Stuttgart, 1983.

Ralf Schnell: Geschichte der deutschsprachigen Literatur seit 1945. 2. Aufl. Stuttgart, 2003.

Karin Thomas: Zweimal deutsche Kunst nach 1945. 40 Jahre Nähe und Ferne. Köln, 1985.

Die ehemalige Bundesrepublik Deutschland

Jürgen Alberts: Massenpresse als Ideologiefabrik. Am Beispiel „Bild". Frankfurt a. M., 1972.

Heinz Ludwig Arnold (Hrsg.): Literaturbetrieb in der Bundesrepublik Deutschland. München, 1981.

Dieter Bänsch (Hrsg.): Die fünfziger Jahre. Beiträge zur Politik und Kultur. Tübingen, 1985.

Jürgen Baumert: Bildung in der Bundesrepublik Deutschland. Daten und Analysen. Stuttgart, 1980.

Wolfgang Benz (Hrsg.): Die Bundesrepublik Deutschland. Bd. 3. Kultur. Frankfurt a. M., 1983.

Lothar Bisky: Geheime Verführer. Geschäft mit Shows, Stars, Reklame, Horror, Sex. Berlin, 1980.

Georg Bollenbeck und Gerhard Kaiser (Hrsg.): Die janusköpfigen 50er Jahre. Wiesbaden, 2000.

Manfred Bosch (Hrsg.): Kulturarbeit. Versuche und Modelle demokratischer Kulturarbeit. Frankfurt a. M., 1979.

Heinz Bude und Bernd Greiner (Hrsg.): Westbindungen. Amerika in der Bundesrepublik. Hamburg, 1999.

Carl Dahlhaus (Hrsg.): Die Musik der fünfziger Jahre. Mainz, 1985.

Thomas Elsaesser: Der Neue Deutsche Film. Von den Anfängen bis zu den neunziger Jahren. München, 1994.

Michael Erlhoff (Hrsg.): Deutsches Design. 1950–1990. München, 1990.

Werner Faulstich (Hrsg.): Die Kultur der 50er Jahre. München, 2002.

Ders. (Hrsg.): Die Kultur der 60er Jahre. München, 2003.

Ders. (Hrsg.): Die Kultur der 70er Jahre. München, 2004.

Ludwig Fischer (Hrsg.): Literatur der Bundesrepublik Deutschland bis 1967. München, 1986.

Wolfgang F. Fuchs und Reinhold C. Reitberger: Comics. Anatomie eines Massenmediums. Frankfurt a. M., 1973.

Hermann Glaser: Kulturgeschichte der Bundesrepublik Deutschland. Bd. 2. Zwischen Grundgesetz und Großer Koalition. 1949–1967 und Bd. 3. Zwischen Protest und Anpassung. 1968–1989. München, 1985–1989.

Ders.: Deutsche Kultur. 1945–2000. Frankfurt a. M., 1999.

Hanns-Werner Heister und Dietrich Stern (Hrsg.): Musik der 50er Jahre. Berlin, 1980.

Jost Hermand: Pop International. Eine kritische Analyse. Frankfurt a. M., 1971.

Ders.: Kultur im Wiederaufbau. 1945–1965. München, 1986.

Ders.: Die Kultur der Bundesrepublik Deutschland. 1965–1985. München, 1988.

Ders. und Hubert Müller (Hrsg.): Öko-Kunst? Zur Ästhetik der Grünen. Berlin, 1989.

Knut Hickethier: Geschichte des deutschen Fernsehens. Stuttgart, 1998.

Hilmar Hoffmann und Heinrich Klotz (Hrsg.): Die Kultur unseres Jahrhunderts. Bd. 5. Die Sechziger. Düsseldorf, 1987.

Dieter Honisch (Hrsg.): 1945–1985. Kunst in der Bundesrepublik Deutschland. Berlin, 1985.

Andreas Huyssen und Klaus R. Scherpe (Hrsg.): Postmoderne. Zeichen eines kulturellen Wandels. Reinbek, 1986.

Wolfgang Ismayr: Das politische Theater in Westdeutschland. Königstein, 1971.

Rolf-Ulrich Kaiser: Protestfibel. Formen einer neuen Kultur. Bern, 1968.

Klaus Kreimeier: Kino und Filmindustrie in der BRD. Kronberg, 1973.

Kaspar Maase: BRAVO Amerika. Erkundungen zur Jugendkultur der Bundesrepublik in den fünfziger Jahren. Hamburg, 1992.

Henning Müller: Theater der Restauration. Westberliner Bühnen, Kultur und Politik im Kalten Krieg. Berlin, 1981.

Peter Nusser: Romane für die Unterschicht. Groschenhefte und ihre Leser. Stuttgart, 1973.

Karl A. Otto: Vom Ostermarsch zur APO. Geschichte der außerparlamentarischen Opposition in der Bundesrepublik. 1960–1970. Frankfurt a. M., 1977.

Hermann Raum: Die bildende Kunst der BRD und Westberlins. Leipzig, 1977.

Thomas Röbke: Zwanzig Jahre neue Kulturpolitik. Erklärungen und Dokumente. 1972–1992. Essen, 1993.

Axel Schildt: Moderne Zeiten. Freizeit, Massenmedien und „Zeitgeist" in der Bundesrepublik der 50er Jahre. Hamburg, 1995.

Hanna Schissler (Hrsg.): The Miracle Years. A Cultural History of West-Germany. 1949–1968. Princeton, 2001.

Ralf Schnell: Die Literatur der Bundesrepublik. Autoren, Geschichte, Literaturbetrieb. Stuttgart, 1986.

Ricarda Strobel und Werner Faulstich: Die deutschen Fernsehstars. 4 Bde. Göttingen, 1998.

Gerhard Teuscher: Perry Rhodan, Jerry Cotton und Johannes Mario Simmel. Eine Darstellung zu Theorie, Geschichte und Vertretern der Trivialliteratur. Stuttgart, 1999.

Wolfgang Welsch: Unsere postmoderne Moderne. Weinheim, 1988.

Jürgen Wilke (Hrsg.): Mediengeschichte der Bundesrepublik Deutschland. Bonn, 1999.

Lutz Winckler: Kulturwarenproduktion. Frankfurt a. M., 1973.

Jürgen Zinnecker: Jugendkultur. 1940–1985. Opladen, 1987.

Die Deutsche Demokratische Republik

Börsenverein Leipzig: Das Buch in der Deutschen Demokratischen Republik. Leipzig, 1974.

Heinz Alfred Brockhaus und Konrad Niemann (Hrsg.): Musikgeschichte der Deutschen Demokratischen Republik. Berlin, 1979.

Brigitte Dahlke, Martina Langermann und Thomas Taterka (Hrsg.): LiteraturGesellschaft DDR. Stuttgart, 2000.

Wolfgang Emmerich: Kleine Literaturgeschichte der DDR. Leipzig, 2000.

Hans-Friedrich Foltin: Die Unterhaltungsliteratur der DDR. Troisdorf, 1970.

Ingeborg Gerlach: Arbeiterliteratur und Literatur der Arbeitswelt in der DDR. Kronberg, 1974.

Volker Gransow: Kulturpolitik in der DDR. Berlin, 1975.

Horst Groschopp: Ostdeutsche Kulturgeschichte. Berlin, 1993.

Horst Haase, Hans Jürgen Geerdts, Erich Kühne und Walter Pallus: Literatur der Deutschen Demokratischen Republik. Berlin, 1976.

Simone Hain und Stephan Stroux: Die Salons der Sozialisten. Kulturhäuser der DDR. Berlin, 1996.

Helmut Hanke: Freizeit in der DDR. Berlin, 1979.

Christa Hasche, Traute Schölling und Joachim Fiebach: Theater in der DDR. Chronik und Positionen. Berlin, 1994.

Günter Holzweißig: Die schärfste Waffe der Partei. Eine Mediengeschichte der DDR. Köln, 2002.

Manfred Jäger: Kultur und Politik in der DDR. Ein historischer Abriß. Köln, 1982.

Ulrich Kuhirt (Hrsg.): Kunst der DDR. Leipzig, 1982–1983.

Lothar Lang: Malerei und Graphik in der DDR. Luzern, 1979.

Olaf Leitner: Rockszene DDR. Aspekte einer Massenkultur im Sozialismus. Reinbek, 1983.

Werner Mittenzwei (Hrsg.): Theater in der Zeitenwende. Zur Geschichte des Dramas und des Schauspieltheaters in der Deutschen Demokratischen Republik. 1945–1968. 2 Bde. Berlin, 1972.

Ders.: Die Intellektuellen. Literatur und Politik in Ostdeutschland. 1945–2000. Leipzig, 2001.

Gabriele Muschter und Rüdiger Thomas (Hrsg.): Jenseits der Staatskultur. Traditionen autonomer Kunst in der DDR. München, 1992.

Fred K. Prieberg: Musik im anderen Deutschland. Köln, 1968.

Ulrich Profitlich (Hrsg.): Dramatik der DDR. Frankfurt a. M., 1987.

Michael Rauhut: Rock in der DDR. 1964–1989. Bonn, 2002.

Hermann Raum: Bildende Kunst in der DDR. Die andere Moderne. Berlin, 2000.

Heide Riedel: Hörfunk und Fernsehen in der DDR. Köln, 1977.

Käthe Rülicke-Weiler: Film- und Fernsehkunst der DDR. Berlin, 1979.

Günther Rüther (Hrsg.): Kulturbetrieb und Literatur in der DDR. Köln, 1978.

Klaus R. Scherpe und Lutz Winckler (Hrsg.): Frühe DDR-Literatur. Berlin, 1988.

Wolfram Schlenker: Das „Kulturelle Erbe" in der DDR. Gesellschaftliche Entwicklungen und Kulturpolitik. 1945–1965. Stuttgart, 1977.

Ralf Schnell: Geschichte der deutschsprachigen Literatur seit 1945. 2. Aufl. Stuttgart, 2003.

Elimar Schubbe: Dokumente zur Kunst-, Literatur- und Kulturpolitik der SED. Stuttgart, 1972.

Dietrich Sommer (Hrsg.): Funktion und Wirkung. Soziologische Untersuchungen zur Literatur und Kunst. Berlin, 1978.

Joachim Streisand: Kulturgeschichte der DDR. Berlin, 1981.

Karin Thomas: Die Malerei in der DDR. 1949–1979. Köln, 1980.

Rüdiger Thomas: Modell DDR. Die kalkulierte Emanzipation. München, 1977.

Die neue Bundesrepublik

Heinz Ludwig Arnold (Hrsg.): DDR-Literatur der neunziger Jahre. München, 2000.

Kristina Bauer-Volke und Ina Dietzsch (Hrsg.): Labor Ostdeutschland. Kulturelle Praxis und gesellschaftlicher Wandel. Berlin, 2003.

Natalie Binczek, Nicola Glaubitz und Klaus Vondung: Anfang offen. Literarische Übergänge ins 21. Jahrhundert. Heidelberg, 2002.

Norbert Bolz und David Bosshart: Kult-Marketing. Die neuen Götter des Marktes. Düsseldorf, 1995.

Stephen Brockmann: Literature and German Reunification. New York, 1999.

Horst Groschopp (Hrsg.): Kultur in Deutschlands Osten, Berlin, 1992.

Jost Hermand: Nach der Postmoderne. Ästhetik heute. Köln, 2004.

Hilmar Hoffmann und Wolfgang Schneider (Hrsg.): Kulturpolitik in der Berliner Republik. Köln, 2002.

Klaus Neumann-Braun, Axel Schmidt und Manfred Mai: Popvisionen. Links in die Zukunft. Frankfurt a. M., 2003.

Werner Seppmann: Das Ende der Gesellschaftskritik? Die „Postmoderne" als Realität und Ideologie. Köln, 2000.

Bernd Wagner und Annette Zimmer: Krise des Wohlfahrtsstaates. Zukunft der Kulturpolitik. Essen, 1997.

Bildnachweis

Die angegebenen Zahlen beziehen sich jeweils auf die Seiten, auf denen die Abbildungen erscheinen.

akg-images: 27, 50, 52, 67, 87, 88, 121, 125, 131, 144, 148, 151, 155, 242, 249, 277
akg-images / Electa: 64
akg-images / Erich Lessing / VG Bild-Kunst: 85
akg-images / Hilbich: 48
akg-images / VG Bild-Kunst: 25, 77, 100, 115, 149, 159, 220, 254
Archiv der Gerhard-Marcks-Stiftung, Bremen: 189
Archiv der Stiftung Deutsche Kinemathek, Berlin: 264
Archiv des Verfassers: 108, 123, 152, 197, 240

Willi Baumeister / VG Bild-Kunst: 178
Bildarchiv Foto Marburg: 42, 44, 63, 69, 102, 110
Bildarchiv Preußischer Kulturbesitz: 19, 97, 133, 134, 138, 139, 140, 236

Deutsches Historisches Museum, Berlin: 183
Deutsche Kunst und Dekoration (1899): 32
Die Kunst (1909): 54, 56
Otto Dix / VG Bild-Kunst: 145

Edition Staeck, Heidelberg / VG Bild-Kunst: 206

Dieter Gorsen: Das Prinzip Obszön, Reinbek 1969: 215

Walter Hasenclever: Umsturz und Aufbau, Berlin 1919: 79
Haus der Kunst, München (Kat.): Die dreißiger Jahre, München 1977: 96

Illustrierter Film-Kurier (1930): 112

Karl Hubbuch Stiftung, Freiburg: 171
Kunstforum (1982): 218
Kunstwart (1905): 47

Metal Hammer Special 1, Lüdenscheid 1984: 224
Münchener Stadtmuseum: 185, 194
Hermann Muthesius: Landhäuser, München 1912: 59

Nachlass Karl Hofer: 167
Neue Gesellschaft für bildende Kunst (Hrsg.): Künstlerinnen Internatio-
    nal, Berlin 1977: 227

Eva Pankok, Hünxe: 168
Walter Panofsky: Protest in der Oper, München 1966: 103

Ewald Rathke: Jugendstil, Mannheim 1958: 30
Werner Rittich: Deutsche Kunst der Gegenwart, Breslau 1943: 127
Eberhard Roters (Hrsg): Aspekte der Gründerzeit, Berlin 1974: 18

Karl Scheffler: Moderne Baukunst, Berlin 1907: 38
Michael Schroedter: 245, 268
SPIEGEL Cover Department, Hamburg: 273
Sprengel Museum Hannover: 81
SV-Bilderdienst: 164

Universal Edition (London) Ltd., 1960, London/UE13186: 201
Ullstein Bilderdienst / ADN Bildarchiv: 257
Ullstein Bilderdienst / Archiv Gerstenberg: 182
Ullstein Bilderdienst / Dietrich: 211
Ullstein Bilderdienst / dpa: 232
Ullstein Bilderdienst / Eckhardt: 260
Ullstein Bilderdienst / Galerie Marco Ed.: 190
Ullstein Bilderdienst / KPA: 208, 262
Ullstein Bilderdienst / Krewitt: 231
Ullstein Bilderdienst / Pätzold: 241
Ullstein Bilderdienst / Peters: 280
Ullstein Bilderdienst / Ritter: 265
Ullstein Bilderdienst / Will: 212

VG Bild-Kunst: 21, 29, 37, 44, 85, 102, 116, 148, 173, 200, 203, 270

Martin Wagner (Hrsg.): Das neue Berlin, Berlin 1929: 95

Namenregister